오직 하나님께 영광

오직 하나님께 영광

박순용 지음

지평서원

CONTENTS

- 추천의 글 · 6
- 지은이 머리말 · 10

1장 하나님의 영광에 대한 목마름 · 17

2장 하나님의 영광은 하나님의 백성의 영적 본능 · 33

3장 하나님의 영광에 대한 장애 1_자기 영광을 구하는 것 · 49

4장 하나님의 영광에 대한 장애 2_부도덕하고 음란한 삶 · 71

5장 하나님의 영광에 대한 장애 3_온전하지 못한 예배 · 93

6장 하나님의 영광에 대한 장애 4_외식된 생활 · 115

7장 하나님의 영광에 대한 장애 5_혼합주의 신앙 · 131

8장 하나님의 영광에 대한 장애 6_우리의 비참한 상태 · 153

9장 하나님의 영광에 대한 냉담함과 오해 · 167

10장 스스로 위하시는 하나님의 영광 1 · 179

11장 스스로 위하시는 하나님의 영광 2 · 195

12장 하나님의 영광을 위하는 구체적인 삶 1 · 215
_하나님의 뜻을 이룸으로

13장 하나님의 영광을 위하는 구체적인 삶 2 · 231
　　　_십자가의 삶을 통하여

14장 하나님의 영광을 위하는 구체적인 삶 3 · 245
　　　_주를 높이고 나를 낮추고

15장 하나님의 영광을 위하는 구체적인 삶 4 _열매 맺는 삶 · 263

16장 하나님의 영광을 위하는 구체적인 삶 5 _증인의 삶 · 287

17장 하나님의 영광을 위하는 구체적인 삶 6 _봉사의 삶 · 309

18장 하나님의 영광을 위하는 구체적인 삶 7 · 327
　　　_하나님의 영광이 모든 것의 기준이 되는 삶

19장 하나님께 영원한 영광을 · 343

20장 하나님의 영광을 체험함 · 361

21장 하나님의 영광과 그의 교회 1 · 389

22장 하나님의 영광과 그의 교회 2 · 409

23장 하나님의 영광과 부흥 · 427

For The Glory Of God Alone

| 추천의 글 |

"그리스도인이 이 세상에서 먹고 마시며 살아가는 모든 삶은 오직 하나의 목적을 위한 것이어야 한다. 그것이 바로 하나님의 영광이다. 인간이 하나님의 영광을 위하여 산다는 것은 곧 이 세상에서 하나님의 이름의 평판을 위하여 산다는 의미이다. 청교도 신학자 존 오웬(John Owen)은 '하나님께서 세상에 있는 인간들에게 주실 수 있는 최고의 복은 하나님과의 동행(walking with God)'이라고 하였다. 하나님과 동행하는 삶의 두 가지 요소는 바로 하나님과의 평화와 그분의 영광을 위한 갈망이다. 신자는 자기 안에 이루어진 하나님의 나라만큼만 자기 밖에서 이루어지는 하나님의 나라를 위하여 살 수 있다. 그런 점에서 이 책의 저자인 박순용 목사의 외침은, 오늘날 잊혀져 가고 있지만 기독교 신앙에서 가장 핵심적인 가치를 붙들고 있는 것이다. 이 책에서 저자는 하나님의 영광의 신학적 의미의 담론보다는 구체적으로 신자의 어떤 삶이 하나님의 영광을 가로막고 있으며 어떻게 살아야만 그분의 영광을 드러내는 데 이바지할 수 있는지를 제시하고 있다. 그러한 성경적 제시를 통해서 보게 되는 교회의 모습은 교회를 통해 드러내시려는 하나님의 의도와는 너무나 거리가 먼, 세속적이고도 인본주의적임을 고백하지 않을 수 없다. 이 책에 실린 내용은 저자가 하늘영광교회를 개척하게 된 부르심의 핵심과

동기를 담고 있기에 약 10년 만에 이루어지는 복간에 즈음하여 새로운 감동으로 다가온다. 조국 교회의 목회자와 평신도들이 이 책을 읽고, 저자와 동일하게 하나님의 영광에 대한 갈망을 갖게 되기를 바라는 마음 간절하다."

_김남준 목사(열린교회)

...

"길 잃은 항해자는 밤하늘에서 북극성을 찾는다. 시대의 혼돈 속에서 표류하는 교회도, 정체성을 회복하고 나아갈 방향을 찾는 성도에게도 빛이 간절하다. 그러나 그 빛은 북극성처럼 언제나 그 자리에 빛나고 있었다. 생각 없이 바라보고 마음에서 멀어졌을 뿐이다. 우리 신앙의 영원한 이정표, 하나님의 영광! 이 책은 그 영광에 우리의 초점을 모아 주고, 생기 잃은 신앙에 열정의 불을 지필 것이다."

_김윤기 목사(남부중앙교회)

...

"하나님의 영광에 대한 인식의 부재는 오늘날 사람의 영광으로 가득한 교회로 드러나고 있다. 이런 때에 잃어버린 하나님의 영광에 대한 시각을 교회가 다시 회복할 것을 외치는 이 설교자의 외침을 주께서 하늘의 메가폰으로 사용해 주시기를 소망한다."

_김형익 목사(워싱턴 조이선교교회)

...

"하나님의 영광은 하나님께서 우주 만물을 창조하신 목적이며, 인간을 구원하신 궁극적인 목적이다. 그러므로 신자의 최고 목적은 하나님을 영화롭게 하고 하나님을 영원토록 즐거워하는 것이다. 이 책은 자기 중심적인 사고와 행동에 깊이 물든 우리 시대의 교회를 향해 다시 한번 하나님 중심적인 삶을 통하여 하나님께 영광 돌리도록 강력하게 촉구한다."

_백금산 목사(예수가족교회)

...

"하나님의 영광! 학생 시절 웨스트민스터 소요리문답을 공부할 때 처음 들은 이 말은 그때부터 지금까지 언제나 마음속에서 떠나지 않는다. 그때 우리는 오직 하나님의 영광을 위하여 반드시 대학 입학 예비고사 전국 1등을 해야 할 것 같은 의무감에 눌려 있었다. 박순용 목사는 이 책을 통해 하나님의 영광에 대한 이러한 우리의 무지와 오해를 바로잡고 막연한 두려움을 물리치며, 하나님께 대한 참예배로 우리를 인도하고 있다. 그리고 참예배란 단지 예배 의식의 문제가 아니라 하나님께 대한 바른 이해와 순결한 삶이며, 은혜의 유익보다는 하나님의 영광 자체에 집중하는 것이라고 외치고 있다. 이 책이 문화적인 기독교로 변질되어 가고 있는 현대 기독교의 위기 속에서 시대를 깨우는 '외치는 자의 소리'가 되기를 기대한다."

_장호익 목사(부산 서대신교회)

...

"사람에게 관심이 집중되어 있고 사람을 의식하는 오늘 같은 시대에 이 책은 우리의 관심을 하나님과 그분의 영광에 두라고 촉구한다. 목회자로서 조국 교회를 향한 사랑과 진지한 고민이 구절구절 묻어나는 좋은 책이어서 누구나 꼭 읽도록 적극 추천하는 바이다."

_화종부 목사(남서울교회)

| 지은이 머리말 |

왜 하나님의 영광인가?

'하나님의 영광'에 대해 말하려면 청교도들이 나눈 바대로 하나님께서 자신 안에 소유하고 계시는 '본유적인 영광'과 피조물이 '하나님께 돌리는 영광'의 순서를 따라 말하는 것이 정상입니다. 그런데도 이 책은 '하나님께 돌리는 영광'에 초점을 맞추었습니다. 그 이유는 '하나님께 영광을 돌리는 것'과 거리가 먼 한국 교회의 현실에 대한 마음의 부담이 상대적으로 더 컸기 때문이요, 또한 '하나님께 돌리는 영광'을 모르고서는 하나님의 영광을 알고 싶어하지도, 그분께 영광 돌리기를 원하지도 않을 것이기 때문입니다.

그런데 10년 전 (이 개정합본 이전에 두 권으로 되어 있었던) '하나님의 영광에 대한 목마름'과 '하나님의 영광을 위하는 삶'(지평서원 간)이 출판된 이후로 집회를 다니면서 발견한 사실이 있습니다. 그것은 한국 교회의 현실이 하나님의 영광과 더욱 거리가 멀어질 수밖에 없도록 만드는 근본적인 이유이기도 합니다. 그것은 바로 사람들로 하여금 하나님의 영광을 더욱 알고 그분께 영광을 돌리게 만드는 '오직 그리스도(Solus Christus)'와 '오직 은혜(Sola Gratia)'에 대한 증언과 가르침이 사라지거나 왜곡되었다는 것입니다. 모든 교회에서 들을 수 있어야 할 은혜의 '복음' 대신 율법주의와 무율법주의가 한국 교회 안에 널리 퍼짐으로써, 하나님에 대한 신앙을 행위적 차원에서 생각하게 되는 경향을 쉽게 볼 수 있습니다. 하나님의 영광에 대한 관심과 함께 그분께 영광을 돌리는 것은 '오직 은혜'를 알게 될 때, 무엇보다 예수 그리스도 안에 나타난 은혜의 복음을 알게 될 때 비로소 자연스럽게 나타나는데, 바로 그 원천이 메마른 듯 합니다.

사람들은 '복음'이라는 단어는 많이 들어서 익숙해하지만, 하나님께 영광을 돌리게 하는 '복음,' 곧 '그리스도 안에 나타난 하나님의 놀라운 은혜'에 대해서는 풍성하게 알지 못합니다. 고작해야 교회를 열심히 다니는 가운데 맡겨진 직분과 직책에 책임을 다하는 것에 만족하거나, 하나님께 열심히 기도하여 무엇인가를 이루는 목표지향적인 신앙에서 위로와 힘을 얻는 듯합니다. 그러다 보니 하나님의 영광보다는 사람을 높이게 되고, 그런 보상에 대한 기대감으로 열심히 교회일을 하다가 위선에 빠지거나 지쳐서 뒤로 물러나고, 극단적으로는 배교에 이르렀다는 소식을 제법 자주 듣게 됩니다.

오늘날의 한국 교회는 사람 중심적인 분위기를 너무나 농후하게 드러내고 있습니다. 그래서 그로 인한 불협화음과 분쟁, 각종 타락상들이 세상의 비판과 조롱의 소재가 되어 버렸습니다. 오늘날 한국 교회는 하나님께 영광을 돌리기는커녕 오히려 하나님의 이름과 영광을 욕되게 하고 있습니다. "어느 때에야 교회들이 하나님의 영광을 더 알고 싶어하고 그분께 온전히 영광을 돌리게 될까?"라고 묻고 싶을 정도입니다. 그 해답은 이 책의 중간 부분에 있는 '스스로 위하시는 하나님의 영광'(10,11장)에 나타난 것처럼, 하나님께서 스스로 자신의 영광을 위해 일어나실 때만 찾을 수 있을 것입니다. 한편 만일 우리 쪽에서 해답을 찾아야 한다면, 하나님의 영광을 더 알고 그분께 영광 돌리려는 마음을 불러 일으키는 '은혜의 복음,' 곧 '오직 그리스도'와 '오직 은혜'를 모든 교회들이 더욱 풍성하게 알게 될 때 우리는 회복될 것입니다.

그런데 문제는 우리가 그 필요를 절감하지 못한다는 것입니다. 우리가 하나님의 영광으로부터 멀어져 있을 뿐만 아니라 오히려 그분의 영광을 욕되게 하고 있다는 것을 잘 모릅니다. 그러므로 먼저 그 필요를 절실히 통감해야 합니다. 지금 아무 문제가 없다고 생각하는 착각이 깨지고 정확한 우리의 실상을 보게 될 때에야 비로소 우리는 새로운 출발, 즉 하나님의 놀라운 은혜에 대한 감사의 반응으로써 그분께 영광 돌리는 교회의 본래 모습이요 신자의 본래의 모습을 회복할 것이기 때문입니다.

하나님의 영광으로부터 멀어진 우리 자신을 보고(1-9장), 그런 우리의 상태에도 자신의 영광을 위하여 교회를 회복시키시는 하나님을 보기를 바랍니다(10,11장). 더 나아가 하나님께 영광 돌리는 것이 우리가 흔히 생각하는 '극적인 상황의 반전'과 '멋진 성공'이 아니라 성품과 지속적인 삶과 관련되어 있다는 것을 알고(12-18장), 장차 영광 중에 하나님께 영광 돌릴 것을 소망하며(19장), 하나님의 영광을 체험하기를 구하는 데까지(20장) 나아가기를 바랍니다. 그리고 마침내 하나님의 영광이 교회에 영광스럽게 회복되기를 구하고(21,22장), 그것이 있게 될 부흥을 소망하기를 바랍니다(23장).

마지막으로 개인적인 말을 조금 덧붙이고 싶습니다. 출판사의 요청을 따라 합본을 내기 위해 전체 내용을 읽으면서 가장 먼저 느낀 것은 부끄러움이었습니다. 예전에 뜨거운 마음으로 하나님의 영광에 대한 말씀을 전했던 저조차도 그 말씀에 온전하지 못한 것이 부끄러웠고, 그다음으로 다듬어지지 않은 투박한 글을 책으로 냈다는 사실이 부끄러웠습니다. 그런데도 그런 글을 읽어 준 앞선 독자들에게 죄송한 마음과 함께 감사한 마음이 일었습니다.

누군가 지금까지 전했던 말씀 중에서 가장 기억에 남는 말씀이 무엇이냐고 묻는다면, 분명 하나님의 놀라운 은혜와 그리스도의 십자가를 포함한 복음적인 많은 내용들이 있겠지만 하나님의 영광에 대한 이 말씀들이라고 말하고 싶습니다. 왜냐하면 이 말씀들을 준비할 때 하나님께서 주신 특별한 감동이 있었기 때문입니다. 놀랍게도 그때 이 본문들을 연구하는 가운데 하나님께서 말씀을 쏟아 부어 주시는 것 같은 경험을 하였습니다. 넘쳐 나는 감동으로 말미암아 주시는 말씀을 마치 받아쓰기하는 것처럼 적어 내려갔고, 손이 아플 정도로 내용이 끊이지 않았던 그때를 기억합니다.

비록 이전에 '하나님의 영광에 대한 목마름'과 '하나님의 영광을 위한 삶'이라는 제목으로 나왔던 두 권의 책을 연속적으로 설교한 본래의 취지를 따라 단권으로 묶기 위해 적지 않은 내용을 잘라 내고 문장을 다듬었습니다만, 여기에는 이전에 주신 감동은 물론 주신 말씀의 핵심이 그대로 간직되어 있습니다. 주님께서 그 감동을 이 책을 마주한 독자들에게도 주시어 하나님의 영광에 대한 갈망을 가지고 구하며 살게 하시고, 조국 교회가 주님의 영광을 회복할 수 있게 되기를 진심으로 구합니다. 끝으로 이 책을 읽고 추천해 준 동료들인 김남준, 김윤기, 김형익, 백금산, 장호익, 화종부 목사에게 감사를 전합니다.

"주여, 하늘에서 굽어 살피시며 주의 거룩하고 영화로운 처소에서 보옵소서. 주의 열성과 주의 능하신 행동이 이제 어디 있나이까? 주께서 베푸시던 간곡한 자비와 사랑이 내게 그쳤나이다. 주는 우리 아버지시라. 아브라함은 우리를 모르고 이스라엘은 우리를 인정하지 아니할지라도 여호와여 주는 우리의 아버지시라. 옛날부터 주의 이름을 우리의 구속자라 하셨거늘, 여호와여 어찌하여 우리로 주의 길에서 떠나게 하시며 우리의 마음을 완고하게 하사 주를 경외하지 않게 하시나이까? 원하건대 주의 종들, 곧 주의 기업인 지파들을 위하사 돌아오시옵소서. 주의 거룩한 백성이 땅을 차지한 지 오래지 아니하여서 우리의 원수가 주의 성소를 유린하였사오니, 우리는 주의 다스림을 받지 못하는 자 같으며 주의 이름으로 일컬음을 받지 못하는 자같이 되었나이다.
  원하건대 주는 하늘을 가르고 강림하시고 주 앞에서 산들이 진동하기를."

_이사야 63:15-64:1

1장
하나님의 영광에 대한 목마름

이사야 선지자는 이스라엘 백성의 처절한 현실을 바라보면서 63장 15절에서부터 64장 마지막 절에 이르기까지 하나님의 도우심을 구하는 기도를 드립니다. 전체 흐름을 생각하면서 63장 19절을 바탕으로 우리 모두에게 있어야 할 영적 부담과 목마름에 대해 함께 묵상하려고 합니다.

이사야의 기도

이사야 선지자는 63장 15절 이하의 기도에서 자기 민족이 처한 암담한 현실에 대한 책임이 자기나 자기 민족에게 있지 않은 것처럼, 오히려 그 책임이 하나님께 있는 것처럼 강한 어휘들을 사용해서 탄원의 기도를 드립니다.

"주의 열성과 주의 능하신 행동이 이제 어디 있나이까? 주께서 베푸시던 간곡한 자비와 사랑이 내게 그쳤나이다"(15절).

여기서 "자비와 사랑이 내게 그쳤나이다"라는 말은 "주의 능하신 행동이 이제 어디 있나이까?"라는 말의 또 다른 항변입니다. 그러면서 이사야는 "여호와여 어찌하여 우리로 주의 길에서 떠나게 하시며, 우리의 마음을 완고하게 하사 주를 경외하지 않게 하시나이까?"(17절)라고 기도합니다.[1]

이사야는 하나님께서 자기 백성들을 위해 어떤 마음을 가지고 계신지를 잘 알고 있었기에 이렇게 기도할 수 있었습니다. 자기 백성들을 향한 하나님의 마음을 너무나도 잘 알고 있는데, 그에 비해 실제 자기 민족이 처한 현실이 너무나도 안타깝고 암담했기 때문에 이사야는 이런 탄원의 기도를 드릴 수 있었습니다.

그래서인지 이사야는 아주 강한 어휘를 사용해 탄원의 기도를 드립니다. 그리고 조심스럽게 간청합니다.

"원하건대 주의 종들, 곧 주의 기업인 지파들을 위하사 돌아오시옵소서……우리는 주의 다스림을 받지 못하는 자 같으며 주의 이름으로 일컬음을 받지 못하는 자같이 되었나이다"(17,19절).

이사야는 자기 민족의 암담한 현실로 인하여 느끼는 마음의 부담을 그렇게 토로합니다.

특히 본문은 이사야가 가장 고통스럽게 여기는 한 부분을 지적합

---

[1] 이런 식의 기도를 아무런 생각 없이 따라 한다는 것은 참으로 어리석고 위험한 일입니다. 이런 기도를 드리는 이사야가 가지고 있던 하나님께 대한 체험적인 이해와 확신을 염두에 두지 않은 채, 단지 이런 기도의 문구만을 우리의 입에 오르내린다면, 그것은 분명 큰 실수입니다.

니다. 그것은 바로 자기를 포함한 이스라엘 백성, 곧 하나님의 거룩한 백성에게는 마땅한 상태와 위치가 있는데, 현재의 상태가 그렇지 못하다는 사실입니다. 이것 때문에 이사야 선지자는 절규합니다.

그렇다면 하나님의 백성의 마땅한 상태가 무엇입니까? 그것은 주의 다스림을 받는 상태입니다. 주의 다스림이 넘쳐 나는 것이 바로 하나님의 백성의 상태입니다. 지금 이사야는 하나님의 다스림을 받지 못하는 자기 민족의 상태를 보고 있습니다. 그리고 그것이 안타까워서 하나님 앞에 토로합니다.

그러면 이사야가 보고 있는 지금의 상태가 구체적으로 어떻습니까? 이방인들에게 무참히 짓밟히는 상태입니다. 짓밟혀도 아무런 힘을 쓰지 못하고 마치 통치자가 없는 것과 같은 상태입니다. 이사야뿐만 아니라 신실한 하나님의 백성이라면 누구든지 주의 다스림이 없는 것 같은 상태, 그래서 하나님의 백성이 이방인의 웃음거리가 되고 짓밟히는 상태에 처했다면 마음이 편할 수가 없습니다. 영혼의 눌림과 마음의 부담을 피할 수 없습니다.

이사야가 가졌던 영혼의 눌림과 마음의 부담이 어디에서 비롯되었는지를 생각하고 정리해 봅시다. 이사야는 하나님의 거룩한 백성이 하나님의 다스림을 받지 못하는, 다시 말하면 이방인에게 웃음거리가 되고 짓밟히는 현실을 보았습니다. 그래서 그는 하나님 앞에서 절규할 수밖에 없었고, 그 상태에서 터져 나온 기도가 바로 이 본문 말씀입니다.

오늘날의 영적 현실에 대한 올바른 진단

오늘날의 영적 현실을 바라보는 우리의 눈은 이사야와 같지 않습니다. 뿐만 아니라 그러한 현실에 대한 반응과 태도도 이사야와 같지 않습니다. 우리는 드러난 모습밖에 보지 못합니다.

일반적으로 우리는 겉으로 드러나지 않는 한 별로 문제 될 것이 없다는 태도로 일관합니다. 그러다가 이렇다 할 어떤 죄악이 드러나면, 우리는 그것을 그 당사자나 혹은 몇몇 사람의 문제에 불과한 것처럼 치부해 버립니다. 오늘날 우리 교회가 세상 사람들의 웃음거리가 되고, 세상에서 짓밟히고 있다고는 전혀 생각하지 않습니다. 그러다가 교회의 실상을 적나라하게 말하는 사람이 있으면 세상을 너무 부정적으로 본다고 하면서, 그것은 소수의 생각일 뿐이라고 여깁니다.

그러나 성경에는 이사야와 예레미야가 살던 당시 대부분의 사람들이 자기들의 현실과 실상을 실제보다 더 좋게 여기고 괜찮은 듯 낙관하다가 결국 멸망했다고 분명히 기록되어 있습니다. 어느 시대든 보편적으로 사람들은, 항상 우리만큼은, 더욱이 자신만큼은 괜찮다고 여기는, 그릇되고 거짓된 안정감을 가지고 살아갑니다. 그리고 그러한 태도는 하나님의 말씀에 소극적으로 반응하게 만듭니다. 진실을 보지 못하고, 또 진실을 말해도 그것에 대해 반응하지 못하게 만듭니다.

안타깝게도 우리 역시 예외가 아닙니다. 대부분의 사람들은 교회의 체계가 흔들리지 않는 한 문제 될 것이 없다는 거짓된 안정감에 사로잡혀 있습니다. 위기의식을 느낀다고 해 봐야 고작 교인들의 숫자가 좀 줄었을 때뿐입니다. 바로 이런 것들이, 우리가 잘못된 근거 위에서 그릇된 안정감을 가지고 있다는 단적인 증거입니다.

• 진단 1_하나님의 다스림이 있는가?

우리의 영적 현실을 바르게 진단하는 데는 여러 가지 방법이 있을 수 있겠지만, 다른 무엇보다도 본문에 나타난 이사야의 시각을 빌어서 점검해 보아야 합니다. 그것은 교회의 수가 얼마나 많은가, 그리고 그 교회들이 얼마나 활동력이 있는가 하는 문제가 아닙니다. 또 반대로 요즘 매스컴을 통해서 보도되는 것처럼 누가 어떤 죄를 지었는가, 또 얼마나 큰 죄를 지었는가 하는 문제도 아닙니다. 그보다 더 중요한 잣대가 있습니다. 그것은 하나님의 백성들 속에 하나님의 다스림이 있는가 하는 것입니다. 하나님의 다스림으로 인해 하나님의 영광이 나타나고 있는가 하는 것입니다. 그런데 우리의 눈은 이런 잣대에 관심을 가지지 않습니다. 우리는 그저 겉모습만 볼 뿐입니다.

하나님의 백성들 속에는 분명히 하나님의 다스림이 있으며, 또 있어야 한다는 시각에서 볼 때, 우리의 실상은 어떻습니까? 이사야가 말한 것처럼, "주의 다스림을 받지 못하는 것 같습니다"라고 솔직히 고백할 수밖에 없는 현실입니다. 보십시오! 하나님의 이름이 이방인들에 의해 웃음거리와 조롱거리가 되는 일이 비일비재하지 않습니까? 그것이 오늘날 우리의 현실이 아닙니까? 우리가 어떤 진실을 말해도 믿어 주지 않는 것이 오늘날 우리의 현실이 아닙니까? 우리가 하나님의 교회요 그분의 백성인데도 지금 우리가 어떤 말을 해도 세상은 그것을 진실로 믿어 주지 않습니다. 우리를 통해 하나님의 영광을 도무지 볼 수 없는 현실을 우리가 빚어냈습니다. 바로 이것이 우리의 영적 현실을 가늠하는 가장 중요하고도 올곧은 잣대입니다.

• 진단 2_주의 이름으로 일컬음을 받는가?

현재 가지고 있는 교회의 겉모습은 우리의 영적 상태에 대한 중요한 잣대가 될 수 없습니다. 하나님께서 예레미야에게 성전 문 앞에 서서 뭐라고 외치라고 하셨습니까? 모든 것이 제멋대로 돌아가는 이스라엘을 향해 뭐라고 외치라고 하셨습니까? 하나님은 제사하러 성전에 들어오는 회중들을 향해 "너희는 이것이 여호와의 성전이라, 여호와의 성전이라, 여호와의 성전이라 하는 거짓말을 믿지 말라"(렘 7:4)라는 메시지를 전하라고 하셨습니다.

우리의 영적 현실에 대한 잣대는 우리의 교회와 우리 각 사람이 주의 다스림을 뚜렷하게 받고 있는가, 그래서 하나님의 영광이 드러나고 있는가 하는 것입니다. 여러분은 우리 조국 교회가 주의 다스림을 뚜렷하게 받고 있다고 생각합니까? 분명 이 부분에 대해 우리는 만족스러운 답을 얻을 수 없는 상태에 있습니다.

특히 이사야가 하나님의 백성들의 위치에 대해 계속해서 덧붙이는 묘사를 통해 우리의 위치를 진단해 보면 우리의 현실을 더 분명하게 알 수 있습니다. 이사야는 자기들이 하나님의 백성인데도 주의 이름으로 일컬음을 받지 못하는 자같이 되었다고 말합니다(사 63:19 참고). 주의 다스림을 받는 것과 주의 이름으로 일컬음을 받는 것이 하나님의 백성이 있어야 할 마땅한 상태와 위치인데, 현실은 그렇지 못하다는 것입니다. 이 말을 쉽게 묘사하면, 거지와 같은 상태에 있으면서도 왕자의 위치를 열망하는 것과 같다는 것입니다. 또 전쟁에서 패배하여 온몸이 만신창이가 되었는데도 마치 개선장군처럼 입성하리라고 상상하는 것과 같다는 것입니다. 하나님의 다스림을 받는 상태에 있는 하나님의 백성이라면 주님의 영광스러운 이름으로 일컬음을 받는 위치에 있을 것이고, 반대로 주의 이름으로 일컬음을 받는 위치에 있는 자라면 당연히 주의 다스림을 받는 상태에 있어야 합니다.

오늘날 우리 그리스도인과 조국 교회의 낮아진 위상은 우리가 하나님의 다스림을 받지 못하는 데서 비롯되었습니다. '다른 사람들이 우리 조국 교회와 각 그리스도인들에게서 주의 이름으로 일컬음을 받는 사람에게 있는 영광스러움과 매력을 발견하고 있는가' 하는 점에 대해 우리는 회의적일 수밖에 없습니다.

분명 하나님은 영광스럽고 지극히 존귀하신 분이시지만, 우리는 우리의 상태 때문에 그분의 영광과 존귀가 하나의 입담으로밖에 여겨지지 않는 현실을 살고 있습니다. 이러한 우리의 현실을 결코 가볍게 보아서는 안 됩니다. 단지 하나의 사회적인 현상인 것처럼 보아서는 안 됩니다. 비록 그리스도인과 교회의 문제가 사회적인 문제로 부각되고 있다 하더라도, 우리만큼은 이를 한갓 사회적인 현상으로 보아 넘겨서는 안 됩니다. 이것은 가볍게 볼 수 있는 문제가 아닙니다. 세상 사람들처럼 그저 아무 생각 없이 비판이나 한 번 하고 지나쳐 버릴 문제가 결코 아닙니다.

영적 현실에 대한 부담과 목마름의 기도

오히려 우리는 여기서 이사야와 같은 태도를 취해야만 합니다. 그는 자기 민족의 암담한 현실에 대해 어떤 태도를 취합니까? 그는 비판을 늘어놓지 않았습니다. 이사야 63장 15절부터 64장 마지막 절까지 줄곧 그는 자신의 영혼의 눌림과 부담을 하나님께 토해 냅니다. 그리고 무엇인가에 목말라합니다. 그에 대한 답을 얻기 전에는 도저히 멈출 수 없다는 듯이, 그 목마름을 감추지 못하고 온 힘을 쏟고 있습니다.

그는 이스라엘의 현실을 묘사하는 데서 멈추지 않습니다. 하나님께 심령 속에서 터져 나오는 간구를 덧붙입니다.

"원하건대 주는 하늘을 가르고 강림하시고"(사 64:1).

히브리어 원문대로라면 63장 마지막 절은 "원하건대 주는 하늘을 가르고 강림하시고"까지 연결됩니다. 따라서 63장 마지막 절은 64장 1절 상반절까지 묶어서 읽어야 합니다.

자기 민족의 현실을 바라보면서 이사야는 계속 하나님 앞에서 논지를 펴 나갑니다. 그는 앞에서 실상을 말하고 그 실상 때문에 견딜 수 없어서 간구의 말을 덧붙이는 방식을 반복하면서, 하나님 앞에 자신의 심정을 심각하게 토해 냅니다.

"하나님, 우리는 하나님께서 말씀하신 대로 살아야 하는데 우리의 실상은 이렇습니다. 보십시오. 우리의 이와 같은 모습을 보십시오. 원하건대 주의 종들을 위하여 돌아오시옵소서."

그리고 그는 또다시 실상을 말합니다.

"주의 거룩한 백성이 하나님께서 말씀하신 대로 살아야 하는데 주의 다스림을 받지 못하는 자 같습니다. 주의 이름으로 일컬음을 받지 못하는 자 같습니다."

그러고 나서 그는 또다시 간구합니다.

"그러니 원하건대 주의 종들을 위하여 돌아오시옵소서."

이를 정확히 말하면 "오! 주는 하늘을 가르고 강림하소서"입니다.[2]

이사야는 자기 민족의 암담한 현실을 하나님께 토로하다가 마침내 자기 속에서부터 터져 나오는 절규를 멈출 수가 없어서 '오!'하고 길고도 크게 부르짖었습니다. 그래서 로이드 존스(D. M. Lloyd-Jones) 목사는 이 '오!'라는 말을 매우 강조하면서 이것을 부흥을 갈구하는 사람에게 있는 탄식에 찬 갈망의 표현이라고 설명했습니다. 어쨌든 이것은 모방할 수 있는 말이 아니라 계속 고백하고 간구하며 탄식하고 간구하다가 그 실상이 너무 힘이 들어 스스로 터져 나온 말입니다. "오! 주는 하늘을 가르고 강림하소서." 이사야는 그렇게 외쳤습니다.

여기서 우리는 이사야가 무엇을 구했는가보다는 자기 민족의 현실에 대해 그가 보인 반응과 태도, 하나님 앞에서 토로한 그의 마음의 부담과 눌림이 어떠했는가를 보아야 합니다.

그는 자기 민족의 현실을 비판만 하면서 그 현실을 숙명이나 하나의 시대적인 흐름으로 받아들이지 않았습니다. 오히려 자신이 본 현

---

[2] 편집자주 – 개정 한글 성경에서 '원하건대'라고 번역된 단어는 히브리어 원문에서는 '오!'라는 탄식조의 강렬한 갈망으로 되어 있습니다.

실 때문에 그의 영혼은 무척 눌렸습니다. 그리고 마음과 영혼을 짓누르는 엄청난 부담 때문에 하나님 앞에 부르짖고 절규하다가 마침내 외마디 외침을 토해 냈습니다. "오! 하늘을 가르고 임하시옵소서."

그래서 그는 우리가 읽기에 다소 당혹스런 표현과 용어로 하나님께 간구합니다. 자기 민족의 현실에 대한 책임이 마치 하나님께 있는 것처럼 하나님께 따지듯이 말하다가, 마침내 참을 수 없는 자기 심정을 그대로 부르짖듯 하나님께 고백했습니다. "우리는 주의 다스림을 받지 못하는 자 같습니다. 또 주의 이름으로 일컬음을 받지 못하는 자같이 되었나이다. 오! 주는 하늘을 가르고 강림하소서."

이와 같은 이사야의 반응과 태도를 보면서 우리는 즉시 우리의 태도와 반응을 살피지 않을 수 없습니다. 왜냐하면 우리 또한 주의 다스림을 받지 못하는 자와 같고, 주의 이름으로 일컬음을 받지 못하는 자 같은 위치와 상태에 있음이 분명하기 때문입니다.

문제는 그다음입니다. 우리에게도 조국 교회의 위치와 상태로 인한 이사야와 같은 마음의 부담과 그와 같은 반응과 태도가 있느냐 하는 것입니다. 물론 적지 않게 그런 부담을 가진 사람들이 있는 줄 압니다. 또 저에게도 조국 교회의 현실로 인해 생긴 마음의 부담과 열망이 있습니다. 과거에 저는 조국 교회의 현실에 대해 매우 비판적이었습니다. 교회에 어떤 잘못과 오류가 있을 때 그 당사자들에 대해 저는 매우 냉소적이었습니다. 예리한 비판이 마치 그 시대를 이끄는 견인차라도 되는 것처럼 생각했습니다. 그러나 하나님께서는 몇 차례에 걸쳐 저의 생각을 고쳐 주셨고, 가장 예민하게 보아야 할 것이 무엇인지를 마침내 깨닫게 해 주셨습니다. 그것은 사건 자체가 아니었습니다. 또한 교회의 겉모습과 성도들의 외적인 삶도 아니었습니다. 그 모든 것들 속에서 가장 근본적이고도 영원한 한 가지를 보게 하는 시각의 변화를 주셨는데, 그것은 바로 하나님의 영광이었습니다.

하나님의 영광은 단순한 구호가 아닙니다. 그것은 아무 생각 없이 붙여 둘 만한 한갓 표어가 아닙니다. 그것은 우리 조국 교회의 전부이어야만 하고, 모든 그리스도인들에게 최고의 것이어야만 합니다. 나아가 온 열방이 최우선으로 알아야만 하는 것입니다. 하나님의 영광이 없는 교회는 죽은 교회이고, 송장과 같다는 사실을 절감했습니다. 또 하나님의 영광과 무관하게 사는 사역자나 그리스도인들은 한갓 생명 없는 허수아비에 불과하다는 사실도 깨닫게 되었습니다. 우리의 모든 실상을 하나님의 영광의 유무(有無)와 관련해서 비추어 봐야 하고, 그것에 의해서 하나님과의 관계의 진정성이 드러난다는 사실을 알게 되었습니다.

하나님의 영광이 사라졌을 때 슬퍼할 줄 모른다면 그는 더 이상 하나님의 백성이라고 할 수 없을 것입니다. 자기가 처한 환경과 교회와 개인의 삶 속에 하나님의 영광이 나타나기를 구하고, 또 그것을 위해서 사는 것은 하나님의 백성들에게 생명과도 같습니다. 이러한 깨우침이 저에게 있었습니다. 그리고 성경에 기록된 믿음의 사람들, 하나님을 깊이 알았던 사람들에게 이와 똑같은 깨우침과 체험이 있었다는 것을 알게 되었습니다. 저의 이런 깨달음이 깊어지면 깊어질수록,

우리의 현실이 더 안타깝게 보였습니다. 그리고 하나님의 영광과 점점 멀어지는 현실에 대한 부담이 결코 사라지지 않았습니다.

하나님의 영광이 전부가 되는 교회

우리는, 그리고 하나님의 모든 교회들은 "우리 교회의 전부는 하나님의 영광이다. 시작도 하나님의 영광이요, 과정도 하나님의 영광이며, 마지막도 하나님의 영광이다"라고 말해야 합니다.

시작도 하나님의 영광이요, 목표도 하나님의 영광이라는 말은 우리가 누구나 다 동감할 수 있는 말입니다. 그러나 '과정도, 최종적인 결과도 하나님의 영광을 위해서'라는 말은 참으로 많은 의미를 내포합니다.

진실로 교회가 그렇게 하나님의 영광을 구할 때 어떤 어려움에 처할지, 저는 희미하게나마 머릿속에 그려 봅니다. 한 가지 실례를 들어 봅시다. 우리가 교회의 성장 과정 중에서, 특히 수적인 성장에 관한 문제에 관하여 하나님의 영광을 의식한다고 할 때, 한국 교회에 널리 퍼져 있는 성장 논리와는 분명히 대치되는 상황에 직면하게 될 것입니다.

물론 교회는 성장해야 합니다. 또 성장을 구해야 합니다. 그리고 실제로 성장을 통해서 하나님의 영광을 나타낼 수 있습니다. 그러나 성장에 대한 욕심은 하나님의 영광과 완전히 대치됩니다. 성장에 대한 '욕심'을 구별하여 제거하면서 하나님의 영광을 끝없이 추구한다는 것은 결코 쉬운 일이 아닙니다. 저는 그 부분에서 자유롭기를 기도합니다. 그리하여 진실로 성장 과정에서도 하나님의 영광이 선명하게 나타나기를 기도합니다.

저는 하나님의 영광에 대한 목마름을 가지고 있습니다. 현재의 비참한 영적 상태로부터 회복되는 것을 넘어서서 하나님의 영광이 견고히 드러나게 되기를 간절히 소망합니다. 그래서 우리 교회 성도들과 함께 그것을 구하고 있습니다. 더 나아가 그리스도를 알지 못하는 종족들에게까지 하나님의 영광이 선포되는 데 우리가 사용되기를 열망합니다.

이 목마름과 열망에 따라 하나님의 영광에 대한 다른 표현인 하늘 영광, 그것을 이름으로 하여 하늘영광교회를 설립했습니다. 우리 교회 성도들을 비롯하여 이 책을 읽는 모든 사람들에게 부탁하고 싶은 것이 있습니다. 다른 사람, 다른 목회자, 그리고 다른 교회가 어떠한가보다는 내 안에, 우리 교회 안에, 그리고 우리 조국 교회 안에 하나님의 영광이 견고히 드러나는 문제에 최우선적인 관심을 가지기를, 그리고 그것을 위해 부단히 기도하기를 부탁하고 싶습니다.

이것에 대한 마음의 부담부터 해결하고 싶습니다. 이러한 부담이 조국 교회 위에 하나님의 영광이 다시금 선명하게 드리워지는 일의 시작이요 징조가 되었으면 좋겠습니다. 저는 부흥에 대한 역사를 공부하면서 부흥을 위해 최초로 기도하기 시작한 한 사람이 가진 깊은 영적 부담에서 시작된 부흥의 사례를 많이 알게 되었습니다.

저는 이 부담이 인위적으로 생긴 것이 아니라고 봅니다. 이것이 주님이 주신 마음이라고 믿습니다. 우리는 하나님의 영광이 조국 교회 위에 분명히, 그리고 다시 견고하게 드러나야 한다는 사실을 전하기 위해 살아야 합니다. 이를 위해 모든 교회가 존재해야 합니다. 이 강론을 계기로 여러분도 동일한 마음을 가지고 하나님의 다스리심과 영광의 회복을 위해 기도했으면 좋겠습니다.

이와 같은 하나님의 영광에 대한 부담과 열망이 끝까지 소진되지 않고 우리 교회를 통해 드러나게 하시며, 또한 조국 교회 위에 드러나게 하시고, 나아가 온 열방에까지 드러나게 해 주시기를, 또한 변함없이 지속될 수 있는 은혜와 역사를 주시기를 간구합니다.

그리고 동시에 저는 또 한 가지를 부탁하고 싶습니다. 우리 민족의 죄와 특별히 그리스도인들의 죄, 그리고 우리 교회들이 지은 죄에 대해 회개하고 하나님의 다스리심과 영광이 회복되게 해 달라고 간절히, 그리고 지속적으로 기도하기 바랍니다.

"그 블레셋 사람이 또 이르되, 내가 오늘 이스라엘의 군대를 모욕하였으니 사람을 보내어 나와 더불어 싸우게 하라 한지라. 사울과 온 이스라엘이 블레셋 사람의 이 말을 듣고 놀라 크게 두려워하니라……그들과 함께 말할 때에 마침 블레셋 사람의 싸움 돋우는 가드 사람 골리앗이라 하는 자가 그 전열에서 나와서 전과 같은 말을 하매 다윗이 들으니라. 이스라엘 모든 사람이 그 사람을 보고 심히 두려워하여 그 앞에서 도망하며 이스라엘 사람들이 이르되, 너희가 이 올라온 사람을 보았느냐. 참으로 이스라엘을 모욕하러 왔도다. 그를 죽이는 사람은 왕이 많은 재물로 부하게 하고 그의 딸을 그에게 주고 그 아버지의 집을 이스라엘 중에서 세금을 면제하게 하시리라. 다윗이 곁에 서 있는 사람들에게 말하여 이르되, 이 블레셋 사람을 죽여 이스라엘의 치욕을 제거하는 사람에게는 어떠한 대우를 하겠느냐. 이 할례 받지 않은 블레셋 사람이 누구이기에 살아 계시는 하나님의 군대를 모욕하겠느냐……큰형 엘리압이 다윗이 사람들에게 하는 말을 들은지라. 그가 다윗에게 노를 발하여 이르되, 네가 어찌하여 이리로 내려왔느냐. 들에 있는 양들을 누구에게 맡겼느냐. 나는 네 교만과 네 마음의 완악함을 아노니 네가 전쟁을 구경하러 왔도다……블레셋 사람이 방패 든 사람을 앞세우고 다윗에게로 점점 가까이 나아가니라. 그 블레셋 사람이 둘러보다가 다윗을 보고 업신여기니 이는 그가 젊고 붉고 용모가 아름다움이라. 블레셋 사람이 다윗에게 이르되, 네가 나를 개로 여기고 막대기를 가지고 내게 나아왔느냐 하고, 그의 신들의 이름으로 다윗을 저주하고 그 블레셋 사람이 또 다윗에게 이르되, 내게로 오라. 내가 네 살을 공중의 새들과 들짐승들에게 주리라 하는지라. 다윗이 블레셋 사람에게 이르되, 너는 칼과 창과 단창으로 내게 나아오거니와 나는 만군의 여호와의 이름, 곧 네가 모욕하는 이스라엘 군대의 하나님의 이름으로 네게 나아가노라. 오늘 여호와께서 너를 내 손에 넘기시리니 내가 너를 쳐서 네 목을 베고 블레셋 군대의 시체를 오늘 공중의 새와 땅의 들짐승에게 주어 온 땅으로 이스라엘에 하나님이 계신 줄 알게 하겠고, 또 여호와의 구원하심이 칼과 창에 있지 아니함을 이 무리에게 알게 하리라. 전쟁은 여호와께 속한 것인즉 그가 너희를 우리 손에 넘기시리라. 블레셋 사람이 일어나 다윗에게로 마주 가까이 올 때에 다윗이 블레셋 사람을 향하여 빨리 달리며, 손을 주머니에 넣어 돌을 가지고 물매로 던져 블레셋 사람의 이마를 치매, 돌이 그의 이마에 박히니 땅에 엎드러지니라."

_사무엘상 17:10,11,23-28,41-49

2장
하나님의 영광은 하나님의 백성의 영적 본능

골리앗, 하나님을 모욕하는 세상

앞 장에서도 말했듯이, 하나님의 영광은 단순한 구호나 표어가 아니라 그리스도인의 존재의 핵심이자 전부이어야 합니다. 성경에는 이에 대한 실례가 많지만 단연 중심에 떠오르는 인물은 바로 다윗입니다. 우리는 하나님의 신실한 자녀인 다윗을 통해 하나님의 백성이 자연스럽게 하나님의 영광을 추구하는 모습을 보게 됩니다.

사무엘상 17장을 보면, 이스라엘과 블레셋이 한창 전쟁하는 중에 다윗이 등장합니다. 이미 40일 이상 대치하고 있는 상태에서 블레셋의 장수 골리앗이 아침저녁으로 나와 이스라엘 군대를 모욕하며, 속히 자기와 싸울 상대를 내보내라고 소리를 지릅니다(10,16절 참고).

다윗이 아버지의 심부름으로 그 전쟁터에 이르렀을 때도 마침 골리앗이 나와서 똑같은 소리를 지르고 있었습니다. 골리앗은 계속해서 하나님의 군대인 이스라엘을 모욕하고 업신여기며 말했습니다.

하나님의 백성들에 대한 골리앗의 그러한 모욕은 단순히 사람에 대한 모욕이 아니었습니다. 26절에서 다윗이 말한 것처럼, 그것은 살아 계신 하나님의 군대에 대한 모욕이고, 궁극적으로는 하나님의 이름과 영광을 모독하는 발언이었습니다.

우리는 먼저 그런 모욕이 40일 이상이나 지속되었다는 사실을 생각해 보아야 합니다. 다윗이 그 전쟁터에 나타나기 전까지 골리앗은 이스라엘 백성들을 40일 동안이나 지속적으로 모욕하고 있었습니다. 여기서 우리는 다윗이 어떻게 반응했는가를 말하기 전에 골리앗이 계속해서 하나님의 백성들을 모욕하고 있었다는 사실을 생각해야 합니다. 이 사실에 대해 주의해야 합니다. 왜냐하면 골리앗의 그런 모습은 이 세상이 하나님의 백성들을 향해 취하는 태도를 시사해 주기 때문입니다.

이 세상은 언제나 하나님의 백성들을 모욕함으로써 궁극적으로는 하나님의 이름과 영광을 모욕해 왔습니다. 세상이 그것을 의식하든 의식하지 않든 간에 세상은 골리앗처럼 하나님의 이름과 영광을 모욕하는 존재로 남아 있습니다. 그들은 그리스도인들을 모욕하지만, 그것은 실상 우리가 믿는 하나님을 모욕하는 것입니다. 이것이 하나님을 믿는 백성들이 처한 현실입니다. 이 현실은 예나 지금이나 다를 바가 없습니다.

하나님의 백성들은 하나님을 모욕하는 현실에 대해 두 가지 반응을 보입니다. 하나는 소극적이고 무기력한 반응이며, 또 하나는 적극적이고 담대한 반응입니다. 사무엘상 17장에는 그 두 가지 반응이 모두 나타납니다.

신실하지 못한 다수의 무기력한 반응

먼저, 40일 이상 계속되는 골리앗의 모욕 앞에서 대부분의 이스라엘 백성들이 취한 행동과 반응과 태도를 봅시다. 그들은 소극적이고 무기력하게 반응했습니다. 골리앗이 40일 이상 쉼 없이 모욕하고 조롱하는데도 하나님의 백성들은 대부분 두려워하고 기피하는 반응을 보였습니다. 하나님의 군대를 모욕하는 골리앗을 통해서 궁극적으로 하나님의 이름과 영광이 모욕당하고 있으며, 그 전쟁에 궁극적으로 하나님의 이름이 걸려 있는데도 말입니다.

10절에서 그 블레셋 사람이 "내가 오늘 이스라엘의 군대를 모욕하였으니 사람을 보내어 나와 더불어 싸우게 하라"라고 말하는 것을 볼 수 있습니다. 골리앗은 "내가 너희 이스라엘 군대를 모욕했으니 가만히 있지만 말고 나와 보라. 너희들이 믿는 그 하나님도 있지 않는가? 그러니 빨리 사람을 내보내 너희 하나님의 이름을 빌려서 한번 덤벼 보라"라고 말하고 있습니다.

이러한 골리앗의 말에 이스라엘 백성들은 이렇게 반응합니다.

"사울과 온 이스라엘이 블레셋 사람의 이 말을 듣고 놀라 크게 두려워하니라"(11절).

24절에 나타난 바, 골리앗이 전과 같이 하는 말을 듣고 이스라엘이 보인 반응은 더욱 가관입니다.

"이스라엘 모든 사람이 그 사람을 보고 심히 두려워하여 그 앞에서 도망하며."

하나님이 모욕당하시는 현실에 대한 하나님의 백성들의 반응 중 하나는 바로 이 사람들과 같이 부끄러워하거나 두려워하고 기피하는 것입니다. 신실하지 못한 하나님의 백성들은 이렇게 반응할 수밖에 없습니다.

성경에 기록된 역사와 교회사를 되돌아보면, 하나님의 이름과 영광에 대한 하나님의 백성들의 태도는 대부분 소극적이었습니다. 그리고 하나님의 영광이 모욕당할 때 아주 민감하고 적극적으로 반응했던 때는 매우 드물었습니다. 하나님의 이름과 영광에 대한 세상의 태도를 개탄하며 그 영광이 나타나기를 하나님께 구하고 그런 세상에 대항한 사람들은 다수가 아니라 소수였습니다.

오늘날에도 마찬가지입니다. 우리나라만 해도 결코 적지 않은 수의 그리스도인이 있습니다. 그러나 하나님의 이름과 영광에 대해 적극적으로 반응하는 사람보다는 침묵하는 사람이 대부분인 것이 현실입니다. 우리로 인해 세상이 하나님의 이름과 영광을 함부로 들먹거리는데도, 그런 현실과 상황과 관계 속에서 침묵하며 부끄러워하고, 때때로 두려워하며 기피하는 사람들이 너무나 많은 듯한 인상을 부인할 수가 없습니다. 이런 무기력한 태도 때문에 하나님께 돌려져야 마땅한 영광이 모욕을 당합니다.

하나님의 영광에 민감한 다윗의 반응

다음으로 하나님의 이름과 영광에 대한 민감한 반응과 태도를 봅시다. 바로 다윗이 보인 반응입니다. 하나님 앞에는 반드시 다윗과 같은 사람이 있습니다. 비록 소수이기는 하지만, 하나님의 이름과 영광에 대해 민감한 마음을 가지고 그 영광을 소중히 여기는 사람들이 반드시 있습니다. 그리고 그들을 통해 하나님의 영광이 회복되는 역사가 일어납니다. 성경은 그것을 더욱 강조하여 말합니다.

비록 상대가 두렵게 느껴지기는 하지만 그런 상황 속에서도 하나님의 이름과 영광을 더욱 소중히 여기며, 하나님의 이름과 영광이 모욕당하는 것을 결코 그냥 보고만 있지 못하는 백성이 있다는 사실을, 우리는 본문에서 발견합니다. 본문이 우리에게 주는 또 한 가지 매우 중요한 교훈은 하나님의 백성들이 하나님의 영광에 대하여 다윗과 같이 반응해야 한다는 것입니다.

하나님의 신실한 백성에게는 하나님의 영광에 대한 일종의 영적 본능이 있습니다. 그렇다면 하나님의 영광에 대한 영적 본능은 구체적으로 무엇이겠습니까? 다윗이 보여 준 태도를 살펴보면 답을 찾을 수 있을 것입니다.

먼저, 다른 무엇보다도 다윗은 하나님의 군대에 붙여진 하나님의 이름이 모욕당하는 것에 대해 민감했습니다. 이것이 하나님의 신실한 백성의 일차적인 영적 본능입니다. 하나님의 이름이 모욕당할 때 가만히 있지 않고 민감하게 반응하는 것입니다. 다시 말하면, 그는 하나님의 영광에 대해 참으로 민감한 영적 태도를 지니고 있었습니다.

다윗은 전쟁터에 왔다가, 마침 40일 이상 계속되던 골리앗의 모욕적인 말을 들었습니다(23절 참고). 다윗은 그 말을 듣자마자 곁에 서 있는 사람들에게 물었습니다. "이 할례 받지 않은 블레셋 사람이 누구이기에 살아 계시는 하나님의 군대를 모욕하는가? 도대체 이 사람이 누군데 살아 계시는 하나님의 군대를 모욕하는가?"(26절 참고) 그는 매우 민감하게 반응했습니다.

다윗은 살아 계시는 하나님의 군대가 모욕당하는 것에 대해 감출 수 없는, 아주 자연스러운 영적 본능을 드러냈습니다. 바로 그런 태도와 반응이 신실한 하나님의 백성들이 가진 영적 본능입니다. 그러므로 하나님의 백성은 하나님의 영광에 관하여 민감한 영적 본능을 발휘합니다. 그들은 하나님의 이름과 영광이 모욕당하는 것을 견디지 못합니다. 이것은 우리가 하나님의 백성이라는 것을 나타내 주는 아주 중요한 시금석입니다. 즉, 우리가 하나님의 백성인가 아닌가, 하나님의 참된 백성인가 아닌가를 판가름해 주는 아주 중요한 시금석입니다. 여러분은 하나님의 참된 백성입니까? 여러분이 하나님의 참된 백성이라면, 여러분은 하나님의 영광에 대해 민감할 것입니다. 하나님의 영광이 모욕당하는 것을 차마 보지 못할 것입니다. 여러분, 이와 같은 반응과 태도가 우리에게 있는지를 진지하게 살펴보십시오.

여러분은 하나님의 이름과 그분의 영광에 관하여 민감하게 반응합니까? 실제로 모든 문제에 대해서 그렇게 하고 있느냐는 말입니다. 자신의 어떤 내적인 문제 때문이 아니라, 또 자신의 자존심 때문이 아니라, 하나님의 이름과 영광이 모욕당하는 것을 견디지 못해서 드러내는 거룩한 영적 반응이 여러분에게 있느냐는 것입니다. 한번 점검해 보십시오! 그것은 우리가 진실한 그리스도인인지 아닌지를 판가름하는 아주 중요한 시금석입니다.

비록 대세가 거세고 때때로 골리앗처럼 하나님의 영광을 모독하는 분위기가 우리를 압도한다 할지라도, 다른 무엇보다도 하나님의 이름과 영광이 모욕당한다는 사실 때문에 우리의 영혼이 눌리고 힘들어해야 합니다. 그리고 거기에 적극적인 반응을 보여야 합니다. 그러한 반응이 있다면 우리는 하나님의 참된 백성이라 할 수 있을 것입니다.

하나님의 영광과 관련해 다윗이 보인 또 다른 반응과 태도는, 하나님의 영광에 대항하는 어떠한 방해에도 굴복하지 않았다는 것입니다. 하나님의 영광에 대한 우리의 태도에는 반드시 방해가 따릅니다. 본문에서 다윗이 하나님의 이름과 영광에 대해 민감하게 반응하자마자, 그의 형들은 다윗의 행동을 오만하고 하찮게 생각했습니다. 다윗의 큰형인 엘리압은 그런 다윗의 태도에 노를 발하면서 "네 교만과 네 마음의 완악함을 아노니"(28절)라고 꾸짖었습니다. 엘리압의 행동은 무엇을 말해 줍니까? 엘리압은 하나님의 영광에 대해 누구보다도 민감해야 할 사람인데도 오히려 하나님의 영광에 대해 민감한 다윗의 반응을 못마땅해하며 저지하려 합니다.

하나님의 영광에 대해 소극적이어서 그것을 기피하려는 사람들은 흔히 이렇게 행동합니다. 그들은 하나님의 영광을 나타내는 일과 관련하여 자신이 하지 못하는 것을 다른 사람이 적극적으로 하려는 것에 대해 못마땅해하고, 심지어 방해하기까지 합니다. 또 그들은 하나님의 영광을 위해 자신을 기꺼이 드리려는 사람을 시기합니다. 그리고 그런 사람에 대한 미움을 드러냅니다. 실제로 그런 일이 교회 공동체 안에서 적지 않게 일어나고 있습니다. 자신이 못하는 것을 다른 사람이 하는 것을 가만히 보지 못하는 사람들이 있습니다. 자신은 두렵고 싫어서, 또 부끄러워서 기피하면서도 다른 사람이 그 일을 하려고 하면 반기를 들고 나섭니다. 하나님의 영광에 대해 다윗처럼 민감하게 반응하면, 이런 반대가 따릅니다.

또한 우리는 하나님의 영광을 구하는 다윗이 공교롭게도 잘 아는 가까운 사람에 의해서 방해받고 있다는 사실을 기억해야 합니다. 어떤 사람이 하나님의 영광에 대한 이해를 가지고서 그 부분에 대해 다윗처럼 반응하려 하면, 평소에 그를 잘 알고 있던 사람이 그런 태도와 반응을 보고서 "너무 별나게 구는 것이 아니냐? 너 혼자만 예수 믿느냐?"라고 빈정댑니다. 여러분, 하나님의 영광을 가장 크게 드러내고자 하면 반드시 이런 방해가 따릅니다.

그러나 여러분, 하나님의 신실한 백성은 하나님의 영광보다 더 귀하고 소중한 것이 없음을 알기 때문에, 다윗처럼 이런 반대에 굴하지 않습니다. 어떤 면에서 보면 이런 방해는 골리앗과 같은 세상의 위협에 하나님의 영광을 의식하며 민감하게 반응하는 것보다 더 감당하기가 어렵습니다. 다윗이 엘리압에게서 반대를 받은 것처럼, 오히려 자기를 잘 알고 있는 사람, 그것도 자기와 오랫동안 함께 신앙생활을 해 온 사람이 하나님의 영광에 대한 자신의 태도를 보고서 업신여기며 빈정거릴 때, 이것은 오히려 더 큰 어려움으로 다가옵니다. 그래서 금방 포기해 버리기 십상입니다.

그러나 여러분, 본문을 보십시오! 아무리 방해가 거세다 하더라도 그보다 더 중요한 것이 있습니다. 우리의 생명보다 더 크고 귀하게 여겨야 할 것, 그것이 바로 하나님의 영광과 이름입니다. 하나님의 영광과 이름을 위해 그 어떤 방해가 있다 하더라도 굴하지 않는 것, 그것이 바로 하나님의 신실한 백성의 태도입니다.

다윗이 하나님의 영광과 관련해서 보여 준 또 하나의 반응과 태도를 봅시다. 그는 실제로 하나님의 영광을 자기 생명보다 더 귀하게 여겼습니다. 다윗은 키가 거의 3미터에 달하는 골리앗과 마주 섰습니다. 골리앗이 철갑옷을 입고 무장한 상태로 나아오는데도 다윗은 그와 맞서 싸우는 일을 마다하지 않았습니다. 골리앗과 싸우러 나가는 사람이 이스라엘의 대전사인 사울이나 다른 장수라면 이해가 되겠지만, 작은 소년 하나가 거대한 장수와 맞서 싸우겠다고 나섰습니다. 그것은 곧 죽으러 가겠다는 소리밖에 안 됩니다.

그러나 다윗에게는 그런 상황과 결과는 둘째 문제입니다. 다윗에게는 골리앗과 싸운 이후에 나타날 결과보다는 하나님의 이름이 모욕당했다는 거룩한 의분이 먼저였습니다. 다른 사람들은 엄두도 내지 않는 일이지만 다윗은 기꺼이 자원했습니다. 그에게는 자신의 생명보다도 하나님의 영광이 더 중요했기 때문입니다.

우리는 과연 하나님의 영광을 자신의 생명보다도 더 귀하게 여기고 있는지 진지하게 생각해 보아야 할 것입니다.

그렇다면 다윗이 담대한 태도를 가질 수 있었던 원인은 무엇이겠습니까? 하나님이 누구이신지를 알지 못하면 다윗은 결코 그런 반응과 태도를 보일 수 없습니다. 하나님이 창조주가 되시고, 우리의 인생을 만드시며 우리의 호흡을 주장하시고, 우리의 삶을 주장하시며 끝을 결정하신다는 것, 더 나아가 영원한 생명을 결정하신다는 진리를 알지 못한다면 절대 불가능한 일입니다. 우리에게 대항하는 적보다도 하나님이 더 능하시고, 그 어떤 권세와 능력도 그분을 대항할 수 없다는 확신이 없이는 그렇게 할 수 없습니다.

하나님을 제3자처럼 여기면서 어찌 하나님의 이름과 영광에 생명을 걸 수 있겠습니까? 그분에 대한 이해와 신앙적인 확신이 없다면 그럴 수 없습니다. 이 땅에 사는 동안 하나님의 영광을 나타내도록 하기 위해 하나님이 우리에게 생명을 주셨음을 알기에 그렇게 할 수 있는 것입니다.

다윗은 하나님의 영광과 이름을 위해 스스로 무언가 해 보겠다고 단순하게 생각만 하지 않고, 실제로 골리앗을 향해 도전했습니다. 하나님의 영광의 가치를 아는 사람은 다윗처럼 실제로 전쟁터로 나갑니다. 이것이 하나님의 영광을 위하는 신실한 백성들의 또 다른 영적 본능입니다. 진실로 하나님의 참된 백성이라면, 영적 확신을 숨기는 것이 오히려 이상한 일입니다.

그렇다고 하나님의 이름과 영광에 대한 모욕이 있는 자리에서 즉각 싸움을 걸라는 말은 아닙니다. 우리가 처한 상황에서 다윗이 직면한 것과 같은 현실을 만날 때, 우리는 하나님의 영광을 생각만 할 것이 아니라 나타내는 자리로 나아가야 합니다. 하나님의 영광이 그 어떤 것보다도 소중함을 몸소 증거할 수 있어야 합니다.

도무지 믿어지지 않는 장면이 펼쳐졌습니다. 더구나 골리앗은 다윗을 비웃고 조롱하며 "네가 나와 싸우겠다는 것이 말이나 되느냐?"라고 말했습니다. 또 "네가 나를 개로 여기고 막대기를 가지고 내게 나아왔느냐?"(43절)라고 말하며 자신의 신들의 이름으로 다윗을 저주하고 들짐승의 먹이로 만들겠다고 큰소리쳤습니다(43,44절 참고).

다윗이 실제로 골리앗과 싸우려고 나아갔을 때, 그는 처음에 결심했을 때보다 골리앗이 더 힘든 상대인 것을 직감했습니다. 대적자 골리앗이 너무나 거세게 면박하고 저주하며 그를 공격했기 때문입니다. 그러나 다윗은 더 당당히 골리앗을 대면하여 섰습니다.

우리는 생각보다 만만치 않은 싸움 앞에서 종종 포기하거나 주저앉을 수 있습니다. '주님의 영광을 위해서 반응하며 살아야지'라고 생각은 하지만, 막상 현실에 부딪혀 대적이 더욱 드세게, 위압적으로 저주하며 위협적으로 다가오면 생각과 실천이 별개의 문제가 될 수 있습니다. 그러나 하나님의 영광이 그 무엇보다도 귀한 줄을 알고, 또 하나님의 영광을 자기 생명보다 귀하게 여기는 사람은, 그리고 최후의 생명과 승리를 주시는 분이 누구신지를 아는 사람은 그 대적자에 대항하여 끝까지 나아갑니다.

다윗에게 골리앗을 이길 비법이 있었습니까? 그만이 갖고 있었던 어떤 특별한 능력이 따로 있었습니까? 어떤 사람들은 다윗이 물매를 잘 다루는 능력을 가지고 있었다고 말합니다. 어떤 학자들은 그가 던지는 물맷돌의 적중률이 대단했다고도 합니다. 다윗이 던진 물맷돌이 날아가는 속도가 거의 시속 250킬로미터였다고 하면서 웬만한 무기와 맞먹는 위력이라고 말하기도 합니다. 그러나 사무엘상 17장은 다윗의 재주와 능력에 대해 찬사하는 말씀이 아닙니다. 물론 그동안 목동으로 자라 온 다윗이 가진 물매를 다루는 실력이 하나의 장점이었던 것은 사실입니다. 그러나 다윗의 말에서 우리가 진정으로 집중해야 할 것이 무엇인지를 알게 됩니다.

"골리앗을 어떻게 대항할 수 있겠느냐?"라고 묻는 사울에게 다윗은 이렇게 말합니다.

"여호와께서 나를 사자의 발톱과 곰의 발톱에서 건져 내셨은즉 나를 이 블레셋 사람의 손에서도 건져 내시리이다"(37절).

다윗은 자신의 물매 실력 때문에 사자와 곰의 공격에서 살아남을 수 있었던 것이 아니었다고 말합니다. 자신의 능력이 아니라 하나님께서 자신의 물맷돌을 사용하셔서 건져 주셨다는 것입니다. 그는 이와 똑같은 신앙으로 골리앗 앞에 섰습니다. 골리앗과 같은 이 세상의 대적자들과의 싸움도 바로 다윗이 가졌던 것과 똑같은 태도로만 이길 수 있습니다. 우리의 재능으로 이길 수 있는 것이 아닙니다. 우리의 지혜와 능력, 또 우리가 아는 지식을 사용하겠지만, 오직 살아 계신 하나님의 도움에 의해서만 이길 수 있습니다. 특히 영적인 성격이 내재된 싸움은 더욱 그러합니다.

우리는 골리앗과 같은 대적과 싸울 때마다 담대함을 잊지 말아야 합니다. 다윗처럼 내가 가지고 있는 능력으로가 아니라 여호와 하나님의 도우심으로 이길 수 있다는 믿음을 가지고 하나님을 신뢰하는 담대함을 잊지 말아야 합니다.

다윗은 이전부터 자신을 건지고 도우셨던 하나님을 기억했습니다. 이전에 사자와 곰으로부터 자신을 건지신 그 하나님이 현재에도 이 위험으로부터 자신을 건지실 것이라고 확신했습니다. 바로 여기에 체험적인 신앙의 장점이 있습니다. 이전에 하나님께서 나에게 이렇게 하셨으니 여전히 그렇게 하실 것이라는 믿음으로 계속해서 나아간다는 것입니다.

다윗의 싸움의 비법은 다른 데 있지 않았습니다. 그는 '여호와께서'라는 말로 모든 것을 설명하고 있습니다. "여호와께서 과거에도 그렇게 하셨고 지금도 그렇게 하시리라"라는 것입니다. 이전부터 자기를 도우신 하나님을 신뢰하므로 다윗은 담대히 나아갔습니다.

"너는 칼과 창과 단창으로 내게 나아오거니와"(45절).

이 말은 "너는 나를 공격할 최고의 능력과 실력으로 대항하지만, 나는 만군의 여호와의 이름, 곧 네가 모욕하고 업신여기는 이스라엘 군대의 하나님의 이름으로 가노라. 이것을 통해서 여호와 하나님께서 살아 계신 줄 너로 알게 하리라"라는 뜻입니다.

우리가 이 본문을 많이 인용합니다만, 이 본문을 제대로 이해하려면 이 작은 소년의 영혼 속에 있는 하나님을 향한 불붙는 마음을 먼저 생각해야 합니다. 다윗이 이렇게 말할 수 있었던 것은 하나님에 대한 그의 확신 때문이었습니다. 이런 확신을 근거로, 그의 영혼은 주님의 영광이 모욕당함을 견디지 못하는 강력한 영적 열심을 드러냈습니다.

이것이 하나님의 백성의 실체이어야만 하고, 우리에게도 있어야만 하는 영적 열심입니다. 골리앗이 아무리 강력해도, 우리에게는 "네가 모욕하는 이스라엘 군대의 하나님 여호와의 이름으로 가노니, 이 계기를 통해서 너로 하여금 살아 계신 하나님을 고백하게 하겠다. 너뿐만 아니라 모든 사람으로 하여금 여호와께서 살아 계심을 알게 하겠다"라는 확신이 있어야 합니다.

우리에게 이런 영적 열심과 태도가 있는가?

본문은 다윗의 본을 통해 하나님의 이름과 영광에 대한 올바른 반응과 태도를 우리에게 보여 주었습니다. 우리는 이것을 다윗의 특별한 모험처럼 이해해서는 안 됩니다. 다윗은 평소에도 그런 태도로 살았기 때문에 필요한 때에 그렇게 확신에 차고 담대할 수 있었습니다. 그것은 한순간의 돌발 행동이 아니라 일상의 연장선상에서 자연스럽게 취한 행동이었습니다. 하나님의 영광을 위한 다윗의 거침없는 태도는, 하나님과 하나님의 이름을 가장 귀하게 여기는 다윗의 일상적인 신앙에서 나온 것이었습니다.

그러므로 우리들이 살아가는 환경과 관계와 현실적인 문제 등 이 모든 문제에 대해서 우리들이 나타내는 자연스러운 태도가 무엇인지를 한번 살펴보십시오! 그 모든 상황과 현실 속에서 다윗과 같은 모습이 있습니까? 마치 본능인 것처럼 하나님의 영광을 위하고자 하는 반응이 있느냐는 것입니다. 그렇다면 당신은 정녕 참된 그리스도인이요, 하나님의 신실한 백성일 것입니다.

"헤롯이 두로와 시돈 사람들을 대단히 노여워하니 그들의 지방이 왕국에서 나는 양식을 먹는 까닭에 한마음으로 그에게 나아와 왕의 침소 맡은 신하 블라스도를 설득하여 화목하기를 청한지라. 헤롯이 날을 택하여 왕복을 입고 단상에 앉아 백성에게 연설하니 백성들이 크게 부르되, 이것은 신의 소리요 사람의 소리가 아니라 하거늘, 헤롯이 영광을 하나님께로 돌리지 아니하므로 주의 사자가 곧 치니 벌레에게 먹혀 죽으니라."

_사도행전 12:20-23

3장
하나님의 영광에 대한 장애 1
_자기 영광을 구하는 것

　사람이 자기 영광을 구하는 것은 하나님의 영광에 대한 장애물이 됩니다. 특히 평소의 삶에서 교만하게 행하며 자기 영광을 구할 때, 하나님의 영광을 가로챔으로써 장애가 됩니다.

　인간은 자신의 의지를 가지고 적극적으로 하나님의 영광을 드러내기도 하고, 반대로 그것을 부끄러워하고 두려워하며 기피하기도 합니다. 그러나 반드시 기억해야 할 것이 있습니다. 인간이 하나님의 영광을 구하지 않고 나타내지 않는 것은 결코 가벼운 문제가 아니라는 것입니다. 그것은 인간 존재의 목적을 거스르는 것입니다.

　우리의 모든 삶은 하나님의 영광과 관련되어야만 합니다. 그런데 성경과 교회 역사를 보면 하나님의 영광을 가로막는 일들이 인생들 가운데, 심지어 하나님의 백성들 가운데서도 있어 왔다는 사실을 발견하게 됩니다. 먼저 이에 대한 경계의 교훈을 받기 위해, 우리는 하나님의 영광을 그르치는 인생들의 실례를 살펴보아야 합니다.

앞으로 여섯 번에 걸쳐서 하나님의 영광을 그르치는 우리의 여러 가지 오류들과 장애들을 살펴볼 것입니다. 하나님의 백성이든 하나님의 백성이 아니든, 인간이 존재하는 목적은 하나님의 영광인데도 그것을 거스르는 인간들의 실상을 살피고, 우리 안에 있는 장애 요소들을 경계하고 제거하기를 소원합니다.

자기 영광을 구하는 자의 비참한 최후

본문에서 우리는 하나님의 영광을 그르치는 것이 무엇인지를 말해 주는 한 가지 사건을 보게 됩니다. 본문에 등장하는 인물은 초대 교회를 핍박하던 헤롯 아그립바 1세입니다. 누가는 헤롯 왕이 죽는 사건을 성경에 기록하면서 그의 사인(死因)이 무엇인지를 아주 정확하게 기록했습니다. 그 원인을 말하기 위해 누가는 사건의 배경이 되는 역사에 대해 간단히 설명합니다.

먼저 두로와 시돈 사람들이 헤롯의 노여움을 사고 있었습니다. 그래서 그들은 왕궁을 찾아와 헤롯과 화해할 뿐 아니라 그의 호의를 얻어 왕의 영토에서 생산되는 식량을 자유롭게 공급받고자 했습니다. 이 일을 위해 그들은 궁내 대신인 블라스도라는 사람을 매수하여 기회를 엿보았고, 마침내 그 기회를 얻었습니다. 헤롯이 날을 택하여 왕복을 입고 백성들 앞에 나타나서 단상에 앉아 연설을 하게 되었을 때, 헤롯을 의지해야 했던 백성들은 그의 연설을 듣고 "이것은 신의 소리요 사람의 소리가 아니라"(22절)라고 크게 외쳤습니다.

당대의 유명한 역사가인 요세푸스(Josephus Flavius)는 이 사건의 전말(顚末)을 누가보다 좀 더 상세히 기록합니다. 그의 기록은 이러합니다.

"아그립바는 황제의 안녕을 위한 축제를 시작하면서 가이사의 영광을 보여 주려 하였다. 거기에는 각 지방 장관들과 저명한 인사들이 다 모여 있었다. 둘째 날 새벽, 아그립바는 은으로 만든 옷을 입고서 물결치듯 하며 극장 안으로 들어왔다. 그 은으로 만든 옷은 아침 햇살을 받아 멋있게 번쩍거렸다. 그것을 보는 자마다 그 찬란함에 압도되어 경외심마저 느끼고 떨 정도였다. 곧 아첨꾼들이 여러 가지 말로 그를 칭송했고, 그것은 그에게 불길한 징조처럼 보였다. 왜냐하면 그들이 그를 신이라고 부르며 크게 소리 지르기를, '우리에게 자비를 내리소서. 이제까지는 당신을 사람으로 공경했으나 지금부터는 당신을 인간 이상으로 여기겠나이다'라고 하였기 때문이다. 그는 그들을 꾸짖지도 않았으며, 이 경건하지 못한 아첨을 물리치지도 않았다. 그 순간 그가 머리를 들었을 때 그는 자기 머리 위의 밧줄에 앉아 있는 올빼미를 보았다. 그는 곧 이것이 전에는 복의 사자였으나 이제는 재앙의 사자임을 깨달았다. 한줄기의 근심이 그의 마음을 스쳐갔다. 동시에 그는 배가 심하게 아픈 것을 느꼈다. 이것은 극심한 통증으로 변했다. 그는 재빨리 궁 안으로 옮겨 갔고, 닷새 동안 통증으로 심하게 고생하다가 죽었다."

이것이 당대 역사가의 기록입니다. 이와 같은 당시의 역사적인 기록은 누가의 기록을 좀 더 상세하게 보충해 주면서도 거의 같은 맥락에서 중요한 한 가지 사실을 공통적으로 지적하고 있습니다. 요세푸스가 그리스도인이 아니었기 때문에 연설을 마친 아그립바에게 임한 고통을 하나님의 심판이라고 말하지 않고 갑작스럽게 임한 복통으로 묘사했을 뿐입니다. 그러나 그 내용은 거의 비슷합니다. 요세푸스도 누가와 마찬가지로 아그립바의 결정적인 잘못이 무엇인지를 정확하게 지적하고 있습니다. 그것은 바로 헤롯 아그립바가 영광을 하나님께 돌리기보다는 자신이 그 영광을 받았으며, 자신을 신으로 높이는 아첨을 잠자코 받아들였다는 것이었습니다. 그 결과 그는 하나님의 심판을 받아 벌레에게 먹혀 죽게 되었습니다. 헤롯이 복통을 앓아서 죽게 되었다는 요세푸스의 말을 누가는 하나님의 심판을 받아 벌레에게 먹혀 죽게 된 것이라고 기록합니다.

이처럼 우리는 헤롯의 죽음과 관련된 사건을 통해서 인간이 하나님의 영광을 그르칠 수 있다는 사실을 발견하게 됩니다.

두 종류의 하나님의 영광

하나님의 영광에는 두 가지가 있습니다. 하나는, 하나님께서 스스로 가지고 계시는 본유적(本有的)인 영광입니다. 하나님께 영광은 본질적인 것이므로 거기에 더할 것이 아무것도 없습니다. 스스로가 영광스러우시며, 그 본질이 영광입니다. 그 영광이 없이는 하나님은 하나님이 되실 수가 없습니다.

하나님은 자신의 자녀들에게 지혜와 명예를 주시며, 필요하면 물질도 주십니다. 그 외에도 많은 현세적인 복을 주시고, 생명을 연장시켜 주시기도 합니다. 또한 영적인 복들을 주셔서 하나님의 은혜와 사랑을 깨닫게 하시고, 하나님이 주시는 감격들을 경험하게 하십니다. 뿐만 아니라 하나님의 나라에 들어가는 복도 주십니다. 그러나 그 누구에게도 하나님의 본질적인 영광을 양도하시지는 않습니다.

다른 하나는 하나님께 돌려야 할 영광입니다. 성경은 말합니다.

"여호와의 이름에 합당한 영광을 그에게 돌릴지어다"(대상 16:29).

우리의 인격과 삶을 통해서 하나님을 높이고 존귀하게 여김으로써 하나님께 돌려야 할 영광이 있다는 것입니다.

우리가 하나님께 영광을 돌리든 돌리지 않든 상관없이 하나님은 스스로 영광스러우십니다. 우리는 거기에 무엇을 더할 수도 없고 뺄 수도 없습니다. 하나님의 손으로 창조된 우리는 하나님을 영화롭게 해야 하며, 하나님께 합당한 영광을 돌려야만 합니다.

그런데 흥미로운 사실 한 가지는 우리의 인격을 통해서 마땅히 하나님께 돌려져야 할 영광이 돌려지지 않고, 오히려 손상될 수도 있으며 모욕당할 수도 있고 업신여김을 받을 수도 있다는 것입니다.

하나님의 영광을 거스르는 모습과 그 원인

우리는 여기에서 먼저 하나님의 영광과 우리와의 관계에 대해서 생각해 보아야 합니다. 하나님의 영광과 우리와의 관계에서 하나님께 돌려져야 할 영광이 다르게 나타날 수도 있기 때문입니다. 이것은 세 가지로 요약할 수 있습니다.

첫 번째로, 모든 인간은 하나님께 마땅히 영광을 돌려야 하는 존재요, 그런 관계 가운데 있습니다. 하나님께 영광을 돌리는 것이 인간의 존재의 목적이요 기본입니다. 그러나 부패한 인간은 이를 무시하고 하나님께 영광을 돌리지 않습니다. 자신의 부패한 의지로 그렇게 합니다. 그러나 하나님께 영광을 돌리지 않는 인간에게 돌아오는 결과는 하나님의 심판밖에 없습니다. 이것이 로마서 1장에 기록되어 있습니다. 사도는 "하나님을 알되 하나님을 영화롭게도 아니하며 감사하지도 아니하고"(21절)라고 한 후, 결론 부분에 이르러 "이 같은 일을 행하는 자는 사형에 해당한다고 하나님께서 정하심을 알고도"(32절)라고 말합니다. 하나님께서 정하신 심판을 말하는 것입니다. 이처럼 하나님께 합당한 영광을 돌려야 하는 관계에서 마땅히 드려야 할 영광이 있습니다.

두 번째로, 하나님의 영광에 대한 또 다른 모습은, 인간이 하나님께 영광을 돌리기는커녕 그 영광을 가로채는 것입니다. 하나님께 돌려야 할 영광을 사람이 대신 받습니다. 이것은 인간이 자신의 존재를 망각한 가장 큰 위험입니다. 도저히 인간으로서 해서는 안 되는 일입니다. 바로 그런 모습을 본문에서 볼 수 있습니다.

하나님의 영광을 거스르는 세 번째 모습은, 인간이 하나님의 영광을 욕되게 할 수 있다는 것입니다. 하나님이 업신여김을 받으시는 것은 소위 하나님을 믿는 사람들 때문입니다. 이에 대해서는 뒷부분에서 중점적으로 살펴보겠습니다.

사람들에 의해서 어떤 식으로든 하나님의 영광이 무시되고 모욕되며 심지어 가로채는 일까지 있습니다. 다시 말하지만, 이 모든 일은 결코 가볍게 넘길 수 있는 문제가 아닙니다. 하나님을 마땅히 영화롭게 하는 것이 아닌 것은 모두 결코 올바른 것이 아닙니다.

이 세상을 평가하시는 하나님은 우리의 단순한 행위를 잣대로 삼지 않습니다. 이 사실을 기억해야 합니다. 모든 행위의 기준은 단순한 행위와 덕목에 따라 정해지지 않습니다. 하나님을 영화롭게 하느냐, 하지 않느냐가 평가의 기준입니다. 하나님을 영화롭게 하는 것이 아니면 모두 하나님의 뜻에 어긋납니다. 로마서에서 언급하는 것처럼, 하나님께서 심판하실 것입니다.

본문의 등장인물을 통해 하나님께서 무엇을 보여 주시는지 주목해 봅시다. 하나님은 헤롯 사건을 통해서 하나님의 영광에 대한 판단이 어떠해야 할지를 우리에게 분명하게 계시해 주십니다. 헤롯이 하나님의 영광과 관련해서 범한 결정적인 잘못이 무엇입니까? 그것은 앞에서도 말했듯이 그가 하나님께 마땅히 돌려야 할 영광을 돌리기는커녕 육신을 입은 인간으로서 절대 해서는 안 되는 일을 했다는 것입니다. 곧 하나님의 영광을 가로챈 것입니다.

그렇다면 헤롯이 하나님의 영광을 하나님께 돌리기는커녕 도리어 가로채는 일을 한 까닭이 무엇이었습니까? 여기에는 두 가지 이유가 있습니다.

• 원인 1_평소에 하나님을 영화롭게 하지 않는 삶

첫 번째 이유는, 그가 평소에 하나님을 영화롭게 하지도 않고, 의식하지도 않은 것입니다. 헤롯은 유대 땅의 왕입니다. 그래서 그는 하나님과 사람이 본질적으로 다르다는 사실을 알 수 있었습니다. 그런데도 그는 군중들이 자신을 신으로 떠받드는 것을 마다하지 않았습니다. 오히려 그것을 마땅하게 여겼습니다. 물론 헤롯의 말을 신의 소리라고 추앙하며 그에게 영광을 돌리는 분위기를 헤롯이 만든 것은 아닙니다. 헤롯과는 상관없이 다른 사람들이 그런 상황을 만들었습니다. 그는 측근들에게 그렇게 하도록 명령하거나 사람들을 매수하지 않았습니다. 그러나 본인과 상관없이 만들어진 상황이라 할지라도, 헤롯은 그런 추앙과 영광이 자기에게 돌려지는 것을 막았어야 합니다. 이 사건을 보면서 우리는 환경을 핑계할 수 없다는 것을 깨닫습니다.

만일 하나님께서 헤롯이 죽게 된 이유를 설명하는 재판을 열어 주셨다면, 분명히 헤롯은 "나는 원하지 않았는데 군중들이 그렇게 했습니다"라고 항변했을 것입니다. 그러나 본문의 결론은 하나님이 그의 영광과 관련해서 그런 이유를 인정하지 않으신다는 사실을 말해 줍니다. 아담과 하와가 죄를 지었을 때에 하나님께서 다른 핑계를 용납하지 않으신 것과 같습니다.

우리는 하나님께 영광을 돌리지 못하는 것을 환경 탓으로 돌릴 수 없습니다. 본인의 의사와 상관없이 환경이 아무리 자신을 추앙하고, 하나님께 돌려야 할 영광을 자기에게 돌린다 하더라도, 그런 환경에 앞서서 가지고 있었어야 할 마땅한 태도가 있는 것입니다. 바로 하나님께 마땅히 영광을 돌려야 하는 것입니다.

이처럼 평소에 하나님을 영화롭게 하지 않는 사람은 누구든지 헤롯과 같이 될 수 있습니다. 하나님의 피조물로서 하나님을 영화롭게 해야 한다는 사실을 늘 잊지 말아야 합니다.

그러므로 하나님의 영광에 대한 장애는 다른 것이 아닙니다. 하나님의 이름을 직접 욕하면서 대적하는 것만이 하나님의 영광을 방해하는 행동은 아닙니다. 헤롯이 그랬듯이, 평소에 하나님을 영화롭게 하지 않는 삶 자체가 더 근본적인 장애가 되는 것입니다. 평소에 하나님을 영화롭게 하는 삶을 살고 있다면, 그래서 하나님의 영광을 구하고 그분을 의식하면서 사는 사람이라면, 헤롯처럼 자신이 신으로 추앙되는 상황 앞에서 가만히 있지 않을 것입니다. 헤롯처럼 묵인하기보다는 잘못된 아첨을 꾸짖고, 그들이 자기에게 돌린 칭호를 다시 하나님께 돌리며, 오히려 하나님께 영광을 돌려야 한다고 분명히 밝힐 것입니다.

실제로 항상 하나님의 영광을 구하면서 살았던 바울이 바나바와 함께 루스드라에서 전도할 때에도 그와 똑같은 상황이 벌어졌습니다. 바울과 바나바가 나면서부터 걷지 못하게 된 사람을 보고 고쳐 주었을 때, 사람들은 바울과 바나바를 가리켜 '신들'이라고 칭했습니다. 그들은 신들이 사람의 형상으로 자기들 가운데 내려왔다고 말했습니다(행 14:8-11 참고).

바울과 바나바는 사람들이 자신들을 신으로 추앙하려고 하자, 옷을 찢고 무리 가운데 뛰어 들어가서 큰 소리로 외쳤습니다.

"여러분이여, 어찌하여 이러한 일을 하느냐. 우리도 여러분과 같은 성정을 가진 사람이라"(행 14:15).

그리고 곧바로 하나님께로 회귀합니다.

"천지와 바다와 그 가운데 만물을 지으시고 살아 계신 하나님께로 돌아오게 함이라"(행 14:15).

과연 헤롯과는 대조되는 모습입니다. 평소에 하나님의 영광을 구하는 사람은 자신에게 하나님의 영광이 돌려질 상황, 곧 자기가 하나님의 영광을 가로챌 만한 상황이 되면 결코 가만히 있지 않습니다. 이것이 바로 신실한 그리스도인들이 가지고 있는 영적 본능입니다.

바울과 바나바는 한 도시에서 신으로 추앙받는 일을 잠시도 견디지 못해 그 무리 가운데로 뛰어 들어가서 외쳤습니다. "우리는 철저히 인간일 뿐이다. 그리고 우리를 구원하실 분은 하나님뿐이다."

자신에게 영광을 돌리는 상황 앞에서 바울과 바나바처럼 반응하지 않는다면, 그는 하나님의 영광을 그르치는 자입니다. 평소에 하나님의 영광을 구하면서 살지 않는다면 그런 상황을 만날 때 반드시 넘어지게 됩니다.

우리가 사는 세상은 항상 하나님의 영광보다는 사람의 영광을 구하는 구조적인 특성을 가지고 있습니다. TV를 보든, 사람을 보든, 직장에서든, 친구 관계에서든, 학교에서든, 사람과 만나든, 동료들과 모이든, 어디든 보십시오. 이 세상은 오직 하나님만이 받으셔야 할 영광을 사람에게 돌리는 것을 자연스레 여깁니다. 이는 하나님께 대한 모욕일 뿐만 아니라, 그렇게 영광을 받는 사람까지도 해한다는 사실을 잊지 말아야 합니다.

우리는 언제든지 헤롯처럼 미혹의 자리에 앉을 수 있습니다. 이 세상에 사는 한, 사람들이 우리에게 영광을 돌리는 자리에 처할 수도 있다는 것입니다. 그러므로 문제는 그 상황이 아니라 바울과 바나바처럼 평소에 하나님의 영광을 구하고 그것을 위해 살았느냐 하는 것입니다. 그런 사람은 자신에게 영광을 돌리는 상황을 만난다 할지라도, 그 자리가 자신에게는 재앙의 자리요 멸망과 죽음의 자리임을 지혜롭게 분별합니다.

• **원인 2_하나님의 영광을 가로채는 죄를 초래하는 교만**

헤롯이 하나님의 영광을 가로채게 된 또 다른 원인은, 그의 교만입니다. 헤롯은 자신을 신으로 추앙하는 자리를 당연한 것으로 여겼습니다. 헤롯의 이런 행동은 그의 마음이 어떠했는지를 보여 줍니다.

한번 상상해 보십시오. 헤롯이 은빛 찬란한 왕복을 입고 단상에 앉아서 자기에게 호의를 구하는 자들에게 호통치듯 위엄 있게 말할 때, 사람들이 큰 소리로 "이것은 신의 소리요 사람의 소리가 아니라"(행 12:22)라고 부르짖었습니다. 헤롯은 어떤 마음을 먹었기에 이 말을 듣고 가만히 있었을까요? 당연하다는 듯이 사람들의 찬사를 받아들이는 인간의 마음에 무엇이 자리했을까요? 하나님의 보좌에 이르기라도 한 듯이 스스로를 높인 교만이라고밖에 할 말이 없습니다.

교만은 아담이 지은 불순종의 죄보다도 앞선 죄목입니다. 교만은 이미 하늘에서 하나님의 보좌를 넘보았던 타락한 천사에게서 시작된, 가장 오래된 죄악입니다. 그때나 지금이나, 천사든 인간이든 교만이 절정에 달하면, 오직 하나님만이 받으셔야 할 영광의 자리까지 넘보게 되어 있습니다.

그 이유는 두 가지로 설명할 수 있습니다.

첫째, 교만한 사람은 누구든지 하나님을 하나님으로 보지 못하게 됩니다. 하나님을 아무것도 아닌 것처럼 보고, 하나님답게 보지 않습니다. 하나님을 평가절하합니다. 세상 사람들이 말하는 대로라면 '하나님 같은 건 아무것도 아니다'라는 식입니다. 하나님을 자기가 규정할 수 있고 판단할 수 있는 분처럼 생각합니다. 더 나아가 사람이 교만하게 되면, 자기와 동류인 사람을 우습게 보는 것으로 그치지 않고 하나님께 돌려야 할 영광을 넘보는 자리에까지 이릅니다. 이런 면에서 교만은 대단히 무서운 심령의 병입니다.

성경에는 교만에 대한 경계의 말씀이 가득합니다. 반면 겸손한 사람에게는 하나님께서 은혜를 주신다고 말합니다. 그리고 겸손이야말로 하나님의 백성들이 가져야 할 성품이라고 강조합니다.

교만해지면 하나님을 정확하게 보지 못합니다. 하나님에 대한 경외심을 갖지 않습니다. 하나님의 본질을 그대로 인정하지 않습니다. 결국 우리 자신만 부각시키는 꼴이 됩니다. 비대해진 자신 때문에 하나님을 제대로 인식하지 못하는 증상이 더욱 악화됩니다. 교만이 사소한 죄악이라고 생각합니까? 교만이 결국 하나님의 영광을 가로채고 방해하는 데까지 나아가는데도 이것을 가볍게 여길 것입니까?

둘째, 교만은 자신의 실체, 즉 자신이 피조물이라는 사실을 인식하지 못하게 합니다. 천사든 사람이든, 자신이 하나님에 의해서 만들어진 피조물이라는 사실을 까맣게 잊게 됩니다.

만일 타락한 천사가 자신이 만들어진 존재라는 사실을 기억하기만 했다면, 자신을 만드신 분에 의해서 그가 얼마든지 이렇게 될 수도 있고 저렇게 될 수도 있다는 사실을 기억하기만 했다면, 감히 하나님의 영광을 넘보는 일을 하지는 않았을 것입니다. 교만은 이처럼 우리가 피조물이라는 사실을, 잠깐 보이다가 없어지는 안개와 같은 존재라는 사실을 잊게 만듭니다.

헤롯이 은빛 찬란한 옷을 입고 단상에 앉아 신으로 추앙받고 있을 때 그가 언제든 죽음 앞에서 무능할 수밖에 없는 연약한 존재라는 사실을 염두에 두었다면, 그는 하나님께 돌려야 할 영광을 가로채지 않았을 것입니다. 그는 교만해져서 자신이 어디까지나 피조물이며 창조주 앞에서 먼지와 같다는 사실을 잊어버렸습니다. 교만은 우리를 그 지경까지 몰고 갑니다.

하나님은 헤롯을 다른 식으로 죽게 하실 수도 있었겠지만, 성경 어디에서도 찾아볼 수 없는 방법으로 헤롯을 치십니다. 헤롯은 벌레에게 먹혀 죽었습니다. 이것은 "그렇게 죽을 수도 있구나!" 하면서 넘길 내용이 아닙니다. 여기에는 분명히 다루어야 할 점이 있습니다. 헤롯은 스스로를 대단하게 여기고, 신의 소리라는 말에 마치 자신이 실제로 신이라도 된 것처럼 교만하게 굴었습니다. 그러나 하나님께서는 그를 벌레에게 먹혀 죽게 하심으로써 그의 교만을 꺾으신 동시에 하나님 앞에서 그의 실체가 무엇인지, 그가 얼마나 연약한 피조물인지를 정확히 보게 하셨습니다.

그러므로 우리는 교만을 가볍게 보아서는 안 됩니다. 마치 자신이 이 세상의 주인인 것처럼, 또 자신이 자기의 주인인 것처럼 생각하는 교만에 빠질 때, 그가 누구든지 하나님을 경외하지 못하게 된다는 사실을 기억해야 합니다. 뿐만 아니라 자신의 실체를 제대로 보지 못함으로써 깊은 착각에 빠져 어리석은 행동을 하고, 또 하나님 앞에서 하나님의 영광을 가로챌 수도 있다는 사실을 기억해야 합니다.

우리는 피조물이 범할 수 있는 가장 결정적인 죄악인 교만을 특별히 경계해야 합니다. 교만은 당사자 한 사람으로 끝나는 것이 아니라 관계 속에서 이루어지는 것이기 때문입니다. 교만은 누군가 대상을 두고 이루어집니다. 자기 혼자 우쭐대는 것으로 끝나지 않습니다. 그것은 반드시 자기 실체를 보지 못하는 결과를 낳고, 결국 하나님을 평가절하하고 하나님의 영광을 손상시키는 대범한 행동으로까지 나아갑니다.

우리는 바벨론의 왕 느부갓네살에게서 교만에 대한 교훈을 얻을 수 있습니다. 느부갓네살이 마침내 세계를 제패하여 대제국의 왕이 되었을 때, 그는 바벨론 왕궁의 지붕을 거닐면서 이렇게 말했습니다.

"이 큰 바벨론은 내가 능력과 권세로 건설하여 나의 도성으로 삼고 이것으로 내 위엄의 영광을 나타낸 것이 아니냐"(단 4:30).

느부갓네살이 이렇게 말하자마자 하나님께서 그에 대한 심판을 선언하십니다. 성경은 기록하기를 "이 말이 아직도 나 왕의 입에 있을 때에"(단 4:31), 즉 말이 채 끝나기도 전에 하늘에서 소리가 내려왔다고 합니다.

"느부갓네살 왕아, 네게 말하노니, 나라의 왕위가 네게서 떠났느니라. 네가 사람에게서 쫓겨나서 들짐승과 함께 살면서 소처럼 풀을 먹을 것이요 이와 같이 일곱 때를 지내서 지극히 높으신 이가 사람의 나라를 다스리시며 자기의 뜻대로 그것을 누구에게든지 주시는 줄을 알기까지 이르리라"(단 4:31,32).

이 소리가 있고 나서 그는 짐승처럼 바뀌었습니다. 하나님의 말씀대로 짐승처럼 몸에 털이 자라고 소처럼 풀을 먹는 존재로 한때를 살게 되었습니다(단 4:33 참고).

우리는 '느부갓네살은 그저 왕으로서 할 말을 한 것이 아니냐'라고 생각할지 모르겠습니다. 그러나 느부갓네살의 마음속에 교만이 가득했기에 모든 나라의 권세와 영광의 주인이신 하나님을 보지 못하고 그렇게 말했던 것입니다.

하나님께서는 다니엘을 통해 느부갓네살에게 많은 것을 계시해 주셨습니다. 그래서 그는 이 세상의 주권자가 하나님이시라는 사실을 알게 되었습니다. 그런데도 느부갓네살은 하나님을 잊고 자기 자신이 어떤 존재인지를 망각한 채, 하나님께 돌려야 할 영광을 가로채 버렸습니다. 느부갓네살이 아무리 세계 최고의 권좌에 있다 할지라도, 그는 어디까지나 피조물일 뿐입니다. 하나님은 느부갓네살 왕을 심판하심으로써 그가 지금은 세계를 제패한 제왕이지만 언제라도 짐승과 같은 위치에 처할 수 있는 존재라는 사실을 보여 주셨습니다.

하나님께서는 성경의 여러 곳에서 교만에 대한 하나님의 판단을 분명히 밝히십니다. 이사야서에는 "만군의 여호와께서 그것을 정하신 것이라. 모든 누리던 영화를 욕되게 하시며 세상의 모든 교만하던 자가 멸시를 받게 하려 하심이라"(사 23:9)라고 기록하고 있습니다.

또 여러 성경에서 "사람이 교만하면 낮아지게 되겠고"(잠 29:23),

"교만을 폐하며"(겔 32:12), "교만은 패망의 선봉이요"(잠 16:18), "교만은 멸망의 선봉이요"(잠 18:12), "하나님이 교만한 자를 물리치시고"(약 4:6), "하나님은 교만한 자를 대적하시되"(벧전 5:5)라고 일관되게 말합니다. 하나님은 왜 이렇게 교만에 대해 직접적으로 말씀하시고 대적하십니까? 그것은 교만이 궁극적으로 하나님의 영광을 넘보는 데로 나아가기 때문입니다.

물론 우리는 언제든지 교만해질 수 있는 연약함을 지니고 있습니다. 그래서 교만해서는 안 된다는 말씀을 듣고, 결국 교만이 하나님의 영광을 가리고 무서운 결과를 초래할 수 있다는 사실에 대해 들을 때, 우리는 다소 위축될 수 있습니다. 그러나 그 점에 대해 도움이 되는 말씀을 덧붙이고 싶습니다.

먼저, 느부갓네살 왕과 히스기야 왕을 비교하고자 합니다. 성경은 이 두 사람의 교만을 모두 기록하고 있습니다. 느부갓네살 왕이 그 나라의 위엄과 영광을 자신의 위엄과 영광으로 여기면서 교만했던 것처럼, 유다 왕 히스기야도 교만해졌던 적이 있었습니다. 하나님께서 히스기야 왕에게 15년을 더 살게 하신 후에 강대국 앗수르의 침범을 물리쳐 이기게 하셨을 때, 히스기야는 그 승리로 인해 교만해졌습니다(사 38:1-6 참고).

"히스기야가 마음이 교만하여 그 받은 은혜를 보답하지 아니하므로 진노가 그와 유다와 예루살렘에 내리게 되었더니"(대하 32:25).

그런데 이 두 사람의 교만에는 차이가 있습니다. 느부갓네살은 항상 교만한 마음을 가지고 있었지만 히스기야는 연약해서 잠시 교만해진 것이라는 사실을 성경은 명백히 밝히고 있습니다. 평소에 그들의 삶에 대한 기록을 보면 이 사실을 알 수 있습니다. 느부갓네살 왕은 다니엘을 통해서 겸손해질 수 있는 경험을 여러 번 했던 사람입니다. 성경에 기록된 예를 찾아봅시다. 그는 어떤 꿈을 꾼 적이 있었습니다. 그리고 어느 누구도 해석할 수 없었던 느부갓네살의 꿈을 다니엘이 해석했습니다. 다니엘은 왕이 꿈의 내용을 말해 주기도 전에 이미 그것이 어떤 꿈인지를 정확히 말하고, 명쾌하게 해석까지 해냈습니다. 그러자 느부갓네살은 다니엘에게 절하고 그에게 예물을 주었습니다(단 2:1-46 참고). 그러면서 그는 이렇게 고백합니다.

"너희 하나님은 참으로 모든 신들의 신이시요 모든 왕의 주재시로다"(단 2:47).

그러나 그는 후에 다시 하나님을 잊고 금으로 신상을 만들고는 거기에 절하지 않는 사람을 다 죽이겠다고 선포했습니다. 그리하여 결국 금 신상에 절하지 않은 다니엘의 세 친구를 자기 손으로 풀무불에 던져 넣었습니다. 그런데 이들을 끌고 온 사람조차도 풀무불 밖에서 타 죽었으나, 정작 그 안에 들어간 세 사람은 살아 있었습니다(단 3:1-27 참고). 이것을 본 느부갓네살은 또 고백합니다.

"사드락과 메삭과 아벳느고의 하나님을 찬송할지로다"(단 3:28).

그리고 느부갓네살은 그들의 하나님을 함부로 말하는 자의 몸을 쪼개고 그 집을 거름터로 삼을 것이라고 말하고, "이같이 사람을 구원할 다른 신이 없도다!"라고 선포합니다(단 3:29 참고). 그는 이후에도 몇 차례 자신이 믿는 하나님에 대해 이와 같이 고백합니다.

그러나 그는 얼마 지나지 않아 왕궁 지붕에서 거닐다가 자기 위엄과 영광을 운운하면서 교만에 빠져 하나님을 잊었습니다. 그에게는 회개가 없었습니다. 그저 놀라움에 따른 고백과 시인만 있었을 뿐, 하나님을 의식하며 자신의 연약함과 죄악을 진정으로 회개하며 돌이키는 마음은 없었습니다.

이렇듯 하나님에 대한 놀라움의 고백과 시인은 누구든지 할 수 있습니다. 그러나 하나님의 참된 백성은 하나님 앞에서 교만해서는 안 된다는 사실을 진실하게 깨닫는 데서 끝나지 않고 실제로 진실하게 회개합니다. 느부갓네살에게는 바로 그런 참된 회개가 없었던 것입니다. 놀라움은 고백했지만 하나님의 영광스러움은 인식하지 못했습니다. 또 자기의 연약함과 죄를 알고 회개함으로써 돌이키는 삶도 없었습니다. 그래서 그의 삶은 늘 교만의 위험에 노출되어 있었습니다.

그에 반해서 히스기야 왕을 보십시오. 그는 느부갓네살 왕과는 분명히 달랐습니다. 성경은 "히스기야가 마음이 교만하여 그 받은 은혜를 보답하지 아니하므로 진노가 그와 유다와 예루살렘에 내리게 되었더니"(대하 32:25)라고 기록한 후, 즉시 히스기야의 태도와 결과를 덧붙여 기록하고 있습니다.

"히스기야가 마음의 교만함을 뉘우치고 예루살렘 주민들도 그와 같이 하였으므로 여호와의 진노가 히스기야의 생전에는 그들에게 내리지 아니하니라"(대하 32:26).

우리의 교만은 굉장히 막대한 파장을 일으킬 수 있습니다. 하나님과 자신을 바로 보지 못하기에 하나님의 영광을 찬탈하는 데까지 나아갈 수 있습니다. 그러나 참된 하나님의 백성은 결국 회개에 이릅니다. 하나님 앞에서는 교만이 허용될 수 없음을 인식하고는 언젠가 이 진리에 대해 깊이 깨우치게 됩니다. 결국 히스기야 왕처럼 회개하고 돌이키는 것입니다.

우리는 악하고 연약하기 때문에 히스기야처럼 일시적으로 교만한 마음을 품기도 합니다. 그러나 하나님의 영광에 대한 참된 인식과 하나님 앞에서 우리의 존재에 대한 각성이 우리에게 있다면 회개하고 다시금 겸손히 하나님의 긍휼을 구하는 자리로 나아가야 합니다.[1]

"하나님은 교만한 자를 대적하시되 겸손한 자들에게는 은혜를 주시느니라"(벧전 5:5).

평소에 하나님을 영화롭게 하는 삶을 살지 않는다면, 우리는 헤롯처럼 하나님의 영광을 가로챌 수 있습니다. 우리 자신을 높일 만한 상황이 올 때 우리는 침묵함으로 주님의 영광을 가로챌 수 있습니다. 뿐만 아니라 상황에 영향을 받지 않더라도 스스로 교만한 마음을 품을 때 우리는 얼마든지 하나님의 영광을 그르칠 수 있습니다. 이 점을 명심해야 합니다.

교만을 부추기는 시대를 경계하라

지금 우리는 교만에 쉽게 노출될 수 있는 시대를 살고 있습니다.

---

[1] 오늘날 한국 교회에 있는 성도들의 교만을 부추기는 온갖 체계를 매우 경계해야 합니다. 지금 한국 교회는 사람을 너무 높이고 있습니다. 그것은 우리 한국 교회를 패망하게 만드는 결과를 초래할 것입니다. 오히려 우리는 자신의 교만을 회개해야 합니다. 그러면 다시 하나님의 은혜를 덧입을 수 있을 것입니다. 어느 때에야 한국 교회의 전체 모습이 그런 모습이 될까요?

세상에서뿐만 아니라 교회 안에서도 그것을 확인할 수 있습니다. 현재 한국 교회는 사람 중심, 인간 편의 중심의 체계를 구축한 가운데 하나님의 영광에 대한 인식을 흐리고 있습니다. 교회가 일 중심으로 돌아가다 보니 성도들에게 잘못된 열심을 부추기는 예가 많습니다. 함부로 이렇다 저렇다 판단할 수 없는 문제이지만 반복적으로 일어나는 일이며, 이 문제가 가져오는 결과가 교회를 아프게 하는 예를 여러 번 보았기에 안타까운 마음을 금할 수가 없습니다.

이렇게 교만을 부추기는 상황이 조성되는 것도 문제이지만, 무엇보다 우리가 그런 상황 가운데서 바른 신앙을 드러내지 못하는 것이 더 큰 문제입니다. 어쨌든 하나님께서는 우리로 말미암아 그분의 영광이 모욕받는 것을 견디지 못하십니다. 그래서 하나님의 영광에 대해 이렇게 강조하는 것입니다. 신자는 이 점을 유념해야 합니다. 아무리 열심이 있고 많은 일을 성취한다 해도, 하나님의 영광이 드러나지 않으면 아무 소용이 없습니다.

다른 것은 다 양보하더라도 하나님의 영광에 손상을 줄 만한 개인이나 집단의 행동에 대해서는 온 힘을 다해 방어하고 지키며 경계하고 경책하며 징계해야 합니다.

오늘날 한국 교회가 이처럼 무력하게 된 이유 중 하나는, '권징'이 사라졌기 때문입니다. 교회에는 말씀과 성례와 권징, 이 세 가지가 다 있어야 합니다. 그런데 한국 교회는 말씀과 성례는 대략 가지고 있지만 권징은 가지고 있지 않습니다.

오늘날 바른 권징이 어디 있습니까? 이 권징을 우리는 나쁘게만 생각하는데, 사실 권징은 공동체를 살립니다. 잘못된 것을 고쳐야만 그 사람의 영혼이 살 수 있습니다. 잘못되었는데도 '잘했다, 잘한다'라고 하면 결국 그 사람은 물론 교회가 함께 부패하게 됩니다. 열매로 나무를 안다는데, 현재 드러나는 부정적인 열매로 볼 때, 소위 한국 교회의 천만 성도는 수많은 거짓 신자를 내포한 숫자일 것입니다. 어떻게 해서든지 성공(소위 '복'이라 말함)하려고 죄악을 일삼는 일을 전혀 두려워하지 않는 사람들이 교회 안에 상당수 있음이 분명합니다. 그 가운데 어떤 죄들은 분명히 권징을 필요로 하는데도 교회는 바로잡는 데 소극적입니다. 그러나 하나님의 이름에 먹칠을 하는데도 개의치 않는 교회는 친목 집단으로 전락할 위험이 있습니다.

저는 하나님의 영광에 대해 여러분들의 시야가 열리기를 바랍니다. 그래서 이 책을 다 읽은 뒤에는 여러분의 영혼에 하나님의 영광에 대한 인식이 강력하게 남기를, 그리하여 하나님의 영광 때문에 가슴이 뛰고 하나님의 영광이 사라진 한국 교회에 대한 부담을 갖고 애통하며 기도하게 되기를 바랍니다. 이 민족을 위해, 동시에 열방을 위해, 하나님을 알지 못하고 주님의 영광을 알지 못한 채 죽어 가는 영혼들을 위해 마음 아파하며 기도할 수 있기를 바랍니다.

한국 교회를 보십시오! 이 민족을 보십시오! 오늘날 교회 안에 있는 많은 사람들을 보십시오! 하나님의 영광을 알지 못하고, 하나님의 영광을 생명처럼 전하거나 증언하지 못하며, 삶으로 나타내지 못하는 수많은 사람들을 보십시오! 그들이 우리의 기도 제목이 되어야 합니다.

"힘 없는 자의 머리를 티끌 먼지 속에 발로 밟고 연약한 자의 길을 굽게 하며,
아버지와 아들이 한 젊은 여인에게 다녀서 내 거룩한 이름을 더럽히며."

_아모스 2:7

4장
하나님의 영광에 대한 장애 2
_부도덕하고 음란한 삶

하나님의 영광을 더럽히는 부도덕하고 음란한 삶

앞 장에서 우리는 평소에 하나님의 영광을 위해 살지 않는 것과 교만이 하나님의 영광에 장애가 된다는 사실을 살펴보았습니다. 이 장의 본문은 하나님의 영광에 장애가 되는 또 한 가지를 지적합니다. 그것은 우리의 불결한 삶, 특히 음란한 삶입니다.

본문의 하반절에 보면 "아버지와 아들이 한 젊은 여인에게 다녀서 내 거룩한 이름을 더럽히며"라고 말합니다. 하나님의 거룩한 이름이 더럽혀지는 원인, 곧 하나님의 영광이 더럽혀진 이유가 여기에 기록되어 있는데, 그것은 바로 하나님의 백성들의 더러운 삶과 음란한 생활 때문이었습니다.

본문에는 하나님의 백성들의 불결한 삶에 대한 실례가 묘사되어 있습니다. 그것은 '아버지와 아들이 한 젊은 여인에게 다녀서'입니다. 이로 인해 하나님의 거룩한 이름이 더러워지고 하나님의 영광이 가려졌습니다.

'아버지와 아들이 한 젊은 여인에게 다녔다'는 말은 아버지와 아들이 한 젊은 여인과 음란한 관계를 지속적으로 가졌다는 말입니다. 간음은 하나님께서 엄중히 금하신 계명으로서, 하나님께서 직접 써 주신 십계명 중 하나입니다. 더욱이 아버지와 아들이 한 여자와 내통한다는 것은 결코 허용될 수 없는 일이었습니다. 성경은 간음에서 한 걸음 더 나아간 근친상간(近親相姦)과 같은 음란의 문제에 대해서는 더욱 강한 처벌을 규정합니다. 레위기에는 이런 경우 사형에 처하라고 되어 있습니다(레 20:10-21 참고).

그런데 이러한 죄악이 이스라엘 가운데 있었다고 본문은 기록하고 있습니다. 또 그것이 그저 한 사건이 아니고 이스라엘 백성들 가운데 적지 않게 행해졌던 죄악임을 시사해 줍니다. 하나님께서 이스라엘을 심판하시기 위해 지적한 네 가지의 죄악들 중의 하나로 간음이 언급되기 때문입니다. 심판하시기에 이를 정도로 오랜 시간 동안 많이 행해지고 있었다는 것입니다.

그러면 아버지와 아들이 계속 다닌 그 젊은 여인은 누구이겠습니까? 여기에는 두 가지 견해가 있습니다. 하나는, 그저 남자들이 쉽게 내통할 수 있는 일종의 창기(娼妓)와 같은 여자일 것이라는 견해입니다. 또 하나는, 단순한 성적인 타락을 넘어서 이런 내통의 배후에 이방 종교와 관련된 성적 타락, 다시 말하면 종교적인 타락이 깔려 있을 것이라는 견해입니다. 두 번째 견해대로라면, 이 젊은 여인은 바알 신전에 바쳐진 소위 성녀(聖女), 즉 바알에게 제사하는 과정에 성적 관계를 맺도록 하기 위해 바쳐진 여자일 것입니다. 이 견해를 따른다면, 본문은 이스라엘이 도덕적으로나 성적으로 타락했을 뿐만 아니라 이방 종교에 깊이 물들어 종교적으로까지 타락했다는 것을 말해 줍니다.

본문이 어떤 견해와 관련되든, 분명한 것은 하나님께서 정의하신 성(性)에 대한 태도를 뒤흔들어 놓는 타락과 부패가 이스라엘 백성들 가운데 있었고, 그로 인해 하나님의 이름이 더러워지는 결과가 나타났다는 것입니다.

본문에 '다녀서'라는 말은 습관적으로 계속 드나들었다는 말입니다. 이는 한 번 가 본 것이 아니라 계속해서 악행을 저질렀다는 것을 보여 줍니다. 이스라엘 백성들은 이런 죄악을 반복함으로써 하나님의 이름을 지속적으로 더럽혔습니다.

우리는 여기서 분명한 진리 하나를 얻게 됩니다. 하나님의 백성들의 도덕적인 부패와 음란한 생활이 하나님의 이름을 더럽힌다는 사실입니다. 하나님의 영광이 하나님의 백성들, 소위 그리스도인이라고 불리는 사람들의 도덕적인 부패와 음란한 생활로 인해 더럽혀짐으로써 하나님의 영광에 장애가 된다는 사실입니다.

우리는 "아버지와 아들이 한 젊은 여인에게 다녀서 내 거룩한 이름을 더럽히며"라는 말씀을 통해, 이 시대와 우리 자신에게 이와 같이 하나님의 이름을 더럽히고 하나님의 영광에 장애가 되는 모습이 없는지를 생각해 보아야 합니다. 무엇보다도 우리의 불결한 행위와 생활이 하나님의 이름을 더럽힌다는 사실을 정확히 이해해야 합니다. 다시 말하면, 우리의 죄악된 행위, 특히 우리의 음란한 생활이 하나님의 영광과 관계가 있다는 것입니다.

오늘날 우리 그리스도인들은 이에 대한 의식이 희미해져 버렸습니다. 자신의 음란한 생활과 하나님의 영광과의 관계를 의식하며 사는 사람이 그다지 많지 않습니다. 하나님의 영광이라고 하면 우리는 자꾸 거창한 행동이나 사건만을 생각합니다. 그러나 우리는 하나님의 영광에 대해 적극적인 삶을 이야기하기 전에, 하나님의 영광을 방해하고 더럽히는 많은 것들이 우리 속에 깊이 들어와 있다는 사실부터 인식해야 합니다. 어떤 극적인 행동만 자꾸 생각하는 것은 그것을 감추고 그 위에 옷만 덧입히는 식에 지나지 않습니다. 그럴수록 우리는 더 강력한 외식으로 나아가고 맙니다.

우리는 자신의 음란한 생활과 하나님의 영광이 관련되어 있다고까지는 생각하지 못합니다. 어쩌면 우리는 현재의 음란한 풍토를 당연한 것처럼 여기며, 이런 풍토 속에서 침묵하는 것이 마치 정답인 것처럼 생각하고 있는지도 모릅니다.

음란한 삶에 대한 우리의 소극적인 태도

이 세상의 죄악된 풍조에 대해 사람들은 일반적으로 지극히 소극적인 태도를 취합니다. 우리 그리스도인들도 마찬가지입니다. 특별히 음란한 풍조에 대해서는 더욱 그렇습니다.

여러분은 이스라엘이 부패해 있을 때, 그 사실을 구체적으로 지적한 이가 누구인지 압니까? 선지자가 먼저 지적했을까요? 그렇지 않습니다. 하나님께서 선지자보다 먼저 이스라엘의 부패를 지적하셨습니다. 성경에 그렇게 기록되어 있습니다. 이것이 무엇을 의미합니까? 인간들의 타락과 부패에 대해 가장 먼저 반응하고 적극적으로 말씀하시는 분이 바로 하나님이라는 것입니다.

하나님께서 먼저 선지자를 보내셔야만 인간이 자신의 실상을 제대로 볼 수 있습니다. 그전까지는 그것이 불가능합니다. 본다고 해도 그저 두루뭉술하게만 볼 수 있습니다. 우리는 죄에 대해 지극히 소극적이기 때문에 죄에 대해 적극적인 민감함을 지닌 하나님만 정확하게 죄를 보실 수 있습니다. 하나님께서 선지자의 눈을 열어 그로 보게 하시기 전까지는 선지자조차도 희미하게만 보았습니다. 인간은 세상 문화와 사회 속에 젖어 살기 때문에 죄의 실상을 피상적으로 볼 수밖에 없습니다.

오늘 본문에 나오는 아모스 선지자도 하나님이 보여 주셔서 알게 된 하나님의 판단과 생각을 이스라엘에게 전하고 있습니다. 하나님은 "이스라엘의 서너 가지 죄로 말미암아 내가 그 벌을 돌이키지 아니하리니"(암 2:6)라고 지적하십니다. 하나님께서 먼저 아모스에게 묵시로 알려 주신 것입니다. 이처럼 선지자들이 예언하기 전에 하나님께서 가르쳐 주고 보여 주시는 일이 있어야 합니다.

여러분이 잘 아는 대로 소돔과 고모라의 경우에도 하나님께서 먼저 반응하셨습니다. 그리고 뒤늦게 아브라함이 이 상황을 두고 중보적인 기도를 드렸습니다. 소돔과 고모라가 멸망할 정도로 타락해 있었지만 아브라함은 하나님만큼 심각하게 생각하지 않았습니다. 그는 하나님이 말씀하시기 전까지 그들을 대수롭지 않게 보았습니다.

그처럼 우리는 이 세상에 대해 소극적으로 반응합니다. 사실상 이스라엘 백성의 대다수는 하나님께서 적극적으로 지적하시기 전까지는 자기 백성들 가운데 있는 죄악, 곧 사회와 문화 전반에 퍼져 있는 죄악들에 대해 결코 적극적으로 반응하지 않았습니다. 일반적으로 사람들은 자기가 처한 사회의 부패에 대해 이처럼 방관적이고 소극적입니다. 하나님께서 아모스 같은 사람을 불러 묵시를 주시고 그의 눈을 열어 하나님의 시각으로 보게 하시기 전까지 대부분의 사람들, 심지어 선지자까지도 자신들이 처한 사회의 부패를 그저 있을 수 있는 일반적인 현상으로 받아들입니다. 거의 숙명적으로 받아들이는 경향을 가지고 있는 것입니다.

그런데 문제는 하나님의 백성들 대부분이 이런 생각을 가지고 있다는 데 있습니다. 이 시대의 그리스도인들도 마찬가지입니다. 우리 시대의 그리스도인들 대부분이 가끔은 무엇이라 성토하기도 하고 시대를 탓하며 세상의 흐름을 두고 한탄하기도 하지만, 거기서 그치기가 다반사입니다. 그들은 아주 소극적인 태도를 취합니다.

저는 어떤 캠페인 같은 것을 이야기하는 것이 아닙니다. 개인의 삶 속에 있는 죄에 대해 대단히 소극적이라는 것, 그 사회 속에 있으면서 대단히 소극적으로 반응한다는 것, 우리의 음란한 생활이 하나님의 영광과 밀접하게 관련되어 있다는 것을 생각하지 않는다는 사실을 말하고 있습니다. 우리 대부분이 이것을 탓하는 정도에서 멈추지,

이것이 하나님의 영광과 관련되어 있다고 생각하지는 않습니다. 어떤 사람은 "나는 드러날 만한 어떤 죄를 범하지 않았다"라고 말할지도 모릅니다. 그러나 먼저 생각해야 할 것은 하나님의 이름과 영광이 더럽혀졌느냐 하는 문제입니다.

오늘 본문과 관련해서 볼 때, 하나님의 이름은 두 가지 이유로 더럽혀집니다. 하나는 우리 그리스도인들의 죄악이 세상에 알려짐으로써 나타나는 세상의 반응 때문이고, 또 다른 하나는 계속되는 우리의 죄악된 생활 자체 때문입니다.

우리의 생활로 인해 더럽혀지는 하나님의 영광

우리가 먼저 생각해야 할 것은 다른 사람들의 눈에 비친 우리의 생활이 하나님의 영광과 관련되어 있고, 그것에 의해서 하나님의 이름과 영광이 더럽혀질 수 있다는 사실입니다. 본문에서 이스라엘은 하나님의 심판의 대상이 될 정도로 음란한 생활을 하였고, 그 사실이 주변에 알려졌습니다. 음란한 생활이 주변 민족 가운데 이미 알려진 상태였습니다. 바로 이 모습이 하나님의 이름을 더럽히고 그분의 영광에 장애가 되었습니다.

같은 맥락에서 볼 때 현재 우리의 실상은 어떻습니까? 우리의 생활로 말미암아 하나님의 영광이 온전히 드러나고 있다고 생각합니까? 오늘날에는 꼭 성적인 부분이 아니더라도 우리 그리스도인들의 부도덕한 삶으로 인해 전체 그리스도인의 이미지가 바닥에 떨어져 있습니다. "우리 그리스도인들이 얼마나 많은 죄를 공개적으로 지었기에 그렇게 말합니까?"라고 물을지도 모르겠습니다. 그러나 여러분, 매스컴에 나온 사례는 수많은 사건 중 일부에 불과합니다. 그래서 매스컴을 가지고는 이 세대를 정확히 가늠하기가 어렵습니다. 공론화된 충격적인 사건 하나를 가지고 우리 그리스도인 전체를 완전하게 평가하지는 못합니다. 그러나 우리는 우리의 실체를 정직하게 보아야 합니다.

먼저 우리 각자가, 우리가 처한 환경 속에서, 또 우리가 만나는 관계 속에서 음란한 사회와 문화로부터 구별되고 순결하다는 평을 듣고 있는지를 살펴보십시오. 세상 사람들과 똑같이 행하고, 음란한 것을 똑같이 좋아하고, 그런 말과 이야기에 똑같이 웃으며 맞장구치는 것이 우리의 실상인데, 누가 그런 우리 그리스도인들을 순결하다고 말할 수 있겠습니까? 아무도 그렇게 말하지 않을 것입니다.

저 또한 성장 과정에서 그러한 분위기에 편승하여 웃고 즐겼던 것을 잘 기억하고 있습니다. 예수님을 믿는다고 하는 저부터가 그랬고, 일찍부터 목사가 되겠다고 하며 신학교를 다녔지만 구별된 모습으로 살지 못했습니다. 결국 우리의 이런 모습으로 인해 우리가 믿는 하나님이 업신여김을 받게 되는 것입니다. 본문처럼 하나님의 거룩하신 이름이 더러워지는 결과를 낳게 되는 것입니다.

세상의 음란함은 어제오늘의 이야기가 아니라 이미 닳고 닳은 이야기입니다. 우리는 음란한 문화와 분위기로 하나님을 믿는 백성들까지 싹쓸이하는 사탄의 간계를 알지 못하고, 우리 그리스도인들조차 하나님의 거룩하신 이름이 더러워지는 것을 생각하지 못한 채 오히려 그 분위기에 일조하며 그 상황과 문화 속에 휘말려 살고 있다는 사실을 생각해야 합니다. 사실상 우리는 자신의 생활과 하나님의 영광의 관계를 모르기 때문에 명백한 죄악도 단순한 농담처럼 넘기고 똑같이 웃어 버립니다. 그런 모습이 우리 스스로 우리가 믿는 하나님이 어디 계신지 도무지 알 수 없게 만드는 것임을 알아야 합니다.

홉니와 비느하스가 회막 문에서 수종드는 여인들과 동침한 사실을 기록한 말씀을 보고 여러분은 경악을 금치 못할 것입니다(삼상 2:22 참고). 어떻게 성막 안에서, 교회 안에서 그런 일을 할 수 있습니까? 하나님의 살아 계심이 철저하게 무시되는 상황이 아닙니까? 어떻게 그런 일이 있을 수 있습니까? 그러나 얼마든지 가능한 일입니다. 우리의 생활과 하나님의 영광이 밀접하게 관련되어 있다는 사실을 우리가 의식하지 못하면, 우리는 홉니와 비느하스보다 더 악한 일을 할 수도 있습니다.

본문에서 하나님은 뭐라고 말씀하십니까? 하나님은 잠시 있다가 없어질 인간의 일상생활로 인해서 영존(永存)하시는 하나님의 이름이 너럽혀지고 있다고 지적하십니다. 그 시대에 살았던 사람들은 그렇게 행하다가 이미 흙과 먼지가 되었습니다. 저와 여러분 역시 잠시 살다가 갈 인생들입니다. 그런데 각 시대마다 잠시 있다가 없어질 존재들의 일상생활로 인해, 잠시 있다가 가는 유한한 존재의 더러운 생활로 인해 영존하시는 하나님의 이름이 더럽혀졌습니다. 본문은 바로 이런 엄청난 사실이 우리의 일상생활 속에 녹아 있다는 점을 밝힙니다.

우리가 음란한 생활을 하는데, 왜 하나님의 이름이 더럽혀진다는 말입니까? 왜 하나님의 백성들의 불결한 생활이 하나님의 영광에 장애가 됩니까? 왜냐하면 하나님의 백성들에게는 하나님의 성품을 비롯해 하나님에 관한 모든 것이 연관되어 있기 때문입니다. 본문은 하나님을 가리키는 '이름'이라는 단어 앞에 '거룩한'이라는 말을 붙여 하나님의 거룩한 이름이 더럽혀졌다고 기록합니다. 하나님의 백성들에게는 하나님의 거룩하심이 연관되어 있습니다. 그들이 죄를 범하면, 하나님의 거룩하신 이름이 더럽혀집니다.[1)]

　만일 거룩하신 하나님과 연관된 하나님의 백성들에게 거룩함은 고사하고 더럽고 음란한 것이 나온다면, 사람들은 당연히 하나님의 거룩하심을 오해할 것입니다. 정상적으로라면 하나님의 백성들이 거룩한 모습을 보임으로써 "아! 그들의 하나님은 죄를 미워하며 참으로 거룩하고 유일한 참하나님이시구나!"라는 반응을 이끌어 내야 합니다. 그런데 오히려 불결하고 음란한 모습을 나타냄으로써 하나님도 그들과 똑같이 취급된다고 생각해 보십시오. 있어서는 안 되는 일이 아닙니까? 그러나 본문에서는 그런 일이 일어났습니다. 우리의 불결한 생활이 하나님의 영광의 장애요, 그분의 이름을 더럽힘을 밝히 말해 주고 있습니다.

　우리는 세상을 제대로 이해해야 합니다. 세상은 음란을 방치합니

---

1) 그러므로 우리는 하나님의 거룩하심을 나타내지 못하는 백성들로 인해 하나님의 거룩하심에 대한 오해가 싹트고, 하나님의 거룩하신 이름이 더러워지며, 하나님의 영광에 장애가 되는 일이 생기게 된다는 사실을 잊지 말아야 합니다. 하나님의 백성들의 불결함으로 인해 세상은 "그들이 믿는 하나님은 거룩은 고사하고, 그들과 한패인가 보다"라고 말할 것입니다.

다. 이 세상은 새로운 것인 양 무엇인가를 항상 내놓지만, 진정한 새 것이 아닙니다. 모양만 바뀔 뿐, 그 안에는 늘 음란이 깃들어 있습니다. 이 세상에 속한 사람들은 그들의 신분이 높든 낮든, 지성인이든 아니든 모두 그들의 본성적인 욕구가 다할 때까지 할 수 있는 한 음란을 꾀하려는 성향을 가지고 있습니다. 이렇게 음란은 인간의 부패한 본성의 압도적인 지지를 받으면서 세상 문화를 장악합니다. 이 세상 사람들은 중생하지 않는 한, 모두 음란에 대해 자유롭지 못합니다. 세상은 점점 더 극심한 음란으로 나아갈 것이며, 더 활기 있고 개방적으로 음란에 빠질 것입니다.

소돔과 고모라가 그런 식으로 그들 스스로 해결할 수 없을 지경에까지 이르지 않았습니까? 그들이 스스로 어떤 상태에 있는지를 알고 통제했습니까? 아닙니다. 하나님께서 오실 때까지 그들은 계속 잘못된 길로 나갔습니다. 그러다가 하나님의 손에 의해 음란이 제거되었습니다. 물론 음란한 그들도 함께 멸절되었습니다.

이 세상은 하나님의 손길이 직접 개입하지 않는 한 자신들의 본성을 따라 행동하고 살아감으로써 음란한 문화를 계속 많이 만들어 낼 것입니다. 이런 세상의 흐름 속에서 하나님께서 구별하신 그리스도인들이 하나님의 거룩하심을 나타내지 않고 오히려 세상과 똑같이 음란한 삶을 살아간다면, 거룩하신 하나님께서 모욕을 당하시게 됩니다. 무시당하고 업신여김당하며 왜곡되고, 결국 하나님의 거룩하신 이름이 더럽혀지게 됩니다.

우리의 불결한 생활 때문에 우리가 믿는 하나님이 우리와 같은 패

거리로 오인되어서는 안 됩니다. 우리는 어디까지나 먼지와 같은 존재입니다. 영존하시는 하나님과 우리는 비교될 수 없습니다. 단지 화목 제물이 되신 예수 그리스도의 십자가로 말미암아 우리가 존중될 뿐입니다. 우리와 하나님은 근본적으로 다릅니다. 우리 입으로 자꾸 하나님을 부르다 보니 그분을 마치 옆 동네 누구처럼 생각하고 가볍게 여기는 풍조가 있지만, 절대 그렇게 되어서는 안 됩니다. 하나님의 백성들은 이 세상에서 하나님의 거룩하심을 나타내는 유일한 통로요 대사(大使)입니다. 그런데 대사의 불결함으로 인해서 그 나라의 왕과 백성들이 한다발로 묶여 더러운 자로 취급되고 불결한 것처럼 오인된다고 생각해 보십시오. 이 얼마나 끔찍한 일입니까!

고의적이고 의지적이며 습관적인 죄악

이제 본문 말씀 중 '더럽히며'를 보십시오. 이 말은 히브리어로 '더럽히려고,' '더럽히기 위해서'로 직역할 수 있습니다. 결국 이스라엘 백성들의 죄악이 인간의 연약함과 실수로 된 것이 아니라는 말입니다. 이스라엘이 작정하고 하나님의 이름을 더럽혔다는 것입니다. 잘못인 줄 알면서도 의도적으로, 계속 죄를 범함으로써 거룩하신 하나님의 이름을 무참히 더럽혔습니다.

실제로 우리는 고의적으로 죄를 짓지 않습니까? 여러분은 어떻게 생각합니까? 우리의 죄악된 행위로 인해서 하나님의 이름과 영광이 더럽혀진다는 사실을 정말 모르고 죄를 범합니까? 다른 사람들의 경우는 몰라도 저의 경우에는 기억될 만한 지난날의 죄악들을 돌이켜 보면 모두 의도적이었음을 알 수 있습니다. 저는 솔직하게 그렇다고 말할 수 있습니다. 사실 제가 알지 못하는 사이에 지은 죄들은 기억 나지도 않습니다. 그러나 기억될 만한 죄는, 그것이 분명 하나님의 영광과 관련되어 있을 것인데도 그 죄들을 저의 본성과 욕심을 따라 의도적으로 지었다는 사실을 인정할 수밖에 없습니다.

본문은 이스라엘 백성들이 하나님의 거룩한 이름을 더럽히려고 계속 죄를 범했다고 말합니다. 그들이 '다녔다'는 말은 그들이 죄를 습관적이고 의도적이며 지속적으로 행했다는 의미입니다.

어떻게 하나님의 백성이라는 사람들이 하나님의 이름을 더럽히는 일을 의도적으로 행할 수 있을까요? 그들이 하나님으로부터 멀어졌기 때문입니다. 하나님을 믿지 않는 사람은 말할 것도 없고, 믿는 사람들도 신앙에서 미끄러지면 반드시 도덕적 부패와 타락이 찾아오기 마련입니다. 여기에는 예외가 없습니다. 누구든지 하나님에게서 멀어지고, 하나님께 대한 신앙이 형식적으로 될 때 생활 속의 왕성한 죄의 활동과 도덕적인 타락이 반드시 뒤따릅니다. 어떤 도덕적인 타락이든, 하나님으로부터 멀어진 사람이나 신앙이 형식화된 사람의 생활은 죄의 강력한 활동에 큰 제동을 받지 않고 반응하게 되어 있습니다.

보통 타락을 생각하면 극단적인 장면만을 연상합니다. 그러나 하나님을 의식하지 않고 마음대로 하는 것이 바로 타락입니다. 즉, 본성을 따라 그 본성대로 살고 행하는 것입니다.

하나님께 대한 신앙의 상실은 특별히 음란의 죄로 우리를 쉽게 이

끌어 갑니다. 죄는 성장하는 성향이 있습니다. 마치 생명력을 가진 것처럼 자라고 확장됩니다. 그래서 하나님으로부터 멀어진 것이 도덕적인 부패로 이어지고, 도덕적인 부패는 본문에 나타난 것과 같은 극단적인 음란에 이르기까지 계속해서 나아갑니다.

  어떤 면에서 음란은 특별한 사례가 아닙니다. 음란은 우리의 가장 원초적인 본능이기 때문에 상황만 조성되면 아주 쉽게 빠지게 됩니다. 설령 상황이 조성되지 않더라도 기꺼이 발걸음을 그리로 옮겨서 지을 수 있는 죄가 바로 음란입니다. 요즘 우리 한국에서는 성(性)과 관련된 사업이 호황을 누리고 많은 사람들의 지지를 얻습니다. 이것은 그다지 놀라운 일이 아닙니다. 왜냐하면 그것은 인간의 본성을 자유롭게 표현할 수 있는 분위기만 형성되면 얼마든지 있을 수 있는 일이기 때문입니다.[2] 성과 관련된 사업은 죄악된 본성을 가진 인간들이 모두 수요자이기 때문에 얼마든지 호황을 누리게 됩니다. 특히 인간의 본성과 함께 가장 쉽게 나타날 수 있는 것이 바로 음란과 관련된 것이기 때문에, 음란에 관한 인간의 반응은 결코 식지 않을 것이며, 오히려 더욱 노골적이고도 대범해질 것입니다.[3]

---

[2] 북한과 같은 상황에서는 그 노골성과 대담성이 비교적 더디게 나타납니다. 그러나 자유라는 미명 아래 표현이 가능한 분위기만 형성되면 그들도 곧 우리처럼 되어 버릴 것입니다.

[3] 설사 그가 예수님을 믿고 교회 안에 속해 있다 할지라도 신앙이 형식화되고 거짓되면 얼마든지 성적으로 타락한 생활을 할 수 있습니다. 어느 교회에 두 남녀 집사가 가정에서 부부 생활을 하면서도 몇 년째 다른 살림을 산 것을 듣고 놀라겠지만, 그런 일은 얼마든지 일어날 수 있습니다. 문제는 그런 행위가 보통 그들 자신이 알면서도 의지적으로 행하는 죄악들이라는 사실입니다. 특히 그런 죄를 저지름으로써 하나님의 이름과 영광이 더러워지는데도, 그럴 수 있다는 생각을 하지 않고 의지적으로 죄악을 범한다는 것입니다.

하나님으로부터 멀어지고 주님과의 친밀함을 상실한 사람들에게는 의지적인 죄악이 가능합니다. 하나님이 싫어하실 뿐 아니라 그 죄가 하나님의 영광을 가릴 수 있다는 것을 알면서도 죄악을 행합니다. 본문에 나타난 하나님의 백성들의 행악은 지금 우리에게도 얼마든지 일어날 수 있습니다. 우리는 자신을 냉정하게 돌아보아야 합니다.[4]

한번 생각해 보십시오. 하나님으로부터 멀어진 신자가 습관적으로 죄를 짓고, 자기 본성을 따라 성적으로 타락해서 불륜을 저질렀다고 말입니다. 보통 그런 사람들은 자기 자신을 다스리지 못합니다. 그들은 종종 자신을 하나님께 내놓기보다는 그런 타락으로 인해 결국 하나님을 등지는 방향으로 내달립니다.

어느 날 은행에 갔다가 기다리는 동안 여성 잡지에 실린 한 광고 기사를 보았습니다. 저는 그것을 광고 기사라고 생각하지 않고 그냥 토픽 기사인 줄 알고 읽었습니다. 읽다 보니 그것은 한 무당이 자신의 과거 경력과 함께 자신에게 있다는 소위 신통력을 마치 기사처럼 쓴 광고였습니다. 그런데 그 광고의 내용이 저를 놀라게 했습니다. 그 무당은 자기가 서울의 모 신학교를 나왔다고 소개하고 있었습니다. 그녀는 그곳을 졸업했고, 금식 기도원에서 기도도 많이 했다고 합니다. 그런데 어떤 집회에서 신(神)의 소리를 듣게 되었다고 합니다. 무당의 길이 참된 길이라고 하는 일종의 계시(啓示)를 받았다

---

[4] 하나님을 향한 이스라엘 백성들의 신앙이 형식적으로 바뀌게 될 때, 그들의 생활은 도덕적으로 타락했고, 종교적으로도 타락했습니다. 역사를 보면 하나님께 대한 신앙이 타락할 때 도덕적 타락과 종교적 타락이 함께 나타났습니다. 이런 일은 우리에게도 얼마든지 일어날 수 있습니다.

는 것입니다. 그녀는 극에서 극으로 갔습니다. 외적으로 그녀는 거룩하신 창조주 하나님을 떠나 하나님의 피조물인 사탄에게로 가 버렸습니다.

인간은 얼마든지 그럴 수 있습니다. 사실 그녀는 처음부터 거듭난 적이 없는 사람이었음에 틀림없습니다.[5] 설령 거듭난 사람이라 할지라도 극에서 극으로 치닫는 경향은 마찬가지입니다. 그 모든 것의 원인이 무엇입니까? 바로 하나님과의 관계가 바르지 못하고 소원해졌기 때문입니다. 그러므로 주일에만 잠깐 예배하고 가는, 소위 일요일 신자들의 신앙은 참으로 위험합니다.

우리는 자신의 신앙에 대해 자신만만해서는 안 됩니다. 눈물 콧물 흘리면서 기도하고, 마치 모든 것을 다 얻은 것처럼 감동과 감격에 차서 간증하고, 뛸 듯이 기뻐하는 사람들을 저는 많이 봐 왔습니다. 그러나 그 열기가 얼마 못 가 식어 버리는 것도 자주 목격했습니다. 이런 것을 볼 때, 우리들은 항상 하나님 앞에 서고, 날마다 기도하고 그리스도의 십자가의 공로를 의지하며 하나님의 말씀을 들음으로써 겸비해지지 않으면 안 됩니다. 하나님과의 관계에 틈을 두어서는 안 됩니다.

우리가 믿는 사람으로서 음란에 빠지는 것은 우리 자신의 의지적인 태도가 불러온 결과입니다. 우리 그리스도인들이 세상의 음란한 문화에 의지적으로 반응할 때, 세상 사람들은 우리를 통해서 주님의

---

[5] 중요한 것은 하나님의 이름과 관련해서 그런 일이 일어나게 되었다는 것입니다. 그리고 그런 식의 행동을 하는 사람도 얼마든지 교회 안에 있을 수 있다는 것입니다.

거룩하심을 보지 못하고 오히려 하나님의 이름을 업신여기게 됩니다. 우리는 문화를 핑계할 때가 많습니다. 그러나 세상 문화에 의지적으로 반응하고 행동하는 주체는 우리 자신입니다.

앞에서 얘기한 무당도 결국 스스로 그 길을 택한 것입니다. 마귀는 그 사람이 스스로 의지적인 행동을 하도록 역사할 뿐입니다. 최종적인 태도는 그 사람 자신이 취합니다. 하나님과의 관계에 틈이 생기고 신앙생활이 갈수록 형식화되어 가면서 스스로 음란을 택하는 지경에 이르는 것입니다. 그런데 문제는 자기만 음란에 빠져 파멸되는 것이 아니라 하나님의 이름까지 더럽혀진다는 점입니다.

오늘날 우리의 실상

오늘날 우리 그리스도인들의 실상을 본문과 관련해서 조심스럽게 진단해 보십시오. 먼저 성(性)에 대한 하나님의 생각과 계명을 오늘날 이 시대가 제대로 반영하고 있는지를 보십시오. 특히 그리스도인은 어떤지 살펴보십시오. 오늘날 우리 그리스도인들이 성에 대한 하나님의 생각과 계명을 제대로 반영하고 있습니까? 우리의 태도와 상태를 본문의 이스라엘 백성들과 한번 비교해 보십시오!

우리는 하나님께서 음란한 것들을 싫어하시며 사형에 해당한다고까지 말씀하신 것을 압니다(롬 1:24-32 참고). 그런데도 근친상간은 물론 불륜과 동성연애 예찬론까지 나오는 현실입니다. 그런 환경 속에서 점점 의식이 변화하여 세상 사람들과 다를 바 없이 닮아 가는 오늘날 우리 그리스도인들의 모습을 볼 때, 옛날 이스라엘 백성과 별

차이가 없어 보입니다.

무엇보다도 요즘 교회 안에서 어른들이나 청년 대학생들, 심지어 중고등학생들까지 하나님의 거룩함을 의식하고 음란한 것에 대해 경계하고 겸비하는 대신 음란한 죄악을 범하는 일이 적잖이 않습니다. 그것은 하나님을 자신과 똑같은 부류로 여기게 만듭니다. 곧 "너와 네가 믿는 하나님은 다 한통속이다"라고 여기게 만듭니다. 그렇게 세상의 음란한 죄악과 문화에 그리스도인들도 조금씩 발을 들여놓음으로써 세상은, 교회에 대하여 적잖이 실망하고 그런 문화가 그리스도인들에게서도 허용된다고 생각하기에 이르렀습니다. 하나님의 거룩한 이름에 먹칠을 하는 행위가 아닐 수 없습니다. 본문의 이스라엘 백성과 같은 형편이 되어 버렸습니다.

우리는 자신의 자존심이 상하는 것을 못 견딥니다. 그런데 음란에 대한 하나님의 말씀을 철저히 무시하는 가운데 지금까지 우리 개인과 교회 단위로 저질러진 행동과 태도, 그리고 그에 대한 소문들로 인해서 하나님의 이름이 모욕당하고 더러워지는 것으로는 마음 상해하지 않습니다. 이 얼마나 이율배반적인 태도요, 하나님을 향해 진실하지 못한 태도입니까? 이것은 분명 하나님의 영광을 자신의 자존심보다도 못한 것으로 여기는 불경한 태도입니다.

그런데 우리는 여기서 한 걸음 더 나아가 살펴보아야 합니다. 하나님의 이름이 더럽혀지는 것은 드러난 죄악 때문만이 아닙니다.[6]

---

[6] 우리는 우리의 행실이 드러나지 않고 다른 사람들에게 알려지지 않는 한, 하나님의 이름과 영광이 더럽혀질 리가 없다고 생각합니다. 그러나 그것은 하나님을 잘못 알고 믿는 신앙입니다.

본문을 보고서 우리가 잊지 말아야 할 점이 있습니다. 하나님께서 선지자를 통해 이스라엘 백성들의 죄를 지적하시기 전까지는 이 문제가 하나의 사회 현상이나 개인의 문제처럼, 혹은 개인의 종교적인 문제처럼 여겨지고 있었습니다. 그런데 그들의 음란한 생활과 타락한 생활이 반복되면서 다른 사람들이 그들의 소행을 알게 되기 전에 하나님께서 먼저 그들이 하나님의 이름과 영광을 더럽히고 있다고 지적해 주셨습니다. 이는 하나님의 백성들이 저지른 죄의 문제는 무엇보다 하나님과 그들과의 관계 문제라는 사실을 생각하게 합니다.

오직 하나님과 그분의 백성만 이 세상에 있다고 해도 그분의 백성이 하나님의 영광에 방해가 되는 행동을 반복하고 죄악을 제거하지 않는다면 하나님의 영광은 무시되고 짓밟힐 것입니다. 왜냐하면 하나님의 이름이 더러워진 시점은 죄악이 세상에 공개되기 이전, 이미 하나님과 그의 백성 사이에 문제가 생겼을 때이기 때문입니다.[7]

우리 그리스도인들이 이 세상의 음란한 풍조와 문화에 흡수되어 세상과 보조를 맞춰 갈 때, 세상은 우리가 그리스도인인지 아닌지를 알 수 없겠지만, 하나님의 이름과 영광은 우리로 인해 더럽혀지게 됩니다. 우리는 그 단적인 증거들을 우리의 현실에서 보게 됩니다.

---

[7] 다음과 같이 이야기하면 더 잘 이해할 수 있을 것입니다. 이 세상에 하나님과 그의 백성만 있고, 하나님을 알지 못하고 믿지 않는 사람들은 하나도 없다고 가정해 봅시다. 그런데 그 가운데서 하나님의 백성들이 하나님의 뜻과 명령을 반복적으로 어기면서 죄를 짓고 있을 경우, "하나님을 알지 못하는 자가 없기 때문에 하나님의 이름이 더럽혀질 리가 없지 않느냐?"라고 말할 수 있겠습니까? 그런 논리는 하나님과의 관계에서 성립되지 않습니다. 곧 보는 사람이 없으니까, 빈정대는 사람도 없으니까, 하나님의 이름이 더럽혀질 리가 없다는 논리가 성립되지 않는다는 것입니다.

오늘날 예수님을 믿는 사람들이 전 국민의 20%이상이라고 합니다. 이 숫자는 초대 교회 소수의 무리들과 비교해 보면 굉장히 많은 수입니다. 그러나 하나님의 영광이 우리를 통해서 강력히 드러나지 않습니다. 이것은 결국 무엇을 뜻합니까? 우리가 이 세상에 영향을 주지 못하고 오히려 이 세상에 흡수되어 살고 있다는 사실을 말해 주는 것이 아닙니까? 하나님의 백성이든 아니든 비슷한 모습으로 살다 보니 하나님의 영광은 고사하고 오히려 우리를 통해 하나님의 존재에 대한 의심을 불러 일으키고 있다는 간단한 증거입니다.

이런 현실이 어떤 과정을 통해 만들어지겠습니까? 그것은 그리스도인들의 공개된 죄악이 그리 많지 않다 하더라도, 많은 그리스도인들이 이 세상의 풍조와 음란한 문화에 흡수되어 계속 보조를 맞춰 살기 때문에, 하나님의 자녀다운 모습을 나타내지 못하기 때문에 생겨나는 일입니다. 적극적으로 세상에 동조하지는 않더라도 때로는 묵인함으로써 세상 풍조에 동참하기도 하는 것입니다.[8]

어쩌면 우리 중의 어떤 사람들, 특히 젊은 사람들은 이런 내용을 듣기 싫어할 것입니다. 당장 패기 있는 말씀들, 곧 하나님의 영광을 이야기한다 하더라도 하나님의 영광을 위해 목숨을 바치고 헌신하자

---

[8] 우리가 범하는 현재의 지속적인 죄악으로 인해 하나님의 이름이 더럽혀지는 풍조가 만들어지고 있습니다. 우리가 믿는 하나님, 우리에게 항상 붙어 있는 그 하나님의 이름이 더 이상 존귀하게 여김을 받지 못하고 있는 이 모든 현실은 우리 대다수가 지속적으로 죄를 범하고 음란한 생활을 영위하기 때문입니다. 우리나라의 음란한 풍조에 우리 그리스도인들이 일조하고 있다는 사실을 잘 알아야 합니다. 어떻게 일조하는 줄 아십니까? 그 문화 속에서 침묵하는 가운데, 그리고 동참함으로 일조하고 있습니다.

는 말에는 쉽게 피가 끓을지도 모릅니다. 그러나 우리의 불결한 생활이 하나님의 영광에 장애가 된다고 말하며 그 은밀한 죄들을 거론하는 것을 기분 좋게 들을 사람은 거의 없을 것입니다. 그러나 아무리 하나님의 영광을 위해 목숨을 바친다 하더라도 우리가 음란한 생활에 대해 침묵한다면, 하나님의 거룩한 이름과 영광은 나타나지 않을 것이며 오히려 더러워질 수밖에 없습니다. 이 음란은 하나님의 영광에 곧바로 장애가 됩니다.

기독교 안에 있는 수많은 사람들이 겉으로 드러난 문화에 대해서는 무엇이라 말하면서도, 개인이 하나님의 영광과 관련되어 있다는 사실에 대해서는 무심하고 또 무심해지려 합니다. 그러므로 우리 각 사람 안에, 즉 우리 안에 있는 이 음란한 습성부터 제거해야 합니다. 음란한 죄성에 젖어 사는 우리의 생활과 습관 때문에 결국 하나님의 이름과 영광이 더럽혀지기 때문입니다.

하나님의 영광에 대한 이해를 가진 사람은 사탄이 이룬 이 시대의 성공을 비웃을 줄 알아야 합니다. 문화를 뒤흔들고 음란한 문화를 만드는 배후의 사탄의 계략을 알고 대적해야 합니다. 특히 예수 믿는 사람들을 아무것도 아닌 양 조롱하며 우리를 유혹하는 사탄의 간계에 대해, 그 뻔한 술수에 대해 우리는 반대하며 대적해야 합니다. 오히려 우리의 거룩하고 구별된 삶을 통해 하나님께 영광을 돌려야 합니다. 바로 이 일을 위해 하나님께서 우리를 부르셨습니다. 우리를 향한 부르심 속에 하나님의 이름, 거룩하신 하나님의 이름이 관련되어 있음을 기억해야 합니다.

"내 이름을 멸시하는 제사장들아, 나 만군의 여호와가 너희에게 이르기를 아들은 그 아버지를, 종은 그 주인을 공경하나니, 내가 아버지일진대 나를 공경함이 어디 있느냐 내가 주인일진대 나를 두려워함이 어디 있느냐 하나, 너희는 이르기를 우리가 어떻게 주의 이름을 멸시하였나이까 하는도다. 너희가 더러운 떡을 나의 제단에 드리고도 말하기를 우리가 어떻게 주를 더럽게 하였나이까 하는도다. 이는 너희가 여호와의 식탁은 경멸히 여길 것이라 말하기 때문이라. 만군의 여호와가 이르노라. 너희가 눈먼 희생 제물을 바치는 것이 어찌 악하지 아니하며, 저는 것, 병든 것을 드리는 것이 어찌 악하지 아니하냐. 이제 그것을 너희 총독에게 드려 보라. 그가 너를 기뻐하겠으며 너를 받아 주겠느냐."

_말라기 1:6-8

5장
하나님의 영광에 대한 장애 3
_온전하지 못한 예배

설교자에게는 여느 때와는 달리 아쉬움이 많이 남는 설교가 있기 마련입니다. 설교자도 강단에서 자기 설교에 감화를 받아야 하는데, 왠지 마음이 냉랭한 것 같고 더 정확하게 전하지 못한 것이 후회되기도 하는 때가 있습니다. 이것은 설교자만이 느끼는 일종의 고통입니다. 이에 대해 스펄전(C. H. Spurgeon) 목사의 말은 큰 공감과 위로를 갖게 합니다.

"설교를 마친 다음 은혜의 속죄소가 거부되었을 경우 양심적인 설교자는 어떻게 자신의 감정을 표현하고 영혼의 위로를 받을 수 있겠는가? 미칠 듯한 흥분에 사로잡힌 경우 우리가 위로받을 길은 우리의 하소연을 끙끙대며 아뢰는 것 외에 무엇이 있겠는가? 실패에 대한 두려움으로 고통당하는 우리가 위로받을 길은 우리의 하나님에게 불평하는 것 외에 또 어떤 것이 있겠는가? 우리의 증언에서 드러난 약점을 의식하면서 밤늦도록 뒤척이며 잠을 설치는 경우가 얼마나 많은가? 그때마다 당장 다시 설교단에 달려가서 우리가 냉랭하게 내뱉은 내용을 다시 한 번 더 열정적으로 외치고 싶은 충동을 얼마나 느꼈던가?"

그래서 하나님의 은혜가 절실합니다. 순간마다, 예배마다 우리의 허물을 덮으시는 하나님의 은혜가 없다면 누구도 하나님의 영광을 말할 수 없고, 하나님의 말씀을 대언할 수도 없을 것이라는 생각을 더욱 강렬하게 하게 됩니다. 그러므로 우리는 오직 하나님의 은혜를 구하는 마음으로 말씀을 전하고 예배하고 말씀을 들어야 합니다. 그래서 은혜 받을 자에게 은혜를 주시는 하나님을 바라야 합니다. 하나님의 은혜를 덧입지 않고서는 그 누구도 예배 안에서 생기와 능력을 경험할 수 없습니다.

설교자뿐만 아니라 청중도 마찬가지입니다. 우리는 이 부분에 대해 매우 민감해야 합니다. 이런 민감함이 없는 청중과 설교자는 죽은 자나 다를 바 없습니다. 그들은 당연히 생기 없는 예배를 드릴 수밖에 없습니다. 바로 본문에 나온 사람들과 똑같은 부류의 사람들이 될 것입니다.

온전하지 못한 예배로 더럽혀지는 하나님의 영광

우리는 본문에서 하나님의 영광과 관련해 진지하게 생각해야 할 말씀, 곧 우리의 예배를 돌아보게 하시는 하나님의 말씀을 발견합니다. 이 말씀은 우리가 하나님 앞에 예배하는 데 영적으로 얼마나 민감해야 하는지를 잘 말해 줍니다.

하나님의 백성들이 하나님의 영광을 가장 분명히 드러낼 수 있는 때가 언제입니까? 또 하나님의 백성들이 그분의 영광을 깨닫고 그 영광을 가장 강하게 경험할 수 있는 때가 언제입니까? 영광의 하나님께 예배할 때가 아닙니까! 우리가 드리는 예배는 하나님의 영광을 위한 최고의 행위이며, 예배하는 우리에게도 가장 영광스러운 것입니다. 그런데 우리의 예배 속에 하나님의 영광에 대한 의식이 없고, 그분의 영광에 대해 어떠한 경험도 하지 못하며, 그분의 영광이 예배하는 사람들 가운데 나타나지 않는다면, 그 예배를 속히 멈추어야 합니다. 그렇지 않으면 우리는 하나님의 영광을 의식하는 예배를 드리기 위해 하나님 앞에 경성하는 수고를 다시 해야 합니다.

본문에서 하나님은 이스라엘 백성들이 하나님의 영광을 위해 예배하든지, 아니면 성전 문을 닫든지, 둘 중 하나를 택하라고 말씀하십니다.

"만군의 여호와가 이르노라. 너희가 내 제단 위에 헛되이 불사르지 못하게 하기 위하여 너희 중에 성전 문을 닫을 자가 있었으면 좋겠도다. 내가 너희를 기뻐하지 아니하며 너희가 손으로 드리는 것을 받지도 아니하리라"(말 1:10).

하나님께 드리는 예배를 예배답게 드리지 않는 백성들로 인해서 하나님의 이름이 더럽혀지고 하나님의 영광에 장애가 된다는 사실을 하나님은 본문에서 아주 분명히 지적하십니다. 본문에서 하나님은 "내 이름을 멸시하는 제사장들아……나를 공경함이 어디 있느냐……나를 두려워함이 어디 있느냐?"(말 1:6)라고 말씀하십니다. 그리고 바로 뒤이어 그들의 반응이 나옵니다.

"우리가 어떻게 주의 이름을 멸시하였나이까"(말 1:6).

그러자 하나님은 그들의 질문에 대해 즉시 대답하십니다.

"너희가 더러운 떡을 나의 제단에 드리고도 말하기를, 우리가 어떻게 주를 더럽게 하였나이까 하는도다. 이는 너희가 여호와의 식탁은 경멸히 여길 것이라 말하기 때문이라. 만군의 여호와가 이르노라. 너희가 눈먼 희생 제물을 바치는 것이 어찌 악하지 아니하며, 저는 것, 병든 것을 드리는 것이 어찌 악하지 아니하냐"(말 1:7,8).

이러한 하나님의 지적에서 우리가 발견하는 것이 무엇입니까? 그것은 하나님의 이름과 영광이 하나님의 백성들의 잘못된 예배로 인해 멸시되고 더럽혀질 수 있다는 사실입니다. 다시 말하면, 예배가 예배답지 못한 것이 바로 하나님의 영광에 장애가 된다는 것입니다. 하나님께 예배하는 그분의 백성들에게 하나님의 영광을 위한 분명한 마음과 태도와 증거가 없을 때, 그 예배는 형식적이고 거짓된 예배로 치닫게 되며, 결국 하나님의 영광을 그르치게 됩니다. 예배가 행해지고 있지만 오히려 그런 예배 행위에 의해 하나님의 영광과 이름이 멸시될 수 있습니다.

예배하는데도 하나님의 이름이 더럽혀지는 일이 얼마든지 있을 수 있습니다. 우리는 이 점에 대해 진지하게 살펴보아야 합니다. 우리는 일단 예배하기만 하면 그것이 당연히 하나님께 드리는 것이요 하나님을 위해서 하는 행위가 된다고 생각합니다. 그러나 우리가 놀라지 않을 수 없는 사실은, 그러한 행위가 하나님의 영광을 드러내기는커녕 오히려 하나님의 이름과 영광을 더럽히고 멸시할 수 있다는 하나님의 지적입니다. 예배한다고 해서 모든 예배가 하나님의 영광을 나타내고 하나님을 기쁘시게 하는 것은 아니라는 말입니다.

경외심 없는 예배를 책망하시는 하나님

그렇다면 하나님의 이름과 영광을 더럽히는 예배, 곧 하나님께 영광이 되기는커녕 하나님의 영광에 장애가 되는 예배는 어떤 예배이겠습니까?[1]

본문에서 하나님은 가장 먼저, 하나님을 멸시하면서도 그러한 자기들의 실상을 보지 못하는 제사장들에게 말씀하십니다. 그들이 하나님께 대한 경외심이 전혀 없이 제사를 드림으로써 하나님의 이름을 멸시하고 더럽혔다고 말씀하십니다. 그 당시나 오늘이나 아들들이 아버지를 공경하는 것, 혹은 종들이 주인을 공경하고 두려워하는 것은 아주 당연한 일입니다. 또한 그들은 그들 자신이 아버지로서, 또 주인으로서 공경을 받은 사람들이었습니다. 그러나 하나님을 가장 가까이에서 섬기는 제사장이라는 자들은 하나님께 그 어떤 두려움이나 공경심도 가지고 있지 않았습니다. 한마디로 하나님을 위해 존재하는 자들에게서 오히려 하나님께 대한 경외심을 전혀 찾아볼

---

[1] 이에 대해 우리는 역사 속에 있었던 본문과 같은 부정적인 사건을 통해 우리에게 유익이 되는 대답을 얻어, 우리의 예배 속에서 하나님의 영광에 장애가 되는 요소를 제거하는 긍정적인 결론을 얻어야 합니다. 그래서 하나님의 영광이 충만한 예배를 드리고자 원해야 하고, 이를 참된 예배의 중요한 계기로 삼아야 합니다.

수가 없었다는 말입니다.

본문에서 하나님은 자신을 멸시하는 제사장들을 지목하여 그들을 향해 말씀하십니다. 그래서 본문을 오로지 종교 지도자들에게만 해당되는 말씀인 것처럼 생각할지도 모르지만, 사실은 그렇지 않습니다. 제사장들을 통칭한 것은 그들만 하나님을 멸시했다는 의미가 아닙니다. 다른 사람들도 다 하나님을 멸시하고 있었지만, 특히 제사장들은 백성들의 지도자요 백성들을 위해 하나님 앞에 서는 자로서 그렇게 행했기 때문에 그들을 대표적으로 말씀하신 것입니다. 이스라엘 백성의 지도자인 제사장들이 그 백성의 부패와 타락을 촉진시키는 데 한몫하고 있었기 때문에 그들을 대표로 불러서 말씀하신 것입니다.[2]

본문은, 제사장들과 같이 하나님의 가장 가까이에서 경외심을 가지고 하나님께 제사해야 할 사람들을 비롯하여 모든 하나님의 백성들이 하나님께 대하여 자기 아버지에게 하는 것만큼의 공경심도 가지고 있지 않음을 지적합니다. 종들이 자기 주인에게 가지는 것만큼의 두려움과 공경심도 없다는 사실을 하나님께서 지적하고 계십니다.

상상해 보십시오! 소위 하나님의 백성들이라고 하는 자들이 하나

---

[2] 제사장들은 백성들이 극심하게 타락했을 때, 모범을 보이기보다는 오히려 자신들의 멍에를 벗어 버리고 그들과 함께 행동했습니다. 그래서 하나님은 말라기 1장 2-5절에서 모든 백성들을 향해 말씀하시다가, 6절부터는 모든 백성들과 함께 본이 되어야 함에도 오히려 방종한 제사장들을 특별히 불러서 정죄하십니다. "내 이름을 멸시하는 제사장들아!"(6절)라는 말씀의 대상은 일차적인 의미에서는 제사장들이 맞습니다. 그러나 실질적으로는 그들뿐만 아니라 모든 이스라엘 백성들도 그들과 똑같이 하나님의 이름을 멸시하는 자라고 하나님은 말씀하고 계십니다.

님을 예배하기 위해 모여 있지만, 그들 안에 예배의 대상이신 하나님께 대한 그 어떤 경외심이 전혀 없다고 말입니다. 또 하나님과 전혀 상관없는 온갖 것들에 생각과 마음을 빼앗긴 채 예배하고 있다고 생각해 보십시오. 그런 예배는 하나님을 위하는 것이 아닙니다. 오히려 하나님을 멸시하고 모독하며 더럽히는 행위입니다. 즉, 하나님의 영광을 업신여기는 것입니다.

하나님의 백성들이 온전한 경외심으로 하나님께 예배하지 않는 것, 즉 예배다운 예배를 드리지 않는 것 자체가 하나님의 이름을 더럽히는 짓입니다. 이런 예배는 하나님의 영광을 가로막는 장애입니다.

우리의 실상은 어떻습니까? 하나님께 대한 경외심 없이도 얼마든지 예배할 수 있다고 생각합니다. 그리고 그런 예배에 아주 익숙합니다. 우리는 예배 가운데 하나님에 대한 분명한 인식과 거룩하신 그분의 면전에 우리가 서 있다는 의식, 오직 그분의 은혜를 구할 수밖에 없으며 우리의 예배가 하나님께 대한 경외심으로 가득 차야만 한다는 사실에 대해 아는 바가 없습니다. 마땅히 가져야 할 의식도 없이 그냥 예배당에 앉아 있는 것에 익숙합니다. 그러다가 진지하고 경외심이 넘치는 예배에 참석하거나 그런 예배를 보게 되면, 오히려 그것을 이상하게 여기고 불편해합니다.[3]

---

[3] 조금이라도 진지하게 예배하고, 설교 시간이 길어지는데도 흐트러짐 없이 경외심 넘치게 예배하는 것을 보면, 그것을 신기하고도 이상하게 봅니다. 그리고 그 예배 가운데 앉아 있는 것을 어쩐지 거북하게 여기는 것이 우리의 현실입니다. 그런데 여러분, 이러한 우리의 예배 태도 자체가 하나님의 이름을 더럽힌다는 사실을 아십니까? 그런 식으로 예배하는 모습은 하나님을 경외하기는커녕 오히려 하나님의 영광을 더럽힌다는 사실을 알고 있습니까?

하나님께 대한 경외심이 없는 예배는 그 자체가 예배의 주인이신 하나님을 멸시하고 무시하는 것입니다. 우리는 먼저 이 점을 염두에 두어야 합니다. 그리고 내 안에서부터 이것을 살피고, 만일 그런 모습이 내게 있다면 대충 넘어가서는 안 됩니다. 그것을 인정하면서 대전환을 모색해야 합니다.

본문을 보십시오. 이스라엘 백성은 둘째 치고, 제사장들이 그 사실을 인정하고 있습니까? 그들은 오히려 "우리가 어떻게 주의 이름을 멸시하였나이까"(6절)라고 되묻습니다. 정작 당사자들은 하나님의 지적을 인정하지 않습니다. 예나 지금이나 인간은 본래 외적인 행동에 더 가치를 두기 때문입니다.

사람들은 자기의 행동이 곧 마음 상태라고 자주 오해합니다. 분명 가식일 수 있는데도 말입니다. 이와 마찬가지로 하나님을 진실로 경외하지 않는 제사장들과 이스라엘 백성들도 제사하고 제물을 드리는 행위를 하고 있었기 때문에, 자신들이 하나님의 영광을 그르친다는 생각은 조금도 하지 않았습니다. 그래서 감히 하나님께 되물은 것입니다.[4]

우리에게는 이런 모습이 없습니까? 오늘날 우리 한국 교회 성도들에게 진정 이런 모습이 없을까요? 제가 생각하기로 대부분의 그리스도인들은 자신이 하나님을 경외한다고 생각할 것입니다. 그들은 자

---

[4] 우리는 자신에게 외적인 행동이 있는 한, 그 부분만큼은 정당하다고 생각하고 싶어하며 그렇게 생각하려는 고집과 부패한 본성을 가지고 있습니다. 그래서 그들도 하나님의 지적에 대해 인정하지 않고 "우리가 어떻게 주의 이름을 멸시하였나이까"라고 말합니다.

신들이 하나님을 멸시할 수도 있다는 가능성은 염두에 두지 않는 것 같습니다. 예배당에서 한 자리를 차지하고 있는 한, 그들은 자신이 하나님을 멸시하고 있다고 생각하지 않을 것입니다.[5] 간혹 교회 안에 가짜 신자가 있다고 외치는 설교자가 있지만, 그들은 아무리 외쳐도 상관하지 않습니다. 자신이 지금 교회에 와 있고 헌금도 하고 직분을 맡아서 열심히 봉사도 하고 있는데 하나님을 멸시하고 있다니, 이는 결코 인정할 수 없는 말이라 치부하기 때문입니다. 이것은 본문의 제사장들과 똑같은 태도입니다.[6]

이렇게 우리는 외적인 신앙 행위를 하는 한, 이것이 가짜요 거짓일 수 있다는 생각을 결코 하지 않습니다. 하나님의 지적에 결코 동의하지 않습니다.[7]

그러나 하나님은 우리의 행동이 어떠하든지, 그보다 먼저 우리의 마음과 생각을 보시고 그것으로 모든 것을 판단하십니다. 다시 말하면, 중심에 하나님께 대한 경외심이 없는 예배와 삶은 거짓이요 가짜라고 지적하십니다. 중심이 그러하다면 외적인 행동이 어떻든지 그

---

[5] 사람들은 자신이 시간을 내어 교회에 나와 예배하고 설교를 듣기 때문에, 즉 어찌 되었건 예배에 참석하고 있기 때문에 자신이 하나님을 멸시하고 있다고는 결코 생각하려 하지 않습니다. 모두 외적인 행동이 있기 때문에 그렇습니다.

[6] 한결같이 '예배도 참석하고 기도도 하며 하나님의 말씀도 꾸준히 듣는데, 어떻게 하나님을 멸시하느냐'라고 반응합니다.

[7] 그러나 하나님의 지적을 인정해야 합니다. 하나님께서는 그들의 제사 속에 하나님께 대한 경외심이 없는 것, 비록 제사 행위는 있지만 그 행위 속에 하나님에 대한 분명한 이해와 경외심이 없는 것을 보시고는 자신의 이름을 멸시하고 있다고 분명하게 지적하십니다. 하나님께서는 외적인 행동이 있어도 얼마든지 하나님의 이름이 멸시될 수 있다는 사실을 지적하십니다.

것은 하나님을 멸시하고 하나님의 이름과 영광을 더럽힐 뿐입니다.

그러면 나는 바르게 예배하고 있습니까? 하나님을 멸시한 일은 없다고 생각합니까? 예배당에 앉아 예배하는 사람 중 어느 누가 그렇게 생각하겠습니까? 그러나 우리가 하나님에 대한 경외심도 없이 그저 예배당에 앉아 있다면, 그것은 하나님의 이름을 멸시하는 행위입니다. 아예 하나님의 이름을 달고 있지 않으면 몰라도, 하나님의 자녀요 그리스도인이라는 이름을 달고 있으면서 하나님에 대한 경외심도 갖지 않은 채 예배당에 멍하니 앉아 있다면 오히려 하나님의 이름을 더럽힐 수 있습니다.[8] 주일마다 예배당에 나와 앉아 있는 우리는 모두 이 사실을 인정해야 합니다.

하나님 뜻을 무시한 예배

그다음으로, 자신들의 실상을 보지 못하는 제사장들과 이스라엘 백성들에게 하나님은 뭐라고 지적하십니까? 하나님은 자신의 이름을 멸시하고 더럽히는 행위요 주의 영광에 장애가 되는 것으로 무엇을 지적하셨습니까? 그것은 바로 하나님께서 정하신 제사의 의중(意中)을 무시했다는 것입니다. 결국 제사를 더럽힘으로써 그 제사를 제정하신 하나님을 더럽혔다는 말씀입니다.

하나님께서 원하시는 제사가 있습니다. 그런데 그 사실을 알면서

---

8) 어쩌면 우리도 제사장들처럼 "우리가 어떻게 주의 이름을 멸시하였나이까"라고 말할지도 모릅니다. 그러나 진정한 경외심이 없으면, 즉 경외심으로 가득 차서 하나님께 예배하지 않으면 우리는 하나님을 멸시하는 자입니다.

도 이스라엘 백성은 물론 제사장들까지도 하나님의 의중을 무시했습니다. 제사에 대한 하나님의 의중은 단순히 의식을 드리는 것이 아니었습니다. 하나님의 이름을 무시하고 단지 의식적으로만 제사한다면, 그것은 그 의식을 정하신 하나님의 뜻을 무시하는 것이며, 결국 하나님을 멸시하는 것입니다.

제사장들은 자꾸 "우리가 어떻게 주의 이름을 멸시하였으며, 우리가 어떻게 주의 이름을 더럽혔나이까?"라고 말하면서, '어떻게, 어떻게'라고 반문했습니다. 이 질문에 숨겨진 뜻은, 일단 자기들이 하나님께 제사하고 있는데 도대체 무엇이 잘못되었다는 말인지 모르겠다는 것입니다. 다시 말해 "나는 하나님께 예배하고 있는데, 무엇이 어떻게 잘못되었다는 것인지 도무지 납득이 가지 않습니다"라는 뜻입니다.

'어떻게'에 대한 하나님의 답을 들어 보십시오! 하나님은 "너희가 더러운 떡을 나의 제단에 드리고도"(7절)라고 말씀하십니다. 그들은 하나님께 더러운 떡을 드림으로써 하나님의 이름을 더럽혔습니다. 그렇게 하나님께 드리는 예배 자체가 더러워질 수 있습니다. 백성들이 더러운 떡에 해당하는 것을 가져왔든지, 제사장들이 자기의 유익을 위해 좋은 떡을 자기 것으로 하고 더러운 떡으로 바꿔치기를 했든지 간에, 그들은 이 더러운 떡을 드림으로 예배를 더럽혔습니다. 그렇게 예배를 통해 나타내고자 하신 하나님의 의중을 가벼이 여김으로 그들은 하나님을 멸시했습니다.

그들이 어떻게 주를 더럽혔느냐고 반문한 것은 자신들이 직접 더럽힌 적이 없었으므로 그런 지적을 도무지 납득할 수 없었기 때문입니다. 그런데 하나님께서는 "너희가 나의 제단에 더러운 떡을 드림으로 나를 더럽혔다"라고 말씀하십니다. 그리고 8절에서는 '눈먼 것, 저는 것, 병든 것'을 드린 것을 언급하십니다. 그들의 '어떻게'라는 질문에 대해 주님은, 그들이 직접 주님을 더럽힌 것이 아니라, 더러운 것과 도저히 드려서는 안 될 것을 제물로 드린 행위를 통해 결국 주님을 더럽히고 주님의 이름을 멸시하며 하나님의 영광을 짓밟았다고 대답하시는 것입니다.

우리가 직접 하나님을 모독하지 않아도 얼마든지 하나님의 이름과 영광을 더럽힐 수 있습니다. 하나님이 정하신 것을 거부하고 하나님이 원하고 의도하시는 것을 무시함으로써, 곧 하나님이 제시하신 예물을 우리 마음대로 바꿈으로써 그렇게 할 수 있습니다.

하나님께 제사할 때마다 바치는 예물은 단순한 예물이 아닙니다. 하나님은 우리가 구별된 예물을 드리기를 원하십니다. 이 '구별'이라는 말에는 굉장한 의미가 담겨 있습니다. 하나님은 떡을 비롯한 모든 성별된 예물을 통해서 헌제자와 마주하신다는 사실을 보여 주고자 하셨습니다. 그들이 제단 위에 떡을 놓고 제물을 드릴 때, 하나님이 그들과 마주하시는 하나님이요 그의 백성 가운데 거하시는 분이라는 사실을 생각하고 기억하게 하시기 위해서 예물을 구별하여 드리게 하셨습니다. 그런데 그들은 그 개념을 묵살해 버렸습니다. 마주하시는 하나님을 대하는 면전에 더러운 떡을 놓았습니다. 이것은 곧 하나님과 마주 대하는 것을 거부한다는 뜻입니다. 떡을 놓고 제물을 드리게 하신 것은 하나님께서 이스라엘 백성들에게 아버지요 주가 되신 다는 사실을 친밀하게 느끼게 하기 위함이었습니다. 그런데 하나님 이 보이지 않는다고 더러운 떡을 놓은 것입니다.

이 얼마나 하나님께 대한 모독입니까? 이것이 하나님의 이름과 주님의 영광을 더럽히는 일입니다. 예배는 우리가 하나님과 마주하는 시간입니다. 그러므로 예배에 와서 경외심도 없이 더러운 떡을 놓는 것은 하나님의 영광에 먹칠을 하는 짓입니다. 그것은 주의 이름을 정면으로 모독하는 것이며, 그분의 존재를 무시하는 것입니다. 그래서 주님께서는 아주 적절한 예를 덧붙이십니다. "자, 그러면 그것을 너희 총독에게 드려 보라. 그가 너를 기뻐하겠는가?"(8절 참고)라고 말입니다.

한번 상상해 보십시오! 대통령이 업무를 마치고 청와대 관저로 돌아와서 식사를 하기 위해 영부인과 함께 식탁에 앉았습니다. 그런데 청와대 관저의 요리사가 그날 주 메뉴를 맨 나중에 가져오면서 구더기가 나오는 썩은 고기를 담아 왔다고 생각해 보십시오. 과연 어떻게 되겠습니까? 본문에서 바로 이 이야기를 하고 있습니다. 하나님께 더러운 떡을 드리듯이 형상을 가진 사람에게도 동일하게 해 보라는 말씀입니다. 어디 감히 상상이나 할 수 있겠습니까? 청와대 관저의 요리사가 대통령에게 감히 그런 일을 할 수 있겠습니까? 절대로 불가능한 일입니다. 상식적으로 생각해 봐도 이스라엘 백성들이 그들의 총독에게 눈먼 것, 저는 것, 병든 것을 내놓을 수는 없습니다. 그런데 하나님을 향해서는 그런 것들을 서슴없이 드렸습니다.[9]

더러운 떡

그러면 우리는 이런 일을 행하지 않습니까? 우리는 더러운 떡을 드림으로써 하나님을 더럽히지 않습니까? 아마도 우리 대부분은 본문에 나오는 제사장들과 이스라엘 백성들처럼 "우리가 어떻게 주를 더럽게 하였나이까?"라고 말할 것입니다.

우리에게 더러운 떡은 무엇을 의미합니까? 도살장이나 쓰레기장에 버려야 할 눈먼 것, 저는 것, 병든 것이 우리에게 의미하는 바가 무엇이겠습니까? 더러운 떡이란 하나님보다 나를 먼저 생각한 다음에 드리는 모든 것을 가리킵니다. 이것을 기억해야 합니다. 제사장들과 백성들이 더러운 것, 눈먼 것, 저는 것, 병든 것을 드린 것은 하나님을 먼저 생각해서 드린 것이 아닙니다. 자기부터 생각하고, 자기 앞가림부터 하고 난 다음에 드린 제물이었습니다. 그러므로 여기서 더러운 떡이 무엇이냐 하는 것에 대해 따로 항목을 만들 수는 없습니다. 이것은 전적으로 우리의 마음과 관련된 문제입니다. 우리가 하나님보다 자기 자신을 먼저 생각하고 나서 하나님께 드리는 모든 예물은 더러운 떡이요 눈먼 것, 저는 것, 병든 것이 됩니다.

더 구체적으로 말해 볼까요? 우리가 하나님께 드리는 것에는 물질

---

9) 우리가 이것을 어떻게 설명할 수 있겠습니까? 누가 이 장면을 제대로 설명할 수 있겠습니까? 누가 이것을 지적하신 하나님의 마음을 제대로 묘사할 수 있겠습니까? 어떤 설교자가 이를 제대로 묘사할 수 있겠습니까? 못합니다. 영존하고 거룩하신 하나님의 존전에서 행하는 이러한 인간의 배은망덕을 어떻게 제대로 묘사할 수 있겠습니까? 못합니다. 그저 비유로 총독의 예화나 드는 정도입니다. 이들이 어떤 자들이었습니까? 하나님을 믿지 않는 이방인들이었습니까? 아닙니다. 이들은 소위 하나님의 백성이라고 일컬음을 받는 자들입니다. 그런데도 더러운 제물로 하나님을 모독하고 더럽히며, 하나님의 영광을 업신여겼습니다.

만 있는 것이 아닙니다. 시간도 있습니다. 그리고 더 나아가 우리 자신까지 산 제물로 드리라고 성경은 말합니다(롬 12:1 참고).

우리가 하나님께 드린다고 할 때 가장 일반적으로 생각하는 것은 물질과 시간이라고 할 수 있습니다. 그리고 우리가 자신을 드린다는 것은 우리의 인생을 드리는 것과 같다고 할 수 있는데, 그 대표적인 것도 바로 시간과 물질이라 할 수 있습니다.

그렇다면 시간과 물질을 어떻게 드리면 더러운 떡이 된다는 것입니까? 앞에서도 말했지만, 하나님보다 자신을 먼저 생각하고 드리는 시간과 물질은 모두 더러운 떡이 되고 맙니다. 우리에게 시간을 주신 분은 하나님이십니다. 우리에게 생명을 주시고 일정한 수명을 주시는 분도 하나님이십니다. 우리가 시간을 사용할 때는 항상 시간을 주신 하나님께 우리의 시간을 구별하여 드려야 한다는 것을 기억해야 합니다. 우리는 시간을 사용하면서 항상 이 점을 기억해야 합니다.

시간을 구별하여 드린다는 것은, 우리에게 주신 모든 시간을 다 하나님께 드려야 함을 인정하면서 그 가운데 대표적인 시간을 구별하여 드리는 것을 말합니다. 그 의미를 가장 대표적으로 나타낸 것이 바로 예배입니다. 우리가 예배하는 것은 우리에게 모든 시간을 주신 하나님을 기억하고, 일종의 감사의 예물로서 시간을 구별하여 하나님께 바치는 것입니다. 그런데 만일 그런 예배를 드리러 나오면서 미리 준비되거나 구별된 모습도 없이 자기 볼일 다 보고 자기 일부터 다 하고 나머지 시간을 드린다면, 좀 더 구체적으로 말해서 예배 한 번 달랑 드리고, 그나마 그것도 지각을 밥 먹듯이 하면서 하나님 앞에 예배를 드린다면, 그 예배는 바로 더러운 떡입니다.

여러분, 출근 시간이나 강의 시간은 칼같이 지키면서도 하나님께 드리는 예배 시간에 대해서는 얼마든지 융통성을 가져도 된다는 생각을 쉽게 하지 않습니까? 그런데 바로 그런 태도로 드리는 예배가 더러운 떡이라는 것을 알고 있습니까? 자투리 시간을 덜렁 던지는 것처럼, 예배 시간을 자기 마음대로 할 수 있는 것처럼 하는 이 태도가 바로 더러운 떡입니다.

이렇게 볼 때 말라기 선지자 시대의 사람들 대부분에게서 본 것과 같이, 하나님 앞에서 더러운 떡을 드리는 것과 별 다를 바 없는 모습이 우리의 현실에도 있지 않습니까? 제가 호주에서 돌아왔을 때 잠깐 틈이 생겨서 다른 교회를 몇 군데 가 볼 수 있었습니다. 그런데 놀랍게도 가는 곳마다 예배 시간에 지각하는 사람들이 많았습니다. 거의 5분의 2가 지각하는 모습을 볼 수 있었습니다. 물론 제가 사역하고 있는 교회도 마찬가지입니다.

예배를 그토록 소중히 여기며 강조하는 것은 예배하는 모습과 태도에서 그 사람의 믿음과 영적 상태, 심지어 그 사람의 영원한 생명까지도 엿볼 수 있기 때문입니다. 저는 예배하는 모습에서 그 사람의 전체적인 모습을 거의 다 볼 수 있다고 믿습니다. 그가 진정한 그리스도인인지, 그에게 참으로 믿음이 있는지, 하나님께 대한 경외심이 있는지가 예배하는 모습과 태도에서 나타납니다.

하나님께 대한 의식이나 경외심 없이 예배하고, 그나마 그것도 교회에 나왔다 안 나왔다 하거나 겨우 한 달에 한 번 정도 오가는 사람을 어떻게 영적으로 신뢰할 수 있겠으며, 어떻게 그를 인정해 줄 수 있겠습니까? 그런 식으로 예배당을 드나드는 사람은 하나님께 더러운 떡을 드리는 것입니다. 그런 사람들에 대해 10절에서 말씀합니다. "성전 문을 닫아서 그런 사람들을 들어오지 못하게 했으면 좋겠다."

그렇다면 더러운 떡이 시간뿐입니까? 본문을 보면 잘못된 우리의 예물, 곧 물질도 더러운 떡으로 불립니다. 사실 본문은 이 물질에 대해 더 잘 묘사하고 있습니다. 하나님께 떡이나 어떤 희생 제물을 드린다고 할 때, 그것은 일종의 물질입니다. 하나님은 우리에게 제물, 즉 우리가 생활하면서 쓰는 소유나 비용의 일부를 하나님께 드리라고 하셨습니다. 그 이유는 시간을 구별하여 드리라고 말씀하신 것과 같습니다.

하나님은 우리 인생들에게 물질을 선물로 주셨습니다. 그러나 우리는 이 사실을 인정하고 싶어하지 않습니다. "내가 직장에 들어가서 얻은 봉급인데, 내가 수고해서 받은 대가인데 어떻게 이것이 하나님께서 주신 것인가?"라고 말합니다. 그러나 이스라엘의 예를 들어서 설명해 보겠습니다. 만일 하나님께서 그들을 가나안 땅에 들어가게 하시지 않았다면, 그들은 밭에서 소출을 낼 수 없었을 것입니다. 하나님께서 요단강을 마른땅과 같이 걸어서 건너게 하시고 여리고성을 무너지게 하지 않으셨다면, 그들은 여전히 광야의 굶주린 유랑민에 지나지 않았을 것입니다.

아담의 경우 또한 그렇습니다. 최초의 인간인 아담에게도 하나님께서 에덴이라는 풍요로운 삶의 터전을 주셨습니다. 하나님은 아담에게 씨앗을 마련해 심으라고 말씀하시지 않았습니다. 오히려 그가 지음 받은 바 되어서 눈을 떴을 때, 하나님이 이미 풍요로운 나무들과 양식들을 마련해 놓으신 것을 보았고 그것을 누리며 살았습니다. 하나님께서는 사람이 살 수 있는 모든 환경을 조성하신 후에 아담을 그곳에 있게 하셨습니다.

우리도 같은 맥락에서 생각해야 합니다. 아담과 같이 우리도 하나님께서 배설해 주신 이 땅에 잠시 머무는 것뿐입니다. 우리가 사용하는 모든 것은 하나님의 것이며 하나님께서 베풀어 주신 것들입니다. 하나님께서 우리에게 재물을 얻을 수 있는 능력을 주셨습니다. 만일 이 사실을 확인하고 싶다면, 병원의 중환자실이나 영안실에 가 보십시오. 우리가 움직이며 일할 수 있는 '능'이 하나님에게서 비롯되었음을 인정하게 될 것입니다. 우리는 존재의 시작을 잊지 말아야 합니다. 모든 것이 하나님의 선물입니다. 하나님께서 모두 주셨습니다. 우리의 소유, 그리고 일할 수 있는 능력은 모두 하나님의 은사입니다.

그러나 우리는 이 사실을 좀처럼 인정하려 하지 않습니다. 기억하십시오. 하나님께서는 이 모든 것을 내일이라도, 아니 지금 당장이라도 거두어 가실 수 있습니다. 그래서 하나님은 이스라엘 백성들이 가나안 땅에 들어가서 얻는 모든 곡식과 재물이 하나님의 것이므로 이것을 주신 하나님을 기억하여 그중에서 일부를 구별해 바치라고 하셨습니다.

'일부'를 드린다는 것은 '전부'를 주셨다는 사실을 인정하는 신앙의 고백입니다. 성경에 나오는 모든 예물들, 즉 헌금들에 관한 언급은 다 그런 근거와 의미로 하시는 말씀입니다. 십일조도 십분의 십 전부가 다 하나님의 소유라는 것을 인정하면서, 그중에서 십분의 일을 구별하여 대표적으로 드리는 예물입니다.

그런데 먼저 자기를 위해서 물질을 쓰고 나서 나머지를 하나님께 드린다면, 그것이 바로 더러운 떡인 것입니다. 마치 생일 케이크 중에 손님들이 다 먹고 난 마지막 한 조각을 생일의 주인공인 하나님께 던져 드리는 것과 같습니다.

성경을 보면 제물을 말할 때마다 희생 제물이라는 말을 사용합니다. 본문에서도 '눈먼 희생 제물'이라고 하면서 '희생'이란 말을 덧붙여 말씀하셨습니다. 그것은 우리가 귀하게 아끼는 것을 포기함으로써 드린다는 의미입니다. 하나님 앞에 드리는 희생 제물에는 이런 희생정신이 깃들어야 합니다. 뭔가 부담을 느끼고 드려야 합니다. 부담 없이 형식적으로, 양심의 가책에 의해서 드리는 예물은 더러운 떡이 될 뿐입니다. 여러분, 잘 생각해 보십시오. 혹시 교회에 와서 헌금하는 것을 아깝다고 생각합니까? 그런 생각을 가지고 헌금합니까? 그 사람의 헌금은 더러운 떡일 뿐입니다.[10]

---

[10] 지금까지 한국 교회에는 헌금에 관한 한 크게 잘못된 부분이 있었습니다. 헌금을 하고 안 하고의 문제가 목사의 권한인 것처럼 생각하여 말하는 것입니다. 헌금은 목사의 권한이 아닙니다. "우리 교회는 헌금을 강요하지 않습니다. 그러므로 굳이 하지 않아도 됩니다"라고 공개적으로 광고하는 것도 잘못입니다. 그것은 위선입니다. 누가, 무슨 권리로 헌금하는 것을 막을 수 있습니까? 목사가 하나님입니까? 헌금을 해라 마라 하는 것은 지독한 오만이고 방자함이며 월권행위입니다. 그런데도 우리가 잊지 말아야 할 것이 있습니다. 설령 목사들이 헌금에 대해 잘못 가르쳤다고 하더라도 우리는 헌금을 바른 태도로 하는 것을 거부해서는 안 된다는 것입니다.

제사장들은 일반 백성들과는 구별된 지도자들이기 때문에 더러운 떡과 병든 희생 제물을 가져오는 행위를 막고 그들을 책망하며 잘못을 고쳐 주어야 했습니다. 그러나 그들은 오히려 자기들의 이익 때문에 백성들과 한통속이 되었습니다. 그래서 그들은 크게 책망을 받고 있습니다.[11]

오늘날 한국 교회에서는 목사들의 잘못이 큽니다. 성도들에게 옳은 것을 가르치고 바른길로 인도해야 할 목사가 분명히 잘못된 것을 보면서도 책망하고 권징할 줄도 모르는 것이 한국 교회의 현실입니다. 오히려 그릇된 길로 함께 내달리지나 않으면 다행입니다. 이런 현실은 보이지 않는 하나님의 영광보다는 눈에 보이는 사람을 더 두려워한 데서 기인합니다.

"하나님의 영광을 위해서"라는 말은 사실 쉽게 할 수 있는 말이 아닙니다. 하나님에 대한 올바른 인식과 경외심이 바탕이 되고, 그분을 위하여 온 맘과 정성으로 삶을 드리는 가운데 할 수 있는 말입니다. 모든 것을 드려야 하지만 전부를 드리는 마음으로 시간과 물질을 구별하여 드릴 때에 주의 영광이 드러납니다.

이렇게 '하나님의 영광'에 대해 강조하는 이유는, 온전하게 하나님의 영광을 나타내는 모습이 없으면 사실상 그리스도 안에 나타난 하

---

[11] 만약 오늘날 어떤 목사가 그러한 책망을 한다면, 과연 교인들이 그 목사를 좋아하겠습니까? 그러나 본문에서 하나님은 제사장들에게 달라야 할 너희마저도 똑같이 하느냐고 말씀하십니다. 그러므로 당연히 목사만큼은 그렇게 하지 말아야 합니다. 오히려 책망해야 합니다. 헌금은 하나님께 드리는 것인데 더러운 떡을 드리듯 하는 성도를 막지 못하고, 오히려 거기에 동조하는 목사를 하나님께서 책망하실 것입니다.

나님의 은혜를 아는 사람이라고 할 수 없기 때문입니다. 하나님께 영광을 돌리는 삶이 없으면, 그가 아무리 열심히 예배당을 들락거리고 예배당에 앉아 있다 해도 그는 결국 하나님과 상관없는 자입니다. 그리스도인과 교회는 하나님의 영광을 위해 존재해야 합니다. 그러하기에 우리는 하나님의 영광에 장애가 되는 더러운 예배, 즉 더러운 떡을 드려서는 안 됩니다.

"하나님의 영광을 위해서"라고 말하기 전에, 먼저 하나님의 영광에 장애가 되는 문제부터 제거하십시오. 그렇게 할 때 우리를 통해 하나님의 영광이 온전히 드러날 수 있을 것입니다.

"율법을 자랑하는 네가 율법을 범함으로 하나님을 욕되게 하느냐. 기록된 바와 같이 하나님의 이름이 너희 때문에 이방인 중에서 모독을 받는도다."

_로마서 2:23,24

6장
하나님의 영광에 대한 장애 4
_외식된 생활

　우리는 본문을 통해서 소위 하나님의 백성들이라 불렸던 사람들이 하나님의 이름을 모독한 역사적인 실례를 발견하게 됩니다. 이런 부정적인 사례들이 성경에 기록된 것은, 우리가 그것을 거울로 삼아 동일한 죄를 범하지 않도록 하기 위함입니다. 성경에는 다른 종교의 경전들처럼 좋은 말만 기록되어 있는 것이 아니라, 우리 인간의 실수와 잘못들, 심지어 근친상간에서부터 너무나 더럽고 극악한 죄악들까지 가득 기록되어 있습니다. 성경은 이러한 실제적인 사건들을 적나라하게 기록함으로써 우리에게 가까이 다가와서 더 효과적으로 교훈합니다.

　성경은 우리 인간들의 행적에 대한 기록이 아닙니다. 무엇보다 성경은 실수와 죄악으로 인해 비참해진 우리를 다시 살리고 회복시키시는 하나님의 사역에 대한 기록입니다. 이런 면에서 성경은 다른 종교의 경전과는 근본적으로 다릅니다. 성경이 비록 인간들과 관련된 이야기인 것은 사실이지만, 성경은 인간들의 삶과 역사 속에서 실제로 역사하시는 하나님을 기록하고 있습니다. 그러므로 우리는 그 어떤 부정적인 사례나 사건이라 할지라도, 오히려 그것을 통해서 우리에게 더욱 강하게 다가오시는 하나님의 손길을 보아야 합니다. 하나님의 이름을 더럽힌 부정적인 사건들, 그리고 하나님 앞에서 범죄한 인간들에게 역사하시는 하나님의 손길과 하나님의 마음, 하나님의 의지를 발견하고 그 하나님의 의중에 신실하게 반응하는 자리로 나아가야 합니다.

하나님께서 이런 기록을 남기신 것은 우리가 쉽게 공감할 수 있는 사례와 실수들을 통해 우리로 하여금 하나님을 향하도록 만들고, 그와 같이 넘어지지 않도록 하기 위함입니다. 하나님의 도우심이 없으면 우리도 그렇게 될 수 있다는 사실을 보게 하시고, 이를 통해 우리를 하나님께로 향하게 만들기 위해 이런 기록들을 주셨습니다.

나중에 하나님의 영광의 적극적인 면을 살펴볼 것입니다만, 먼저 부정적인 사례들을 통해 우리의 죄악을 경계해야 합니다. 혹시 부정적인 모습이 나에게 있다 하더라도 하나님께서 용납해 주실 것이라는 식으로 쉽게 생각해서는 안 됩니다.

본문은 하나님의 백성임을 스스로 자랑한 유대인들이 범한 결정적인 잘못을 지적합니다. 하나님의 영광을 나타내기 위해 선택된 백성이 바로 유대인인데, 그들은 오히려 하나님의 이름과 영광이 모독받게 했습니다. 그들은 하나님의 택한 백성인데도 외식을 일삼았습니다. 본문은 하나님의 백성들의 외식된 생활에 대해 상세하게 묘사합니다.

하나님의 백성답지 못함

하나님의 백성다운 모습이 없고 이도 저도 아닌 모습, 곧 하나님의 백성 같지도 않고 완전히 세상 사람 같지도 않은 그런 모습 때문에 하나님의 이름이 더럽혀지고 모독당하게 됩니다.

하나님의 백성이 하나님의 백성답지 않으면 세상 사람같이 보일 것 같지만 결코 그렇지 않습니다. 그들 속에는 최소한 하나님의 백성이 어떠해야 한다는 지식, 곧 성경의 지식이 있어서 그것이 흘러나오기 때문입니다. 그것을 아무리 억누르고 제거해 보려 해도 언젠가는 표현되기 마련입니다. 자기도 모르게 인간의 당위에 대해 가르치거나 성경의 지식을 다른 사람을 정죄하는 잣대와 기준으로 사용하기도 합니다.

하나님의 백성들이 마땅히 가져야 할 모습이 있습니다. 그런데 그런 모습은 없이 위선적인 모습을 나타낼 때, 하나님을 모르는 사람들의 눈에도 거슬리게 됩니다. 그리스도인 자신은 대수롭지 않고 하찮은 일이라고 여길지도 모르지만, 우리의 생활은 세상 사람들의 눈에 띄게 되어 있습니다. 특히 우리가 잘한 것보다 잘못한 것이 더욱 세상 사람들의 눈에 부각됩니다. 종종 신문을 통해서도 이것을 알게 되지 않습니까? 같은 죄라도 세상 사람들이 저지르면 크게 문제 삼지 않지만 그리스도인이 저지르면 장로나 목사 등의 직분까지 거론하면서 대단한 기삿거리로 부각시킵니다. 그리고 거기서 그치지 않고 우리가 믿는 하나님을 모독하는 데까지 의식 없이, 거침없이 나갑니다. 바로 본문에서 말하는 '하나님의 이름이 너희 때문에 이방인 중에서 모독을 받는' 일이 일어나는 것입니다.

유대인들은 하나님의 선민인 것에 자부심을 느끼고, 하나님의 특별 계시인 구약을 받은 것을 자랑하였습니다. 그런데 본문은 그런 유대인들 때문에 하나님의 이름이 더럽혀진 것을 대조적으로 기록합니다. 본문은 하나님의 이름과 영광이 하나님의 백성들로 인해 더럽혀지고 모독받는 이유를 뚜렷하게 제시합니다. 하나님께서 그의 백성들에게 자신의 이름표를 달아 두셨기 때문입니다. 일단 우리가 하나님의 백성으로 알려지고 예수님을 믿는 사람으로 알려지면, 이 세상 사람들은 여러분과 저를 그냥 박 아무개, 김 아무개로 보기보다는 예수쟁이 누구누구로 봅니다. 그래서 믿는 사람이 하나님을 믿는 사람다운 인격과 내용을 갖추지 못하면 주위 사람들의 비난을 받기 마련입니다. 그런데 사람들은 예수님을 믿는 그 사람만 욕하는 것이 아니라 그가 믿는 하나님까지 들먹입니다. 이러한 역사의 배후에는 사탄이 있습니다. 사탄은 이 세상이 하나님의 이름을 더럽히고 그분에 대해 편견과 거부감을 갖게 하려고 혈안이 되어 있습니다. 다른 어떤 일보다도 이 일에 목숨을 겁니다. 그래서 사탄은 그리스도인이 아닌 사람이나 사이비 종교인을 공격하기보다는 하나님의 이름표를 단 사람들을 집중 공격합니다.

하나님의 이름을 더럽히는 거짓 신자

그런데 한 가지 흥미로운 사실은, 거짓 신자도 하나님의 이름을 더럽힐 수 있다는 것입니다. 거짓 신자라 하더라도 일단은 형식적으로나마 하나님의 이름표를 달고 있기 때문에 사람들은 그를 신자로 알고 있습니다. 다윗 같은 신실한 사람도 밧세바 사건을 통해서 하나님의 영광을 가렸지만, 형식적인 신자들, 곧 몸은 하나님 백성의 공동체에 속해 있지만 진실로 하나님을 경외하지 않으며 거룩함이 없는 이름뿐인 신자들도 하나님의 이름을 더럽힙니다.

앞서 말라기서를 통해 살펴본 것처럼, 제사장들을 비롯해서 대부분의 이스라엘 백성들이 하나님의 이름과 영광을 더럽혔습니다. 그들은 형식적으로 신앙생활을 했습니다. 그들은 형식적으로 하나님을 믿는 위선적인 신자들이었습니다. 지금도 그런 신자들이 정말 많습니다. 이 나라 안에서도 하나님의 이름과 영광을 더럽히는 대부분의 사람들은 형식적이고 외식되고 이름뿐인 신자들입니다. 그들은 하나님의 말씀을 이행하지 않습니다. 하나님을 경홀히 여기기 때문에 하나님의 영광을 의식하지도 않습니다. 자신이 하나님의 영광을 현저하게 가리는데도 전혀 마음 아파하지 않습니다. 그러면서도 예수님을 믿는다고 자처합니다. 이것이 거짓된 신자의 정체입니다. 그들은 자신의 실수와 죄악 때문에 하나님의 이름이 더럽혀질 때, 가슴 아파하거나 회개하지 않습니다.

그러나 다윗 같은 참된 신자, 곧 신실한 하나님의 백성들은 자신들의 실수와 죄악으로 말미암아 하나님의 이름이 더럽혀질 만한 일이 생기면 몹시 두려워하면서 그의 영혼이 소스라칠 정도로 민감하게 반응합니다. 다윗의 시편을 보십시오. 그는 회개의 눈물로 침상을 적셨습니다. 그리고 하나님과의 단절감을 느낄 때 뼈가 쇠하였다고 고백했습니다. 다윗은 그토록 뼈아픈 참회를 통해 하나님께로 돌이키고, 오히려 하나님께 영광을 돌리기 위해 더욱 힘썼습니다. 이것이 참된 신자의 모습입니다.

교회 안에 몸만 담고 있는 거짓된 신자들이 하나님의 이름과 영광을 더럽히는 것은 정말 안타까운 일입니다. 이런 일은 역사적으로 아주 오래전부터 계속되고 있습니다. 대다수의 유대인이 그러했습니다. 선지자들은 이런 현실을 자주 지적했습니다.

이 세상은 거짓된 신자들을 보고서 하나님의 이름과 영광을 쉽게 모독합니다. 사탄은 세상을 향해 정면으로 승부하지 않습니다. 하나님의 공동체 안에 있는 가라지를 통해 세상을 속이고 신실한 사람들을 흔들어 놓습니다.

오늘날 조국 교회의 그리스도인들이 세상 사람들에게 별로 인정받지 못하는 모습을 봅니다. 여러분도 전도할 때마다 느끼겠지만, 세상은 복음을 거부하고 하나님과 예수님에 대해 강한 편견을 나타냅니다. 이것은 단순히 복음에 대한 인간의 본성적인 거부를 넘어선 반응입니다. 무엇 때문입니까? 소위 그리스도인이라는 사람들의 위선적인 모습에 실망했기 때문입니다. 그들의 태도는 한국 교회의 형식적인 신자들 때문에 하나님의 영광이 얼마나 모독당하고 있는지를 잘 보여 줍니다.

이제 우리는 교회들의 죄악된 행위나 죄목을 가지고 잘잘못을 따질 때가 아닙니다. 진정으로 우리가 깊이 각성한다면, 우리는 자신이 이 세상에서 하나님의 이름을 얼마나 모독하고 있는지를 깨닫게 될 것입니다. 결국 우리는 지금 교회 안에 형식적인 신자들과 위선적인 신자들이 얼마나 많은지를 인식해야 합니다. 그들에게도 하나님의 이름이 달려 있지만 그들은 전혀 의식하지 못합니다. 세상에서 자기 정욕대로 맘껏 살아가는 그들로 인해 하나님의 이름이 얼마나 모독을 받고 있는지 우리가 먼저 깨달아야 합니다.

이중적인 생활과 실천 없는 가르침

우리는 이것을 기억해야 합니다. 우리에게는 하나님의 영화로우신 이름과 그분의 영광이 달려 있습니다. 잠시 있다가 없어질 먼지와 같은 우리에게 결코 짓밟혀서는 안 되는 영존하시는 하나님 아버지의 이름이 달려 있다는 것입니다. 그래서 사도 바울은 우리 그리스도인들을 가리켜 "그리스도의 편지"(고후 3:3)요 "그리스도의 향기"(고후 2:15)라고 했습니다. 그는 세상 사람들이 우리 그리스도인들을 통해서 그리스도가 어떤 분이신지를 읽는다고, 또 세상 사람들이 우리를 통해서 그리스도에 대한 독특한 향기를 맡는다고 묘사합니다.

본문은 소위 하나님의 백성들에 의해 하나님의 이름과 영광이 구체적으로 어떻게 모독을 받게 되었다고 말합니까? 17절 이하를 보면 유대인들이 가졌던 자부심과 특권에 대한 여러 가지 묘사들이 나옵니다.

"유대인이라 불리는 네가"라는 말은 택함을 받은 백성이라는 명예로운 이름에 대한 그들의 자부심을 말해 줍니다. 또 "율법을 의지하며"라는 말은 그들이 시내산에서 받은 율법을 가지고 있되, 그것을 마치 재앙을 막아 주는 방패로 생각하면서 의지했다는 뜻입니다. 또 "하나님을 자랑하며"라는 말은 하나님과의 관계에 대한 그들의 자만을 말해 줍니다. 그들은 자기들만이 유일하신 하나님을 믿고 독점하고 있다고 생각했습니다(17절 참고). 또 "율법의 교훈을 받아"라고 한 것은 율법을 통해서 그들이 도덕적인 분별력을 갖게 되었다는 사실을 말해 줍니다. 그리고 "하나님의 뜻을 알고 지극히 선한 것을 분간하며"라는 말은 유대인들이 하나님의 뜻에 대한 지식을 가지고 있었으며, 율법의 교훈으로 무엇이 선하고 유익한지를 알게 되었다는 사실을 뜻합니다(18절 참고).

이처럼 유대인들은 얼마나 큰 특권을 가졌습니까? 얼마나 큰 특권이 그들에게 영광스럽게 주어졌습니까? 그래서 성경은 "율법에 있는 지식과 진리의 모본을 가진 자로서 맹인의 길을 인도하는 자요, 어둠에 있는 자의 빛이요, 어리석은 자의 교사요, 어린아이의 선생이라고 스스로 믿으니"라고 덧붙여 말합니다(19, 20절 참고). 바로 이것이 유대인들이 가졌던 특권이자 자부심이었습니다.

그야말로 영적으로 흑암 가운데 살고 있는 이방인들에 비하면 유대인들은 빛을 가지고 있는 사람들이었습니다. 그들은 등대와 같은 위치에 서 있었습니다. 앞을 못 보고 어디로 가야 할지를 모르는 망망대해에 떠 있는 배와 같은 이 세상 사람들에 비해서 그들은 빛을 가지고 있었습니다. 그들은 어디가 길인지, 어디로 가는 것이 바른지를 다 알고 있었습니다. 그런데 어떻게 그런 유대인들 때문에 하나님의 이름이 이방인들 가운데서 모독을 받을 수 있습니까? 본문이 그 이유를 말해 줍니다.

바울은 계속해서 기록하고 있습니다. "그러면, 곧 그렇게 자부할 만큼 많은 특권과 좋은 위치에 있다면, 다른 사람들을 가르치는 네가 네 자신은 가르치지 아니하느냐"라고 말합니다(21절 참고). 여기에 '왜'라는 말을 삽입하는 것이 더 좋겠습니다. "다른 사람을 가르치는 네가 '왜' 네 자신을 가르치지 않는 것이냐? 도둑질하지 말라고 선포하는 네가 '왜' 도둑질하며, 간음하지 말라고 말하는 네가 '왜' 간음하느냐? 우상을 가증히 여기는 네가 '왜' 신전 물건을 도둑질하느냐? 율법을 자랑하는 네가 '왜' 율법을 범함으로 하나님을 욕되게 하느냐?"(21-23절 참고)

어떻게 하나님을 욕되게 한다고 말하고 있습니까? 말과 다른 행실, 말과 다른 이중적인 삶, 곧 앞에서도 말했듯이 하나님의 백성들의 외식된 생활 때문에 하나님을 욕되게 한다고 말합니다. 어떻게 외식된 생활을 했다는 것입니까?

그들은 무엇이 옳은지를 성경을 통해서 알고 있었습니다. 그리고 어떤 것이 선한지, 무엇이 하나님의 뜻인지를 율법을 통해 알고 있었습니다. 심지어 그 옳은 것을 남들에게 말하고 가르치기까지 했습니다. 그러나 그들은 알고 말하고 가르친 대로 행하지 않았습니다. 자신들에게 적용하기는커녕 오히려 반대되는 생활을 했습니다. 이런 모습이 외식입니다.

본문에는 그들에게 익숙한 몇 가지 사항들만 열거되어 있습니다. 다른 사람들을 가르치면서 정작 그 가르침의 내용이 자신들에게는 전혀 없다는 것, 곧 도둑질하지 말라고 가르치면서 자신들은 도둑질하고, 간음하지 말라고 하면서 자신들은 간음하고, 또 그렇게 탁월한 자기들의 빛이 되는 율법을 자랑하면서도 지키지 않는 것 등 몇 가지만 열거됩니다. 그러나 이런 이중생활이 그들의 전반적인 삶이었습니다. 가르치는 것만큼의 생활이 그들에게는 없었습니다. 그리고 바로 이런 위선적인 생활 때문에 결국 이방인들 가운데서 하나님의 이름이 모독당했습니다.

우리는 여기서 하나님의 이름을 욕되게 하는 외식된 생활이 무엇인지를 분명히 보아야 합니다. 외식된 생활은 다른 것이 아닙니다. 그것은 바로 하나님의 말씀을 통해 옳은 것을 알고 그것을 남에게 가르치면서도 정작 자신에게는 적용하지 않는 생활입니다. 다시 말하면, 무엇이 하나님의 뜻인지, 무엇이 옳은지를 남들에게는 잘 가르치면서도 정작 자신의 삶에서는 그것을 전혀 나타내지 않는 것, 그것이 바로 외식입니다.

여러분은 우리의 외식이 하나님의 이름을 더럽히고 그분의 영광을 짓밟을 수 있다는 사실을 기억하고 살아왔습니까? 남들 모르게 하고 있는 우리의 이중적인 생활이 결국 언젠가는 하나님의 영광을 더럽히는 결과를 초래한다는 사실을 생각하면서 살았습니까? 그런 면에서 보면 이 외식은 대단히 무서운 죄악입니다. 그런데도 우리는 외식에 너무 익숙해져 있습니다. 특히 하나님의 말씀을 가르치는 목사나 교사에게 이런 외식은 너무도 가까운 친구입니다. 교회 안에서 하나님의 말씀을 가르치는 사람들은 외식의 죄에 매우 많이 노출되어 있습니다. 그러므로 자신이 하나님의 영광을 위해 일한다고 생각하는 목사를 비롯해 하나님의 말씀을 가르치는 사람들은 오히려 자기 때문에 하나님의 영광이 가장 쉽게 더럽혀질 수 있다는 사실을 기억해야 합니다.

사람들은 "그가 말하는 그 진리를 내가 알기는 알겠다. 그런데 그 사람은 있잖아"라고 하면서, 그 말한 사람으로 인해 진리의 하나님을 모독합니다. 이런 면에서 우리는 자신을 철저히 살펴보아야 합니다.

세월이 지나면 지날수록 이 땅에서 하나님의 영광이 높아지기보다는 오히려 실추되는 현실을 우리가 보고 있습니다. 그나마 우리나라는 하나님의 말씀을 많이 가르치고 선포하지만, 그에 비해서 열매는 너무 적은 것이 현실입니다. 얼마나 많은 가르침들이 우리 사이에서 오가고 있습니까?

우리나라에 복음이 처음 들어왔을 때는, 비록 지금에 비해 하나님의 말씀을 배우고 공부할 기회가 많지는 않았지만, 그때 우리 선조들은 아주 단순하게 알고 있는 그 복음과 진리를 위해 타협하지 않고 자신들의 삶 속에서 끝까지 싸웠습니다. 이전에는 사람들이 원색적인 복음을 듣고 예수님을 영접했습니다. 그러나 지금은 원색적인 복음을 들으면 오히려 코웃음 칩니다. 하나님의 말씀을 더 많이 공부하고 배우고 있지만, 하나님의 영광이 더 크게 나타나기는커녕 오히려 그분의 이름이 실추되고 있습니다.

무엇 때문입니까? 본문이 말하듯이, 그것은 먼저 믿은 우리들의 외식된 생활, 곧 알고 있는 말씀을 전혀 실행하지 않는 생활 때문입니다. 남들에게 말하고 가르치며 전하기까지 하면서도 정작 자신은 그 말씀을 행하지 않는 것이 유일한 이유입니다. 그리스도인들은 '하나님의 말씀은 이렇다 저렇다' 많이 말하지만 정작 그들의 삶은 변화되지 않습니다. 그리스도의 향기를 풍기지 않습니다.

하나님의 영광의 반사체

본문에서 우리가 유념해야 할 것이 있습니다. 본문은 우리가 얼마나 옳은 말을 하고 하나님의 말씀을 얼마나 잘 가르치느냐 하는 것보다, 또 생명의 빛을 비추는 하나님의 말씀을 얼마나 많이 자랑하느냐 하는 것보다 더 중요한 것이 있다고 말합니다. 우리 자신이 그 말씀과 무관하게 산다면, 다시 말해 그 말씀을 범하는 외식된 삶을 산다면, 그 결과는 너무나 엄청납니다. 우리 자신의 명예가 손상되고, 우리의 자존심이 상하는 정도가 아닙니다. 영원히 거하시는, 시작도 없고 끝도 없는 거룩한 하나님의 이름이 더럽혀지고, 특히 하나님을 알지 못하는 자들 가운데서 그분의 이름이 마구 거론됩니다. 이것은 모두 우리의 책임이 아니겠습니까?

우리가 선택된 사람인가, 우리가 이 세상 사람들이 갖지 못한 하나님의 말씀을 아는가 하는 문제보다 더 중요한 것이 있습니다. 또 우리가 이 세상의 스승이 되어 어둠에 빛을 비추는 것보다 더 시급한 문제가 있습니다. 그것은 나로 인해 하나님의 영광이 나타나는가, 아니면 모독을 받는가 하는 것입니다. 만일 본문처럼 율법을 가르치고 자랑하는 우리가 율법을 범한다면, 우리는 하나님을 욕되게 하는 것입니다. 우리의 그러한 위선적인 생활로 인해 이 세상 사람들 사이에서 하나님의 이름과 영광이 하찮게 여겨지게 됩니다.

우리가 하나님의 백성인 한, 우리에게는 하나님의 이름과 영광의 표시가 붙어 있습니다. 그것은 떼어 낼 수 없습니다. 우리는 이 사실을 힘써 기억해야 합니다. 그리고 우리의 가정과 학교와 직장과 친구들과의 만남 속에서 하나님의 말씀을 말하고 가르칠 뿐만 아니라 가르친 말씀대로 행해야 합니다. 그런 모습이 우리 안에 있느냐 없느냐에 따라, 우리에게 달린 하나님의 이름이 높임을 받을 수도 있고 사람들 가운데서 모독을 받을 수도 있습니다.

우리는 이 말씀을 깊이 유념해야 합니다.

"하나님의 이름이 너희 때문에 이방인 중에서 모독을 받는도다"(롬 2:24).

예수님 또한 이렇게 말씀하셨습니다.

"너희 빛이 사람 앞에 비치게 하여 그들로 (너희의 말과 가르침이 아니라) 너희 착한 행실을 보고 하늘에 계신 너희 아버지께 영광을 돌리게 하라"(마 5:16).

우리의 삶은 하나님의 이름과 영광을 나타내는 일종의 도화지와도 같습니다. 우리에게는 하나님의 이름과 영광을 비추는 반사체가 있습니다. 그래서 이 세상 사람들은 우리에게서 하나님의 얼굴을 보게 됩니다. 우리가 아무리 은폐하려 해도 빛은 숨겨지지 않고 반드시 드러납니다. 우리의 삶에 따라, 우리 안에 있는 예수 그리스도의 빛이 드러날 때 하나님의 이름이 우리로 인해 영광을 받을 수 있습니다. 그렇지 않으면 하나님의 이름이 모독받을 수도 있다는 사실을 기억하십시오.

또한 이것을 적극적인 의미에서 생각해 보십시오. 참으로 신실한 믿음의 선배들이 우리 앞에 많이 있었습니다. 그들도 다른 인생들처럼 잠시 살다가 갔습니다. 그러나 그들은 그 짧은 생을 하나님의 영광을 위해 적극적으로 사용했습니다.

우리도 마찬가지입니다. 우리는 잠깐 동안 하나님의 영광을 위해 살 수 있는 기회를 얻었습니다. 그리고 이제 하나님의 이름을 더럽히지 않는 문제에서 더 나아가 하나님의 영광을 드러내기 위해 주님의 말씀을 따라 적극적으로 살아야 합니다. 하나님께서 우리를 하나님의 반사체요 영광을 돌리는 통로로 삼으셨다는 것을 잊지 마십시오. 이것을 기억함으로써 우리를 통해 하나님의 이름이 모독되는 것이 아니라 하나님의 영광이 드러나기를 바랍니다.

우리가 하나님의 영광을 분명히 이해하고 그것을 위해 살 때 이 민족이 회복되는 역사가 조국 교회를 통해 일어날 것입니다. 조국 교회를 통해 하나님의 영광이 놀랍도록 드러날 것입니다.

"주 여호와께서 이같이 말씀하셨느니라. 이스라엘 족속아, 너희가 내 말을 듣지 아니하려거든 가서 각각 그 우상을 섬기라. 그렇게 하려거든 이후에 다시는 너희 예물과 너희 우상들로 내 거룩한 이름을 더럽히지 말지니라."

_에스겔 20:39

7장
하나님의 영광에 대한 장애 5
_혼합주의 신앙

집요한 우상 숭배로 인해 더러워진 하나님의 영광

"다시는 너희 예물과 너희 우상들로 내 거룩한 이름을 더럽히지 말지니라"라는 말씀을 보면, 하나님의 백성들이 우상을 섬김으로써 하나님의 이름을 더럽혔음을 알 수 있습니다. 하나님의 백성들이 하나님 외의 다른 어떤 것들을 숭배의 대상으로 삼음으로써 하나님의 이름을 더럽히고, 그분의 영광이 모독받고 짓밟힌다는 사실을 본문은 분명히 말씀합니다.

그들은 하나님을 섬기면서 동시에 다른 우상을 더불어 섬김으로써 하나님의 이름을 더럽혔습니다. 하나님도 섬기고 우상도 섬기는 태도가 왜 하나님의 이름을 더럽힙니까? 그것은 하나님과 우상은 도저히 비교될 수도 없고, 견줄 수도 없는 존재이기 때문입니다.

이스라엘 백성들이 하나님과 이방의 잡신이 본질적으로 다른 것을 몰랐을 리가 없습니다. 그들은 하나님의 기적적인 역사를 직접 경험했습니다. 그런데도 이방의 잡신과는 비교도 안 되는 하나님을 내팽개치고 돌이나 나무 따위로 만든 우상을 더불어 섬겼다는 것은 정말 어리석은 짓입니다. 이스라엘 백성들은 하나님과 우상이 본질적으로 다르다는 것을 잘 알고 있었습니다. 그런데도 그들은 우상 섬기기를 포기하지 않았습니다. 끊임없이 하나님과 우상을 견주었습니다. 그들은 하나님을 믿으면서도 그 우상이 의미하는 허무맹랑한 것에 취했고, 때로는 하나님을 더 무시하기도 했으며, 또 그분을 평가절하하면서 하나님을 모독하는 일을 계속했습니다. 도대체 이렇게 어리석은 짓을 일삼은 이유가 무엇일까요?

본문 32절에 보면 "너희가 스스로 이르기를 우리가 이방인, 곧 여러 나라 족속같이 되어서 목석을 경배하리라 하거니와"라고 기록되어 있습니다. 이스라엘 백성들은 스스로 기꺼이, 아주 자발적으로 우상을 섬기겠다고 말했습니다. "우리가 이방인, 곧 여러 나라 족속같이 되어서 목석을 경배하리라"라고 그들이 스스로 말했습니다.

하나님은 32절에서 그렇게 말씀하신 뒤에 이 장의 본문인 39절에서 "너희가 내 말을 듣지 아니하려거든 가서 각각 그 우상을 섬기라"라고 재차 말씀하십니다. 이것을 보면 이스라엘의 우상 숭배가 어느 정도였는지를 알 수 있습니다. 하나님이 거듭 말씀하셨어도 그들은 도무지 듣지 않았습니다. 그들의 우상 숭배는 매우 의도적이고 자발적이며, 헌신적이고 지속적이었습니다. 하나님께서 아무리 말씀하셔도 알아듣지 못할 정도로 취해 버린 것입니다.

그들은 자기들이 섬기는 우상이 돌과 나무라는 것을 알았습니다. 그런데도 그들의 돌과 나무에 대한 숭배는 매우 지극했습니다. 그래서 본문에서 하나님은 마치 단념하시는 듯이 "그렇게도 내 말을 듣지 아니하려거든 얼마든지 가서 그 우상들을 섬기고, 앞으로도 얼마든지 그렇게 하려무나"라고 말씀하십니다.

우상 숭배를 고집한 이유

이스라엘 백성들은 왜 그토록 우상을 포기하지 않고 하나님과 우상을 동시에 섬기려고 했을까요? 여러 가지 이유가 있겠지만, 우상을 섬기고자 하는 이유는 모두 비슷합니다. 가장 근본적인 이유는 돌과 나무로 되어 있는 우상 자체보다도 우상들과 관련된 사상 때문입니다. 그 우상에 담겨 있는 어떤 사상에 대한 신앙 때문에 우상 숭배를 포기하지 못하는 것입니다.

좀 더 구체적으로 말하자면, 이스라엘은 주로 가나안 족속들이 섬겼던 우상들을 섬겼습니다. 인격적이신 하나님을 믿었던 이스라엘 백성들이 돌과 나무로 된 비인격적인 우상들을 쉽게 받아들일 수 있었던 이유는, 그 우상들마다 각기 독특한 사상들을 가지고 있었기 때문입니다. 곧 하나님께 있는 개념과 사상이 우상에도 비슷하게 있었던 것입니다.

우상마다 모두 신앙을 요구하는 사상들을 가지고 있었습니다. '이 우상은 이러저러한 능력을 가지고 있어서 그 우상을 섬기는 자에게는 이런저런 유익과 복을 주고, 저 우상은 이러저러한 복을 준다'는 식의 통념들을 각각의 우상이 모두 가지고 있었습니다. 우상의 재료는 나무와 돌이었지만, 인간들은 그것으로 형상을 만들었을 뿐 아니라 그 형상에 신적인 의미를 계속 덧붙였습니다. 처음에 만들 때는 단순한 염원이요 소원이었지만, 세월이 흐르면서 나름대로 신(神)의 개념을 가진 우상으로 발전되었습니다. 그래서 이스라엘 백성들이 가나안 땅에 들어올 즈음에는, 가나안 사람들이 만들어 믿고 있던 거의 모든 우상들이 나름대로 완성된 신의 개념을 가지고 있었습니다.

현재 우리도 이러한 우상들이 가득한 시대의 한복판에서 살아가고 있지 않습니까? 우상이든 무엇이든 거기에는 모두 신 개념이 들어가 있습니다. 심지어 전통적으로 이어져 오는 푸닥거리를 하는 굿판에도 신 개념이 있습니다.

이스라엘 백성들이 가나안 땅에 들어갔을 때에도 이미 가나안 사람들이 섬기고 있던 우상들이 있었는데, 그 우상들에게도 각기 독특한 신 개념들이 부여되어 있었습니다. 그래서 우상을 섬기려는 자에게 신앙을 요구했습니다. 이 신은 인간의 농토를 풍요롭게 해 주고 다산(多産)의 복을 주며, 저 신은 이런 도움을 주고, 또 다른 신은 저런 위험에서 지켜 준다고 하는 따위의, 믿어서 손해 볼 것 없는, 나름대로 유익하다고 여겨지는 개념들을 모두 가지고 있었습니다.

이처럼 우상들에게 있는 신적 개념들, 결국 그 우상을 믿는 자에게 유익이 된다는 이유로 이스라엘 백성들은 우상 섬기는 행위를 포기하지 않으려고 했습니다. 그 신을 믿으면 재난으로부터 지켜 주고 풍요와 다산을 가져다 주겠지만, 만일 그 신을 믿지 않으면 그 신의 보호를 받지 못해 자기들에게 재난이 닥칠 수도 있다는 이유로, 이스라엘 백성들은 하나님을 믿으면서 동시에 우상도 결코 포기하지 않았습니다.

그런데 여러분, 오늘날에도 소위 하나님을 믿는다고 하는 사람들에게서조차도 그런 모습을 얼마든지 볼 수 있지 않습니까? 과거에 우상을 섬기다가 돌이켜 예수님을 믿기 시작한 사람들에게서는 아직도 남아 있는 그런 모습들을 더 쉽게 볼 수 있지 않습니까? 불교 신자나 점쟁이들이 부적을 붙이는 것도 다 이와 비슷한 개념입니다. 이것은 모든 우상 종교들에게 있는 신 개념입니다. 그 우상들에게 사람들이 덧붙인 신적 개념에 그들이 스스로 굴복합니다. 이방인들은 자기들이 만든 신에 그런 식의 개념들을 덕지덕지 붙여 놓고는 그것을 믿고 그것에 지배를 받았습니다. 그런데 어이없게도 그들의 우상에 이스라엘 백성들도 쉽게 빠져 들어갔습니다. 도움을 주고 유익을 준다는 이점이 있어 보였기 때문입니다.

그런데 놀라운 것은 로마 가톨릭에도 그런 모습이 있고, 또 그러한 행태가 그대로 이어져 오고 있습니다. 형상을 만들어 어떤 초월직인 개념이나 탁월한 개념을 덧붙여 놓고, 그것을 선포하고 추모하며 심지어 거기에다 대고 기도하고 간구까지 합니다.

그러나 여러분, 여호와 하나님을 제대로 믿으려 한다면, 하나님 외에는 그 어떤 것도, 예를 들어 어떤 형상이나 물건이나 심지어 십자가 형상을 한 목걸이 같은 것이라 할지라도, 그 모든 형상들이 쓸모없다는 것을 알아야 합니다. 사람의 심리에는 성경에 나와 있는 어떠한 형상을 자꾸 만들려고 하고, 또 그 형상에 어떤 신적인 개념을 부여하고 싶어하는 경향이 있습니다. 우리 인간들에게는 미미하게나마 그러한 경향이 다 있습니다. 우리가 하나님을 제대로 믿으려면 그러한 유혹을 받지 않기 위해 더욱 힘써, 하나님 외에는 그 어떤 형상이나 물건들에 마음을 두지 않기 위해 부단히 애써야 합니다.

이스라엘 백성들은 가나안 족속들이 만든 우상들에게 있는 신적 개념들이 자기들에게 유익했기에 그 우상들을 줄기차게 섬겼습니다. 본문에서처럼 하나님이 아무리 말씀하셔도 그들은 듣지 않았고, 하나님의 말씀을 믿지 않았습니다. 하나님은 에스겔 선지자보다 먼저 호세아와 이사야, 예레미야 선지자를 통해서 계속 말씀하셨지만, 그들은 그 말씀을 도무지 듣지 않았습니다.

이사야 선지자는 이스라엘 백성들에게 "그런즉 너희가 하나님을 누구와 같다 하겠으며 무슨 형상을 그에게 비기겠느냐. 우상은 장인(匠人)이 부어 만들었고, 장색(匠色)이 금으로 입혔고"(사 40:18,19)라고 말합니다. 그리고 계속해서 "사람들이 주머니에서 금을 쏟아 내며 은을 저울에 달아 도금장이에게 주고, 그것으로 신을 만들게 하고 그것에게 엎드려 경배하며 그것을 들어 어깨에 메어다가 그의 처소에 두면, 그것이 서 있고 거기에서 능히 움직이지 못하며, 그에게 부르짖어도 능히 응답하지 못하며 고난에서 구하여 내지도 못하느니라. 너희 패역한 자들아, 이 일을 기억하고 장부(丈夫)가 되라. 이 일을 마음에 두라"(사 46:6-8)라고 외쳤습니다. 그러나 이스라엘 백성들은 다시 우상을 생각하고 그것을 사랑하며 따랐습니다. 그들은 하나님 못지않게 우상을 믿었습니다. 그러자 그 후에 여호와께서 예레미야를 통하여 다시 말씀하셨습니다.

"여러 나라의 길을 배우지 말라……여러 나라의 풍습은 헛된 것이니 삼림에서 벤 나무요, 기술공의 두 손이 도끼로 만든 것이라……사람마다 어리석고 무식하도다. 은장이마다 자기의 조각한 신상으로 말미암아 수치를 당하나니, 이는 그가 부어 만든 우상은 거짓 것이요 그 속에 생기가 없음이라"(렘 10:2,3,14).

하나님이 이렇게 말씀하시는데도 이스라엘 백성들은 생기가 없는 우상들을 포기하지 않았습니다. 그 우상이 준다는 유익과 보호를 실제로 믿고 그것을 받고자 하는 종교적 심리 때문이었습니다.

오늘날에도 우상이 성행하고 점쟁이들이 먹고 살 수 있는 이유는 앞을 보지 못하는 인간들의 그러한 종교 심리 때문입니다. 그리고 사는 날 동안 이것도 얻고 저것도 얻으려 하는 인간의 탐욕스러운 마음 때문에 미신적인 종교는 앞으로도 얼마든지 성행할 것입니다. 최후의 심판이 있기 전까지는 얼마든지 그럴 것입니다.

하나님을 우상처럼 취급하는 혼합주의

이런 탐욕스러운 마음, 곧 자기의 유익과 안정을 위해 하나님과 우상을 겸하여 섬기려는 태도는, 본문이 말하는 것처럼 하나님을 조롱하고 우상으로 취급하는 것입니다. 그것이 하나님의 이름을 더럽힙니다. 결국 하나님도 섬기고 우상도 섬기는 행위는, 하나님도 나름대로 가치가 있고 유익이 있으리라고 생각하는 것과 같습니다. 다시 말하면, 하나님도 다른 우상들과 같이 일종의 '유익 개념(有益 槪念)'으로 보는 것입니다. 흔히 우상에게서 기대하는 식의 유익 개념을 가지고서 하나님을 섬기고 있다는 사실을 시사해 주는 것입니다.

우상을 섬기듯이 하나님을 찾는 자들은 하나님을 인격적으로 믿지 않습니다. 하나님을 믿어서 무엇인가 이득을 보고 재난에서 건짐을 받으며, 기도를 통해 유익을 얻고 무엇인가 잘되기를 바라는 심리, 즉 우상에게나 있는 종교 심리를 가지고서 하나님을 믿습니다. 하나님도 섬기고 동시에 우상도 섬기는 심리는 목석에 불과한 우상을 섬긴다는 점에서도 잘못이지만, 우상을 대하는 경박한 태도로 하나님을 섬기려 한다는 점에서 하나님의 이름이 모욕을 받고 하나님이 무시당하기 때문에 잘못입니다. 이런 식의 혼합주의적인 신앙 태도는 하나님을 제대로 믿지 않을 뿐 아니라 하나님을 하나의 또 다른 우상처럼 여기는 것밖에 되지 않기 때문에, 하나님의 입장에서 볼 때 하나님의 이름과 영광을 더럽히는 것이 됩니다. 그래서 하나님은 꼭 그렇게 하려면 아예 우상에게로 가 버리라고, 아예 우상을 섬기라고 말씀하십니다.

그러므로 혼합주의적인 신앙 태도는 한마디로 하나님의 영광은 고사하고, 하나님의 존재 자체를 업신여기는 태도입니다. 하나님을 우상처럼 여김으로써 그분의 존재 자체를 무시하고 업신여기는 것입니다.

참으로 하나님을 아는 사람이라면 신앙과 경배에 관하여 창조주와 피조물, 곧 하나님과 우상을 함께 둘 수 없다는 분명한 사실을 깨달았을 것입니다. 그래서 본문에서 주님은 하나님과 우상을 함께 경배하고 믿을 수 있는 것처럼 고집 부리는 이스라엘 백성들의 모습에 대해, 그렇게 하려거든 아예 우상을 택하라고 아주 분명하게 말씀하십니다.

신앙과 경배는 배타적인 행위입니다. 여러 대상을 겸하여 신앙하거나 경배할 수 없습니다. 그래서 하나님은 그러한 이스라엘의 태도가 하나님의 이름과 영광을 더럽히는 것이며, 그러하기에 마치 하나님을 버려도 되는 것처럼 말씀하십니다. 그러나 하나님의 실제 의도는 그것이 아닙니다. 선지자를 보내 이렇게 말씀하시니까 마치 하나님을 버리고 우상에게 가라고 말씀하시는 것처럼, 그래도 되는 것처럼 들리지만, 사실 이것은 강한 반어적 표현입니다. "나를 믿지 않으려면 아예 우상에게로 가라"라는 말씀은 반어적으로 표현된 극명한 선언입니다. 하나님을 한갓 우상으로 취급하지 말고, 그런 태도로 하나님의 이름과 영광을 더럽히지 말라는 말입니다.

주님은 온 마음과 성품과 뜻과 목숨을 다하여 하나님을 사랑하라고 말씀하셨습니다. 성경은 온전한 태도로 하나님과 관계를 맺고 하나님만을 섬기라고 가르칩니다. 성경 어디에도 두 마음을 품고 하나님을 섬기는 일을 용납한다는 말씀은 없습니다. 하나님은 우리의 모든 것을 원하십니다.

바알과 하나님 사이에서 오락가락하는 이스라엘 백성들을 향해 엘리야는 뭐라고 말했습니까?

"너희가 어느 때까지 둘 사이에서 머뭇머뭇하려느냐. 여호와가 만일 하나님이면 그를 따르고 바알이 만일 하나님이면 그를 따를지니라"(왕상 18:21).

이 장의 본문도 그와 똑같은 표현입니다. 오늘은 하나님을 믿고 내일은 바알을 섬기는 식의 사람들의 태도를 하나님은 심히 혐오하십니다. 하나님도 조금 믿고, 다른 것도 조금 믿어 보는 신앙은 있을 수 없습니다. 여호와가 참된 신인 것을 믿는다면 하나님만 향하게 됩니다. 오직 그분만을 믿게 되고, 지속적으로, 아니 영원히 그분만을 의지하게 됩니다. 오락가락할 수가 없습니다.

그런데도 마치 그래도 되는 양 그 사이에서 오락가락하는 자들에게, 하나님은 정말 바알을 참신이라고 믿는다면 차라리 바알에게로 가 버리라고 말씀하십니다. 그 후에 엘리야는 무엇을 증명했습니까? 실제로 바알과 아세라의 선지자 850명은 자기들의 몸을 상하게 하면서까지 바알이 참신이라는 것을 증명하려고 몸부림쳤습니다. 이때 엘리야는 하나님만이 유일한 참신임을 기적을 통해 증명했습니다(왕상 18:19-39 참고). 이로써 하나님만이 유일한 섬김의 대상임을 확증했습니다.

신앙이라는 것은 그 성격상 한쪽으로만 향하게 되어 있습니다. 예배도 마찬가지입니다. 신앙의 성격이 어느 한쪽으로만 향하게 되어 있듯이, 그 신앙을 나타내는 예배 또한 한쪽으로만 향하게 되어 있습니다. 그런데도 여러 대상을 신앙하고 예배할 수 있다면 그의 신앙은 거짓된 것이며, 그가 드리는 예배도 참된 예배일 수 없습니다.

예수님도 하나님과 재물을 겸하여 섬길 수 없다고 말씀하셨습니다

(마 6:24; 눅 16:13 참고). 그런데도 사람들은 그런 어리석은 시도를 멈추지 않습니다. 하나님과 재물을 겸하여 섬기는 신앙은 본질상 불가능합니다. 그런데도 사람들은 자신의 욕심을 따라 하나님과 재물을 겸하여 섬기는 현실을 만들어 냅니다.

혼합주의 신앙의 원인
• 원인 1_이기적인 욕심

인간에게는 하나님과 우상을 함께 섬기려는 집요한 의지가 있습니다. 그러면 그 동기가 무엇이겠습니까? 그것은 인간의 이기적인 욕심, 곧 두 신으로부터 얻을 수 있는 유익을 모두 챙기려는 이기적인 욕심입니다. 그것은 신앙이 아닙니다. 신앙의 모습을 띠고, 그와 비슷한 냄새를 풍길지는 모르지만 신앙이라는 미명 아래 행하는 이기적인 욕심입니다. 이스라엘은 하나님으로부터도 유익을 얻고 바알로부터도 복을 얻어 보겠다는 잘못된 신 개념을 받아들여, 우상에 대해 소위 신앙심을 발휘했습니다. 그러나 다시 말하지만, 그 신앙심의 바탕에는 자기 중심적이고 이기적인 욕심만이 깔려 있을 뿐입니다.

오늘날도 마찬가지입니다. 지금도 예수님을 믿는다고 하는 사람들 가운데 많은 이들이 재물에 대한 사랑 때문에 재물과 하나님을 함께 섬기려는 태도로 하나님 앞에 나옵니다. 그래서 양쪽의 유익을 동시에 얻고자 합니다. 이것은 이스라엘 백성들이 하나님과 우상을 겸하여 섬긴 것과 똑같은 맥락에서 생각해 볼 수 있습니다. 하나님을 믿어서 마지막에 천국에도 가고, 재물도 의지하여 그것을 통해 얻을 수 있는 유익과 도움도 받고 싶다는 이기적인 욕심입니다. 그 욕심 때문에 재물이 주는 많은 유익에 대해서 손을 끊지 못하는 것입니다.

그 근본적인 원인이 무엇입니까? 재물을 수단으로 보지 않고, 자꾸 의존할 대상으로 보기 때문입니다. 예수님은 하나님과 재물을 겸하여 섬길 수 없다고 말씀하셨습니다. 즉, 하나님과 재물로부터 동시에 유익과 안정을 얻을 수는 없다는 뜻입니다. 재물을 통해서 유익을 얻고자 할 때는 하나님이 주시는 유익과 안정은 결코 얻을 수 없습니다. 왜 그렇습니까? 하나님뿐만 아니라 우상이나 재물에도 소위 신적인 성격 또는 숭배의 성격이 있기 때문입니다. 하나님이든 우상과 재물이든 신적인 성격을 가지고 있다는 것은 모두가 다스리고 지배하는 주체적인 성격을 가지고 있다는 말입니다. 그러므로 하나님과 우상, 하나님과 재물을 겸하여 섬길 수가 없습니다.

만일 누군가가 하나님과 재물을 겸하여 섬긴다고 말하면서 마치 그것이 가능한 것처럼 말한다면, 그것은 어디까지나 생각일 뿐입니다. 실제로는 어느 한쪽의 지배를 받게 되어 있습니다. 그런 사람의 경우 일반적으로 재물의 지배를 받으며, 하나님은 어디까지나 형식일 뿐입니다. 결국 그런 태도 때문에 하나님의 이름이 예배당 안에서 모독을 받게 됩니다.

우리는 예배당 안에서 말씀을 듣고 봉사하느라 분주하게 움직이며, 밖에서도 구제와 기타 사회 봉사를 열심히 하면서 스스로 위안을 삼고, 자기도취에 빠지기도 합니다. 그러면서 자신의 상태가 썩 괜찮다고 생각합니다. 그러나 그의 마음속에 하나님과 재물 둘 다를 동시에 신뢰하고 겸하여 섬기고 있다면, 그는 분명 하나님의 영광을 더럽히는 자입니다.

본문은 이스라엘 백성들의 무지함을 보여 줍니다. 에스겔 선지자의 입을 통해 그들의 무지가 드러납니다. 그들은 자기들의 혼합주의적인 신앙이 하나님의 영광을 더럽힌다는 사실을 모르고 있었습니다. 엘리야, 이사야, 예레미야 등 수많은 선지자들을 통해서 계속 이야기해도 소용이 없었습니다. 그들은 괜찮다고 하면서 자기의 고집을 꺾지 않았습니다. 그러면서도 자기들이 하나님의 백성이라고 자처했습니다. 그렇게 무지하고도 안이한 그들의 태도 때문에 하나님의 영광이 모독을 당하고 더럽혀졌습니다.

• 원인 2_하나님에 대한 신뢰 부족

이와 같이 하나님과 우상 또는 재물을 겸하여 섬기려는 혼합주의적인 신앙 태도는 우리의 이기적인 욕심에서 나옵니다. 그런데 사실 이것보다도 더 근본적인 원인이 있습니다. 그것은 우리의 삶 속에서 하나님을 인정하지 않는 것입니다. 다시 말하면, 하나님을 진실로 신뢰하지 않는 태도, 즉 하나님만으로 충분하지 않다는 태도에서 비롯됩니다. 하나님의 능력과 함께 다른 신적인 도움을 줄 그 무엇이 필요하다고 생각하는 것입니다.

하나님과 우상을 모두 진실로 의지하는 것은 불가능합니다. 누군가가 하나님과 우상을 겸하여 섬기는 것이 가능하다고 말한다면, 하나님은 그의 경배와 신앙의 대상이 될 수 없습니다. 오히려 그는 우상을 힘껏 섬기는 자입니다.

혼합주의적인 신앙 태도는 하나님을 믿는 것이 아닙니다. 말로는 하나님을 믿는다고 할 수 있을지도 모르지만, 혼합주의적인 신앙 태도는 하나님이 아닌 다른 쪽을 섬기는 것입니다. 그런 사람들에게 하나님은 어디까지나 이름만 있을 뿐, 그들은 하나님을 주인으로 섬기지 않습니다. 그것은 하나님을 아버지로 신뢰하지 않는 태도입니다. 그런 태도는 마치 아들이 "내 아버지만으로는 부족합니다. 내게는 또 다른 아버지가 더 필요합니다"라고 말하는 것과 같습니다.

인간들이 하나님을 모자라는 분으로 여긴다고 한번 생각해 보십시오. 그것도 성전에 와서 열심히 제사하고 주님의 이름을 부르면서 사는 사람들이 그렇게 한다고 말입니다. 주께서 임재하시는 예배의 장소가 그분의 이름이 모독을 받는 자리가 된다고 상상해 보십시오. 예배당에 와서 "하나님이여, 아버지여"라고 부르면서 예배하고 섬기고 있지만, 실제로 삶에서는 마치 하나님만으로는 부족하다는 듯이 다른 것에 의존하고 그것을 섬긴다면, 이는 하나님께 얼마나 큰 모독입니까?

다음으로 혼합주의적인 신앙 태도의 또 다른 원인을 살펴봅시다.

• 원인 3_하나님에 대한 무지

앞에서는 혼합주의의 원인이 이기적인 욕심과 하나님에 대한 신뢰의 부족이라고 말했습니다. 여기에 한 가지 원인을 더 제시하고자 합니다. 그것은 바로 하나님에 대한 무지입니다. 하나님을 아는 사람은 하나님만을 사랑합니다. 하나님을 아는 사람은 혼합주의적인 신앙 태도를 가질 수가 없습니다.

예로부터 오늘에 이르기까지 그리스도인들, 즉 하나님의 백성들은 항상 자신들이 하나님을 안다고 말합니다. 그렇지만 역사적으로 하나님을 안다고 말하면서 실제로는 너무도 무지한 사람들이 많았습니다. 특히 여기 이스라엘 백성들의 삶과 태도를 보면, 그들은 하나님을 아는 사람들이 아니었습니다. 하나님께서는 호세아 선지자를 통해 "나는 제사보다도 너희가 나를 아는 것을 원한다"(호 6:6 참고)라고 말씀하시지 않았습니까? 그들이 말로는 하나님을 안다고 할지 모르지만, 그들의 삶과 하나님을 향한 태도는 실제로 하나님을 아는 사람들의 것이 아니었습니다.

이와 같이 하나님과 우상을 겸하여 섬기는 기저에는 이기적인 욕심과 하나님에 대한 불신, 신뢰의 부족 등이 있지만, 더 깊이 내려가면 하나님을 온전히 알지 못하는 것이 가장 근본적인 원인임을 알게 됩니다. 하나님을 안다면 어떻게 우상을 하나님과 같이 견주어서 섬길 수 있겠습니까? 예수님이 말씀하신 '하나님과 재물'도 마찬가지입니다. 만일 누군가가 하나님을 믿으면서 동시에 재물을 의존하고 신뢰한다면, 그는 하나님을 바르게 알지 못하는 사람입니다.

하나님을 진정으로 올곧게 안다는 것은 하나님과 인격적인 관계를 가지고 있다는 것, 곧 하나님을 향한 믿음과 신뢰가 있고 깊은 교제가 있다는 의미입니다. 그런 관계, 그런 앎 속에서 어떻게 우상을 겸하여 섬길 수 있겠습니까? 하나님을 제대로 안다면, 혼합주의적인 신앙 태도를 취하는 것은 불가능합니다. 그러나 하나님을 인격적으로, 그리고 체험적으로 알지 못하는 사람은 혼합주의적인 신앙 태도를 가질 수 있습니다. 하나님을 통해서도, 우상을 통해서도 유익을 얻고 싶기에 얼마든지 그렇게 할 수 있습니다.

하나님의 이름을 더럽히는 혼합주의적인 신앙 태도의 원인은 하나님과의 관계가 피상적일 뿐만 아니라 하나님을 알지 못하기 때문이라는 사실을 기억해야 합니다. 그리고 만약 그런 신앙 태도가 우리에게 있다면, 자신의 신앙을 다시 생각해야 합니다. 그런 신앙 태도가 하나님을 모독한다는 사실을 분명하게 기억해야 합니다. '하나님과 우상을 같이 섬긴다'는 것은 그와 하나님과의 관계가 인격적이지 못하고 아주 피상적이며, 그가 가진 하나님에 대한 모든 지식이 대단히 피상적이고 거짓되다는 사실을 단적으로 말해 주는 것입니다.

오늘날의 우상 숭배의 죄악

그런데 우리가 기억해야 할 것이 있습니다. 이스라엘 백성들처럼 하나님과 우상을 함께 섬김으로써 하나님의 이름을 모독하고 더럽혔던 신앙 태도가 우리와도 멀지 않다는 것입니다. 그러한 태도가 여러분과 저의 삶의 영역에도 굉장히 가까이 있습니다. 그런 태도는 오늘날 우리 그리스도인들 사이에서도 얼마든지 찾아볼 수 있습니다.

물론 오늘날에는 그때처럼 형상화된 우상을 가지고 있지 않을 수 있습니다. 그러나 우상이 무엇입니까? 우상이란 본질적으로 경배의 마음을 갖게 하는 것을 말합니다. 우리의 마음을 한쪽으로 향하게 해서 그것을 숭배하고 신뢰하며 의지하게 만드는 모든 것은 우상과 같은 것입니다. 그래서 사도 바울은 탐심을 일컬어 우상 숭배라고 했습니다.

"그러므로 땅에 있는 지체를 죽이라. 곧 음란과 부정과 사욕과 악한 정욕과 탐심이니 탐심은 우상 숭배니라"(골 3:5).

만일 이것이 아니면 안 된다고 생각하면서 애착을 가지고 마음을 쏟으며 의지하는 것이 있다면, 그 모든 것이 우상이 될 수 있습니다. 이것 아니면 안 된다고 생각하면서 애지중지하며 붙잡는 것들이 모두 우상이 될 수 있습니다. 그러므로 남편이나 아내나 자식이나 재물, 심지어 자기 몸이 우상이 될 수도 있습니다. 어떤 것에든 하나님을 경외하는 것보다 더 마음을 쏟을 때 그것이 우리로 하여금 혼합주의적인 신앙 태도로 나아가게 합니다.

그렇다면 이러한 맥락에서 우리 시대에 우리가 가장 쉽게 찾을 수 있는 우상이 있다면 무엇이겠습니까? 우리 시대의 가장 강력하고도 보편적인 우상은 역시 재물일 것입니다. 우리는 모두 재물이 없으면 못 사는 줄 알고, 그것을 의지하고 신뢰합니다. 재물에 온 마음을 쏟으며, 그것과 함께 희로애락을 같이합니다. 또한 무슨 수단을 써서라도 재물 얻기만을 바라며, 반대로 그것을 잃었을 때는 크게 상심하여 하나님을 원망하지 않습니까? 그렇다면 우리는 하나님과 재물을 함께 섬기는 것을 넘어서서, 재물을 더 사랑하고 하나님을 한낱 재물보다도 못한 존재인 것처럼 여기는 것이 아닙니까?

돈 때문에 울고, 돈 때문에 기뻐서 어쩔 줄을 몰라 하며, 돈 때문에 목숨을 걸고 그것에 매달리지 않습니까? 만일 우리가 하나님과 함께 재물에 마음을 쏟고 둘 모두를 의지하려 한다면, 우리는 본문의 이스라엘 백성들과 같은 혼합주의적인 신앙 태도를 취하는 것입니다.

그러나 중요한 것은 그런 행동 자체가 아닙니다. 더 중요한 것은, 그것이 하나님을 모독하는 행위라는 것입니다. 혼합주의적인 신앙은 하나님을 업신여기는 행위입니다. 하나님을 하나님으로 여기지 않고 무시하는 행위이며, 그분을 더럽히는 행위입니다. 하나님을 그저 우리의 씀씀이를 채우기 위한 존재로 취급하는 아주 참람한 처사입니다.

돈뿐만 아니라 자기 자신을 우상화하는 사람도 굉장히 많습니다. 그들은 자신을 강하게 신뢰합니다. 자신을 우상으로 삼은 자들은 자신에 대해 강하게 집착하고, 문제가 발생할 때마다 자기 중심으로 일을 처리합니다. 그들은 오랫동안 자기를 우상화하며 살았기 때문에 좀처럼 하나님을 인정하지 않습니다. 자기를 하나님과 같은 위치에 놓고 견주는 엄청난 죄악에 찌들어 살아온 것입니다. 입으로는 "하나님 아버지," "주여, 주여"라고 외치면서도 내면은 자기를 우상으로 섬기는 죄악에 빠져 있는 자들은 절대 하나님의 참된 백성이 아닙니다. 무슨 말을 하든 그들은 혼합주의 신앙에 빠져 있는 사람들입니다. 그런 태도는 결국 하나님을 경멸하고 그분의 이름을 더럽힐 뿐입니다. 한 줌의 흙밖에 되지 않는 유한한 존재인 자기 자신과 하나님을 견주는 것은 영원하고 거룩한 하나님의 이름을 더럽히는 크나큰 죄악입니다.

하나님은 자신의 이름이 더럽혀지는 것을 방관하시지 않습니다. 하나님은 에스겔에게 하신 말씀처럼 반응하십니다. 하나님은 우상들처럼 무감각한 존재가 아닙니다. 그분은 역사 속에서 자신의 영광을 위해 구체적으로 행동하시는 분입니다. 그래서 하나님께서는 이사야 선지자를 통해서 "어찌 내 이름을 욕되게 하리요. 내 영광을 다른 자에게 주지 아니하리라"(사 48:11)라고 말씀하셨습니다.

본문에 나타난 하나님의 반응은 어떠합니까? "우상이 좋다면 가서 섬기라. 그러나 내 이름, 나의 거룩한 이름은 더럽히지 말라." 엄격히 말하면 이 말씀은 우리의 영혼과 몸보다도 하나님의 이름이 더 귀하다는 것을 말해 줍니다. 우상을 섬겨서 내 자신이 멸망 받는 것보다 더 중요한 것은 바로 하나님의 이름과 영광입니다.

예수님을 믿는 사람은 하나님의 이름과 영광보다 더 존귀한 것이 없음을 알아야 합니다. 무슨 일에 헌신하든 어떤 행동을 하든, 우리는 하나님의 이름과 영광을 가장 먼저 존중해야 합니다. 이러한 인식이 없이 무언가를 열심히 하기만 할 때는 이중적인 신앙생활을 할 수밖에 없습니다.

사람들은 교회 안에서 작은 봉사를 하면서도 여기저기 떠벌리고 은근히, 때로는 노골적으로 과시하며 주위에서 칭찬해 주기를 기대합니다. 그런 기대가 충족되지 않으면 봉사의 동기를 잃고 마음에 분을 품기도 합니다. 하나님의 영광과 그분의 이름을 위해 봉사했다면 어떻게 그런 안타까운 결과가 나타나겠습니까? 자기 자신의 영광을 위하고, 자기의 이름이 높아지기를 바라며, 자기가 알려지는 것에 더 관심을 두기 때문에 이런 유치한 모습을 보이는 것입니다.

여러분, 모든 우주 만물의 이름과 영광은 시간과 함께 무색해집니다. 이글이글 타오르는 태양도 시간이 하는 일을 피할 수 없습니다. 그러나 하나님의 이름과 영광은 세세 무궁토록 드러나고 높임을 받습니다. 완성될 하나님 나라에서도 하나님의 영광은 가장 귀하게 여겨지고 높여질 것입니다. 하나님의 영광보다 귀한 것이 없음을 모르는 사람은 회심이 필요합니다. 아니, 하나님을 제대로 알아야 합니다.

혼합주의적인 신앙 태도를 제거하라

혼합주의적인 신앙 태도와 하나님의 이름 및 영광은 대립합니다. 그러므로 혼합주의적인 신앙 태도를 제거하지 않고서는 하나님의 영광을 위할 수가 없습니다. 우리가 우리의 마음에 무엇인가 다른 것을 두고 그것을 신뢰하면서 하나님과 겸하여 섬길 때에 만군의 여호와, 영원하신 하나님, 도저히 더럽혀질 수 없는 하나님의 이름이 더럽혀진다는 사실을 기억해야 합니다.

혼합주의적인 신앙 태도는 우리에게서 멀리 있지 않습니다. 교회에 나오고 봉사도 하지만 다른 것에 마음을 빼앗겨 하나님 외에 다른 것으로 앞가림하려 하고 인생의 유익을 얻으려는 이중적인 마음, 이런 혼합주의적인 마음이 우리에게 아주 가까이 있습니다. 이러한 태도는 하나님을 무시하며 그분의 거룩한 이름을 더럽힙니다. 그것은 하나님으로 충분하지 않다고 여기게 만듭니다. 하나님을 나의 모든 것을 인도하고 다스리시기에 부족함이 없는 목자요 아버지로 인정하지 않게 만듭니다.

여러분은 자신이 하나님의 이름을 더럽힐 수 있다는 사실을 깊이 생각해 보았습니까? 우리는 이것을 깊이 생각해야 합니다. 그리고 하나님의 이름을 더럽히는 요소를 제거해야만 합니다. 그런 요소를 제거하는 데는 다른 방법이 없습니다! 하나님의 말씀을 듣고 생각하고, 실제로 제거하는 일에 순종해야 합니다.

이 문제를 심각하게 생각하십시오! 우리들의 이중적인 마음과 혼합주의적인 신앙 태도 때문에 하나님의 이름이, 그분의 영광이 더럽혀진다는 사실을 심각하게 생각하십시오. 그리고 그런 태도 때문에 이 세상에서 하나님이 제대로 평가받지 못한다는 점을 깊이 묵상하십시오. 혼합주의적인 태도를 제거하지 않고서는 하나님의 영광을 위한 삶을 추구할 수가 없습니다. '하나님의 영광이 단순한 구호가 되지 않도록 자신을 살피십시오. 먼저 자신의 삶 속에 하나님의 영광을 가리는 혼합주의적인 태도가 있는지를 살피고, 그것을 제거하는 일부터 하십시오!

그동안 살펴보았던 하나님의 영광에 장애를 주는 요인들을 모두 떠올려 보십시오. 그 장애 요인들이 내 삶에 어떻게 나타나는지를 묵상하고, 앞으로 어떻게 경계해야 하는지를 깊이 생각하십시오. 하나님의 영광에 장애가 되는 것이 무엇인지, 위의 말씀을 이해하고 잠깐 각성하는 것에서 그치지 마십시오. 말씀이 지시하는 바, 혼합주의적인 신앙 태도를 제거하기 위해 힘쓰십시오. 이것이 멀리 있는 남의 얘기가 아니라 내 삶에 도사리고 있는 위험임을 감지하고, 이것을 제거하기 위해 분투하는 사람이 되기를 바랍니다.

"그들이 이른바 그 여러 나라에서 내 거룩한 이름이 그들로 말미암아 더러워졌나니, 곧 사람들이 그들을 가리켜 이르기를 이들은 여호와의 백성이라도 여호와의 땅에서 떠난 자라 하였음이라."

_에스겔 36:20

8장
하나님의 영광에 대한 장애 6
_우리의 비참한 상태

하나님의 백성이 처한 비참함

에스겔서 36장 16절 이하의 말씀은 하나님의 영광과 관련된 중요한 말씀입니다. 이번 장에서는 본문을 통해 하나님의 영광에 장애가 되는 또 다른 사례를 살피고자 합니다.

본문은 하나님의 백성들이 하나님이 주신 땅인 가나안에 있지 않고, 그곳을 떠나 이방인의 나라에 있게 되었다는 사실과 그로 말미암아 하나님의 이름과 영광이 더럽혀지고 있다는 사실을 말해 줍니다. 그것이 하나님의 영광에 장애가 되었습니다.

하나님의 백성들이 하나님께서 주신 자기들의 땅에 있지 않고, 이방 사람들의 땅에 간 것이 하나님의 이름과 영광을 더럽혔다고 본문은 말합니다. 이것이 왜 하나님의 영광과 이름을 더럽혔다는 것입니까? 본문에서 이방인들이 하나님의 백성들을 조롱하여 한 말 속에 그 이유가 나타납니다.

"여호와의 백성이라도 여호와의 땅에서 떠난 자라."

하나님께서는 "너희들로 인하여 내 거룩한 이름이 더러워졌다. 그 이유는 이방인들이 너희들을 가리켜서 '여호와의 백성이라도 여호와의 땅에서 떠난 자'라고 말하기 때문이다"라고 말씀하십니다. 이방인들이 한 말의 내용이 무엇입니까? 이 말은 "여호와의 백성은 여호와의 땅에 있어야 하지 않는가? 그런데 이곳에 포로로 잡혀 오다니, 참으로 가소롭구나"라는 뜻입니다. 바로 그러한 이스라엘의 상태 때문에 여러 나라에서 하나님의 이름이 더럽혀지게 되었습니다.

하나님의 백성은 하나님께 속한 백성인 만큼 그 위치에 걸맞은 상태가 있습니다. 하나님의 백성의 마땅한 상태와 모습이 있는데도 실제로 그렇게 살지 못했기에 하나님의 영광이 더럽혀졌습니다. 하나님을 모르는 자들도 하나님의 백성이 마땅히 행할 바를 어느 정도 판단할 수 있다는 사실이 놀랍지 않습니까?

그러면 하나님의 백성에게 걸맞은 상태와 모습은 어떠해야 합니까? 본문이 말하는 하나님의 백성의 모습은 궁극적으로 이루어야 할 모습이 아니라 최소한 갖추어야 할 상태를 말합니다. 그 최소한의 모습이 무엇이겠습니까? 우리는 이방인들의 말 속에서 실마리를 얻을 수 있습니다.

첫 번째는, "여호와의 백성이라도"라는 말입니다. 이방인들이 볼 때 이스라엘 백성이 여호와께 속한 백성이라도 그들에게서 하나님의 도우심, 곧 여호와의 도우심과 보호하심을 볼 수 없고, 하나님이 그들을 책임지고 인도하신다고 볼 만한 모습이 전혀 보이지 않는다는 것입니다. 그들이 여호와의 백성이라면 그분의 도우심을 받는 백성이어야 하고, 여호와께서 그들을 인도하고 책임지셔야 할 터인데, 이방인들의 눈에는 하나님의 백성들에게서 그런 모습이 전혀 보이지 않는다는 것입니다.

우리는 이러한 이방인들의 판단을 무시할 수 없습니다. 진실로 하나님의 백성이요 여호와께 속한 자라면, 여호와의 도우심과 그분이 주시는 복락을 누리고 있어야만 하기 때문입니다. 이방인들이 볼 수 있는 그런 모습이 우리에게 분명히 있어야 합니다. 그런데 이스라엘의 상태는 그렇지 않았습니다. 하나님의 백성으로서의 최소한의 모습도 보이지 않았습니다.

일찍이 모세가 이런 점을 염려하여 간구한 적이 있습니다. 이스라엘이 광야에서 금 송아지를 신으로 섬겼을 때 하나님께서 그들을 다 진멸하시겠다고 하셨습니다(출 32:1-10 참고). 그러자 모세는 하나님의 이름이 이방인들 사이에서 모독받는다는 사실을 염려하여 다음과 같이 하나님께 간구했습니다.

"여호와여, 어찌하여 그 큰 권능과 강한 손으로 애굽 땅에서 인도하여 내신 주의 백성에게 진노하시나이까? 어찌하여 애굽 사람들이 이르기를 여호와가 자기의 백성을 산에서 죽이고 지면에서 진멸하려는 악한 의도로 인도해 내었다고 말하게 하시려 하나이까? 주의 맹렬한 노를 그치시고 뜻을 돌이키사 주의 백성에게 이 화를 내리지 마옵소서"(출 32:11,12).

여호와께서 자기 백성들을 보호하고 인도하시리라는 것은 이방인들도 다 아는 사실입니다. 애굽 사람들도 그 정도는 알고 있었을 것입니다. 그래서 모세는 하나님의 이름과 영광이 모독당하지 않기를 바라면서 하나님께 중보했습니다.

본문을 보면 모세가 염려했던 것과 같은 상태가 실제로 이스라엘 백성 가운데서 일어났습니다. 이방인들이 포로로 잡혀 간 이스라엘을 보고 그들의 하나님을 들먹였습니다. 이방인들은 "여호와의 백성이라고 하는 저들의 처지를 보라"라고 말하면서 빈정대고 있습니다. 이스라엘 백성들은 자신들이 여호와의 백성이라고 말하지만, 포로로 잡혀 온 그들의 모습에서는 여호와께서 그들을 돕고 보호하신다고 할 만한 근거를 전혀 발견할 수 없었습니다. 하나님의 백성이라는 이름은 있지만, 그들의 처지는 이방인들이 보기에도 답답하고 딱했습니다.

하나님의 백성은 당연히 하나님의 보호와 인도를 받아야 합니다. 물론 하나님의 인도가 반드시 물질적인 것을 뜻하지는 않습니다. 그러나 하나님의 백성이라면 누가 보아도 '역시 하나님의 백성이야, 하나님께 속한 백성이야'라고 할 수 있는 상태와 모습을 지녀야 합니다.

이방인들은 하나님의 백성들의 내적인 체험이나 은혜의 세계에 대해서는 전혀 알 수 없습니다. 그러나 한 가지만은 볼 수 있습니다. 하나님의 백성이면 하나님의 인도와 도움을 받는 최소한의 모습이 있는데, 그런 모습이 있는지 없는지에 대해서는 그들도 어느 정도 분별할 수 있습니다.

하나님의 백성이 그렇게 형편없는 모습으로 전락할 때, 이방인들은 하나님의 이름을 거론하며 "하나님의 백성이라고 하지만 별 볼일 없지 않는가. 우리와 하나도 다를 바가 없지 않는가"라고 말하게 됩니다. 이것이 하나님의 이름을 더럽히는 것입니다.

죄악으로 인한 비참한 심판

왜 하나님의 백성들이 이방인이 보기에도 하나님의 보살핌을 받지 못하는 것 같은 모습이 되어 버렸을까요? 그것은 바로 이스라엘 백성들의 죄악 때문입니다. 그리고 죄악에 대한 하나님의 심판 때문입니다.

"이스라엘 족속이 그들의 고국 땅에 거주할 때에 그들의 행위로 그 땅을 더럽혔나니……그들이 땅 위에 피를 쏟았으며 그 우상들로 말미암아 자신들을 더럽혔으므로, 내가 분노를 그들 위에 쏟아 그들을 그 행위대로 심판하여 각국에 흩으며 여러 나라에 헤쳤더니"(겔 36:17-19).

이러한 하나님의 심판 때문에 이스라엘이 비참한 지경에 이르렀고, 이제 그들의 비참한 상태 때문에 하나님의 이름이 더더욱 더럽혀졌습니다.

이스라엘의 주인이신 하나님, 그들의 생명을 구원하신 하나님께서 그들을 심판하셔서 이런 비참한 상태에 이르게 하셨다는 내막을 이방인들은 모릅니다. 하나님의 백성들이 조롱받는 자리로 내려간 것, 그래서 결국 하나님의 이름이 더럽혀지게 된 근본적인 이유는 그들이 하나님의 인도와 보호를 거부하고 죄악을 범했기 때문인데, 이방인들은 이러한 내막까지는 알지 못합니다.

실상 이스라엘 백성들이 하나님의 백성답지 않은 상태가 된 것은 이방 땅에 오면서부터가 아닙니다. 포로로 잡혀 온 후가 아닙니다. 그들은 가나안 땅, 즉 그들의 땅에 있을 때부터 하나님의 백성답지 않은 모습을 보였습니다. 그러나 이방인들은 이스라엘이 범죄하여 하나님의 징계와 심판을 받아 그들의 땅에서 쫓겨난 모습, 즉 그 결과만을 보고 "여호와의 백성이라면서 여호와의 보호와 인도를 받는 모습이 없지 않은가"라며 하나님의 이름을 모독하고 있습니다.

결국 이방인들이 하나님의 백성들을 보고 "저들은 하나님의 백성이라고 하면서 하나님으로부터 아무런 도움도 받지 못하는가 보다"라고 조롱할 정도가 된 것은, 이미 그 이전부터 그들이 하나님 앞에서 하나님의 백성답지 않은 모습을 보였음을 말해 줍니다. 이스라엘 백성들의 모습에 대한 이방인들의 평가는, 하나님의 백성들이 이미 하나님 앞에서 오랫동안 그분의 백성답지 않은 모습으로 있다가, 결국 그들의 죄악으로 말미암아 하나님의 진노를 받은 결과를 보고 내려진 것입니다.

이스라엘은 이미 고국 땅에서부터 하나님의 이름을 더럽혔고, 그 결과 심판을 받은 이스라엘 백성들을 보면서 이방인들까지도 하나님의 이름을 더럽히고 있습니다. 이스라엘은 하나님과 그분의 이름을 자기 땅에서 더럽힌 것으로 끝내지 않았습니다. 그들은 자기 땅에서 하나님의 이름을 더럽혔을 뿐만 아니라 이방인의 땅에서도 그분의 명예를 실추시켰습니다.

하나님의 이름과 영광을 내 안에서 더럽힐 때, 또 하나님의 이름과 영광을 우리 교회 안에서 더럽힐 때, 하나님은 불가피하게 징계하십니다. 이 징계는 우리의 외적 상태를 비참하게 만들 수 있습니다. 예를 들어, 하나님의 영광을 더럽힌다면 폭삭 망하고 불의의 사고를 만나고 갑자기 죽을 수도 있습니다. 하나님께서는 죄악된 행위에 대해 그렇게 행하실 수 있습니다.

그러나 잊지 말아야 할 것은, 우리가 외적으로 비참해질 때 우리들만 상처를 입는 것이 아니라는 점입니다. 그로 인해 하나님의 이름과 영광도 가려지게 됩니다. 지속적으로 범죄하는 백성들, 곧 하나님의 영광을 지속적으로 가리는 백성들에 대해 하나님께서 징계하실 때, 징계를 받은 백성은 자신들만 상처받았다고 말할지도 모르지만, 실상은 그렇지 않습니다. 하나님의 이름과 영광도 아울러 상처를 입습니다. 세상 사람들이 우리를 가리켜서 예수님을 믿으면서도 저렇게 되었다고 말할 때, 그로 인해서 어김없이 하나님의 이름과 영광도 언급되고 조롱받으며 모독받게 됩니다.

이와 같이 이방인들까지 하나님의 이름을 더럽힌 데는 먼저 하나님의 백성이라 자칭하는 우리 안에서 하나님의 이름이 더럽혀진 탓이 큽니다. 내 안에서 하나님을 업신여기고 하나님을 소중히 여기지 않는 모습이 지속적으로 이어졌기 때문에, 이방인들로부터 하나님이 모독을 당한 것입니다. 만약 믿는 사람들 안에서, 교회 안에서, 그리고 조국 교회 안에서 하나님의 이름과 영광을 더럽히는 일이 없다면, 이방 사람들에 의해서 하나님의 이름과 영광이 더럽혀질 리가 없습니다. 설령 하나님의 이름과 영광이 우리 안에서 더럽혀졌다 하더라도 우리가 그것을 수치스럽고 고통스러운 일로 여겨 속히 돌이킨다면, 이방인들까지 하나님을 우습게 여기며 조롱하는 일은 일어나지 않을 것입니다. 세상 사람들이 그리스도인들과 교회를 두고 빈정대면서 입방아를 찧는 것은, 우리가 현저히 하나님의 영광을 가리고 오래도록 그 행위를 지속했기 때문입니다.

이방인들이야 우리들의 비참한 상태를 보고 그 원인이 하나님께 있다고 말할 수 있습니다. 어쩌면 그들이 "당신네들의 하나님은 무기력한 신이요 이제는 더 이상 살아 있지 않은 모양입니다"라고 말하는 것이 당연합니다. 그들이 함부로 입방아를 찧도록 원인을 제공한 사람은 바로 우리입니다. 우리가 무엇 때문에 비참해졌습니까? 무엇 때문에 이방인들까지 우리의 비참함을 알게 되었습니까? 바로 우리 안에 오래도록 인 박힌 죄악과 패역이 하나님의 심판을 불러왔고, 그 심판의 참상이 이방인에게까지 널리 알려졌기 때문이 아닙니까? 더 이상 하나님의 백성이라고 할 만한 최소한의 모습도 보일 수 없는 처지가 된 것 아닙니까?

하나님의 백성이 마땅히 있어야 할 자리로 돌아가라

그렇다면 본문에서 이방인들이 말하는 바 여호와의 백성에게 마땅히 있어야 할 최소한의 모습은 무엇이겠습니까? 그것은 바로 '여호와의 백성은 여호와의 땅에 있어야 한다'는 것입니다.

하나님께서는 이스라엘 백성들을 위해 가나안 땅을 준비해 주셨습니다. 그 땅은 이스라엘의 땅이기 전에 하나님의 땅입니다. 하나님이 그들에게 보여 주셨으며 다스리도록 허락해 주신 땅, 주님의 능력으로 허락하신 여호와의 땅입니다. 그러므로 그 땅이 없어지지 않는 한, 이스라엘의 거처는 그곳이어야만 합니다. 그런데 본문은 '이스라엘 백성이 여호와의 땅에서 떠난 자가 되었다'고 말합니다. 그들이 마땅히 있어야 할 땅에 있지 않고, 이방 땅에 비참한 모습으로 있는 것입니다.

우매한 이방인도 하나님의 백성이 마땅히 여호와의 은혜의 영역인 여호와의 땅에 있어야 한다는 것을 알고 있습니다. 그런데 이스라엘은 그 땅에서 쫓겨나다시피 했습니다. 이 모습을 지켜본 이방인들은 그들을 조롱하였고, 결국 그들로 인해 하나님의 이름이 더럽혀졌습니다. 이방인들은 우리가 마땅히 유지해야 할 상태와 제자리를 알고 있습니다. 이 세상 사람들은 하나님의 백성이 그분의 백성답지 못한 것에 민감하게 반응합니다. 뿐만 아니라 하나님의 백성이 마땅히 머물러야 할 자리와 위치도 잘 알고 있습니다. 이 자리를 벗어날 때 세상은 믿는 사람들을 조롱하고, 우리 안에 두신 하나님의 이름에 먹칠을 하게 됩니다.

하나님의 백성들이 마땅히 머물러야 할 자리와 위치는 어디입니까? 본문은 '여호와의 땅'이라고 말합니다. '여호와의 땅'은 여호와의 통치가 있는 땅이요, 여호와의 은혜가 베풀어지는 자리입니다. 하나님의 백성은 하나님의 통치를 받는 자리에 있어야지 죄의 통치를 받는 자리에 있어서는 안 됩니다. 이방인들도 이 사실을 잘 알고 있습니다. 또한 하나님의 백성은 하나님의 은혜가 베풀어지는 곳을 소망하고 그곳에 머물러야 합니다. 세상은 "괜찮다, 괜찮다" 하면서 우리를 은혜의 자리에서 끌어내려 합니다. 세상의 사고방식과 생활 방식과 그릇된 풍토로 우리를 끌어들입니다. 그런데 일단 우리가 그들의 꼬임에 넘어가면 세상은, "저것 봐라. 예수 믿는다는 사람도 우리와 별다를 바 없구나" 하며 빈정대기 시작합니다.

그들의 이러한 태도 이면에는 우리 그리스도인들에 대한 어떤 기대감이 있습니다. 그들이 빈정대면서 우리를 판단하는 것은, 그리스도인이면 적어도 이러해야 한다는 나름의 기대치가 있다는 말입니다. '그리스도인이면 최소한 이래야 하는데, 그리스도인이면 최소한 나와는 달라야 하는데'라고 생각하며, 은근히 자신들과 다르기를 바라는 마음이 있습니다.

오늘날 한국 교회는 이런 기초적인 진리들을 적용하지 못하고 있습니다. 교회들은 이 세상을 품기 위해 그들과 같이 되어야 한다고 말합니다. 예배와 전도 방식, 그리고 교회 행사에 세상에서 흔히 사용하는 방식을 도입해서 교회와 세상 사이의 구분을 없애자고 말합니다. 예배도 대중적인 방식으로 드리고, 설교나 전도도 세상의 관심사로 접근하자고 합니다. 그래서 영혼이 죽고 사는 중요한 시간에 코미디 같은 농담과 유머들을 남발합니다. 정작 선포되어야 할 순수한 복음은 뒤로 밀려납니다. 이것은 교회가 쇠해져 가는 전조 증상입니다. 세상의 눈높이로 복음을 전해야 세련된 전도라고 생각하는 것은 잘못된 망상입니다.

인간의 본성에는 자기는 악해도 다른 사람은 착하게 살기를 바라는 마음이 있습니다. 자기는 강도 짓을 해도 자식은 바르게 살았으면 하는 것처럼 말입니다. 자기는 예수를 믿지 않지만, 교회는 반드시 이러해야 한다는 마음이 세상 사람들에게 있습니다. 세상은 교회가 교회답기를 바랍니다. 세상에서는 볼 수 없는, 하나님이 살아 계심을 부인할 수 없는 생기와 능력을 교회를 통해 보고자 합니다. 교회가 이 세상과 다를 바가 없다면, 이 세상은 교회에 그 어떤 기대도 갖지 않을 것입니다. 그러면 세상은 교회를 아주 이기적인 이익 집단으로 보게 될 것입니다.

일찍이 로이드 존스 목사는 이렇게 말했습니다. "교회와 세상 사이에 아무런 차이가 없어질 때, 교회에 나오지 않는 사람들조차도 그것을 안타깝게 여깁니다. 뿐만 아니라 교회의 생명은 그것으로 끝인 줄 압니다."

하나님의 백성은 세상의 모방자가 아닙니다. 오히려 하나님의 백성들은 하나님의 땅에서 하나님의 통치를 받고, 그분의 은혜 아래 있으면서 이 세상을 이끌며, 이 세상에 하나님의 기준을 제시해 주는 잣대가 되어야 합니다. 그렇게 하지 못할 때, 이방인과 아무런 차이도 나타내지 못할 때, 결과적으로 그들은 더 추해지고 맙니다.

이 땅에 있는 하나님의 교회들은 여호와의 백성으로서 마땅히 가져야 할 상태가 있다는 것, 다시 말해 마땅히 서 있어야 할 자리가 있다는 것을 잊어서는 안 됩니다. 그리고 우리의 죄로 인해 하나님의 도우심이 거두어지고 징계와 심판이 임하면, 그로 인한 우리의 비참한 모습 때문에 하나님의 이름과 영광이 더럽혀진다는 것을 알아야 합니다. 우리가 하나님의 통치와 은혜가 있는 자리에 있지 않고 세상과 이방인 가운데 있는 것은 우리의 비참한 상태를 세상에 알리는 것입니다. 그것은 세상 사람들에게 우리가 믿는 하나님이 무기력하다고 선포하는 것밖에 안 됩니다. 그리고 그 결과 하나님의 이름과 영광이 모독을 받게 됩니다. 하나님의 이름과 영광이 우리 때문에 그런 식으로 더럽혀진다는 사실을 잊지 말아야 합니다.

그런 면에서 세상 사람들이 당신을 향해 뭐라고 말합니까? "그는 뭔가 달라. 저 사람은 하나님의 백성이 분명해. 예수쟁이라면 저래야 하지 않겠어?"라고 말합니까? 아니면 "여호와의 백성이지만 여호와의 땅에서 떠난 자라. 예수쟁이지만 예수에게서 떠난 자라"라고 말합니까?

지금까지 우리는 하나님의 영광에 장애가 되는 요소들을 몇 가지 살펴보았습니다. 우리는 하나님의 영광을 위해 적극적으로 무엇을 할까를 고민하기 전에 먼저 그분의 영광을 그르치는 장애 요소들을 제거해야 합니다. 내 안에 있는 장애 요소들이 무엇인지를 정확히 살펴서 알고 그것을 제거하는 것은 하나님의 영광을 위한 그 어떤 구체적인 행위보다도 더 중요할 수 있습니다.

당신은 분명히 하나님의 백성다운 모습을 가지고 있습니까? 여호와의 땅에 살고 있습니까? 죄로 얼룩져 여호와의 땅을 떠난 자로 비치고 있지는 않습니까? 이것을 아는 것이 가장 시급하고 중요한 일입니다.

"그들은 사람의 영광을 하나님의 영광보다 더 사랑하였더라."

_요한복음 12:43

"너희가 서로 영광을 취하고 유일하신 하나님께로부터 오는 영광은 구하지 아니하니, 어찌 나를 믿을 수 있느냐."

_요한복음 5:44

9장
하나님의 영광에 대한 냉담함과 오해

　우리는 지금까지 하나님의 영광에 대한 장애들을 말씀을 통해 살펴보았습니다. 그리고 자연인은 물론, 하나님의 백성들조차도 하나님의 영광에 대해 무지하다는 사실을 보았습니다. 이제 저는 시대를 초월하여 하나님의 백성들이 하나님의 영광에 대해 냉담하고 무관심했던 역사를 되짚어 보고자 합니다.

　본문은 하나님의 영광에 대한 장애들을 모두 아우르는 중요한 진리를 말해 줍니다. 그것은 사람들이 하나님의 영광을 결코 사랑하지 않는다는 것입니다. 사람들은 자기 자신의 영광을 구할 뿐, 하나님의 영광을 구하지는 않습니다. 요한복음 5장 44절에 기록된 대로, 사람들은 서로 영광을 취할 뿐 유일하신 하나님께로부터 오는 영광을 구하지는 않습니다. 이에 대해 예수님은 "이렇게 하면서 어떻게 나를 믿을 수 있겠느냐?"라고 말씀하셨습니다.

우리 속에 깊이 뿌리박힌 '하나님의 영광에 대한 냉담함과 오해'는 반드시 짚고 넘어가야 할 문제입니다.

성경에는 이스라엘 백성들이 하나님의 이름을 더럽힌 사례들이 놀라울 정도로 많습니다. 소위 하나님의 백성이라고 하는 사람들이 하나님의 영광을 풍성하게 나타내지는 못할망정 그분의 이름과 영광을 부단히도 더럽히고 모독했다는 것은 놀라운 일입니다. 하나님의 백성들은 하나님의 영광을 드러내기 위해 존재합니다. 그런데 성경의 많은 기록들은 그들이 성경의 각 시대의 역사마다 하나님의 영광을 나타내기는커녕 오히려 그분의 영광을 가리고 모독하며 더럽혔다는 것을 보여 줍니다. 이처럼 하나님의 백성들이 지난 오랜 역사를 통해서 하나님께 영광 돌리는 일에 실패한 이유가 무엇일까요?

우리는 바울이 쓴 서신들에서 그리스도인들을 향하여 "너희는 그리스도의 편지요 향기라"(고후 2:15, 3:3 참고)라고 하면서, 그리스도와 벨리알이 함께할 수 없고 빛과 어둠이 함께할 수 없음을 강조하는 말씀을 봅니다(고후 6:15 참고). 이것은 그 시대에도 하나님의 영광에 대한 하나님의 백성들의 실수가 끊이지 않았고 현저했다는 사실을 시사해 줍니다. 바울은 고린도교회가 그리스도의 영광을 나타내지 못하는 모습을 보았습니다. 요한계시록에서도 당시 아시아의 일곱 교회들이 하나님의 영광에 대해 다소 눈이 먼 상태에 있었음을 시사하고 있습니다. 그리고 이후의 교회 역사에서도 하나님의 영광을 드러내지 못하고 오히려 욕되게 한 많은 사례들이 이어졌습니다.

그렇다면 우리는 하나님의 이름과 영광을 온전히 나타내고 있을까요? 우리도 그들처럼 하나님의 이름과 영광을 전혀 의식하지 않은 채 생활함으로써 그분의 이름과 영광을 더럽히고 있지는 않은지 스스로 질문해 보아야 합니다.

하나님의 영광에 대한 냉담함과 무관심

지금까지 하나님의 백성들이 하나님의 영광을 더럽힌 부정적인 사례들을 살펴보았습니다. 그런 심각한 상태에 빠지게 된 이유는 다양하지만, 가장 근본적인 문제는 그들이 하나님의 영광에 대해 무관심했다는 점입니다. 하나님은 예레미야에게 성전을 더럽히는 문제들에 대해 말씀하시면서 그것들 때문에 하나님의 이름이 더럽혀졌다고 지적하십니다. 그리고 하나님은 이어서 다음과 같이 말씀하셨습니다.

"이제 너희가 그 모든 일을 행하였으며 내가 너희에게 말하되 새벽부터 부지런히 말하여도 듣지 아니하였고 너희를 불러도 대답하지 아니하였느니라"(렘 7:13).

이처럼 이스라엘 백성은 냉담하고 무관심했습니다.

지금까지 우리는 하나님의 영광을 그르치는 몇 가지 사례들을 살펴보았습니다. 그 사례에서 공통적으로 엿볼 수 있었던 것은 하나님의 백성들이 하나님의 영광을 중요하게 여기지 않았다는 것입니다. 하나님의 백성이라는 사람들이 하나님의 영광에 대해서 너무도 냉담하고 무관심하다는 인상을 떨칠 수가 없습니다.

그러면 오늘날의 그리스도인들은 어떻습니까? 과연 하나님의 이름과 영광을 크게 의식하며 살고 있을까요? 하나님의 영광에 대한 깊은 관심, 그리고 선지자들이 품었던 그 영광에 대한 부담과 사모함 같은 것을 우리 가운데서 좀처럼 찾아볼 수 없습니다. 우리는 여기에 쉽게 공감합니다. 교회 안에서 버젓이 우선순위를 차지하는 목적 없는 행위와 행사, 각종 사업들이 넘쳐 나고 있습니다. 반면 하나님의 영광에 대한 부담과 사모함으로 거룩한 일을 도모하고자 하는 진지함과 진실함과 주의 깊음은 찾아보기 어렵습니다.

강단은 어떻습니까? 하나님의 영광에 대한 뜨거운 열망으로 우리의 영혼을 일깨우는 설교는 쉽게 들을 수가 없습니다. 하나님의 영광에 대해 그리스도인이 가져야 할 신앙의 자세도 찾아볼 수 없습니다. 하나님의 영광이 그리스도인에게 결정적이고도 핵심적인 것이요 소중히 여기며 살아야 할 목표라는 사실을 선지자적인 부담을 안고 전하는 강력한 메시지가 거의 사라졌기 때문일 것입니다. 그나마 어떤 설교를 듣고 책을 읽어 하나님의 영광과 관련된 결론을 얻거나 도전을 받는다 하더라도 주로 행동을 고쳐야겠다는 정도로 그칩니다. 일정 기간 하나님의 영광을 위하는 듯이 행동할지는 모르지만, 진실로 하나님의 영광이 자신의 삶의 목적이 되어서 행하는 실제적인 삶은 없습니다.

그러나 어떤 일을 하는 동인(動因)과 목적이 하나님의 영광이 아니라면, 그런 행위들은 하나님의 백성들에게 부정적인 결과를 가져올 수밖에 없음을 우리는 알아야 합니다. 우리는 이미 지난 역사를 통해서 하나님의 영광에 대해 분명히 인식하지도 못하고 그것을 위해서 살지도 않는 하나님의 백성들의 온갖 종교적인 행동들이 어떤 결과를 가져왔는지를 살펴보았습니다. 그런 태도는 무엇보다도 그들을 위선과 기만에 빠지게 만들었습니다. 하나님의 백성으로서 가지고 있어야 할 것이 없는데도 있는 것처럼 착각하면서 사는 동안, 하나님은 물론 자기 자신까지 기만당하는 것을 보았습니다. 그런데 안타까운 사실은 오늘날 우리도 하나님의 영광에 대한 무관심과 냉담함으로 소위 '하나님의 백성'의 양태를 겨우 유지하는 행위를 지속하고 있다는 것입니다.

하나님의 영광에 대한 부담감을 회복하라

하나님의 영광에 대한 무관심은 가벼운 문제가 아닙니다. 우리는 그 중대한 문제를 해결하기 위해서 먼저 하나님의 영광에 대한 장애들이 제거되기를 구해야 합니다. 지금까지 다룬 하나님의 영광에 대한 장애들을 가지고 있으면서도 하나님을 믿으려 하는 것은 하나님의 백성답기를 거부하는 것입니다. 우리는 그 장애들을 제거해야 합니다. 그러기 위해서는 하나님의 영광에 대해 의식하려고 하지 않을 뿐만 아니라 그 영광을 위해 존재하고 살기를 싫어하는 우리들의 근원적인 문제를 먼저 해결해야 합니다.

앞선 역사 속의 사람들처럼 우리 역시 하나님의 영광 자체에 냉담하고 무관심합니다. 왜냐하면 우리는 하나님의 영광에 대한 여러 가지 장애들을 가진 채, 자신의 존재와 삶 속에 하나님의 영광을 위한 그 어떤 소원도, 열심도, 심지어 그럴 필요조차도 가지고 있지 않기 때문입니다. 사람들은 자신의 생명이 하나님의 영광을 위해서 살도록 주어졌다는 사실을 인정하려고 하지 않습니다. 예수님을 믿지만, 또 하나님의 영광을 위해서 사는 것이 삶의 목표가 되어야 한다는 것을 많이 들어서 알기는 하지만, 진심에서 우러나오는 하나님의 영광에 대한 의식과 사모함, 그러한 삶이 우리에게서 나타나지 않습니다.

하나님의 영광에 대한 냉담함과 무관심은 성령의 사역과 정반대입니다. 아니, 그것은 모두 사탄으로부터 오는 것입니다. 성령의 사역은 뜨거움과 생기, 깊은 관심과 마음의 부담, 그리고 그것을 추구하고자 하는 열망으로 나타납니다. 그리스도인의 정상적인 반응은 이런 말씀을 듣고 하나님의 영광에 대해 기대감과 깊은 관심을 가지고, 그 영광을 위해 살고픈 부담을 가지는 것입니다. 과거 이스라엘의 부정적인 사례를 보면서 그들처럼 살아서는 안 되겠다는 도전을 받아야 합니다.

지금까지 하나님의 영광에 관한 부정적인 사례가 대부분이었지만, 그 모든 사례들은 우리에게 더욱 분명한 메시지를 전해 주었습니다. 성경을 보면 알겠지만, 성경은 긍정을 이야기하기 전에 반드시 부정을 이야기합니다. 로마서도 그렇습니다. 먼저 3장 19절까지 하나님의 진노와 심판에 대해서 이야기하고, 그다음부터는 칭의에 대해 이야기합니다. 그것이 성경의 방식입니다. 그러한 바울의 논법을 따라 로이드 존스 목사는 모든 사고와 설교를 전개하였습니다. 그래서 그는 모든 설교의 구조를 소극적인 면에서 적극적인 면으로, 부정적인 면에서 긍정적인 면으로 전개하였습니다. 그렇게 할 때 메시지가 강력하게 다가옵니다. 부정적인 사례를 통해서 우리는 더욱 깊은 말씀

가운데로 빠져 들어갈 수 있습니다.

앞의 말씀을 통해 더욱 진지하게 여러분 자신을 점검해 보았습니까? 그렇지 못하다면 말씀을 듣는 귀가 막혔거나 자기를 든든하게 방어하고 있는 것입니다.

하나님의 영광에 대한 이와 같은 냉담함과 무관심은 오늘날의 교회들에서만 볼 수 있는 일시적인 현상이나 일과성 병증이 아닙니다. 그것은 특정 지역과 시대에 나타났던 영적 각성기를 제외한 전 시대, 전 인류의 역사에 고질적이고 지속적으로 고착되어 나타났던 반응입니다.

오늘날 하나님의 영광에 대한 냉담함과 무관심이 그렇게 편만한 가운데 하나님께서는 자신의 영광에 대한 부담을 우리에게 주십니다. 우리는 모든 시간 속에서 하나님의 영광을 궁극적으로 구해야 합니다. 심지어 교회 안에서 아주 작은 일을 하더라도 하나님의 영광을 의식하고 행해야 합니다. 무엇을 하든지 하나님의 영광을 추구하고 그분에게 인정받고자 하는 동기를 가져야 합니다.

여러분, 하나님의 영광에 대한 냉담함과 무관심을 깨뜨리십시오. 하나님의 영광에 대해 냉담하고 무관심한 이 사회와 교회들의 흐름처럼, 사업에는 바쁘고 일 때문에는 분주했지만 정작 하나님의 영광을 위하지는 못했던 삶에서 벗어나야 합니다. 하나님의 영광에 대해 무관심한 채로 행해지는 교회의 사업과 그리스도인의 삶은 아무런 의미가 없습니다. 먼저 하나님의 영광이 우리의 존재와 삶에서 얼마나 중요한지를 알아야 합니다. 하나님의 영광에 관하여 냉담하고 무관심한 현실에서 깨어나야 합니다.

말씀을 자신에게 적용하라

하나님의 영광에 대한 성경의 수많은 부정적인 사례들이 우리와는 상관없다고 오해해서는 안 됩니다. 하나님의 영광을 그런 식으로 다양하게 더럽힌 것은 어디까지나 이스라엘의 경험이지 자신의 경험은 아니라고 생각합니까? 하나님이 성경에 부정적인 사례를 많이 기록하신 이유가 있습니다. 바로 이스라엘 백성의 역사가 곧 우리의 자화상일 수 있음을 시사해 주시려는 것입니다. 우리는 이런 사례들을 통해 엄중한 경고를 받고, 그들과 같은 잘못을 피하려는 적극적인 도전을 받아야 합니다.

그러나 사람들은 성경의 부정적인 사례들을 보면서 자신을 살피고 허물을 인정하기보다는 자기를 변호하고 보호하기에 바쁩니다. 그래서 죄와 심판에 대한 설교는 인기가 없고 냉대를 받습니다. 목사들도 이런 시대의 흐름에 휩쓸려 될 수 있으면 성도들이 듣기 싫어하는 설교를 피하려고 합니다. 어느 시대든 죄에 대한 설교는 회중들에게 냉대를 받았습니다. 인간은 누구든 자기 죄가 드러나는 것을 꺼립니다. 인간은 철저하게 자기를 보호하려는 본성을 가지고 있습니다. 교회에 와도 자기의 자존심을 지켜주고 예우해 주기를 바랍니다. 그래서 자기의 실체를 낱낱이 밝히고 회개를 촉구하는 설교에 대해 심각한 거부 반응을 보입니다.

오늘날의 교회는 성도들의 비위를 잘 맞추는 서비스 업체가 되어

가는 것 같습니다. 교회는 그들이 세상에서 어떤 대접을 받든 어떤 직위에 있든 평범한 성도로서 하나님의 말씀 앞에 고개를 숙이고 엎드리도록 촉구해야 합니다. 그들은 말씀을 깨닫고 부패한 본성을 내놓고 하나님께 도움을 구하며, 소성되기를 구해야 합니다. 그렇지 않으면 그들은 참된 구원에 이르기를 포기해야 합니다.

그러므로 교회는 사람들의 기호를 따라 비위를 맞추어서는 안 됩니다. 그들로 하여금 자신의 상태를 보고 죄악을 드러내고 고침을 받도록 해야 합니다. 결국 성경의 많은 부정적인 사례들은 우리들의 죄악된 본성을 보게 하여 더욱 주님을 의지하게 만드는 긍정적인 자료들입니다. 성경의 부정적인 사례들은 하나님의 의로우심을 찬양하게 만드는 훌륭한 도구입니다. 우리의 죄와 실수, 하나님의 준엄한 심판에 대한 말씀을 듣고 우리는 거부감을 갖기 전에 먼저 하나님의 의로우심에 주목하고 그분의 의로운 속성을 찬양해야 합니다.

하나님은 우리가 자신의 죄 때문에 절망하여 아예 무기력해지는 것을 원하시지 않습니다. 그분은 우리가 말씀에 대해 더욱 각성된 태도로 하나님을 알고자 하는 열망으로 가득 차기를 바라십니다.

모세는 출애굽한 이스라엘의 열두 지파를 둘로 나누어 에발산과 그리심산에 세우고 어떤 의식을 행했습니다. 그가 "자, 너희들이 하나님의 율법을 지켜 행하면 복을 받고 생명을 얻을 것이다"라고 율법을 선언하면 여섯 지파가 이쪽 산에서 "아멘" 했고, 반대쪽에 여섯 지파를 두고 선언하기를 "너희들이 여호와의 말씀과 율법을 순종하지 아니하면 저주와 죽음이 있을 것이다"라고 하면 그쪽에서도 "아멘" 했습니다.

이것을 통해 무엇을 알 수 있습니까? 복 주신다는 말에만 아멘 하면 안 됩니다. 저주에 대한 선언에도 아멘 해야 합니다. 어떤 말씀이든 그 말씀을 하신 분이 하나님이시기 때문입니다. 우리는 모든 말씀에 아멘 할 수 있어야 합니다.

오늘날은 은혜와 복에만 아멘 하며, 온통 거기에만 익숙해져 있습니다. 그러나 이것은 바르지 않습니다. 복과 저주에 모두 아멘 해야 합니다. 중요한 것은 저주의 내용이 무엇이냐보다 그것을 말씀하시는 하나님의 진의, 곧 그 저주에 이르지 않도록 경계하시는 하나님의 마음입니다. 우리는 단순히 저주를 듣기 싫어할 것이 아니라, 순종하지 않으면 안 된다는 사실을 기억해야 합니다.

주님은 복과 저주가 우리에게 달려 있다고 말씀하시며 이 둘 모두에 아멘을 요구하십니다. 우리는 이 부분에 대해서 태도를 분명히 해야 합니다. 복 주심에 대해서뿐만 아니라 저주에 대해서도 동일하게 '아멘' 하는 태도를 가져야 합니다. 왜 저주에 대한 하나님의 말씀에 대해서는 자신과 상관없는 것처럼 여기고 싫어합니까? 왜 이 부정적인 사례들을 자신에게 적용하지 않으려고 합니까? 우리는 그런 말씀에도 진심에서 우러나오는 아멘을 외쳐야 합니다.

하나님의 은혜를 의지하라

우리의 본성은 하나님의 영광을 적극적으로 나타내기보다는 그분의 영광을 가리고 더럽히려는 경향을 더욱 강하게 드러냅니다. 그러므로 하나님의 영광을 추구하는 삶은 우리 자신의 힘으로 성취할 수 없습니다. 하나님께 의지하고 그분의 은혜를 구할 때, 전적으로 그분을 통해 이루어지는 일입니다. 하나님의 영광은 우리가 자신의 연약함을 깨닫고 하나님을 의지하며 그분의 은혜를 구하는 가운데 오직 그분을 통해 나타납니다.

우리는 하나님께서 우리의 죄악을 지적하실 때 막무가내로 우리 자신을 보호하려고만 해서는 안 됩니다. 하나님의 영광을 나타내는 행동을 개시하기 전에 우리의 연약함을 깨닫고 고백하며, 어찌할 수 없는 자신의 부패한 본성을 인정하고, 하나님의 영광에 대한 장애를 제거하기 위해 하나님의 은혜를 의지해야 합니다. 주께서 우리 안에 하나님의 영광을 향한 간절한 사모함을 일으키시기를, 그리하여 교회 공동체뿐만 아니라 우리 개인의 삶의 영역에서도 하나님의 영광이 최우선이 되기를 구하십시오. 또한 하나님의 영광을 위한 삶의 중심이 견고해지고, 그러한 삶의 원리가 우리 가운데 분명하게 드러나기를 구하십시오.

우리를 향한 하나님의 계획을 우리가 속속들이 다 알 수는 없습니다. 그러나 확실한 것 하나는, 하나님의 영광에 대해 바른 이해를 가지고 그것을 추구하면 우리가 분명히 그 계획을 따라 살아가게 되리라는 것입니다.

"그들이 이른바 그 여러 나라에서 내 거룩한 이름이 그들로 말미암아 더러워졌나니, 곧 사람들이 그들을 가리켜 이르기를 이들은 여호와의 백성이라도 여호와의 땅에서 떠난 자라 하였음이라. 그러나 이스라엘 족속이 들어간 그 여러 나라에서 더럽힌 내 거룩한 이름을 내가 아꼈노라. 그러므로 너는 이스라엘 족속에게 이르기를 주 여호와께서 이같이 말씀하시기를 이스라엘 족속아 내가 이렇게 행함은 너희를 위함이 아니요 너희가 들어간 그 여러 나라에서 더럽힌 나의 거룩한 이름을 위함이라. 여러 나라 가운데에서 더럽혀진 이름 곧 너희가 그들 가운데에서 더럽힌 나의 큰 이름을 내가 거룩하게 할지라. 내가 그들의 눈앞에서 너희로 말미암아 나의 거룩함을 나타내리니 내가 여호와인 줄을 여러 나라 사람이 알리라. 주 여호와의 말씀이니라."

_에스겔 36:20-23

10장
스스로 위하시는 하나님의 영광 1

    오늘날 교회 안에는 하나님의 영광을 사모하기보다 그것에 대해 아는 바도 없고 관심도 없는 사람들이 적지 않습니다. 예수님을 오래 믿었거나 모태 신앙인 것을 자랑하면서도 삶에서 하나님의 영광을 나타내는 것에 대해서는 별로 아는 바가 없는 교회의 현실을 보게 됩니다. 교회 안에서 오래 있었지만 느는 것이라고는 성경에 대한 단순한 지식뿐입니다. 신앙적이고 영적인 내용들, 심지어 성령 하나님을 농담의 소재로 삼으면서도 하나님의 영광에 대해서는 둔감하고, 오히려 하나님께 경솔히 행하는 것에 익숙한 모습은 과거의 이스라엘과 별다를 바 없어 보입니다.

    어쩌면 우리는 하나님의 영광을 더럽히는 것을 당연히 여기고 편하게 생각하는지도 모릅니다. 그렇게 하는 편이 본성적으로 더 자연스럽기 때문입니다. 하나님의 영광을 위한다고 하면 무언가 나에게 부담이 생기고, 구별되어야 하고, 힘쓰고 애써야 하니까 그런 식으로 반응할 수도 있습니다. 조금만 진지하고 솔직하게 우리의 마음과 태도를 돌아보면 우리 안에서 그런 모습을 발견하기가 어렵지 않을 것입니다. 만일 그래도 발견하지 못한다면 하나님께서 이스라엘 백성들에게 주셨던 말씀, 이 장의 본문으로 자신을 비추어 보십시오. 그러면 자신의 실상을 쉽게 볼 수 있을 것입니다.

무능력하고도 절망적인 우리의 실상

본문 20-23절에는 하나님의 거룩한 이름이 더럽혀졌다는 말씀이 다섯 번이나 나옵니다.[1]

"그 여러 나라에서 내 거룩한 이름이 그들로 말미암아 더러워졌나니"(20절).

"그 여러 나라에서 더럽힌 내 거룩한 이름"(21절).

"너희가 들어간 그 여러 나라에서 더럽힌 나의 거룩한 이름"(22절).

"여러 나라 가운데에서 더럽혀진 이름"(23절).

"곧 너희가 그들 가운데에서 더럽힌 나의 큰 이름"(23절).

짧은 서너 구절에서 위와 같이 반복하는 것은, 하나님께서 얼마나

---

1) 성경에서 이렇게 같은 구절이 반복되는 것은 굉장한 강조를 의미합니다. 성경은 인간의 전기가 아니며, 인간이 쓴 단순한 문집도 아닙니다. 성경은 하나님의 감동에 의해서 기록된 글입니다. 본문 말씀이 기록되었을 때인 에스겔 선지자 시대로부터 지금까지만 계산해도 약 2,500년이 지난 이 말씀은, 두고두고 모든 세대의 사람들이 읽도록 기록되었습니다. 여기에는 하나님의 분명한 의도가 있습니다. 그러므로 본문처럼 이렇게 반복해서 강조되어 있을 때에는 하나님께서 무엇인가 강한 메시지를 남기신 것임을 알아야 합니다.

이를 통감하시는지를 강조하기 위한 것입니다. 하나님의 백성이라고 하는 사람들이 하나님의 영광을 나타내기보다는 오히려 더럽혔다는 사실을 적나라하게 드러내 보여 주고 강조하기 위해 반복하는 것입니다. 뿐만 아니라 깨닫는 것이 무디고 더딘 이 백성들을 향하여 거듭 말씀하심으로써 이스라엘 백성들이 자신들이 행한 죄악에 대해 부인할 수 없도록 하시기 위해 반복하는 것입니다. 또한 하나님은 그들이 하나님의 영광을 위해 존재해야 할 하나님의 백성이라는 사실을 일깨워 주기 위해서 반복 화법을 사용하십니다.

하나님의 백성들은 역사적으로 줄기차게 하나님의 이름을 더럽혔습니다. 안타까운 사실이지만, '하나님의 이름과 영광을 더럽히는 하나님의 백성'이라는 모순된 모습이 실제로 역사 속에 줄곧 존재해 왔고, 지금도 마찬가지입니다. 본문에서도 하나님은 그 사실을 계속 강조하십니다. 이 사실을 부인할 사람은 아무도 없습니다.

하나님의 백성들이 약속의 땅 가나안에서 하나님의 거룩하신 이름과 영광을 더럽히자, 하나님께서는 그들을 이방인의 땅에 포로로 잡혀 오게 하셨습니다. 그런데 그들은 거기서도 하나님의 이름을 더럽히고 있었습니다. 만일 그들에게 아무런 조치가 내려지지 않는다면, 그들은 하나님의 이름과 영광을 끝까지 더럽히는 모습으로 살아갈지도 모르는 안타까운 상태에 있었습니다. 그들은 스스로 그 더러운 자리에서 벗어날 수가 없었습니다.[2]

만일 본문에 나타난 이스라엘의 모습이 우리들의 모습이라고 누군가 말한다면, 우리는 고개를 가로저으며 부인하고 싶을 것입니다.

하나님께서 특별한 조치를 내리시지 않으면, 여기 있으나 저기 있으나 끝까지 하나님의 이름을 더럽힐 수밖에 없는 존재라는 것은 얼마나 슬픈 일입니까? 우리는 이런 사실을 용납하지 않으려고 합니다. 나름대로 자존심이 있기 때문입니다. "예수님을 오랫동안 믿어 왔는데, 열심히 예배하고 봉사도 해 왔는데" 하며, 그런 말을 좀처럼 받아들이지 않습니다.

그러나 하나님의 이름과 영광을 의식하지 않은 채 살아가는 이스라엘 백성들의 모습 속에서 우리의 모습을 발견할 수 있지 않습니까? 아울러 우리는 자신의 의지만으로는 하나님의 이름과 영광을 위해 산다는 것이 절대 불가능한 일임을 깨닫게 됩니다.[3] 하나님의 이름과 영광을 더럽힌 이스라엘 백성들처럼, 오늘날도 하나님의 백성이라고 하는 사람들 중 많은 사람들이 하나님의 영광을 적극적으로 나타내기는커녕, 오히려 하나님의 이름과 영광을 소홀히 여기며 살

---

2) 하나님의 영광에 대한 장애를 다룬 앞의 내용을 읽고 좌절감을 느낀 사람도 있으리라 생각합니다. 이렇게 해도 하나님의 영광을 그르치고 저렇게 해도 하나님의 영광을 그르치는 이스라엘 백성들의 실례를 보면서, 독자들은 어느 정도 좌절감을 느꼈으리라 생각합니다. 그런데 사실 좌절감을 느끼지 않는다면 하나님의 영광을 나타낼 수가 없습니다. 그것이 출발입니다.

3) 독자들이여, 우리 자신의 모습을 솔직하게 봅시다. 며칠 전에 결심한 것에 대해 얼마 안 가서 언제 그랬느냐는 식의 모습과 태도를 보인 적이 얼마나 많았습니까? 바로 얼마 전에 결심한 것을 까맣게 잊어버리고 신앙생활하는 모습이 많지 않습니까? 이런 사실들을 볼 때에 우리 스스로는 불가능함을 알게 됩니다. 교회 안에서 성도들이 교제하는 모습을 보면, 전체가 그런 것은 아니지만 끓는 물에 솥뚜껑 같은 사람들이 있습니다. 조금 감동 받으면 마치 뭐라도 할 것처럼 몇 주 동안 열심을 보입니다. 그러나 무슨 이유에서인지 곧 시들어 버립니다. 물론 그렇지 않은 신실한 사람들도 있습니다. 바울처럼 한편으로는 자신을 쳐서 복종시키면서 주를 따르고자 힘쓰고, 또 다른 한편으로는 생명의 주님께 사로잡혀 하나님의 영광을 구하고 그분의 뜻을 행하기를 구하는 사람들도 있습니다.

고 있습니다.

　물론 이스라엘 백성들 중에도 이방 땅에 포로로 잡혀 있는 동안 하나님의 이름과 영광을 존귀하게 여겼던 소수의 사람들이 있었습니다. 이들을 통해 하나님은 자기 백성들을 보존하셨습니다. 에스겔 같은 사람이 바로 그런 사람입니다. 또 이방 왕들 앞에서 하나님의 영광을 드러낸 다니엘과 그의 친구들, 에스더 왕비의 배후에서 영적인 지도자 역할을 했던 모르드개, 에스라, 느헤미야 같은 사람들도 있었습니다. 그리고 그 외에도 많은 사람들이 있었습니다. 그런데도 대부분의 사람들은 하나님의 이름과 영광을 적극적으로 나타내기보다는, 자기들의 모습으로 인해 하나님의 이름과 영광이 더럽혀지는데도 그대로 자신들을 방치하는 생활을 계속하였습니다.

　이러한 역사적인 사실이 우리에게 시사하는 바가 무엇입니까? 우리 스스로는 하나님의 이름과 영광을 나타낼 수 없다는 것입니다. 하나님의 이름과 영광을 나타내는 것은 우리의 의지만으로는 할 수 없습니다. 하나님의 백성이라고 하지만 하나님의 이름과 영광을 적극적으로 나타내기보다는, 오히려 가리고 더럽히는 쪽을 더욱 사연스럽게 택하는 것이 바로 우리들입니다. 우리는 그런 존재입니다. 우리는 한 주라도 하나님의 말씀을 통해 일깨움받지 못하면, 부정적인 방향으로 가는 것을 더 좋아하고 그것을 당연하게 여기며 살 수밖에 없습니다.

　진실로 우리에게는 하나님의 영광에 대한 그 어떤 대책도 없습니다. 지난 역사의 실패와 우리들의 모습을 볼 때, 우리에게는 하나님의 영광을 적극적으로 나타낼 수 있는 능력이나 의지나 그 어떤 조건도 없음을 알 수 있습니다.

만일 그대로 내버려 둔다면, 하나님의 이름과 영광은 끝까지 우리 때문에 더럽혀지고 짓밟힐 것입니다. 이스라엘 백성들도 그대로 내버려 두었다면 그랬을 것입니다. 고국 땅에 있든 포로 상태에 있든 어디에 있든 하나님의 영광을 더럽힌 이스라엘 백성들처럼, 우리도 똑같이 그럴 것입니다. 그것이 우리의 모습입니다.

그런데 한 가지 놀라운 사실이 있습니다. 그것은 하나님께서 자신의 이름과 영광이 자기 백성들에 의해서 더럽혀지는 것을 마냥 지켜보시지 않고, 스스로 자신의 영광을 위해 일하신다는 사실입니다. 본문에서 하나님은 스스로 자기의 영광을 아끼신다고 말씀하십니다. 하나님께서는 그분의 이름과 영광을 더럽히기만 하는 하나님의 백성들에게 자신의 영광을 전적으로 맡기시지 않고, 친히 스스로 자신의 이름과 영광을 위하며 그 일을 행하신다고 말씀하십니다.

마침내 스스로 위하시는 하나님의 영광

본문 21-23절을 보십시오.

"내 거룩한 이름을 내가 아꼈노라"(21절).

"더럽힌 나의 거룩한 이름을 위함이라"(22절).

"더럽힌 나의 큰 이름을 내가 거룩하게 할지라"(23절).

"나의 거룩함을 나타내리니"(23절).

하나님의 이름을 거룩하게 하는 주체가 누구입니까? 바로 '나' 즉,

하나님이십니다. 하나님의 백성들은 하나님의 거룩한 이름을 더럽혔지만, 하나님께서 그 백성들이 더럽힌 거룩한 이름을 스스로 아끼시고, 스스로 위하시며, 스스로 거룩하게 하시고, 스스로 나타내신다는 것입니다.

이 말씀을 보면서, 하나님께서 스스로 자신의 영광을 아끼고 위하며 거룩하게 하고 나타내신다는 말씀이 우리에게는 참으로 이상하게 들릴 수도 있습니다. 하나님께서 받으시는 영광, 곧 그분의 백성들이 돌려야 할 그분의 영광을 오히려 하나님께서 스스로 위하신다고 본문에서 말하고 있기 때문입니다. 저 또한 처음에 이 말씀을 살필 때 이상하게 생각했습니다. 그러나 제가 그것을 왜 이상하게 생각하는지를 생각하고는 그것이 바로 저의 자존심과 오만함 때문이라는 것을 깨달았습니다. 저는 스스로 하나님께 영광을 돌릴 수 있다고 생각하고 있었습니다.

그런데 본문은 하나님의 영광에 대한 적극적인 행위자가 하나님의 백성인 이스라엘, 곧 우리가 아니라 하나님 자신이라고 말씀합니다. 이것은 정녕 부인할 수 없는 사실입니다. 솔직히 하나님의 영광을 드러내야 할 우리는 하나님의 이름과 영광을 더럽히는 데 익숙할 뿐이고, 사실상 하나님의 영광을 위하시는 적극적인 행위자는 바로 하나님 자신뿐인 것입니다.

인간은 본질상 하나님의 이름과 영광을 욕되게 하는 존재들입니다. 그리고 혹시 하나님의 영광을 드러낼 만한 일을 했다 하더라도, 자신이 그것을 행했다고 떠벌리며 자신의 영광을 드러내는 존재입니다. 그렇게 인간은 하나님의 영광과 거리가 멉니다. 아예 눈이 먼 것처럼, 스스로는 하나님의 영광을 온전히 드러내지 못합니다.

한번 생각해 보십시오. 이스라엘이 포로로 잡혀 있는 땅으로부터 어떻게 나올 수 있었습니까? 스스로 나왔습니까? 그렇지 않았습니다. 만일 그들이 포로 상태에서 스스로 나올 수 있었다면, 이방인들로부터 하나님의 이름과 영광이 더는 더럽혀지지 않게 할 수 있었을 것입니다. 그러나 그들에게는 그럴 힘이 없었습니다. 이런 그들의 상태를 아주 잘 아시는 하나님께서 능력을 행하셨습니다. 자기의 영광을 아끼고 위하는 일을 스스로 행하셨습니다.

포로들을 귀환시키시는 하나님의 은혜

그러면 하나님께서 자신의 백성들이 더럽힌 자신의 이름과 영광을 어떻게 아끼셨습니까? 하나님은 그 백성들을 포로 상태에서 돌아오게 하셨습니다. 만일 하나님께서 이런 은혜의 손을 펴지 않으셨다면, 이스라엘은 이방 땅에서 계속 하나님의 이름과 영광을 더럽히다가 결국 그들에게 동화되어 이방인들과 함께 삶을 마쳤을 것입니다. 실제로 포로 귀환 시에 모든 이스라엘 백성들이 본국으로 돌아온 것은 아닙니다. 상당수가 돌아오지 않고 그곳에 남아서 그들과 섞여서 살았습니다. 주로 경제적인 안정을 누렸던 사람들이 그곳에 안주했습니다.

그러므로 이스라엘 백성들을 그대로 놔두었다면 어떻게 되었겠습니까? 끝까지 하나님을 잊고 바벨론과 메대, 바사의 신을 섬기면서 살았을 것이 분명합니다.[4] 그래서 하나님께서 이스라엘 백성들을 포로에서 귀환시키시는 일을 주도적으로 행하셨습니다.

우리는 하나님의 주권적인 은혜와 능력이 아니면 죄악 가운데 있다가 죽을 수밖에 없음을 부인할 수 없습니다. 아니, 교회 안에서도 온전하지 못하고 밖에 나가서도 세상과 타협하며 사는 자로, 하나님을 믿는 백성이라고 할 만한 아무런 증거도 없이 살다가 그냥 죽고 말 것입니다. 우리는 그대로 두면 끝까지 그렇게 행하다가 죽을 것입니다.[5]

그렇기 때문에 하나님께서는 하나님의 영광을 드러내기 위해서, 그 영광을 짓밟으며 세상을 살아가는 존재들에게 은혜의 손길을 베풀어 그들로 돌아오게 하십니다. 하나님께서는 어떤 방법을 통해서라도 그렇게 하십니다. 그 방법이 무엇입니까? 하나님의 주권적인 능력과 은혜의 역사입니다. 이것이 있어야 하나님의 영광을 온전히 드러낼 수 있습니다. 이스라엘에게는 강대국의 손에서 건져 내는 구원하시는 하나님의 능력의 손길이 반드시 필요했습니다.[6]

---

4) 그러므로 하나님이 자신의 거룩한 이름을 아끼셨다는 말씀은, 이스라엘이 이방인들의 틈바구니에서 그들과 함께 있으면서 비참해질 뿐만 아니라 그들과 하나가 되어 하나님의 이름을 더럽히는 상태에 더 이상 머물러 있지 않게 하심으로써 자신의 영광을 더럽히지 않도록 행하셨다는 의미입니다. 하나님께서는 이스라엘 백성들을 다시 가나안 땅으로 돌아오게 하심으로써 더 이상 이방인들에 의해 자신의 이름이 이중으로 짓밟히는 일이 없도록 스스로 일하셨습니다.

5) 하나님께서 누군가를 통해서든 배후에서 은혜의 손길을 베풀지 않으시거나 그대로 방치하시면, 우리도 분명히 바벨론 포로로 죽은 이스라엘과 똑같이 되었을 것입니다.

6) 하나님의 영광을 더는 더럽히지 않게 하시는 하나님의 손길이 없이 그들 스스로는 아무것도 할 수 없었습니다. 실제로 하나님은 역사 속에서 자신의 주권적인 능력을 행하심으로써 자신의 이름이 더는 더럽혀지지 않도록 하셨습니다. 그들을 포로 된 상태에서 돌아오게 하신 것입니다.

그렇다면 하나님께서 스스로 자신의 이름과 영광을 아끼시는 이유는 무엇입니까? 이스라엘이 스스로 그것을 행할 수 없었기 때문입니다. 다시 말하면, 이스라엘이 포로 상태로 있는 한 하나님을 온전히 영화롭게 할 수 없기 때문입니다. 그들은 제 위치에 서서 제 모습을 되찾아야만 했습니다. 그러나 그들에게는 그렇게 할 수 있는 능력이 없었습니다. 포로 상태에서 건지고 새롭게 하시는 하나님의 능력과 은혜가 없는 한, 그들에게는 하나님을 영화롭게 할 수 있는 능력이 없었습니다.

우리도 마찬가지입니다. 여러분은 무슨 소리냐고 할지도 모르겠습니다만, 우리가 포로와 같은 처지에 있을 때, 우리의 그런 상태만으로도 하나님의 영광이 이방인들에게서 더럽혀질 수 있습니다. 하나님이 일하시지 않고 우리를 그대로 두신다면 우리는 더욱 독하게 하나님의 영광을 더럽히는 쪽으로 미끄러져 들어갈 것입니다. 그러다가 결국 아예 하나님의 백성이라는 이름표를 달지 않는 편이 나았을 뻔한 모습이 되고 말 것입니다.

그리스도께서 교회를 핍박하러 가는 사울에게 나타나셨을 때, 그 사건을 계기로 그는 완전히 새사람이 되었습니다. 주의 이름을 거스르며 욕되게 하는 그에게 주께서는 자신의 영광을 나타내심으로써 그를 새롭게 하셨습니다. 하나님께서는 그렇게 스스로 자신의 영광을 드러내시고, 그것을 깊이 이해하게 하심으로써 자신의 영광을 위하십니다.

하나님께서는 어떤 대가를 치르고서라도 자신의 이름과 영광을 드러내십니다. 아니, 자신의 전 존재와 능력을 다해서라도 자신의 이름과 영광이 잠시 있다가 지나가는 먼지와 같은 인생들에 의해 짓밟히게 하시지 않습니다.[7]

하나님께서 비참한 상태에서 계속 하나님의 이름을 더럽히는 이스라엘을 보실 때, 그들에게는 은혜를 베풀 만한 아무런 조건이나 자격도 없었습니다. 그런데도 하나님께서는 이스라엘을 그 상태에서 이끌어 내셨습니다. 그래서 자신의 이름과 영광을 아끼시는 하나님의 성품을 이스라엘에게 밝히 보여 주셨습니다. 하나님은 그렇게 우리를 하나님께로 돌아오게 하시고, 구원받은 백성으로 서게 하시며, 더 나아가 궁극적인 하나님 나라, 곧 최종적으로 완성될 나라에까지 이끄십니다. 하나님 자신의 영광을 위해서 그렇게 하시는 것입니다.

하나님의 영광을 아는 데서 오는 변화

우리는 하나님께서 어떤 희생을 치르고서라도 이렇게 자신의 영광을 아끼신다는 사실을 알고 있습니까? 어떤 값비싼 희생을 치르시고, 또 어떤 큰 행동을 하시더라도 자신의 이름과 영광을 보존하시는 하나님을 알고 예수님을 믿고 있느냐는 것입니다. 정녕 우리의 생명

---

[7] 이 책의 7장에서 에스겔 20장 39절의 말씀을 살펴보았는데, 이스라엘이 하나님과 우상을 겸하여 섬길 때 하나님은 "너희들이 그렇게 우상을 섬기고 싶거든 그리하려무나"라고 말씀하셨습니다. 이 말씀이 무슨 뜻이라고 했습니까? 이것은 반어적으로 "그러나 내 이름만큼은 더럽히지 말라"라는 의미입니다. 거기서도 하나님은 하나님의 이름과 영광이 얼마나 귀한지 그 어떤 것과도 바꿀 수 없다는 사실을 분명히 밝히셨습니다. 비록 하나님이 선택한 백성이지만, 또 하나님께서 그들을 특별히 선택하셨지만, 하나님을 버리고 우상을 섬기며 세상을 취하겠다면 그리로 가는 것입니다. 그러나 하나님의 이름과 영광만큼은 더럽힐 수 없다는 것을 못 박아 말씀하셨습니다.

보다도 하나님의 이름과 영광이 더 귀하다는 사실을 알고 믿습니까? 오늘날 우리 교회들이 하나님의 이름과 영광이 무엇보다도 귀하다는 것을 알고, 그것을 교회의 가장 궁극적인 목적으로 여기는 가운데 사역하고 선교하고 있습니까?

자신의 이름과 영광을 아끼시는 하나님의 의중을 아는 사람에게는 많은 변화가 일어날 것입니다. 우리의 삶의 방향과 내용과 태도, 교회의 방향과 목표 등이 크게 달라질 것입니다.

평범하게 살아도 아쉬울 것 없었던 허드슨 테일러(Hudson Taylor)가 왜 중국으로 떠났습니까? 윌리엄 캐리(William Carey)는 왜 인도로 떠났습니까? 그들은 인생의 결정적인 순간에 하나님에 대한 새로운 이해가 선명하게 열렸고, 그 때문에 삶의 방향을 전환했습니다. 어떤 사람들은 "영혼에 대한 사랑 때문이다"라고 말하지만 그것은 이차적인 것입니다. 영혼에 대한 사랑은 하나님에 대한 이해가 생길 때에 그와 더불어 생기는 것입니다.

하나님에 대한 이해가 없이 생기는 영혼에 대한 사랑은 단순한 박애주의(博愛主義)에 불과합니다. 그것은 그저 동정심일 뿐입니다. 하나님께서 이 세상을 어떻게 보시는지, 무엇을 원하시는지에 대한 이해가 있어야만 그 가운데서 영혼에 대한 진정한 사랑이 생기고 영혼을 구원하고자 하는 열망이 생깁니다. 저는 하나님께서 우리에게 이와 같은 진리를 알게 하시고, 그 진리에 의해서 우리가 하나님을 믿도록 하시며, 또 하나님의 이름과 영광을 드러내도록 하신다는 사실을 아는 일이 시급하다고 생각합니다.

'과연 이 말씀을 이해했을까? 과연 하나님의 영광에 대한 열망이 그들에게 생겼을까? 자기가 하나님의 영광에 대해서 모르면 모르는 것 때문에, 아직 깨닫지 못했으면 깨닫지 못한 것 때문에 하나님을 의지하고자 하는 마음의 동요가 생겼을까? 그저 또 한 번의 설교를 듣고 지나가는 것은 아닐까?' 하는 아쉬움들이 남습니다.

우리는 하나님의 영광에 대해 올바르게 인식하고, 그에 따라 변화되어야 합니다. 왜 하나님의 영광이 그토록 소중한지, 왜 하나님이 자신의 이름을 그토록 아끼시는지를 알아야 합니다. 하나님의 이름과 영광을 더럽히는 현실이 우리에게 있다는 것과, 자신의 이름과 영광을 하나님께서 아끼신다는 것, 이 두 가지가 우리 가운데 제대로 이해되어야 합니다. 그래서 하나님의 영광에 대한 우리의 태도가 변해야 합니다.

그런데 오늘날 우리의 실상은 어떠합니까? 그런 태도의 변화 없이 예수님을 믿고 있지 않습니까? 그렇게 교회가 흘러가고 있는 것이 이상합니다. 지금은 그야말로 부흥이 필요한 시기입니다.

하나님께서 우리에게 자신의 형상을 갖게 하시고 자신과 의사소통하도록 하신 까닭은, 우리로 하여금 하나님의 마음을 잘 알아들으라는 것입니다. 그러므로 하나님의 영광에 대한 지금까지의 말씀을 이해하지 못한다면, 그것은 시편 기자가 "주 앞에 짐승이오나"(시 73:22)라고 고백한 것처럼 짐승과 다를 바 없는 것입니다.

우리는 하나님의 영광을 분명히 의식해야 합니다. 자신과 자신의 삶에서 가장 소중한 것이 무엇인지를 알아야 합니다. 하나님의 이름과 영광이 내가 그리스도인이라는 사실과 뗄 수 없는 관계를 가지고 있으며 나의 생명보다도 더 귀중하다는 사실을 알아야 합니다.

물론 그리스도인들 중에는 하나님의 이름과 영광이 나의 생명보다도 더 소중하다는 것을 실감하지 못하는 사람도 많이 있을 것입니다. 그러나 살아서 알지 못하는 사람은 죽은 후에 그 사실을 확실히 알게 될 것입니다. 죽어서 하나님의 면전에 서 보십시오. 주의 영광 앞에 서게 되면 확실히 알게 될 것입니다. "하나님의 존재와 영광이 나의 생명보다 귀하구나. 내가 세상에서 몇십 년을 더 사는 것보다 중요하구나. 그것을 인간이 손상시킨다는 것은 있을 수도 없고, 있어서도 안 되는 일이었구나"라고 말하게 될 것입니다.

사람들은 자신의 인생이 자기도 모르는 방향으로 가고 있다고 생각할지 모릅니다. 그러나 하나님의 입장에서는 두 가지 방향밖에 없습니다. 인생의 시간이 흘러가면서 아브라함도 죽고 누구도 죽고 다 죽은 것처럼, 하나님의 입장에서 볼 때, 인생들은 하나님에 의해 이 땅에 보냄을 받고 그 보냄 받은 사람들이 다시 하나님께로 돌아오는 것입니다. 그런데 그 오는 방향이 두 가지입니다. 그분의 영광스러운 보좌로 오든지, 아니면 영원한 형벌로 오든지 둘 중 하나일 수밖에 없습니다. 우리 인생들이야 이 두 길을 의식하지 않고 무작정 앞을 향해 가겠지만, 하나님은 두 길밖에 없음을 아시기에 선지자를 세우고 설교자를 세워 우리로 알게 하십니다.

이 땅에 사는 동안 하나님께 나아가는 인생의 방향을 알고, 우리의 생명보다도 귀중한 하나님께 영광 돌리며 살기를 구하십시오!

"그들이 이른바 그 여러 나라에서 내 거룩한 이름이 그들로 말미암아 더러워졌나니 곧 사람들이 그들을 가리켜 이르기를 이들은 여호와의 백성이라도 여호와의 땅에서 떠난 자라 하였음이라. 그러나 이스라엘 족속이 들어간 그 여러 나라에서 더럽힌 내 거룩한 이름을 내가 아꼈노라. 그러므로 너는 이스라엘 족속에게 이르기를 주 여호와께서 이같이 말씀하시기를 이스라엘 족속아 내가 이렇게 행함은 너희를 위함이 아니요 너희가 들어간 그 여러 나라에서 더럽힌 나의 거룩한 이름을 위함이라. 여러 나라 가운데에서 더럽혀진 이름 곧 너희가 그들 가운데에서 더럽힌 나의 큰 이름을 내가 거룩하게 할지라. 내가 그들의 눈앞에서 너희로 말미암아 나의 거룩함을 나타내리니 내가 여호와인 줄을 여러 나라 사람이 알리라. 주 여호와의 말씀이니라. 내가 너희를 여러 나라 가운데에서 인도하여 내고 여러 민족 가운데에서 모아 데리고 고국 땅에 들어가서."

_에스겔 36:20-24

11장
스스로 위하시는 하나님의 영광 2

 본문에서 에스겔 선지자는 그나마 하나님의 은혜의 손길이 먼저 있었기 때문에, 그들이 그 비참한 상태에서 벗어나 하나님의 이름과 영광을 더럽히는 일을 덜하게 되었다고 말합니다. 이와 같이 하나님께서는 자신의 이름과 영광을 위해 먼저 은혜를 베푸십니다.

 이번 장에서 우리는 하나님의 백성들로 말미암아 더럽혀진 하나님의 이름과 영광을 그분 스스로 위하고 거룩하게 하며 나타내신다는 사실을 계속 살펴볼 것입니다. 하나님은 역사 속에 들어오셔서 자신의 이름과 영광을 위하는 일을 스스로 행하십니다. 우리가 미처 감지하거나 깨닫지 못할지라도, 하나님은 배후에서 그렇게 행하십니다.

 그렇다면 하나님께서 어떻게 자신의 백성들 중에서 자신의 이름과 영광을 스스로 위하실까요?

이스라엘을 회복시키시는 하나님의 은혜

하나님은 자신의 이름과 영광을 더럽힌 하나님의 백성들을 심판하여 쓸어버리시지 않습니다. 예나 지금이나 그 사실은 변함이 없습니다. 하나님은 부패한 이스라엘, 하나님을 몇 번이고 배반한 이스라엘을 멸하시고 나서 다른 백성을 세우시지 않았습니다. 오히려 이방 땅에 포로로 잡혀 있던 이스라엘을 다시 가나안 땅으로 데려오심으로써 자신의 이름과 영광을 위하셨습니다. 다시 말해, 하나님은 자신의 백성 이스라엘을 회복시키심으로써 자신의 이름과 영광을 위하셨습니다.

여기서 이런 의문이 생길 수 있습니다. "하나님의 이름을 더럽힌 백성을 회복하는 것이 어떻게 해서 하나님의 이름을 위하는 일이 되는가?" 다시 말해, 하나님께서는 실제로 자신의 이름과 영광을 더럽힌 이스라엘 백성을 싹 쓸어버리기보다는, 오히려 그들을 회복시키심으로써 더럽혀진 자신의 이름과 영광을 위하는 일을 계속하셨는데, 그 이유가 무엇인가 하는 것입니다. 가나안 땅에서도 하나님의 이름을 더럽혔고 포로로 잡혀 와서조차도 그 이름을 더럽혔으면, 이제 갈 데까지 간 것 아니겠습니까? 심판을 당해 포로로 끌려왔는데도 이 모양인데, 무엇을 더 기대하겠습니까? 그런데 하나님께서는 그들을 회복시키셨습니다. 왜 그러셨을까요?

하나님께서는 이스라엘과 스스로 맺으신 언약 때문에 그들을 회복시키셨습니다. 다시 말해서, 도저히 끊을 수 없는 하나님과 이스라엘 백성 사이의 관계, 곧 언약으로 말미암는 생명의 관계 때문입니다.

하나님께서는 그 관계를 끊으실 수가 없습니다. 하나님께서는 이스라엘과 언약을 맺으실 때 그들을 영원히 사랑하기로 이미 결심하고 작정하셨습니다. 물론 여기서 '영원히'라는 말은 참된 이스라엘 백성, 참된 그리스도인을 두고 하시는 말씀입니다.

오늘도 하나님께서는 그분의 참된 백성들을 그와 동일하게 대하십니다. 그들과 맺은 영원한 언약 때문에, 그들이 가나안 땅에 있든지 더러운 자리에 있든지, 하나님은 그들을 쓸어버리기보다 어떻게 해서든 그들을 회복시켜 하나님의 백성답게 만듦으로써, 그들을 통해 자신의 이름과 영광을 나타내시는 일을 행하십니다.

우리는 여기서 너무나 중요한 진리를 발견합니다. 하나님께서 자신의 이름과 영광을 위해 범죄한 백성을 회복시키고자 하신다는 놀라운 사실입니다. 이 사실은 우리에게 큰 소망을 줍니다. 동시에 우리가 하나님의 백성이라는 것이 얼마나 큰 특권인지를 말해 줍니다.

여러분과 제가 참이스라엘 백성인 한, 우리는 하나님의 영광과 관련하여 이 두 가지를 잘 기억해야 합니다. 하나는, 우리의 상태가 아무리 최악이라 하더라도 하나님께서는 우리와 맺은 언약을 기억하시고 우리를 회복시켜 자신의 이름과 영광을 위하신다는 사실입니다. 하나님께서는 이미 우리가 이 땅에 태어나 하나님의 백성이 되기 전에, 즉 그리스도인이라는 이름표를 달기 전부터 우리 한 사람 한 사람을 택하여 그렇게 하시기로 정하셨습니다. 또 하나는, 하나님의 이름과 영광을 위해서 그분의 자녀인 우리들이 반드시 사용되어야 한다는 것입니다. 하나님께서 자신의 영광을 위해 우리를 회복시키는 일을 행하시지만, 그 영광을 위해 하나님의 백성인 우리들을 사용하십니다.

이처럼 하나님의 이름과 영광은 우리와 깊은 연관이 있습니다. 우리가 하나님의 참된 백성이며 진정한 그리스도인인 한, 하나님의 이름과 영광은 우리의 존재와 뗄 수 없는 관계에 있습니다. 죽음도 이를 떼어 놓을 수 없습니다.

바로 이런 이유 때문에 하나님께서는 범죄한 자신의 백성들을 향해 노하기를 더디 하시고 심판을 보류하십니다. 실제로 성경에서 이스라엘 백성의 역사를 보면 그 사실을 알 수 있습니다. 여러분은 하나님께서 이스라엘의 범죄를 보고 곧바로 심판하셔서 바벨론의 포로가 되게 하셨다고 생각할지도 모릅니다. 그러나 이미 하나님은 이렇게 말씀하십니다.

"내가 내 이름을 위하여 내 손을 막아 달리 행하였나니……내 이름을 더럽히지 아니하려 하였음이로라"(겔 20:22).

하나님께서는 자신의 이름 때문에 자신의 백성들의 범죄에도 인내하시고 손을 막아 달리 행하셨습니다.

하나님은 오늘도 자신의 백성들에게 동일하게 행하십니다. 하나님의 백성이라고 하는 사람들, 예수를 믿는다고 하는 사람들이 오히려 하나님의 이름을 더럽히고 있는데도 하나님께서는 인내하십니다. 그 백성들을 즉시 멸망시켜 버리면 하나님의 이름이 더욱 더럽혀질 수 있기 때문입니다. 그래서 노하기를 더디 하시며 심판을 보류하십니다.

만일 하나님이 우리에게 어떤 심판을 행하신다면, 그것은 오랜 인내 끝에 마지막 수단으로 행하시는 것이요, 그것을 통해서 또 다른 선한 목적을 이루시려는 것입니다.

하나님께서는 "내 이름을 위하여 내가 노하기를 더디 할 것이며, 내 영광을 위하여 내가 참고 너를 멸절하지 아니하리라"(사 48:9)라고 말씀하십니다. 하나님께서는 자신의 백성들이 많이 범죄하였지만 자신의 이름과 영광을 위해서 노하기를 더디 하시면서 오래 참으신다는 사실을, 성경은 우리에게 분명히 밝혀 줍니다.

그렇다고 이런 말씀을 악용해서는 안 됩니다. 오히려 우리와 연관된 하나님의 이름과 영광을 깊이 인식하며 살아야 합니다. 하나님은 이 세상의 수많은 사람들 중 왜 하필이면 우리를 사용하셔서 하나님의 거룩하고 크신 이름과 영광을 위하실까요? 이 얼마나 고귀한 특권입니까? 나의 나 됨은 이 세상에서 얻는 직분이나 위치에 의해서 되는 것이 아닙니다. 그것은 하나님의 이름과 그분의 영광에 의해서 규정됩니다. 그러므로 우리는 이 땅에 사는 동안, 이 고귀한 특권을 가장 가치 있는 것으로 인식하면서 살아야 합니다.

하나님 자신의 영광을 위해 역사하시는 하나님

다음으로 우리는 본문 22절에서 하나님의 영광과 관련된 또 하나의 중요한 사실을 발견하게 됩니다. 하나님께서 자신의 백성들에게 행하시는 것은 무엇이든지, 그것이 현실적인 것이든 영적인 것이든, 그 모든 선하신 역사는 오직 하나님 자신을 위한 것이라는 사실입니다. 우리를 위하는 것이기 전에 먼저 하나님 자신을 위한 것입니다.

이스라엘 백성들을 가나안 땅으로 귀환하게 하신 것은 두말할 것 없이 그들에게 유익이요 그들을 위하는 일로서, 바로 그들을 위해 하나님께서 하신 일이 분명합니다. 그러나 하나님께서는 자신이 그의 백성들에게 행하시는 모든 것은 궁극적으로 자신을 위한 것이요 자신의 이름 때문이라고 말씀하십니다.

"내가 이렇게 행함은 너희를 위함이 아니요……나의 거룩한 이름을 위함이라"(겔 36:22).

하나님께서 자신의 백성들을 바벨론에서 보존하고 보호하신 것도 하나님의 이름을 위함이고, 또 그들을 바벨론에서 이끌어 내고 가나안에 정착해 나라를 이루게 하신 것도 자신의 거룩하신 이름을 위함입니다. 뿐만 아니라 그들로 하여금 다시 그 고국 땅에 돌아와 성전을 재건하고, 희생제사 제도를 가지게 하며, 제사장들과 선지자들과 규례를 갖추게 한 것도 다 하나님의 거룩하신 이름을 위함입니다.[1]

노아의 홍수 이후에 하나님께서 하신 일을 기억합니까? 사람의 죄악 때문에 땅을 저주하였지만, 하나님께서는 자신의 이름을 위해서 다시 그 땅에 복을 베푸셨습니다(창 8:21,22 참고). 하나님의 백성들이 받는 모든 은혜들은 하나님의 이름을 위한 것입니다.

하나님의 백성들이 죄 용서함을 받은 것도 하나님의 이름을 위함

---

[1] 하나님께서 자신의 백성들에게 이 모든 큰 일을 행하시고 그들을 위해 큰 자비를 베푸신 것은, 다 그들 때문이기 이전에, 또 그들의 기도와 눈물과 신앙과 순종과 거룩함 때문이기 이전에 모두 하나님 자신 때문이고, 하나님의 이름을 위해서입니다.

이라고 성경은 말합니다. 시편 기자는 "여호와여, 나의 죄악이 크오니 주의 이름으로 말미암아 사하소서"(시 25:11)라고 말합니다. 그는 우리의 죄를 사하시되 주의 이름을 위하여, 주의 이름 때문에 사해 달라고 구합니다. 사도 요한도 똑같이 말합니다.

"자녀들아, 내가 너희에게 쓰는 것은 너희 죄가 그의 이름으로 말미암아 사함을 받았음이요"(요일 2:12).

아삽도 그의 시편에서 이것을 정확하게 묘사합니다.

"우리 구원의 하나님이여, 주의 이름의 영광스러운 행사를 위하여 우리를 도우시며 주의 이름을 증거하기 위하여 우리를 건지시며 우리 죄를 사하소서"(시 79:9).

하나님의 이름 때문에, 자신의 이름을 위하여 하나님께서는 우리의 죄를 용서하십니다. 뿐만 아니라 시편 23편에서 다윗은 "내 영혼을 소생시키시고 자기 이름을 위하여 의의 길로 인도하시는도다"(3절)라고 말합니다. 하나님께서 자신의 백성을 의의 길로 인도하시는 것도 하나님의 이름을 위한 것입니다.

또 하나님의 백성들의 생기 없고 죽어 있는 마음을 활기 있게 하시고 살리시는 것도 하나님의 이름을 위한 것입니다. 또 다른 시편에서 다윗은 이렇게 말합니다.

"여호와여, 주의 이름을 위하여 나를 살리시고, 주의 의로 내 영혼을 환난에서 끌어내소서"(시 143:11).

다윗은 하나님께 주님의 이름을 위하여 자신을 살려 달라고 간구합니다. 여기서 살려 달라는 말은 일차적으로 자신의 영혼과 관련해서 하는 말입니다. 즉, 자신의 영혼을 보호하사 생기 있게 해 달라고 구하는 것입니다.

또 사무엘은 이스라엘 백성이 하나님께 범죄하였을지라도 하나님 자신의 이름을 위하여 그들을 단념하지 않으실 것이라고 말합니다.

"여호와께서는 너희를 자기 백성으로 삼으신 것을 기뻐하셨으므로, 여호와께서는 그의 크신 이름을 위해서라도 자기 백성을 버리지 아니하실 것이요"(삼상 12:22).

하나님께서 범죄한 자신의 백성을 버리지 않으시는 것도 한 가지 목적, 곧 자신의 거룩한 이름을 위해서입니다.

하나님의 영광에 대한 말씀을 그 어떤 주제보다 먼저 강조해야 할 이유가 바로 이것입니다. 우리는 이것을 모르고 예수님을 믿는다는 것이 얼마나 허무맹랑한 일인지를 알아야 합니다. 이 사실에 직면하여 좌절을 겪어야 하고, 좌절 이후에 답을 얻어 그 답을 가지고 하나님의 영광을 생명처럼 여기며 살아야 합니다. 이것이 참된 그리스도인의 삶입니다.

우리가 이 땅에 사는 날 동안 이곳에 거하고 저곳에 머무르며, 이런 환경에 살고 저런 환경에 처하는 것조차도 하나님의 영광을 위한 것이어야 합니다. 실제로 사도 바울은 "그런즉 너희가 먹든지 마시든지 무엇을 하든지 다 하나님의 영광을 위하여 하라"(고전 10:31)라고 말했습니다. 하나님께서 우리에게 풍요와 물질을 주신 것도 하나님의 이름을 위해서입니다. 반대로 그렇지 못한 상태에 있는 것도, 또 그런 상태에서 그들을 보존하고 지키시는 것도 하나님의 이름을 위해서입니다.

하나님은 본문에서도 "내가 이렇게 행함은 너희를 위함이 아니요……나의 거룩한 이름을 위함이라"(22절)라고 분명하게 밝히십니다. 즉, 하나님의 피조물이며 하나님의 손의 도구에 불과한 우리를 위해서가 아니라, 우리의 모든 긍휼의 원천이요 뿌리이며 근원이신 하나님의 이름과 영광을 위해서입니다.

우리의 존재와 비교할 수도 없이 존귀하신 하나님의 이름과 영광을 위해서 자신이 존재한다는 것을 모르는 사람, 그리고 그 목적을 위해 자신을 구별하지 않는 사람은 하나님의 백성이라고 할 수 없습니다. 우리가 무엇을 하든지, 현세적인 것이든 영적인 것이든 우리가 하는 모든 일이 하나님의 영광을 위한 것이라는 사실을 깨닫기 전까지는, 그리고 그것이 삶의 내용이 되고 출발점이 되며, 과정이 되고 목적이 되기 전까지는 그 누구도 온전한 그리스도인이 아닙니다.

그러므로 복을 받기 위해서 예수를 믿는다는 것은 정말 허무맹랑한 것입니다. 혹시 아무것도 모르고 교회에 왔다 갔다 하는 초신자라면 그래도 이해할 수 있습니다. 그러나 집사나 권사나 장로가 되어서도 계속 그렇게 한다면, 그 사람은 정말로 예수를 잘못 믿는 자입니다. 하나님께서 그 사람을 하나님의 백성으로 여기시는지 아닌지는 완성될 하나님의 나라에 이르러서야 알 일이지만, 이 땅에서 하나님의 이름과 영광이 최고가 되지 못하고, 또 자신의 존재 자체를 그렇게 구분해서 부르셨다는 사실을 알지 못하고 믿는 것은 매우 잘못된 믿음입니다. 현세적이든 영적이든 하나님으로부터 우리에게 주어진 모든 것이, 즉 하나님께서 우리에게 행하신 모든 것이 우리를 위하기 전에 먼저 하나님의 이름을 위한 것이라는 사실을 알지 못한 채, 이 땅에 사는 동안 육적인 복만을 위해 하나님을 들먹거리며 믿는 것은 정말 잘못된 믿음입니다.

만일 그런 신앙인들로 예배당이 가득 차 있다면, 예수님께서는 성전에서 장사치들에게 채찍을 휘두르셨던 것과 똑같이 의분을 참지 못하실 것입니다. 그리고 그들을 내쫓으시면서 "다시 생각하고 들어오라. 다시 나에 대한 바른 이해를 가지고 들어오라"라고 말씀하실 것입니다.

하나님께서는 무지한 인간들이 턱없이 하나님의 영광을 욕되게 하는 것을 보고 계시지만은 않고, 사람들에게 회복과 각성을 주심으로써 스스로 자신의 이름을 아끼십니다. 하나님께서는 자신의 이름이 더럽혀진 채로 있도록 뒷짐 지고 가만히 계시지 않습니다. 사람을 일으켜서 자신의 이름을 변호하게 하실 뿐만 아니라 직접 개입하셔서 자신의 이름을 거룩하게 하십니다.

알다시피 골리앗이 하나님의 이름을 욕되게 할 때 비록 대부분의 사람들은 그에 대해 무관심했지만, 하나님은 다윗이라는 한 소년을 일으켜서 자신의 이름을 더 이상 더럽히지 못하도록 하셨습니다. 하나님은 그런 식으로 사람을 일으켜서라도 자신의 이름이 더 이상 짓밟히지 않도록 막으십니다. 기고만장한 골리앗이 하나님의 이름을 멸시하고 떠벌리는 말을 더 이상 지껄이지 못하도록, 하나님께서는 작은 소년을 통해 그를 없애 버리셨습니다. 하나님께서는 그렇게 해서라도 주님의 이름과 영광이 더럽혀지는 것을 막으십니다.

한편 하나님이 직접 개입하시기도 합니다. 앗수르 왕 산헤립과 랍사게가 와서 하나님의 이름을 마구 모독했을 때, 하나님께서는 천사를 보내 18만 5천 명의 앗수르 군대를 하룻밤 사이에 송장으로 만드셨습니다(왕하 19:35 참고).[2] 이스라엘은 아무것도 하지 않았습니다. 밤 사이에 모든 상황이 끝났습니다. 하나님께서는 그렇게 하셔서라도 자신의 이름과 영광을 보존하십니다.

하나님께서는 스스로 자신의 이름을 거룩하게 하십니다. 더 이상 더럽혀지지 않게 하십니다. 그리고 하나님께서는 오늘도 자신의 이름을 거룩하게 하기 위해서 자신의 백성들을 비참한 자리에서 옮기십니다. 자신의 이름을 더럽히는 자리로부터 자신의 백성이 마땅히 있어야 할 자리로 옮기시는 일을 지금도 하고 계십니다.

우리는 하나님의 이름을 더럽히는 자리에 그냥 안주하고 싶어합니다. 또한 그 자리를 더 편안하게 생각합니다. 그러나 하나님께서 보실 때 그들이 그곳에 있으면 계속 하나님의 이름을 더럽히기 때문에, 그들을 하나님의 백성이 있어야 할 자리로 옮기셔서 자신의 이름을 거룩하게 하십니다. 결국 그들을 하나님의 백성답게 만드시는 것입니다.

---

[2] 그들이 입으로 조롱한 대상은 바로 온 우주에 유일하신 하나님, 곧 크고 영광스러우신 창조주 하나님입니다. 하나님께서는 그들이 그런 하나님의 이름을 모독했다는 사실에 대한 대가를 역사 속에 남기셨습니다. 성경의 기록에 남기셨을 뿐만 아니라 앗수르라고 하는 한 나라의 역사에도 남기셨습니다.

우리가 하나님의 백성다울 때, 또 하나님과 함께하며 그분의 인도를 받아 살면서 그분을 의지하고 그분의 뜻과 말씀에 순종하며 살 때, 하나님의 이름이 거룩하게 된다는 사실을 기억해야 합니다. 바로 그 이유 때문에 하나님께서는 우리를 놓지 않고 끝까지 자신의 백성답게 만드시는 것입니다. 하나님의 백성들이 하나님의 백성다운 위치에 있을 때 하나님의 이름과 영광이 높임을 받을 수 있습니다. 바로 이 때문에 하나님께서는 우리를 제 위치에 놓으려고 하십니다.

회복시키시고 지속적으로 빚어 가시는 하나님

또한 하나님께서는 우리를 계속해서 빚어 가십니다. 무엇을 위해서 그렇게 하십니까? 우리가 제 위치에 있지 않음으로써 하나님의 이름을 더럽히지 않도록, 오히려 그분의 이름을 거룩하게 드러내도록 하시고자 우리를 빚으십니다. 하나님께서 우리를 빚으심은 그분의 영광일 뿐만 아니라 우리에게 커다란 유익이 됩니다. 그로 말미암아 우리가 하나님 나라에 적합한 사람이 되기 때문입니다.

우리는 예수님께서 십자가에 달리셨을 때, 한 강도가 주님께 "예수여, 당신의 나라에 임하실 때에 나를 기억하소서"(눅 23:42)라고 말한 것을 잘 알고 있습니다. 그리고 그의 말에 주님은 "오늘 네가 나와 함께 낙원에 있으리라"(눅 23:43)라고 대답하셨습니다. 그런데 많은 사람들이 이 말씀을 오해하여 농담하듯이, "나도 그 강도처럼 죽기 직전에 구원받으면 되지 않느냐"라고 말합니다. 그러나 우리가 기억할 것이 있습니다. 비록 짧은 시간이지만, 강도는 심히 고통스러운 시간 속에서 그의 영혼이 빚어지는 것을 경험했다는 점입니다.

처음에는 그도 다른 강도와 같이 많은 사람들 앞에서 주님을 욕했지만, 결국 그분을 메시아로 고백하는 자리로 나아가게 됐습니다. 비록 짧은 시간이었지만 그 순간에 그는 하나님 나라에 합당한 영혼으로 빚어진 것입니다. 강도가 주님을 영접한 것은 쉬운 일처럼 보입니다. 그러나 누군가가 임종할 때 꼭 한번 가 보십시오. 강도처럼 부드러운 마음이 되어 영혼이 빚어지는 사람을 쉽게 만날 수 없을 것입니다. 예수님을 메시아로 고백하는 강도와 같은 자발적인 신앙 고백은 아무에게서나 나오는 것이 아닙니다.

최근에 놀라운 사실을 알았습니다. 그것은 죽음에 직면한 사람과 그렇지 않은 사람은 신경 세포를 활용하는 집중력이 다르다는 사실입니다. 죽음을 앞두고 의식을 잃기 직전인 사람은 집중력이 정상인보다 10배 내지 30배나 높다고 합니다. 지금 우리는 아직도 시간이 많이 있다고 생각하면서 대충 넘어가는데, 죽음을 의식하는 사람들은 그렇지가 않습니다. 그들은 아주 강한 애착과 집중력을 보입니다.

초대 교회의 성도들은 마치 죽음을 의식한 사람처럼 하나님의 말씀을 붙들었습니다. 그런데 우리는 어떻습니까? 우리의 믿음은 막연하고 불분명하며, 집중력은 고사하고 인간의 사사로운 정욕의 찌꺼기를 가지고 신앙생활을 하고 있지는 않은지 돌아봅시다.

"오! 하나님, 우리에게 하나님의 하나님 되심을 보이시옵소서! 그래서 우리의 제자리와 제 모습을 회복하게 하옵소서!" 우리의 기도는 여기서 그치지 않습니다. "오! 주여, 영혼을 빚어 가시는 하나님의 손길을 경험하게 하옵소서!"

스스로 영광을 위하시되 우리를 사용하시는 하나님

그런데 놀랍게도 하나님은 자신의 이름을 위해서 일하실 때에 그 역사의 무대 중심에 자신의 백성들을 두십니다. 그래서 이방인들도 살아 계신 하나님을 알게 됩니다. 본문의 마지막에 이 사실이 나타납니다.

"내가 그들의 눈앞에서 너희로 말미암아 나의 거룩함을 나타내리니, 내가 여호와인 줄을 여러 나라 사람이 알리라"(23절).

하나님께서는 이방 사람의 눈앞에서, 그들이 보는 자리에서 더럽혀진 자신의 이름을 거룩하게 하십니다. 그리고 그것을 이방인들로 하여금 목도하게 하십니다.

왜 그렇게 하십니까? 하나님의 이름과 영광에 대한 이 세상의 오해를 없애기 위해서입니다. 이 세상은 하나님의 이름과 영광에 대해 잘못 이해하고 있습니다. 그들은 자신들의 입으로 하나님을 한없이 조롱해도 괜찮다고 생각합니다. 예수님을 믿는다고 하는 사람들 가운데도 그런 사람들이 있기에, 이 세상 대부분의 사람들이 하나님의 이름과 영광에 대해 무지하다고 하더라도 지나친 판단은 아닐 것입니다. 그러하기에 하나님께서는 그런 오해를 없애기 위해 이방 사람들이 보는 자리에서, 하나님의 백성들을 중심에 두고서 하나님의 이름과 영광을 인정하게 하는 일을 행하십니다. 하나님의 이름과 영광은 짓밟힐 수 있는 것이 아님을 분명하게 드러내십니다. 그리고 자신이 자신의 백성들과 함께하시는 하나님, 살아서 역사하시는 하나님이라는 것을 보여 주십니다. 그래서 이방 사람들로 하여금 "이스라엘이 믿는 신은 우상이 아니다. 그는 살아 계신 신이다. 그는 참으로 신실하고 전능하신 분이다"라고 고백하게 하십니다.

실제로 이스라엘이 포로 상태에서 귀환할 때 이방 사람들은 하나님의 크신 일을 인정하고 높였습니다. 이것을 시편 기자는 이렇게 노래했습니다.

"여호와께서 시온의 포로를 돌려 보내실 때에 우리는 꿈꾸는 것 같았도다. 그때에 우리 입에는 웃음이 가득하고 우리 혀에는 찬양이 찼었도다. 그때에 뭇 나라 가운데에서 말하기를 여호와께서 그들을 위하여 큰 일을 행하셨다 하였도다"(시 126:1,2).

이방인들이 뭐라고 말했습니까? 그들은 "여호와께서 그들을 위하여 큰 일을 행하셨다"라고 말했습니다. 그들이 '여호와께서'라고 말하면서, 바로 그분께서 그 큰 일을 행하셨다고 고백하고 인정한 것입니다. 유대인들과 바벨론 사람들의 입에서 온통 하나님에 대한 이야기가 꽃피었습니다. 이전에 그들은 포로로 있는 이스라엘 백성들을 보고 하나님을 모독했습니다. 그러나 이제 그들은 여호와의 이름을 언급하면서, "여호와께서 그들을 위하여 큰 일을 행하셨다"라고 말합니다. 여호와 하나님이 그들의 화젯거리가 되셨습니다. 하나님께서 그들에게 칭송의 대상이 되셨습니다. 하나님의 신실하심과 능력과 선하심 등 이 모든 것이 이스라엘 백성들과 이방인들 사이에 거론되었습니다.

우리는 이스라엘 백성들이 포로에서 풀려나 돌아올 때에 일어난 일을 상세히 알지 못합니다. 그러나 이 역사적 사건의 배후를 알고 보면, 그것은 굉장한 하나님의 역사였습니다. "내가 너희를 여러 나라 가운데에서 인도하여 내고 여러 민족 가운데에서 모아 데리고 고국 땅에 들어가서"(24절)라는 말씀이 어떻게 이루어졌는지를 여러분이 알게 되면 놀랄 것입니다. 정말로 주님이 하신 말씀대로, "내가 인도하여서 데리고 돌아오게 하겠다"라는 말씀의 주체가 하나님이신 것을 실감하게 하는 사건들이 역사 속에서 그대로 이루어집니다.

이스라엘 백성들이 이방 땅에 거한 기간은 약 70년입니다. 포로 1세대는 거의 다 죽었습니다. 그리고 새로운 세대가 그곳에 정착해 이방 문화를 숙명적으로 받아들이며 살았습니다. 이방 문화의 지배를 받으며 그들의 문화와 죄악에 젖어서 살았습니다. 그러므로 포로로 있던 땅이지만 그 생활권을 벗어나서 자기 땅으로 돌아온다는 것은 새로운 세대에게 결코 쉬운 일이 아니었습니다. 어떤 큰 감동이 있지 않으면 처자식과 함께 그냥 거기서 살았을 텐데, 그들이 움직였습니다.

바벨론 왕이 이스라엘에게 온정을 베풀었습니다. "누구든지 여기 있어도 된다. 너희의 생활권을 가지고 여기서 살아도 된다"라고 말입니다. 게다가 이스라엘 백성이 흩어진 지역은 127개 지역에 이르렀습니다. 우리나라가 그 지역들 중 하나 정도의 크기라고 할 수 있으니, 그들이 얼마나 넓은 지역에 흩어져 있었는지 짐작할 수 있습니다. 이란, 이라크, 심지어 인도 접경 지역까지 흩어져 있었습니다. 그런데 이스라엘 백성들이 모였습니다. 뿐만 아니라 그 많은 백성들이 가나안 땅으로 향했습니다. 이것은 하나님의 엄청난 지혜와 능력이 아니면 불가능한 일입니다.

그런데 성경이 뭐라고 합니까?

"내가 너희를 여러 나라 가운데에서 인도하여 내고, 여러 민족 가운데에서 모아 데리고 고국 땅에 들어가서."

하나님께서 이렇게 말씀하셨고, 또 실제로 그렇게 행하셨습니다. 거리가 아무리 멀고 아무리 넓은 지역에 흩어져 있다 해도, 하나님께서 손을 펴고 "오라, 나와 함께 가자"라고 하셨을 때, 그들은 모두 모여들었고, 고국 땅으로 돌아갔습니다. 이것은 무엇을 위해서입니까? 결과적으로 보면 이스라엘을 위해서이기도 하지만, 근본적이고 궁극적인 목적은 하나님 자신의 이름과 영광을 위해서입니다. 이방 땅에서 계속 더럽혀지고 있는 하나님의 이름과 영광을 거룩하게 하시기 위해서 그렇게 하신 것입니다.

은혜의 유익만 구하지 말고 하나님의 영광을 생각하라!

하나님께서 우리에게 주시는 유익이 많습니다. 그러나 하나님의 더 높으신 뜻은 평생 우리에게 달려 있는 하나님의 이름과 영광을 위하시는 데 있습니다. 이 사실을 기억하며 사는 것과 기억하지 못하고 사는 것은 극명한 차이가 있습니다. 하나님의 이름과 영광이 나와 연관되어 있고 떼려야 뗄 수 없다는 것, 그것을 기억하고 사는 것이 우리의 삶의 내용과 목표요 모든 것을 결정하는 근거입니다.

여러분이 최고의 목표로 여기는 것이 무엇인지를 한번 확인해 보십시오. 어떤 사람은 공부일지도 모릅니다. 또는 직장을 얻는 것일 수도 있습니다. 또 어떤 사람은 얼마의 돈을 모아서 무언가를 하는 것일 수도 있습니다. 또 어떤 사람에게는 결혼이 될 수도 있고, 다양한 목표들이 있을 수 있습니다. 그러나 우리에게는 그 모든 것보다 먼저 생각해야 할 것이 한 가지 있습니다. 이 땅의 생활 속에서 주어지는 모든 일과 은혜와 환경과 역사와 하나님의 도우심과 인도와 말씀 등 이 모든 것들은 다 한 가지 목적을 향합니다. 즉, 우리의 모든 존재와 삶의 유일한 목적은 '하나님의 이름과 영광'입니다.

이것을 항상 기억하십시오. 하나님께서는 하나님의 이름과 영광을 위해서 지금도 우리를 빚으시고 거룩하게 하십니다. 그래서 하나님의 이름과 영광이 우리의 삶 속에서 분명히 드러나고, 우리의 교회 속에서 드러나고, 이 나라 가운데서도 드러날 것입니다. 이것은 반드시 이루어져야 할 일입니다.

무엇을 위해 우리가 구별되었는지, 무엇 때문에 우리가 구원받았는지를 모르고 예배당에 모이는 것은 두려운 일입니다. 하나님의 이름과 영광을 알고 구하면서 나아와야 합니다. 더 나아가 우리는 애가 닳도록, 혼신을 다하여 하나님의 영광이 이 땅 가운데 회복되기를 갈망해야 합니다. 아침을 기다리는 파수꾼과 같은 심정으로 하나님의 이름과 영광이 속히 회복되기를 간구해야 합니다. 속히 주께서 스스로 자신의 이름과 영광을 위하여 회복시켜 주시기를 구해야 합니다. 주께서 그렇게 해 주시기를 진심으로 구합니다. 아멘!

"아버지여, 아버지의 이름을 영광스럽게 하옵소서 하시니, 이에 하늘에서 소리가 나서 이르되, 내가 이미 영광스럽게 하였고 또다시 영광스럽게 하리라 하시니."

_요한복음 12:28

12장
하나님의 영광을 위하는 구체적인 삶 1
_하나님의 뜻을 이룸으로

하나님의 영광을 위하는 삶의 본을 보이신 그리스도

예수님을 믿는 데 가장 소중하고도 핵심적인 것이 바로 하나님의 영광입니다. 그리고 우리가 그 영광을 마음과 삶에 새기고 살 수밖에 없는 것은 예수 그리스도의 십자가 때문입니다. 그런데 우리 조국 교회에서 이 중심 진리가 서서히 밀려나 버렸습니다.

우리 각 개인이 하나님의 영광을 위하는 삶을 살고자 할 때, 성경에서 가장 먼저 본으로 삼게 되는 분이 누구입니까? 그분은 바로 예수 그리스도이십니다. 이 세상에 하나님의 영광을 위하는 삶의 모범을 완벽하게 보이신 유일한 분이 바로 예수 그리스도입니다. 우리는 그분의 삶을 통해서 하나님의 영광을 위하는 삶이 무엇인지, 우리 각자가 살아야 할 삶이 어떠해야 하는지를 정확하게 조명해 볼 수 있습니다. 하나님의 영광을 위하셨던 예수 그리스도의 삶은 우리에게 아주 실제적이고 정확한 모범이며, 하나님의 영광을 위하는 삶의 원리를 분명하게 제시해 줍니다. 이번 장에서는 하나님의 영광을 위한 삶의 핵심 원리에 대해 말하겠습니다.

먼저, 예수 그리스도의 삶이 하나님의 영광을 위하는 삶의 모범이 되는 이유를 살펴보고자 합니다. 본문은 십자가 사건을 앞두고 전개되고 있습니다. 예수님은 잠시 후면 십자가를 지셔야만 합니다. 예수님은 십자가를 앞에 두고 "아버지여, 아버지의 이름을 영광스럽게 하옵소서"(요 12:28)라고 간구하십니다. 그러자 즉시 하나님 아버지의 응답이 있습니다.

성경에는 하나님께서 직접 말씀하신 사건이 세 번 기록되어 있습니다. 한 번은 예수님께서 세례 받으실 때이고, 또 한 번은 변화산에서입니다. 그리고 세 번째가 바로 이번 본문입니다. "내가 이미 영광스럽게 하였고 또다시 영광스럽게 하리라"라는 말씀이 주님의 간구에 대한 응답이었습니다. 이 응답을 상세히 살펴보면, 하나님께서는 자신의 이름을 영광스럽게 하는 것에 대해 두 가지 시제(時制)로 말씀하고 계십니다. 하나는 "내가 이미 영광스럽게 하였다"라는 과거 시제로, 예수님의 삶을 통해 영광스럽게 하셨다는 뜻입니다. 다른 하나는 "또다시 영광스럽게 하리라"라고 하는 미래 시제입니다. 이번 장에서는 과거 시제만을 살펴보고자 합니다.

하나님의 뜻을 이루는 삶

"이미 영광스럽게 하였다"라는 말은 예수님이 간구하시기 전까지,

즉 예수님이 십자가에서 돌아가시기 바로 며칠 전까지 그분의 삶을 통해 아버지께서 영광을 받으셨다는 뜻입니다.

먼저, 그리스도께서 육신을 입고 오신 일로 말미암아 하나님께서 영광을 받으셨습니다. 지극히 높으신 분께서 지극히 낮아지셔서 인간의 몸을 입고 구유에 나심으로써 예수님은 아버지 하나님의 이름을 영광스럽게 하셨습니다. 실제로 아기로 오신 예수 그리스도의 겸손을 보고 천사들은 사람들과 하늘을 향해서 이렇게 찬양했습니다.

"지극히 높은 곳에서는 하나님께 영광이요, 땅에서는 하나님이 기뻐하신 사람들 중에 평화로다"(눅 2:14).

예수 그리스도께서 육신을 입고 오셨다는 것 자체가 하나님의 이름을 영광스럽게 하는 일이었습니다. 하나님 아버지께서는 예수 그리스도의 겸손을 통해서 영광을 받으셨습니다.

뿐만 아니라 그 이후에도 주님은 순종의 삶을 통해, 특히 겸손과 사랑과 인내를 통해 하나님 아버지께 영광 돌리는 삶을 사십니다. 그는 이 땅에 살면서 보이신 모든 행동과 말씀과 기적과 마음과 표현 등 하나님의 마음과 사랑을 표현하는 그 모든 순종의 삶을 통해 하나님의 이름을 영광스럽게 하셨습니다. 그래서 하나님께서는 예수님이 "아버지여, 아버지의 이름을 영광스럽게 하옵소서"라고 기도할 때, 즉시 "내가 이미 나의 이름을 영광스럽게 하였다"라고 말씀하셨습니다.

예수님은 사람들의 배척과 미움과 멸시 속에서도 순종하심으로써 하나님의 마음과 뜻을 나타내셨습니다. 죄인들을 향한 연민과 사랑을 통해서, 또 병든 자들을 고침으로써, 수많은 말씀들을 선포하심으로써 하나님의 마음과 뜻을 나타내셨고, 그러한 일들을 통해 하나님의 영광을 드러내셨습니다.

예수님은 철저하게 하나님 아버지의 뜻을 이루기 위해 이 땅에 오셨습니다. 예수님은 세상에 살면서 사람을 만나고 가르치고 기적을 행하셨습니다. 때로 그는 밤을 지새우며 기도하기도 하고, 죄인들을 위해 간구하셨습니다. 예수님은 이 모든 것이 하나님의 뜻을 이루기 위함이라고 말씀하셨습니다. 심지어 주님은 자신이 하는 말씀까지도 "하나님 아버지의 뜻을 이루기 위함이다"라고 하셨습니다.

실제로 요한복음을 보면, 주님은 "내가 내 자의로 말한 것이 아니요, 나를 보내신 아버지께서 내가 말할 것과 이를 것을 친히 명령하여 주셨으니……그러므로 내가 이르는 것은 내 아버지께서 내게 말씀하신 그대로니라"(요 12:49,50)라고 말씀하셨습니다. 또한 "내가 하늘에서 내려온 것은 내 뜻을 행하려 함이 아니요, 나를 보내신 이의 뜻을 행하려 함이니라"(요 6:38)라고 말씀하셨습니다. 이처럼 예수 그리스도는 십자가를 지시기 전까지 하나님의 이름을 영광스럽게 하셨습니다. 다시 말해, 하나님 아버지의 뜻을 행하며 사셨습니다.

이것이 우리가 따라야 할 모범입니다. 내 뜻보다는 하나님의 뜻을 따라서 사는 삶, 하나님의 뜻을 이루며 사는 삶을 살아야 합니다. 그것이 예수님께서 보이신 모범입니다.

어떤 삶이 하나님의 뜻대로 사는 삶입니까? 어떻게 살아야 예수님처럼 하나님의 뜻대로 살 수 있을까요? 그리고 하나님의 뜻은 무엇입니까?

하나님의 뜻은 하나님의 말씀, 곧 기록된 말씀입니다. 그러므로 말씀을 따라 사는 삶이 하나님의 뜻대로 사는 삶입니다. 하나님의 말씀을 떠나서는 하나님의 영광을 위하는 삶을 살 수가 없습니다. 하나님의 뜻대로 살고자 할 때 말씀을 제외시키고서는 그 뜻을 찾을 수 없기 때문입니다.

하나님의 말씀을 따라 사는 것이 그분의 뜻대로 사는 삶이며, 또 그것이 결국 하나님의 영광을 위하는 삶이라는 사실을 우리는 익히 들어왔습니다. 그런데도 우리는 하나님의 뜻대로 사는 것에 너무도 더딥니다. 우리가 신앙생활을 하면서 자주 고민하는 문제 가운데 하나가 하나님의 뜻이 무엇인가 하는 것입니다. 그러나 우리가 고민하는 만큼 시원한 답을 얻지 못할 때가 많습니다. 무엇이 문제일까요? 하나님의 뜻을 모르는 것보다는 하나님의 뜻대로 살고자 하는 의지와 진실한 마음이 없는 것이 문제입니다.

그런 사람들에게는 "이것이 하나님의 뜻이다"라고 말해 주어도 소용이 없습니다. 그들은 이미 자기 방어적인 태도를 가지고 있어서 자기 뜻을 꺾기보다는 오히려 하나님이 자기 견해에 손들어 주시기를 바라기 때문입니다. 이들에게는 하나님의 뜻이 무엇이냐고 묻기 전에 참으로 하나님의 뜻을 행하고자 하는 진심과 의지가 있는지를 물어야 합니다.

물론 사람들 중에는 진실로 하나님의 뜻을 묻고 찾으려는 사람들도 있습니다. 그런데 놀라운 점은 일반적으로 사람들은 하나님의 뜻이 하나님의 말씀이라는 것에 대해서 인정하지 않으려 한다는 것입니다. 그들은 자꾸 특별한 무엇을 하나님의 뜻으로 생각하려고 합니다. 그들은 '하나님의 뜻'이라고 하면 하나님의 말씀 말고 무엇인가 다른 특별한 것이 있을 것처럼 생각하고 자꾸 그것을 기대합니다. 그들은 진실로 하나님의 뜻을 찾는 듯 하지만, 실상 그 뜻대로 행하고자 하는 의지가 없습니다. 그 의지를 제외시킨 채 자기의 생각에 부합하는 행동 지침만을 듣고 싶어합니다.

자기의 뜻, 자기가 소원하는 뜻은 굽히지 않으면서 자꾸 하나님의 뜻을 모르겠다고 하거나 하나님의 뜻을 찾겠다고 하는 것은 모두 거짓입니다. 우리를 향한 하나님의 뜻은 하나님의 말씀 속에 모두 담겨 있습니다. 주님은 수천 년에 걸쳐 우리가 부딪칠 수 있는 모든 상황들을 다 다루시면서 그때마다 적절한 계시를 주셨습니다. 그런데 이 계시는 과거의 몇몇 사람들에게 주신 것으로 끝나지 않습니다. 오늘의 우리에게도 적용할 수 있도록 성령께서 이 계시의 말씀을 통해 역사하십니다. 동일한 주님의 뜻이 성령의 생기 있고 살아 있는 말씀 안에서 모두에게 적용되도록 주어지고 있습니다.

성경 말씀보다 더 정확한 하나님의 뜻은 없습니다. 말씀을 통한 성령의 역사가 바로 우리 모두가 찾는 하나님의 뜻입니다. 따라서 우리를 향한 하나님의 뜻이 모두 성경 말씀에 담겨 있다는 것을 기억하십시오! 성경을 제쳐 두고 우리 마음에 합한 다른 뜻을 찾으려고 한다면, 우리는 절대 어려움에서 헤어 나올 수 없습니다.

이로써 그리스도인들이 하나님의 뜻을 모르겠다고 하면서 자꾸 묻는 이유가 분명해졌습니다. 첫 번째는 하나님의 말씀에 대한 무지 때문이고, 두 번째는 하나님의 뜻을 알면서도 그 뜻을 행하려는 마음이 없기 때문입니다.

여러분, 하나님의 영광을 위하는 삶과 우리 자신의 의지와 뜻과 욕심을 고집하는 삶은 공존할 수 없습니다. 하나님의 뜻과 소원에 순종하는 삶, 그분의 말씀이 우리 자신의 삶이 되는 것이 하나님의 영광을 따라 사는 삶입니다.

일상 가운데 하나님의 뜻을 따르는 삶

하나님의 영광을 위하는 삶은 거창한 행위가 아닙니다. 그것은 그야말로 우리의 일상생활 속에서 하나님께서 계시해 주신 그분의 뜻, 즉 말씀을 따라 순간순간을 살며 순간마다 그분을 위해 선택하는 것입니다. 물론 상대적으로 극복하기 어려운 문제를 만날 때도 있습니다. 정말 극복하기 어려운 문제, 인생에서 몇 번 안 되는 위기에 직면했을 때에 하나님의 뜻을 따르고 하나님의 영광을 나타낸다는 것은 상대적으로 힘든 일일 것입니다. 그런 순간에도 여전히 하나님의 뜻을 따르며 그분의 영광을 나타내기 위해서는 일상의 삶이 중요합니다. 평소에 순간마다 하나님의 영광을 위해 살고 작은 일에도 그분의 뜻에 순종하는 사람이 큰 고비를 넘을 때도 하나님의 영광을 드러낼 수 있습니다.

우리는 예수 그리스도의 삶을 통해 그 모범을 정확하게 보게 됩니다. 그분은 처음부터 하나님 아버지의 뜻을 따르는 삶을 살아왔습니다. 그래서 그분은 자신 앞에 다가온 최대의 위기를 아주 신중하게 대하셨습니다.

본문에서 주님은 철저하게 하나님의 뜻을 우선시하고 자신의 뜻을 굴복시키면서 아버지의 영광을 구합니다. 27절에서 주님은 "지금 내 마음이 심히 괴로우니 무슨 말을 하리요. 아버지여, 나를 구원하여 이때를 면하게 하여 주옵소서. 그러나 내가 이를 위하여 이때에 왔나이다"라고 말씀하십니다. 그리고 28절에서는 "아버지여, 아버지의 이름을 영광스럽게 하옵소서"라고 말씀하십니다. 이것은 깊은 고민 속에서 얻은 결론입니다. 28절의 결론을 내리기 전까지 그분의 마음이 매우 힘들었다는 것을 27절은 묘사해 줍니다. 주님은 자신 앞에 닥친 십자가의 죽음으로 인해 마음이 괴롭다고 말씀하시면서 "아버지여, 나를 구원하여 이때를 면하게 하여 주옵소서"라고 하십니다. 그러나 "아버지여, 아버지의 이름을 영광스럽게 하옵소서"라는 결론에 이릅니다.

주님의 이 결론은 단순한 영웅적인 행동이 아닙니다. 그분은 깊은 고민과 번민에 압도되었습니다. "나를 구원하여 이때를 면하게 하여 주옵소서"라고 기도하신 것은 단순히 앞으로 당하게 될 육신적인 고통 때문이 아닙니다. 자신이 전혀 알지 못하는 죄와 그 죄가 가져오는 결과를 자신이 겪어야 한다는 것, 그리고 그것이 모든 인간들이 지은 죄로 인한 것이라는 것 등이 그분께 중압감으로 다가온 것입니다. 주님은 죄를 전혀 알지 못하십니다. 그분은 죄가 없으신 하나님이십니다. 그렇기 때문에 죄를 담당하는 일은 중압감으로 다가왔습니다. 그래서 주님은 '괴롭다'고 말씀하십니다. 이는 강한 정신적인 고뇌를 표현하신 것입니다. 그런데 이런 공생애 최대의 위기를 지나는 그때에도 주님은 자신의 뜻이 아닌 하나님 아버지의 뜻을 구했습니다. 그것을 잘 말해 주는 단어가 '그러나'입니다.

"그러나 내가 이를 위하여 이때에 왔나이다"(요 12:27).

여기서 '이를 위하여'는 '인간의 죄를 지고 죽기 위해서'라는 말입니다. "내가 이것을 위하여 왔사오니 아버지여, 아버지의 이름을 영광스럽게 하옵소서."

주님의 태도는 단순한 모험적 행동이 아닙니다. 그분은 우리와 똑같은 고민 속에서 하나님의 뜻에 자신을 복종시키셨습니다.

인간은 누구나 위기 앞에서 번민하고 고뇌하며 갈등하는 가운데 아픔을 겪습니다. 그리고 불안감에 빠집니다. 그런데 놀라운 사실은 죄가 없으신 분도 그러실 수 있다는 것입니다. 그분은 인성을 입으셨기 때문에 똑같은 일을 경험하셨습니다.

어떤 면에서 이것은 우리에게 큰 위로가 됩니다. 어느 누구도 이런 위기를 쉽게 넘길 수 있는 용기를 타고나지 못합니다. 영웅들의 전기에서는 장렬히 생을 마감하는 일이 흔하지만 현실은 그렇지 못합니다. 주기철 목사님도 엄청난 내면의 갈등을 겪었습니다. 생명의 위협을 받으며 옥고를 치를 때 아내가 면회를 왔습니다. 목사님은 아내에게 두렵다고, 포기하고 싶다고 호소했습니다. 그러나 아내는 끝까지 견뎌야 한다고 목사님을 권면했습니다. 목사님은 그렇게 용기를 얻고 순교의 길로 담담히 걸어갔습니다.

예수님도 우리와 같이 인간의 연약함을 경험하셨습니다. 인생 최대의 위기 앞에서 우리는 어떻게 결정합니까? 예수님은 그때 자신의 뜻을 포기하셨습니다. 그리고 하나님의 영광을 위해 자신을 내주셨습니다. "그러나 내가 이것을 위하여 왔사오니 아버지여, 아버지의 이름을 영광스럽게 하옵소서."

예수님의 승리는 갑자기 솟아난 용기로 이룰 수 있는 것이 아닙니다. 예수님은 이전부터 계속 하나님의 뜻을 구하면서 살았습니다. 그래서 가장 극적인 순간에 하나님의 영광을 드러내실 수 있었던 것입니다.

기억하십시오! 하나님의 영광을 위하는 삶은 절대로 구호가 아닙니다. 그것은 그저 머릿속에 담아 두는 지식도 아닙니다. 오히려 그것은 항상 하나님의 뜻을 구하는 삶에 의해 나타납니다. 만일 우리가 우리 자신의 뜻을 구하는 삶에 익숙하다면, 그런 모습으로는 하나님의 영광을 위하는 삶을 살 수가 없습니다. 그야말로 하나님의 뜻을 따라왔던 지금까지의 삶과 그 말씀을 따르는 현재의 삶이 없다면, 그 사람을 통해 하나님의 영광이 나타날 수가 없습니다.

우리가 범하는 잘못 중 하나는 성경에 나오는 어떤 극적인 순간을 염두에 두고, 그 순간을 자꾸 모방하려고 한다는 것입니다. "스데반이 돌에 맞아 죽으면서도 환한 미소를 지었다"라는 말씀이 있습니다 (행 7:55-60 참고). 그러나 이것은 성령께서 그 순간에 그에게 부활의 능력을 경험하게 하셨기 때문에 가능했던 일입니다. 실제로 하나님께서는 빌립보서 3장 10절 말씀처럼 부활의 권능을 경험하게 하셨습니다. 그렇기 때문에 그런 일을 감당할 수가 있었습니다.

또한 우리는 스데반이 담대함을 잃지 않는 장면을 볼 때, 단순히 그 순간만을 생각해서는 안 됩니다. 스데반은 그 이전까지 성령이 충만한 사람으로 자타가 공인한 사람이었습니다. 즉, 그는 성령께 사로잡힌 사람이었습니다. 그는 하나님 앞에 지극히 겸비한 사람이었고, 실제로 날마다 순교하는 삶을 살았던 사람이었습니다. 그러던 중 결정적인 순간에 극적으로 순교를 맞이한 것입니다.

우리는 자꾸 하나님의 영광을 위한 극적인 삶만을 생각합니다. 그러나 살펴본 바와 같이 일상생활 속에서 하나님의 영광을 위하는 삶을 살아온 사람에게만 그런 삶이 가능하다는 것을 잊지 말아야 합니다. 하나님의 영광을 위하는 일상적인 삶이 없다면 그러한 승리의 삶도 없습니다. 만일 우리가 '오늘' 하나님의 뜻을 구하지 않는다면, 그래서 '오늘' 하나님의 영광을 나타내지 않는다면, 우리는 결코 하나님의 영광을 나타내는 삶을 살 수 없습니다. 어떤 극적인 순간이나 위기의 순간이 닥쳐와도 하나님의 뜻대로 살기는커녕 주님의 영광을 나타낸다는 것 자체가 불가능합니다. 지금 현재, 오늘이라고 하는 순간에 하나님의 뜻을 구하지 않는데 장차 그가 하나님의 영광을 나타낸다는 것은, 또 극적인 순간에 돌발적으로 하나님의 영광을 나타낸다는 것은 거의 불가능한 일입니다.

만일 위기의 순간에 하나님께서 '짠' 하고 나타나셔서 건져 주실 것이라는 속되고도 낭만적인 사고방식을 가지고서 하나님의 은혜와 능력을 생각합니까? 하나님의 성품을 생각해 보십시오. 주님은 소멸

하는 불이십니다(히 12:29 참고). 그분은 죄를 허용하실 수 없는 거룩한 분이십니다. 우리의 생각을 따라 흐느적거리는 분이 아닙니다.

예수님은 "아버지여, 아버지의 이름을 영광스럽게 하옵소서"라고 구했습니다. 그러자 아버지께서는 즉시 "내가 이미 영광스럽게 하였다"라고 말씀하셨습니다. 아직 예수님은 십자가를 지지 않으셨지만, 그동안 예수님의 삶을 통해 하나님의 이름이 충분히 영광스럽게 되었습니다. 그러한 삶 가운데 이제 죽음의 순간에도 기꺼이 번민을 극복하고 하나님을 영화롭게 하고자 하시는 예수님의 삶은 우리에게 중요한 모범이 됩니다.

그러므로 하나님의 영광을 위하는 삶은 일차적으로 우리 각자의 일상과 깊이 관련되어 있다는 것을 기억해야 합니다. 가정주부이든 직장인이든 학생이든 어떤 위치에서 무엇을 하든, 하나님의 영광을 위하는 삶을 살고자 한다면 이 사실을 마음에 새기십시오. 그런 삶은 우리가 순간마다 하나님의 뜻인 그분의 말씀에 얼마나 순종하느냐에 달려 있습니다.

그러면 하나님의 뜻을 따르는 삶, 일상 가운데 하나님의 영광을 나타내는 삶은 어떠한 삶입니까? 이런저런 핑계를 앞세워 그저 감점(減點)이나 면해 보려는 삶입니까? 아니면 적당한 때에 내키지도 않으면서 점수나 좀 따볼까 하는 삶입니까? 오늘날 그리스도인들은 하나님의 뜻을 살피며 그 뜻을 따르는 삶을 산다고, 또 살겠다고 말하면서도 얼마나 많은 핑계로 자신에게 보호막을 치고 살아가는지 모릅니다. 많은 교인들이 나름대로 열심히 교인으로서의 외적 의무를 다

한다고 하지만, 그러나 과연 하나님의 뜻을 따르려는 동기로 열심을 내는지는 모를 일입니다. 우리는 하나님의 말씀에 근거하여 나 자신과 우리 주변을 정확하게 보아야 합니다.

몰렉을 섬겼던 옛날 이스라엘 주변의 이방인들은 아들을 몰렉에게 바쳤습니다. 위기가 닥치자 그들은 자신의 아들을 불에 태워 자기들의 신, 곧 우상에게 바쳤습니다. 그 얼마나 장엄한 바침입니까? 그 얼마나 열심 어린 섬김입니까?

우리는 그런 극적인 헌신을 무조건 좋게 생각하고, 심지어 바른 것이라고 생각하는 경향이 있습니다. 그러나 한동안 보이는 열심, 간헐적으로 솟구치는 열심과 같은 것이 진정으로 하나님의 뜻에 따라서, 주님의 말씀에 따라서 사는 삶일 수 없고 하나님의 영광을 위하는 삶일 수도 없다는 것을 알아야 합니다. 일시적인 외적 행위만을 보고 하나님의 영광을 위하는 삶을 운운해서는 안 됩니다. 하나님의 뜻대로 살려는 의지와 하나님의 영광을 나타내고자 하는 삶은 평소의 모든 면에서, 그리고 지속적으로 나타나는 삶과 관련되어 있습니다. 그렇지 못하다면 잠깐의 감동으로 아들을 바친다 해도 하나님의 영광과는 거리가 먼 일일 수밖에 없습니다.

하나님의 뜻인 성경 말씀에 정직하게 순종하기를 조금도 주저하지 마십시오! 전해지는 메시지가 하나님의 말씀이 분명하다면, 그것이 우리를 향한 하나님의 뜻을 말하는 것이므로 핑계대지 말고 그대로 순종하십시오! 말씀에 대한 전적인 순종이 바로 하나님의 영광을 위하는 삶입니다. 그리고 본문의 예수 그리스도처럼 구하십시오!

"내가 몹시 힘들고 내 마음이 격동스럽고 불안하며 힘이 들지만, 그러나 내가 하나님의 뜻을 행함으로써 하나님의 영광을 위하여 존재하는 줄 압니다. 내가 이것을 행하기 위해 그리스도인으로 부름 받았고, 이것을 위해 여기에 서 있으며, 이 세대 가운데서 인생을 보내고 있습니다. 그러니 아버지여, 아버지의 이름을 영광스럽게 하옵소서."

우리 안에 이런 기도가 있어야만 합니다. 그리고 그리스도의 모범적인 삶을 따라 실제로 주님을 영화롭게 해야 합니다. 하나님의 영광을 위하는 삶, 그것은 예수님처럼 하나님 아버지의 뜻대로, 그 말씀대로 사는 삶입니다. 이 소중한 진리를 잊지 말기를 바랍니다.

"내가 진실로 진실로 너희에게 이르노니 한 알의 밀이 땅에 떨어져 죽지 아니하면 한 알 그대로 있고 죽으면 많은 열매를 맺느니라……아버지여, 아버지의 이름을 영광스럽게 하옵소서 하시니 이에 하늘에서 소리가 나서 이르되 내가 이미 영광스럽게 하였고 또다시 영광스럽게 하리라 하시니."

_요한복음 12:24,28

13장
하나님의 영광을 위하는 구체적인 삶 2
_십자가의 삶을 통하여

앞 장과 이번 장은 하나로 묶어서 연속적으로 살펴보아야 내용의 흐름이 원만하지만, 요한복음 12장 28절을 한번에 다루기에는 양이 많고, 중요한 원리를 나누어서 보는 것이 좋을 듯해서 두 장에 걸쳐 다루게 되었습니다. 앞 장에 이어 여기서도 하나님의 영광과 관련된 중요한 원리가 담겨 있는 28절을 중점적으로 살펴보겠습니다.

예수님은 돌아가시기 직전에 요한복음 12장의 말씀을 하십니다. 예수님은 자신이 전혀 알지도 못하는 죄, 곧 인간들이 지은 죄가 주는 중압감을 느끼며 아주 깊은 고뇌에 빠져 기도하셨습니다.

"지금 내 마음이 괴로우니 무슨 말을 하리요. 아버지여, 나를 구원하여 이때를 면하게 하여 주옵소서"(요 12:27).

그리고 결국 자신이 이 땅에 온 본래의 목적을 이루고자 하는 마음을 확인하시면서 "그러나 내가 이를 위하여 이때에 왔나이다"(요

12:27)라고 말씀하시고는, 마침내 "아버지여, 아버지의 이름을 영광스럽게 하옵소서"(요 12:28)라는 기도로 결론을 맺으셨습니다.

그러자 하나님께서 바로 응답하셨습니다.

"내가 이미 영광스럽게 하였고 또다시 영광스럽게 하리라"(요 12:28).

하나님께서 이미 예수 그리스도의 삶을 통해 영광을 받으셨고, 앞으로도 예수님의 삶을 통해 하나님의 이름이 영광스럽게 되리라는 것입니다. 이 말씀을 하시는 시점으로부터 과거에 해당하는 예수 그리스도의 생애를 통해서 하나님이 영광을 받으신 사실은 앞에서 살펴보았습니다. 이번 장에서는 미래 시제, "또다시 영광스럽게 하리라"라는 말씀을 중심으로 살펴보겠습니다.

이 말씀은 예수님 생애의 마지막 사건인 십자가의 죽으심을 통해 하나님의 이름을 영광스럽게 하실 것을 의미합니다. 물론 이 말씀이 순전히 십자가만을 놓고 하신 말씀은 아닙니다. 그 이후에 있을 예수님의 부활과 승천과 높아지심을 통해서도 하나님은 영광을 받으실 것입니다. 그러므로 이 말씀은 십자가 사건 이후의 모든 일을 포함합니다. 빌립보서 2장 9-11절 말씀을 보더라도, 하나님께서 예수 그리스도를 높여 모든 사람으로 하나님께 영광 돌리게 하시겠다고 기록되어 있습니다. 그러므로 꼭 십자가만을 말하는 것은 아닙니다.

그러나 본문의 흐름은 일차적으로 모든 영혼을 구원하시는 예수 그리스도의 십자가의 죽으심을 통해서 하나님의 이름을 영광스럽게 하시리라는 말씀입니다. 주님 역시 자신이 당할 십자가의 죽음을 의식하고서 영혼의 고민 끝에 "아버지여, 아버지의 이름을 영광스럽게 하옵소서"라고 기도하셨습니다. 이것은 십자가를 의식한 기도입니다.

주님은 최후의 여정, 곧 십자가의 죽음을 통해서 하나님의 이름을 영광스럽게 하기를 원하셨습니다. 그리고 실제로 주님은 마지막 십자가의 여정 속에서 하나님의 뜻에 끝까지 순종하셨고, 마침내 자신의 몸을 드림으로써 하나님 아버지의 이름을 영광스럽게 하셨습니다. 우리는 이미 성경을 통해서 예수 그리스도께서 체포되어 어떤 수모를 당하고, 또 어떤 고통과 인내 속에서 죽음의 길을 가셨는지 잘 알고 있습니다. 예수님은 이사야서의 말씀대로 마치 도수장으로 끌려가는 어린양처럼, 많은 수모와 모욕 속에서도 인내하면서 아버지의 뜻을 이루셨습니다(사 53:7 참고).

처음부터 마지막까지 하나님의 영광을 위한 삶

예수님은 그 이전까지도 하나님 아버지의 뜻을 충실히 행함으로써 하나님 아버지를 영광스럽게 하셨지만, 마지막 순간인 십자가의 죽음을 통해서도 하나님을 영광스럽게 하셨습니다. 한마디로 주님은 마지막에 죽기까지 일관되게 하나님의 영광을 위한 삶을 사셨습니다. 성육신하심으로써, 모든 삶을 통해서, 그리고 마지막 위기의 순간까지 온전히 순종하심으로써 하나님의 영광에 집중하셨습니다.

만일 어떤 사람이 하나님의 영광을 위한 삶을 계속 살다가 마지막에 하나님의 뜻보다는 자신의 뜻을 더 우선하는 삶을 살았다고 생각해 보십시오. 그러면 우리는 그의 삶을 어떻게 평가할까요?

우리가 이미 알고 있듯이, 예수님의 열두 제자 중 가룟 유다의 마지막은 나머지 열한 명과는 매우 다릅니다. 한 명은 예수님을 팔고 그것이 가책이 되어서 스스로 목숨을 끊었지만, 나머지 열한 명은 모두 복음을 전하다가 순교함으로써 삶을 마쳤습니다. 가룟 유다는 비극적인 존재입니다. 그는 비참한 마지막을 통해 그동안의 삶이 위선이었음을 증명했습니다.

온전히 하나님의 영광을 위하는 삶은 바로 예수 그리스도처럼 끝까지 일관된 삶을 사는 것입니다. 위기의 순간에도, 그리고 최후의 순간에도 여전히 자신의 뜻보다는 하나님의 영광을 위하는 것입니다. 그것이 바로 하나님께 영광이 되는 삶입니다.

그런데 우리의 시대를 잠깐만 살펴보더라도 하나님의 영광을 위해 일관되게 사는 사람이 드문 것을 발견합니다. 오늘날 예수님을 믿는다고 하는 사람들을 보면, 마치 예수님보다 더 어려운 일에 직면하기라도 한 것처럼 호들갑을 떱니다. 그들은 수많은 이유와 핑계로 하나님의 영광을 위한 삶을 지속하지 못합니다. 인생의 마지막 순간까지 갈 것도 없이 인생의 과정에서 너무 쉽게 포기합니다. 조금만 고통스러워도 하나님의 영광보다는 자신의 뜻을 우선하며, 자신의 필요와 욕심을 따라 변절하기가 일쑤입니다. 이 상태에서 최후의 순간이 온다고 한들 갑자기 돌변해서 하나님의 영광을 위한 선택을 할 수 있을까요?

물론 가룟 유다를 제외한 열한 제자들이 끝까지 하나님의 영광을 위해 살 수 있었던 것은 성령의 도우심 때문이었습니다. 복음서에 나타난 제자들의 모습을 보면 그들은 스스로 그런 삶을 살 수 없는 존재들이었습니다. 그러나 우리가 기억해야 할 것이 있습니다. 성령의 도우심이 있더라도 성령께서 우리를 기계 다루듯이 하시지 않는다는 사실입니다. 여태껏 성령의 인도를 거스르던 사람이 갑자기 성령께 굴복한다거나 하나님의 영광을 위해 사는 것이 아닙니다. 마지막 순간까지 일관되게 하나님의 뜻을 이루며 하나님의 영광을 위한 삶을 살았던 사람들이 실제로 그 이전에도 계속 순간마다 하나님께 자신을 복종시키며 성령을 따랐던 사람들입니다.

이미 말했지만, 하나님의 영광을 위한 삶은 영웅적인 행위로 이루는 것이 아닙니다. 그리고 한순간에 무엇인가를 해내는 것도 아닙니다. 현재 엉망으로 사는 사람이 장래에 뭔가를 보여 주겠다는 것은 모두 객기에 불과합니다. 사도 바울 옆에도 그런 사람들이 있었습니다. 대표적인 사람이 누구입니까? 바로 데마입니다. 그는 바울을 따라서 함께 갈 정도로 많은 것을 포기했고, 바울의 사역을 위해 많이 수고하였습니다. 그러나 그는 바울의 초라한 마지막을 보면서 세상으로 돌아갔습니다. 결정적인 순간에 하나님의 뜻보다는 자신의 뜻을 드러낸 것입니다. 오랜 세월 주님을 위하고 하나님의 뜻에 순종하며 그분의 영광을 위해서 혼신을 다하는 듯하다가, 마지막 순간에 많은 사람들을 실망시키는 사람들의 이야기는 교회사에서, 그리고 지금 우리의 현실에서 그치지 않고 있습니다.

물론 그리스도인이 일시적으로 하나님의 뜻에 불순종할 수도 있습니다. 하나님의 영광을 나타내기보다는 일시적으로 부끄러운 일을 행하는, 그래서 하나님의 영광을 가리는 일이 그리스도인에게도 있을 수 있습니다. 십자가를 지신 예수님을 뒤로하고 도망갔던 제자들, 예수님을 세 번씩이나 부인했던 베드로, 바울을 따르다가 등을 돌렸던 마가, 이들은 모두 실수했지만 거기서 그치지 않고 그리스도를 더욱 온전히 따랐고, 오히려 실수에서 돌이켜 하나님의 영광을 위해 더 열정적으로 살았습니다. 그들에게는 돌이킴이 있었습니다. 그리고 그 이후에 하나님의 뜻을 위한 더욱 진실한 순종이 있었습니다.

사실 마지막까지 일관되게 하나님의 영광을 위한 삶을 사는 것은 저 같은 목사에게도 굉장히 어렵고 두려운 문제입니다. 끝이 좋지 않았던 선배들의 예가 분명히 있기 때문입니다. 선배들의 나쁜 예를 따르지 않을 만한 기막힌 비결이 있다면 좋겠지만 그런 것은 없습니다. 다만 자신의 연약함을 하나님께 아뢰고 그분의 은혜를 구하며, 현재의 삶에서 하나님의 뜻을 따르고 그분을 영화롭게 하는 삶을 살려고 하는 것, 지금 하나님의 영광을 위한 삶이 성령의 도우심 속에서 몸에 배도록 모든 일에 최선을 다하고, 그것을 위해 항상 하나님을 의지하는 것, 그것 외에는 다른 방법이 없습니다. 혹시 불순종했다면 회개하여 돌이키고, 이전의 실수로 말미암아 더욱더 하나님의 은혜를 구하며 그분을 의지하는 것 외에는 다른 비결이 없습니다.

만일 우리가 현재 하나님의 영광을 위한 삶에 실패한다면, 우리의 앞날도 하나님께 영광 돌리는 삶에서 멀어질 것입니다. 여러분과 제가 현재의 삶 속에서 하나님의 영광을 위한 삶을 살고 있지 않다면, 그리고 현재의 실수를 당연하게 여기고 지나쳐 버린다면, 우리의 앞날도 하나님의 영광과는 상관없어질 것입니다.

그러므로 예수님처럼 시작과 과정과 마지막이 모두 하나님의 이름을 영광스럽게 하려면, 하나님의 뜻 행하기를 한순간도 게을리 하지 말아야 합니다. 현재 작은 일에서부터 하나님의 뜻을 우선하여 판단하고 행하는 삶이 없다면, 위기의 순간에 돌발적으로 하나님의 영광을 위할 수가 없습니다. 우리는 삶의 내용도 없이 그저 일시적인 감정에 사로잡혀 거창한 말주변과 그럴싸한 기도로 값싼 결심을 늘어놓기를 즐깁니다. 그러나 하나님의 뜻에 현재 복종하지 않는 사람의 결심은 허황될 뿐입니다. 오늘 순종하십시오. 지금 하나님의 영광을 위해 사십시오. 그래야만 마지막까지 하나님의 영광을 위해 살고 죽을 수 있습니다.

하나님의 영광을 위한 십자가의 삶

요한복음 12장 24절 이후의 말씀을 보면, 주님께서 앞으로 자신이 하나님의 이름을 영광스럽게 하기 위해서 죽어야 한다는 사실을 시사하고 있습니다.

"내가 진실로 진실로 너희에게 이르노니 한 알의 밀이 땅에 떨어져 죽지 아니하면 한 알 그대로 있고 죽으면 많은 열매를 맺느니라"(요 12:24).

예수님께서 최후의 순간까지 하나님의 이름을 영광스럽게 하기 위해서는 죽으셔야 했습니다. 마치 한 알의 밀이 땅에 떨어져 죽음으로써 열매를 맺는 것처럼, 예수님이 그렇게 죽으시는 것이 하나님의 영광을 위한 일이었습니다. 그러므로 결국 하나님의 영광을 위한 삶의 원리는 죽는 것, 즉 십자가의 원리입니다. 우리는 그 원리를 따르지 않으려고 합니다. 그러나 주님은 우리에게 분명한 길을 보이십니다. 주님은 비유를 통해 우리에게 더 생생하게 이 원리를 알려 주십니다. 누구나 다 알고 있는 이 자연의 법칙을 들어서, 씨앗이 생명의 죽음에서 온다는 것을 말씀해 주십니다.

제자들은 이 비유 앞에서 저항할 수 없었습니다. 그들이 잘 아는 이야기였기 때문입니다. 예수님은 이 말씀을 통해 자신이 가야 할 길과 자신을 따르는 자들이 가야 할 길을 보여 주셨습니다. 주님은 "누구든지 나를 따라오려거든 자기를 부인하고 자기 십자가를 지고"(마 16:24; 막 8:34)라는 말씀을 실제로 자신의 삶으로 보이셨습니다. 하나님의 이름이 영광스럽게 되려면 예수님이 죽으셔야만 했습니다. 그분이 죽지 않으면 하나님이 뜻하신 우리의 구원도 없습니다. 이는 결과적으로 하나님의 이름이 영광스럽게 될 수 없다는 말입니다. 주님이 죽으시는 것이 바로 하나님의 뜻이요 하나님의 이름이 영광스럽게 되는 길이라는 것입니다. 그분은 십자가를 지고 죽으셔야만 했고, 실제로 죽으셨습니다. 그분이 밀알처럼 죽지 않으면, 즉 십자가의 길을 가지 않으면 하나님의 이름을 영광스럽게 할 수 없다는 것이 주님이 마지막 숨을 거두시는 순간까지 보여 주신 삶의 증거입니다.

그렇습니다. 하나님의 영광을 위한 삶은 밀알처럼 죽는 삶이요, 십자가의 삶입니다!

우리는 본문 말씀을 통해서 우리의 생각 속에 있는 거품을 제거하고, 다시 한번 겸허하게 우리의 삶을 정비해야 합니다. 우리는 먼저 하나님의 영광을 위한 삶이 장차 우리가 무엇이 되고 앞으로 무엇을 함으로써 살 수 있는 것이 아님을 분명히 깨달아야 합니다. 사람들은 공부를 잘해서 좋은 대학에 들어가고 좋은 직장에 들어가 인정을 받고, 돈을 많이 벌어 좋은 일을 하고, 높은 지위를 얻는 것으로 하나님께 영광을 돌릴 수 있으리라 생각합니다. 그러나 하나님의 영광을 위한 삶은 그런 식으로 되는 것이 아닙니다. 또 하나님의 영광을 자꾸 눈에 띄는 거창한 인물이 되거나 어떤 큰 일을 행하는 것과 연관시켜서 말하지만, 하나님의 영광을 위한 삶은 오히려 밀알처럼 죽는 삶이요 십자가의 삶입니다.

하나님의 영광을 운운하면서, "무엇이 되어라" 또는 "무슨 일을 하라"라고 잘못 가르치는 예가 얼마나 많은지 모릅니다. 이런 논리는 현재 삶을 눈멀게 하는 사탄의 도구가 될 때가 많습니다. 한번 생각해 보십시오. 이제껏 하나님을 향한 진실한 마음 없이 살아온 사람이 사람들 사이에서 조금 높아지고 그 이름을 인정받았다고 해서 그것으로 인해 하나님이 영광을 받으시겠습니까? 하나님의 영광을 그저 사람들 사이에서 일어난 좋은 일 정도로 여기는 것은 크나큰 오해입니다. 또 자신 때문에 하나님이 다른 사람들의 입에 한두 번 오르내리는 것을 가지고 하나님의 영광이 드러났다고 생각한다면, 이는 지극히 자기 중심적인 견해입니다.

우리는 하나님을 자기 편한 대로 생각합니다. 그러나 본문을 보십시오. "내가……또다시 영광스럽게 하리라"(요 12:28)라고 하신 하나님 아버지의 말씀에서 보는 바와 같이, 하나님의 영광을 위한 삶은 밀알처럼 죽는 삶입니다. 이 말씀에 비추어 우리 주변을 살펴보십시오. 하나님의 영광을 이야기하면서 밀알처럼 죽는 삶을 염두에 두지 않는 사람들이 많음을 알 수 있습니다. 자신이 무엇이 되고 무엇을 하는 것이 목표이지, 밀알처럼 죽는 삶을 사는 것이 목표인 사람은 없습니다. 십자가의 삶을 결과로서만 말할 뿐, 그 삶을 목표로 삼는 사람은 좀처럼 보기 어렵습니다. 그러나 우리가 하나님의 영광을 위한 삶을 살고자 한다면 우리는 항상 밀알 같은 삶을 살아야 하고, 또 최후의 순간까지 십자가의 길을 가야만 합니다. 물론 그 길을 가기란 쉽지 않습니다. 거기에는 많은 갈등과 극심한 고뇌가 따르기 마련입니다.

우리는 이 점에 대하여 냉정하고 진지하게 생각해 보아야 합니다. '밀알처럼 죽는 삶의 결과는 어떨까? 죽는 것이 생명이라는 이 밀알의 비유가 사실인가?'에 대해서 말입니다.

예수님께서 십자가를 지심으로 어떤 일이 벌어졌습니까? 모든 영혼들의 죄를 대속하심으로써 하나님의 이름이 영광스럽게 되었고, 수많은 영혼이 구원받는 역사가 일어났습니다. 그것만이 아닙니다. 예수님 자신에게도 어떤 일이 일어났습니다. 하나님께서는 자신의 이름을 영화롭게 한 그리스도를 죽음에서 일으키고 지극히 높이셨습니다. 성경은 이렇게 말합니다.

"자기를 낮추시고 죽기까지 복종하셨으니 곧 십자가에 죽으심이라. 이러므로 하나님이 그를 지극히 높여 모든 이름 위에 뛰어난 이름을 주사 하늘에 있는 자들과 땅에 있는 자들과 땅 아래에 있는 자들로 모든 무릎을 예수의 이름에 꿇게 하시고 모든 입으로 예수 그리스도를 주라 시인하여 하나님 아버지께 영광을 돌리게 하셨느니라"(빌 2:8-11).

하나님 아버지께서는 십자가에서 죽으신 예수 그리스도를 지극히 높여 모든 이름 위에 뛰어난 이름을 주시고, 모든 사람들로 그분을 경배하고 주로 고백하게 하심으로써 그분을 높이셨을 뿐만 아니라, 그로 인하여 하나님 아버지께 영광을 돌리게 하셨습니다.

이와 같이 하나님의 영광을 위한 십자가의 삶은 죽는 것으로 끝나지 않습니다. 거기에는 반드시 하나님 아버지에 의해 높여지는 영광이 뒤따르고, 그로 말미암아 하나님이 영광을 받으십니다.

여기서 한 가지 분명히 알아야 할 것이 있습니다. 하나님의 영광을 위한 삶은 밀알과 같은 삶이요 십자가의 삶인데, 사실 그것은 지극히 높아지신 예수 그리스도처럼 영광으로 가기 위한 전조입니다. 십자가 사건 이후에 부활이 있고 높아지는 일이 있었던 것처럼, 하나님의 영광을 위한 십자가의 삶은 죽음으로 끝나는 허망한 삶이 아닙니다.

삶의 결과로서 십자가는 참으로 중요합니다. 그러나 예수님의 삶처럼 현재의 삶 또한 중요합니다. 바로 하나님의 영광을 위한 삶으로서 현재 밀알처럼 사는 삶 말입니다. 하나님의 영광을 위한 삶에는 다른 길이 없습니다. 영광스런 삶을 살기 위해서는 오직 예수님이 걸어가신 십자가의 길밖에 없습니다. 밀알 같은 삶밖에 없습니다. 그런데 이 사실을 간과한 채 이 세상도 맘껏 즐기고 천국이 주는 복도 누리겠다는 식의 생각은 성경 어디에서도 지지하는 바가 없습니다.

종종 교회 청년들이 농담 반 진담 반으로 "나중에 돈이나 많이 벌어서 장로가 되어……"라고 말하곤 합니다. 그러나 그것은 자기가 잘 돼서 교회에 물질적으로 기여하면 하나님이 영광을 받으실 것이라는 사탄의 논리가 깔려 있는 발언입니다. 아닙니다. 우리의 모든 행위는 숨겨져야 합니다. 밀알처럼 썩고 죽어야 합니다. 그것이 하나님의 영광을 위한 길입니다. 그것은 드러나는 일이 아닙니다. 그러므로 우리는 앞으로의 거창한 계획을 말하면서 그 계획이 성취되면 그것을 자원 삼아 하나님의 영광을 위해 살겠다는 식의 발언을 삼가야 합니다.

현재 하나님의 뜻에 순종하고 있습니까? 지금 십자가를 지고 밀알 같은 삶을 살고 있느냐는 것입니다. 그렇지 않다면 그 사람의 최후는 보지 않아도 뻔합니다. 오늘 하나님의 뜻에 순종할 줄 모르는데, 밀알처럼 죽는 삶을 모르는데, 결정적인 순간이 왔을 때 그가 그것을 어떻게 감당할 수 있겠습니까?

궁극적인 복은 모두 십자가 이후의 일입니다. 오늘날의 값싼 복음은 복을 십자가 앞에 세웁니다. 이것은 인간을 미혹하는 복음입니다. 우리는 축복 논리에 마취되지 말아야 합니다. 예수님처럼 최후까지 하나님의 영광을 위한 삶을 살려면, 순간마다 모든 사건 속에서 십자가의 삶을 살아야 합니다. 하나님께서는 그런 중심을 가진 사람을 도우십니다. 그리고 그런 사람을 통해서 영광을 받으십니다.

"또다시 영광스럽게 하리라"라고 말씀하는 주체가 누구입니까? 바로 하나님입니다. 이것은 굉장히 중요한 문제입니다. 주님이 "그러나 내가 이를 위하여 이때에 왔나이다. 아버지여, 아버지의 이름을 영광스럽게 하옵소서"라고 말하자 하나님께서는 "내가 영광스럽게 하리라"라고 말씀하십니다. 그런데 성령의 도우심은 그분을 신뢰하고 인정하며 그분 앞에 굴복하는 사람에게 있습니다. 현재가 엉망이면서 "성령께서 마지막에 도우시겠지"라고 생각하는 것은, 성경에 없는 논리이며 사탄의 속임수입니다.

우리는 신앙생활을 하면서 일상적으로 쓰는 말과 태도를 성경에 정확히 비추어 보아야 합니다. 우리는 이미 잘못된 것들에 많이 노출되었습니다. 그래서 자기 소견에 옳은 대로 예수님을 믿으려고 합니다. 십자가 없이 말입니다. 그래서 지금 십자가를 지지 않으면서 장래 하나님께 영광을 돌리겠다는 포부를 더욱 공고히 합니다. 그러나 우리는 잊지 말아야 합니다. 하나님은 밀알 같은 삶, 십자가의 삶을 통해 영광을 받으십니다.

이 땅에 하나님의 영광을 위해 사는 사람으로 말미암아 그분의 영광이 드러나는 일이 없는 이유를 알고 있습니까? 오늘날 교회가 부유해지면서 교회들이 그런 삶에서 등을 돌렸기 때문입니다. 우리 시대에는 밀알로 썩어지고자 하는 사람이 없습니다. 그러므로 하나님의 영광이 조국 교회에서 나타나지 않는 것은 어쩌면 당연한 일일지도 모릅니다.

하나님의 영광을 위한 삶의 가장 중요한 원리는 바로 십자가의 삶, 밀알 같은 삶입니다. 비록 적은 수일지라도, 우리가 이 책을 통해 말씀을 깨닫고 순종해서 우리의 삶을 통해 하나님께서 영광 받으시기를 소원합니다.

"그 후에 예수께서 제자들과 유대 땅으로 가서 거기 함께 유하시며 세례를 베푸시더라. 요한도 살렘 가까운 애논에서 세례를 베푸니 거기 물이 많음이라. 그러므로 사람들이 와서 세례를 받더라. 요한이 아직 옥에 갇히지 아니하였더라. 이에 요한의 제자 중에서 한 유대인과 더불어 정결예식에 대하여 변론이 되었더니 그들이 요한에게 가서 이르되, 랍비여, 선생님과 함께 요단강 저편에 있던 이, 곧 선생님이 증언하시던 이가 세례를 베풀매 사람이 다 그에게로 가더이다. 요한이 대답하여 이르되, 만일 하늘에서 주신 바 아니면 사람이 아무것도 받을 수 없느니라. 내가 말한 바 나는 그리스도가 아니요 그의 앞에 보내심을 받은 자라고 한 것을 증언할 자는 너희니라. 신부를 취하는 자는 신랑이나 서서 신랑의 음성을 듣는 친구가 크게 기뻐하나니, 나는 이러한 기쁨으로 충만하였노라. 그는 흥하여야 하겠고 나는 쇠하여야 하리라 하니라. 위로부터 오시는 이는 만물 위에 계시고, 땅에서 난 이는 땅에 속하여 땅에 속한 것을 말하느니라. 하늘로부터 오시는 이는 만물 위에 계시나니 그가 친히 보고 들은 것을 증언하되 그의 증언을 받는 자가 없도다. 그의 증언을 받는 자는 하나님이 참되시다는 것을 인쳤느니라. 하나님이 보내신 이는 하나님의 말씀을 하나니, 이는 하나님이 성령을 한량없이 주심이니라. 아버지께서 아들을 사랑하사 만물을 다 그의 손에 주셨으니, 아들을 믿는 자에게는 영생이 있고, 아들에게 순종하지 아니하는 자는 영생을 보지 못하고 도리어 하나님의 진노가 그 위에 머물러 있느니라."

_요한복음 3:22-36

14장
하나님의 영광을 위하는 구체적인 삶 3
_주를 높이고 나를 낮추고

예수님은 십자가에 달려 죽으시는 마지막 순간까지 하나님 아버지의 뜻에 온전히 순종하셨습니다. 주님은 하나님의 영광을 위해 사는 삶이란 밀알처럼 죽는 삶이라는 것을 역사 속에서 보여 주셨습니다. 밀알처럼 죽는 십자가의 삶이 바로 하나님의 영광을 위해 사는 삶의 전형입니다. 실제로 그분을 따랐던 모든 제자들과 초대 교회 성도들, 그리고 앞서 살았던 많은 믿음의 선배들은 주님이 걸어간 십자가의 길을 따르며 하나님의 이름을 영광스럽게 했습니다.

하나님의 영광을 위해 사는 그리스도인이라면 똑같이 십자가의 길을 걸어가야만 합니다. 십자가의 길이 아니고는 어느 누구도 하나님의 영광을 드러낼 수 없고, 또 그분의 영광에 참여할 수 없습니다. 많은 그리스도인들이 자꾸 다른 방법을 도모하려고 하는데, 그 길은 주님께서 보이신 원칙밖에 없습니다. 우리는 하나님의 영광을 위한 삶을 살기 위해서 가야 할 길을 타협하고 상의해서 정할 수 없습니다. 주님이 보여 주신 십자가의 길만이 하나님의 영광을 위한 삶으로 가는 방법입니다.

주님은 주님을 믿으려고 따라오는 수많은 사람들에게 "너희가 나를 따라오려거든 자기 십자가를 지고 따라오라. 부모나 자식보다 나를 더 사랑하지 아니하면 나에게 합당하지 않다"라고 말씀하셨습니다(마 10:37,38 참고). 주님은 사람들이 주님을 따르기 시작하는 시점에 이렇게 말씀하셨습니다. 예수님을 잘 믿고 있는 사람에게 중간에 하신 말씀이 아니고, 이제 막 따르려고 하는 사람들에게 하신 말씀입니다.

주님을 처음 믿을 때부터 우리는 십자가의 길로 들어선 것입니다. 이 길을 피해 가려고 하는 현대 교회의 분위기나 특정인만 십자가의 길을 가면 된다는 식의 신앙 논리는 복음을 거스르는 것입니다. 그것은 성경의 가르침에 상반되는 것입니다. 성경은 십자가 외에 다른 길은 없다고 분명히 말합니다.

'그는 흥하여야 하겠고 나는 쇠하여야 하리라'

우리는 그 길을 걸어간 다른 모범을 본문에서 보게 됩니다. 비록 예수님보다 먼저 죽었지만, 주님을 증언하다 밀알처럼 죽은 세례 요한의 모범입니다. 그는 목숨이 다하기까지 하나님의 뜻을 따르고 오직 그리스도만을 증언하며 그분을 높였습니다. 우리는 그의 삶을 통해 하나님의 영광을 위하는 구체적인 삶의 모습을 보게 됩니다. 그가 어떻게 예수 그리스도를 높이고 그분께 영광을 돌렸는지를 자세히 살펴보면 하나님의 영광을 위한 삶이 무엇인지 그 구체적인 내용과 중요한 원리를 한 가지 배우게 됩니다.

세례 요한은 주님을 향해서 참으로 놀라운 태도를 보였습니다. 그는 주님에 대해 "그는 흥하여야 하겠고 나는 쇠하여야 하리라"(요 3:30)라고 말함으로써 자신의 자리를 주님께 내드렸습니다. 본문이 바로 그 내용입니다.

그가 주님을 가리켜서 "그는 흥하여야 하겠고 나는 쇠하여야 하리라"라고 한 이 말은 우리가 쉽게 인용할 수 있는 성경 구절이 아닙니다. 우리는 이 구절을 쉽게 인용하지만, 그것은 결코 함부로 인용할 수 있는 내용이 아닙니다. 이 말은 시인이 무엇인가를 묵상하다가 뱉어 낸 것과 같은 유의 말이 아닙니다. 이 말은 한 인간이 자신의 존재와 삶 전체를 내놓으면서 한 고백입니다. 우리는 이 고백을 통해 세례 요한이 그리스도를 높이고 그분께 영광을 돌린 것이 결코 허풍스러운 일이 아님을 발견하게 됩니다.

그는 삶의 절정기에 주님 앞에 자신을 내려놓았습니다. 평범한 인간의 삶에서도 그렇게 하기가 쉽지 않은데, 얼마든지 자신을 높일 수 있는 상황에서 그가 보여 준 태도는 우리에게 많은 것을 가르쳐 줍니다. 결국 세례 요한은 하나님의 영광을 위하는 삶에 대한 하나의 모범을 보여 주었습니다.

당시 세례 요한이 이런 고백을 하기 전에 그는 설교를 통해서 수많은 사람들에게 알려져 있었습니다. 그가 대도시에 있었던 것이 아니고 광야에 있었는데도 많은 사람들이 그의 설교를 듣기 위해 모여들었습니다. 유명세가 대단했던 것입니다. 누가는 기록하기를 많은 사람들이 그에게로 나아갔다고 했습니다. 또 마태는 예루살렘과 온 유대와 요단강 사방에서 수많은 무리들이 다 그에게로 나아왔다고 했습니다(마 3:5 참고). 사람들은 그를 보고 선지자 엘리야가 다시 나타난 줄로 생각하기까지 했습니다. 마침내 그의 인기는 헤롯 왕에게까지 알려졌고, 헤롯 왕은 그의 설교를 듣기 위해 그를 부르기까지 했습니다. 그야말로 세례 요한을 모르는 사람이 없었습니다. 그의 목소리는 팔레스타인 전체에 크게 울려 퍼졌습니다.

그러던 중 많은 사람들의 시선이 세례 요한에게서 그리스도께로 옮겨지는 일이 일어났습니다. 사람들이 예수님께로 몰리기 시작했습니다. 예수님을 둘러싼 무리들이 점점 더 많아졌습니다. 이런 사실을 세례 요한에게 와서 알려 준 사람이 있었습니다. 그의 말투에는 무엇인가 세례 요한을 자극하려는 의도가 엿보입니다.

"랍비여, 선생님과 함께 요단강 저편에 있던 이, 곧 선생님이 증언하시던 이가 세례를 베풀매 사람이 다 그에게로 가더이다"(요 3:26).

이 말에는 '당신은 이제 한물간 사람입니다'라는 어조가 깔려 있는 듯합니다. 그러자 세례 요한이 말합니다.

"그는 흥하여야 하겠고 나는 쇠하여야 하리라."

그는 흔들리지 않았습니다. 기분 나빠 하지도 않았습니다. 오히려 그는 자신은 쇠하여야 하고 그분은 흥해야 한다고 말했습니다. 그는 예수 그리스도께서 처음으로 세례를 받으러 오실 때도 자신은 그분의 신발 끈을 풀기도 감당하지 못할 사람이라고 말했습니다. 바로 그 마음을 자기 인생의 말년에 이르기까지, 사역의 후반기에 이르기까지 일관되게 나타내면서, 자신에게로 돌아오는 영광을 거부하고 오히려 주님께 그 영광을 돌렸습니다.

세례 요한이 가장 추앙받고 있을 때 이 모든 일이 일어났다는 사실에 우리는 더욱 놀랄 수밖에 없습니다. 자신의 명성이 절정에 달했을 때, 사람들이 자신을 가장 많이 따르고 있을 그때, 그는 그 영광이 자신에게서 주님께로 가야 한다는 사실을 인정했습니다. 그리고 자신은 쇠하지만 이제 그분이 흥하여야 한다고 기꺼이 고백했습니다.

세례 요한이 주님을 향해 가졌던 태도는 하나님의 영광을 위하는 삶의 한 가지 중요한 원칙을 제시해 줍니다. "그는 흥하여야 하겠고"라고 말한 것처럼, 우리의 삶이 그리스도를 높이는 삶이어야 한다는 것입니다. 그리고 "나는 쇠하여야 하리라"라는 고백에서 주님 앞에서 자신을 낮추는 삶이라는 또 하나의 원칙을 발견합니다. 세례 요한은 이런 삶이 하나님의 영광을 위하는 삶이라는 것을 보여 줍니다. 즉, 하나님의 영광을 위하는 삶이란 주님을 높이는 것과 주님 앞에서 자신을 낮추는 삶이 함께 어우러진 삶입니다. 주님을 높이는 일과 우리 자신을 낮추는 일이 병행되어야 합니다.

사람들은 이 부분에 대해 적지 않게 오해합니다. 얼마든지 자신의 상태와 상관없이, 자신을 낮추지 않고도 주님을 높이고 그분의 이름을 영화롭게 할 수 있는 것처럼 생각합니다. 다시 말해, 자신이 낮아지지 않아도 적극적인 행위만 있다면 하나님을 영화롭게 할 수 있으리라고 생각합니다. 그래서 자신의 상태는 감안하지 않은 채 어떤 적극적인 행위를 하면, 그것이 하나님의 영광을 나타내는 지름길인 것처럼 생각합니다. 오늘날과 같이 자기 성취가 강조되는 시대의 분위기 속에서 많은 그리스도인들은 적극적인 행동과 수고와 봉사를 통해서 하나님을 기쁘시게 할 수 있다고 생각합니다. 하나님의 영광을 위하는 삶이 우리의 일상생활과 얼마나 밀접하게 관련되어 있는지를 잘 모르기 때문입니다.

하나님의 영광을 위하는 삶은 그리스도인의 삶 전체를 통해서 나타납니다. 그래서 하나님의 영광은 우리의 일상적인 삶과 굉장히 밀접하게 연관되어 있습니다. 우리의 존재와 삶을 배제하고 외적인 행위로만 하나님께 영광을 돌릴 수 있을 것이라는 생각은 행동주의 시대를 사는 그리스도인들이 쉽게 빠질 수 있는 함정입니다.

우리는 하나님의 영광을 우리의 관점에서만 생각하려고 합니다. 그분의 거룩하심을 생각하지 않고, 우리의 마음과 생각이 죄로 뒤섞인 혼란 가운데 있다 해도 대충 눈에 드러나는 결과만 있으면 하나님께서 좋아하실 것이라는 일방적인 생각을 합니다. 순결하고 거룩한 동기와 과정이 아니라 할지라도 그저 놀라운 일, 큰 행동, 적극적인 사업 등만 있으면 하나님께서 영광을 받으실 것이라고 생각합니다.

이것은 지극히 인간 중심적인 생각입니다. 우리는 하나님의 영광까지도 자신의 입장에서 정의할 수 있다고 생각하며, 또 그렇게 생각하고 싶어합니다.

그러나 성경을 통해 알 수 있듯이 예수님께서는 주위의 사람들을 만나서 대화하시고 그들에게 말씀하시며 어떤 일을 행하실 때, 결코 인간에게 휘둘리지 않으셨습니다. 하나님은 한갓 피조물에게 기만당하실 수 있는 분이 아닙니다. 그분은 사람의 중심에 있는 의도들을 다 아십니다.

창세기에 보면 하나님이 아들을 주겠다고 약속하셨을 때 사라가 웃지 않았습니까? 그래서 하나님은 사라가 웃은 것을 지적하셨습니다. 사라는 정색을 하고 거짓말을 하지만 정말 웃었고, 하나님께서 그 사실을 정확하게 말씀하셨습니다(창 18:9-15 참고). 그분은 우리들의 은밀한 곳에 있는 조소까지도 다 파악하시는 분이십니다.

하나님의 영광은 결과만 좋으면 되는 그런 속된 것이 아닙니다. 하나님의 영광은 세례 요한과 같은 태도와 삶이 없으면 나타나지 않습니다. 주님을 높이며 '동시에' 주님 앞에서 자신을 낮추는 삶이 없으면 나타나지 않습니다.

하나님을 높이는 삶

먼저, 하나님의 영광을 위하는 삶은 하나님을 높이는 삶입니다. 세례 요한은 "그는 흥하여야 하겠고"라고 하면서 모든 높아짐과 영광을 자신이 아닌 주님께 돌렸습니다. "주님은 흥하셔야 합니다. 그분만이 높아지셔야 합니다." 세례 요한의 이 말은 앞에서도 밝힌 바와 같이 인사치레가 아니었습니다. 실제로 주님을 높이는 삶을 살아온 그의 진실한 고백이었습니다. 사람들은 세례 요한에게 당신의 유명세가 꺾이게 되었다면서 그의 마음을 동요시킬 만한 이야기를 했지만, 그는 오히려 그러한 소식을 기뻐했습니다.

세례 요한과 같은 반응을 보이는 것이 얼마나 힘든 일인지 압니까? 이것은 굉장히 견디기 힘든 일입니다. 인간적인 경험으로 볼 때 우리 주변에는 이에 대한 실패 사례들이 가득합니다. 인간은 본성적으로 사랑받고 싶어합니다. 관심을 자기에게로 끌고 싶어합니다. 우리는 관심이 자기에게서 떠났다 싶으면 극단적인 행동을 해서라도 다시 관심을 모으려고 합니다. 그것이 인간입니다. 그래서 교회 안에서도 꼭 목사가 자기에게 보이는 관심 정도에 따라 마음이 너울대는 사람이 있습니다. 오히려 신앙생활을 오래 한 사람들에게서 이런 모습을 자주 볼 수 있다는 것은 참으로 안타까운 일입니다.

세례 요한을 보십시오. 한두 사람 정도가 그를 떠나간 것이 아니었습니다. 팔레스타인 전체가 그리스도께로 움직였습니다. 인간이라면 이럴 때 속이 쓰리기 마련입니다. 그러나 세례 요한은 그것을 당연하게 여겼을 뿐만 아니라 자신도 그리스도를 높였습니다. 그는 진실로 주님께 영광을 돌리고자 했습니다. 어떻게 그럴 수 있었을까요? 그는 주님이 누구신지 분명히 알고 있었습니다. 그래서 사람들에게서 받는 한 조각의 관심과 영광보다는 주님께 집중했습니다.

본문을 보십시오. 본문 전체가 예수 그리스도가 누구신지에 대한 세례 요한의 묘사로 가득합니다. 그는 예수 그리스도를 모든 사람으로부터 영광을 받으셔야 할 분, 곧 하나님의 아들이시라고 선포하고 있습니다.

사람들이 하나님께 영광을 돌리지 않는 이유를 압니까? 하나님의 영광에 관심이 없는 이유를 압니까? 왜 그렇게 많은 그리스도인들이 하나님의 영광에 대해서는 소극적이면서도 자기 성취와 영광을 구하는 일에는 혈안이 되어 있는지 압니까? 우리가 영광을 돌려야 할 분이신 하나님에 대해, 그분의 아들 그리스도에 대해 정확히 알지 못하기 때문입니다. 하나님이 누구신지, 우리가 영광을 돌려야 할 그분이 누구신지에 대해 분명히 알지 못하기 때문에 우리는 자신을 꺾지 않고, 그분께 마음을 쏟지 않는 것입니다.

세례 요한은 예수님이 지극히 높으신 하나님의 아들이라는 것, 우리가 경외해야 할 분이라는 것, 가볍게 대할 수 없는 거룩하신 분이라는 것을 정확히 알고 있었습니다.

우리는 비록 손상되었지만 의지의 자유를 가지고 있는 인격적인 존재들입니다. 그러나 그런 의지의 자유를 가지고 우리가 마음대로 하나님을 거부할 수 있고, 하나님을 믿고 안 믿고를 결정할 수 있다고 생각한다면, 엄청난 죄악 가운데 있는 것입니다. 사도 요한이 요한계시록에서 주님의 영광스러운 모습을 보고 취한 태도만 보더라도 주님을 향한 우리의 태도가 얼마나 참람한지를 알 수 있습니다.

세례 요한은 요한복음에 기록된 하나님의 영광을 알았습니다.

"말씀이 육신이 되어 우리 가운데 거하시매, 우리가 그의 영광을 보니 아버지의 독생자의 영광이요"(요 1:14).

더욱이 세례 요한은 그분이 누구신지를 알 뿐만 아니라 주님이 흥하실 수밖에 없는 이유도 잘 알고 있었습니다. 세례 요한은 주님이 모든 사람을 죄에서 구원하시고 생명의 길을 제시하실 분임을 알고 있었습니다. 그래서 그는 사람들이 주님께로 가는 것을 기꺼워하며, "보라 세상 죄를 지고 가는 하나님의 어린양이로다"(요 1:29)라고 말했습니다. 그는 "나는 그리스도가 아니다. 오히려 그리스도는 저분이시다"(요 3:28 참고)라고 말하면서 구원을 주시는 주님께 영광을 돌리리라는 입장을 분명히 했습니다. 그렇기 때문에 사람들이 주님께로 가야 하고 주님이 흥해야 하는 것은 당연한 일이었습니다.

세례 요한은 그렇게 예수님이 어떤 분이신지 잘 알았기에 그분과 자신이 비교되는 것 자체가 있을 수 없는 일이라고 생각했습니다. 오히려 그분 앞에서 자신이 낮아지는 것을 당연하게 여겼습니다.

자신을 낮추는 삶

계속해서 27-35절을 살펴보면, 세례 요한이 예수님을 높이고 그분께 영광 돌리는 삶을 살았던 또 하나의 이유를 발견하게 됩니다. 그는 예수님이 누구시며 왜 그분을 높여야 하는지를 알고 있었을 뿐만 아니라, 동시에 자신이 누구인지도 정확히 알고 있었습니다. 그는 예수님과 자신을 정확하게 대조하고 있습니다. 그는 아주 대조적인 표현을 쓰면서 예수님과 자신의 근본적인 차이점을 몇 가지 언급합니다.

세례 요한은 자신을 "하늘에서 주신 바가 아니면 아무것도 받을 수 없는 사람이다"(27절 참고)라고 표현합니다. 자신은 그저 하나님께서 주신 것을 받아서 일하는 존재일 뿐, 그 이상이 아니라는 것입니다. 그에 반해 "예수 그리스도는 아버지께서 만물을 다 그의 손에 주셨다"(35절 참고)라고 말합니다. 자신은 하나님께 받아서 일하는 사람이지만, 예수님은 하나님께 만물을 받은 분이라고 분명하게 대조하고 있습니다. 그리고 세례 요한 자신은 그리스도의 앞에 보내심을 받은 자일 뿐이며, 자신 앞에 계신 그분이 그리스도라고 말합니다(28절 참고). 그리고 예수 그리스도는 신랑, 곧 혼인 장소의 주인공과 같은 존재이시지만, 자신은 그 신랑 옆에 서는 들러리 같은 친구일 뿐이라고 했습니다. 따라서 예수님은 흥할 수밖에 없는 분이시지만, 자신은 쇠할 수밖에 없는 존재라는 것을 잘 알고 있었습니다.

세례 요한은 더 나아가 근본적인 차이점을 구별했습니다. 곧 자신은 땅에 속한 자이지만, 예수님은 하늘로부터 오신 이요 만물 위에 계시는 분이심을 선언함으로써 구별했습니다. 그리스도는 하나님께서 성령을 한량없이 부어 주시는 분으로서 하나님의 말씀을 직접 전하시는 분이지만, 자신은 하나님으로부터 말씀과 성령을 제한적으로 받아서 전하는 자에 지나지 않는다는 것입니다. 더욱이 예수님은 하나님의 아들이지만, 자신은 단지 예수님에 앞서 준비하는 종일 뿐이라는 사실 또한 잘 알고 있었습니다.

그렇게 세례 요한은 예수님이 누구신지를 알았을 뿐만 아니라, 동시에 하나님 앞에서 자신이 어떤 존재인지를 알고 있었습니다. 세례 요한의 올바른 인식은 많은 사람들의 인기에도 상관없이 기꺼이 예수님을 높이고 그분께 영광 돌리게 했습니다.

우리는 하나님 앞에서 자신이 누구인지를 너무 모르기 때문에 주님께 영광을 돌리지 않습니다. 또 한편으로는 자신이 누구인지 잘 모르기 때문에 주님께 영광을 돌리지 못합니다. 그러나 세례 요한은 분명히 말합니다. 능력이 있고 탁월해서 남들에게 인정을 받았지만 그것은 어디까지나 하나님에게서 비롯된 것이라고 단언합니다. 자신은 일시적으로 사용되는 존재라는 것을 알았던 것입니다. 그는 자신이 그리스도가 아니라 단지 그분을 전하는 심부름꾼 같은 존재이며, 잠시 하나님의 일을 맡은 종에 불과하다는 사실을 분명히 이해하고 있었습니다.

우리 중에 누가 높아지는 자리에서 자신의 실체를 알고 진심으로 자신을 낮출 수 있겠습니까? 이것이 흔한 일입니까? 제 자신에게도 두려운 본문이고, 설교하기조차 두려운 부분입니다. 그러나 세례 요한은 자신에게 관심이 집중되고 있을 때 자신을 낮추었습니다. 우리는 세례 요한을 통해 자신을 낮추지 않고서는 진실로 주님을 높이고 그분께 영광 돌릴 수 없다는 사실을 뼈저리게 느껴야 합니다. 주님을 높이고 그분께 영광 돌리기를 원한다면 자신을 낮춰야 합니다. 자신을 높이는 동시에 주님도 높일 수는 없습니다. 인간의 본성은 그것을 허용하지 않습니다.

본문의 "나는 쇠하여야 하리라"는 말에는 자기 자신에게만 마음을 집중하지 말아야 한다는 의미도 포함되어 있습니다. 자신에게 마음을 쏟으면서 스스로 쇠할 수는 없는 노릇입니다.

주님께 집중하지 못하는 이유가 무엇입니까? 우리는 예배당에 올 때 외에는 주님께 집중하지 못합니다. 그 이유가 무엇일까요? 그 이유 중 하나는 우리의 시선이 온통 자신에게만 집중되어 있기 때문입니다. 우리는 늘 자신만을 바라봅니다. 자신의 인생, 자신의 바람과 계획, 자신이 사랑하는 사람, 자신이 맺은 관계, 자기 부모나 자식이나 애인, 심지어 자신의 자존심이나 기분 등 오로지 자기 자신만을 생각합니다. 그야말로 모든 관심이 자기 자신에게 쏠려 있습니다. 그러면 하나님을 볼 수 없습니다. 그분께 집중할 수 없습니다.

세례 요한은 사람들의 모든 관심이 자신에게 집중된 자리에서 자신을 바라보지 않고 주님을 바라보았습니다. 이러한 태도가 선행되지 않으면 주님께 영광을 돌릴 수가 없습니다. 우리가 자신만을 바라보고 자신에게만 집중한다면, 우리 자신에게 가려 주님은 보이지 않게 됩니다. 이런 상태에서 주님의 영광을 외치는 것은 단순한 구호에 지나지 않습니다.

우리 자신이 쇠할 때 주님의 영광이 드러납니다. 자신이 쇠하지 않고는 주님을 제대로 볼 수 없고, 그분을 높이고 그분께 영광을 돌릴 수도 없습니다. 그래서 마이어(F. B. Meyer)라는 사람은 이렇게 말했습니다. "자신을 죽이기를 원하는 소망이 곧 그리스도를 흥하게 한다." 그렇습니다. 자신이 죽고 쇠하지 않고서는 주님을 제대로 볼 수 없습니다. 따라서 자신을 죽이기를 소망하지도 않으면서 주님이 흥하여야 한다고 말하는 것은 거짓입니다.

아더 핑크(Arthur Pink)도 아주 중요한 말을 남겼습니다. "하나님 앞에서의 겸손함이란 경작의 직접적인 산물이 아니라 오히려 부산물이다." 이 말은 겸손이란 우리가 겸손하려고 노력해서 얻어지는 것이라기보다는 오히려 마음이 온유하고 겸손하신 주님께 전념함으로써 생겨나는 부산물이라는 의미입니다. 이 얼마나 놀라운 진리입니까? 우리는 겸손하신 주님께 전념하지 않으면 낮아질 수 없습니다. 주님께 전념할 때에 우리가 낮아지는 것이 부수적으로 따라온다는 것입니다.

그래서 주님을 높이는 마음과 우리 자신을 낮추는 마음은 함께 가야 합니다. 이 두 마음이 우리에게 동시에 나타날 때에만 하나님의 영광을 위하는 삶을 살 수 있습니다. 만일 이 두 마음이 우리 안에서 조화롭게 나타나지 않는다면, 하나님의 영광을 위한다고 말하는 것은 위선일 뿐입니다. 자신을 낮추려 하지도 않으면서 말로만 주님을 높이려는 위선입니다.

우리는 조금만 바빠도, 예전보다 조금만 더 잘나가도 주님께 두었던 마음을 거두기가 십상입니다. 세상에서 잘나갈 때에도 여전히 주님 앞에서 자신의 실체를 알고 주님을 높이는 일은 참으로 어렵게 여겨집니다. 자신이 유명해져도 그것은 어디까지나 하늘에서 주신 것일 뿐, 하나님이 거두어 가시면 아무것도 아니라는 의식을 가지고, 주님을 높이며 그분께 영광을 돌리는 일이 우리 시대에는 참으로 드뭅니다.

우리는 세례 요한처럼 일단 자신에 대한 관심에서 눈을 돌려야 합니다. 오늘날 그리스도인들 중에는 자신의 호기심을 채우기 위해, 자신이 잘되기 위해, 자신의 뜻을 이루기 위해 예수님을 믿는 사람들이 많습니다. 이런 사람을 통해서는 하나님의 영광이 나타나기는커녕 오히려 하나님의 영광이 가려진다는 사실을 유념해야 합니다. 우리는 세례 요한처럼 오직 주님께 전념해야 합니다. 사람들의 관심이 내게서 멀어지고 내게 집중되던 시선이 거두어지며, 영광과 찬사가 내게서 떠나 다른 이에게로 옮겨질 때 우리는 크게 상심할 수 있습니다. 그러나 세례 요한을 본받아야 합니다. 우리 자신의 영광을 비우고 주님의 영광에 집중하도록 전념해야 합니다.

신앙생활을 잘하다가도 넘어질 때가 있습니다. 아예 넘어지지 않으면 좋겠지만, 누구나 신앙의 위기를 피해 갈 수는 없습니다. 그 위기의 때를 돌이켜 보십시오. 왜 넘어졌는지를 생각해 보십시오. 아마도 그때 자기 자신에게만 너무 집중하고 있었을 것입니다. 자신의 일과 자신의 영광, 자신의 계획과 자신의 생각, 그리고 자신의 욕심으로 가득했던 때가 아닌지 돌아보십시오. 자신에게만 집중하여 자신의 것만을 성취하려다 보니 하나님과의 관계에서 신앙적으로, 영적으로 넘어지게 된 것입니다.

인도 선교의 선구자인 윌리엄 캐리(William Carey)는 죽으면서 친구에게 이런 말을 남겼습니다. "내가 죽거든 윌리엄 캐리에 대해서는 말하지 마십시오. 오직 윌리엄 캐리의 구세주에 대해서만 말해 주십시오. 나는 그리스도만이 높아지기를 바랄 뿐입니다."

조지 휫필드(George Whitefield)도 마찬가지였습니다. 웨슬리(Wesley)가 조지 휫필드가 양육한 사람들을 데리고 교단을 만들었을 때, 많은 사람들이 휫필드를 찾아가 웨슬리를 대항할 만한 조직을 만들어서 함께 일하자고 제안했습니다. 그때 휫필드는 "휫필드의 이름은 사라지게 하라"라고 말했습니다.

존 칼빈(John Calvin)과 존 녹스(John Knox)도 자기 이름을 내세우기를 꺼려했습니다. 존 칼빈의 묘가 없어진 이유도 다 그 때문입니다. 존 칼빈은 "제발 내가 죽거든 장례식을 최대한 허름하게 하고 묘비도 세우지 말아 주십시오"라고 당부했습니다. 그래서 몇 개월 뒤에 사람들이 그의 묘를 찾아가 보았으나 찾을 수 없었다고 합니다. 그리고 스코틀랜드에 있는 존 녹스의 묘소는 오늘날 주차장이 되어 있습니다.

이들의 공통점은 무엇입니까? 그들은 모두 그리스도를 높인다는 말만을 늘어놓지 않았습니다. 그들은 그리스도를 높이는 동시에 자신을 낮추었습니다. 인간의 본성상 자신을 낮추지 않고서는 하나님을 온전히 높일 수 없습니다. 주님을 영화롭게 할 수 없습니다. 이것을 기억하십시오!

오늘날 교회에는 행동주의와 성과주의가 판을 치고 있습니다. "하나님의 영광을 위해 이 일을 합시다. 저 일을 합시다"라고 떠들어 댑니다. 그러나 그것은 하나의 사업 이야기에 불과합니다. 하나님의 영광은 행동과 사업이 아니라 삶의 내용을 가지고 이야기되어야 합니다. 우리 자신을 가리고 낮추는 일이 삶을 통해 드러나야 합니다.

저는 세례 요한의 이 고백이 우리의 고백이 되고 실제 삶의 모습이 되어, 우리에게도 하나님의 영광을 드러내는 일이 있기를 소원합니다.

"나는 참포도나무요 내 아버지는 농부라. 무릇 내게 붙어 있어 열매를 맺지 아니하는 가지는 아버지께서 그것을 제거해 버리시고, 무릇 열매를 맺는 가지는 더 열매를 맺게 하려 하여 그것을 깨끗하게 하시느니라. 너희는 내가 일러 준 말로 이미 깨끗하여졌으니, 내 안에 거하라. 나도 너희 안에 거하리라. 가지가 포도나무에 붙어 있지 아니하면 스스로 열매를 맺을 수 없음같이 너희도 내 안에 있지 아니하면 그러하리라. 나는 포도나무요 너희는 가지라. 그가 내 안에, 내가 그 안에 거하면 사람이 열매를 많이 맺나니, 나를 떠나서는 너희가 아무것도 할 수 없음이라. 사람이 내 안에 거하지 아니하면 가지처럼 밖에 버려져 마르나니, 사람들이 그것을 모아다가 불에 던져 사르느니라. 너희가 내 안에 거하고, 내 말이 너희 안에 거하면 무엇이든지 원하는 대로 구하라. 그리하면 이루리라. 너희가 열매를 많이 맺으면 내 아버지께서 영광을 받으실 것이요, 너희는 내 제자가 되리라. 아버지께서 나를 사랑하신 것같이 나도 너희를 사랑하였으니, 나의 사랑 안에 거하라. 내가 아버지의 계명을 지켜 그의 사랑 안에 거하는 것같이 너희도 내 계명을 지키면 내 사랑 안에 거하리라. 내가 이것을 너희에게 이름은 내 기쁨이 너희 안에 있어 너희 기쁨을 충만하게 하려 함이라."

_요한복음 15:1–11

15장
하나님의 영광을 위하는 구체적인 삶 4
_열매 맺는 삶

우리에게 맺혀야 할 성품의 열매

그리스도인들에게는 그들만이 특유하게 맺는 열매가 있습니다. 그리고 열매를 많이 맺어야만 하나님께 영광을 돌릴 수 있고, 또 하나님께서 영광을 받으십니다. 예수님은 열매를 많이 맺는 그리스도인들의 삶을 두고 그것이 바로 주님께 영광을 돌리는 삶이라고 말씀하십니다.

우리의 삶 속에서 열매를 많이 맺으면 하나님께서 영광을 받으신다는 말씀을 이해하기 위해서는 먼저 여기서 말하는 열매가 무엇인지 알아야 합니다. 흔히 우리는 그리스도인들이 삶에서 맺는 열매라고 할 때 거의 직감적으로 어떤 행동을 생각하게 됩니다. 우리는 일차적으로 어떤 수고나 행위를 통해 드러난 결과나 업적이 있으면 그것이 하나님께 드리는 열매이고 주께 영광이 될 수 있다고 생각합니다. 삶의 열매들이라고 하셨으니 당연히 우리가 살면서 드러내는 어떤 수고의 결과들이 아닌가 하고 생각하는 것입니다. 특히 전도나 봉사와 구제 등 교회 안에서 이루어지는 외적 활동들을 일차적으로 생각합니다. 그러나 본문이 말하는 열매는 그런 행실들을 뜻하지 않습니다.

물론 그리스도인들의 활동이나 행실들을 열매라고 말하는 말씀들을 우리는 성경에서 봅니다. 예를 들면, "주께 합당하게 행하여⋯⋯ 모든 선한 일에 열매를 맺게 하시며"(골 1:10)라는 말씀이 있습니다. 여기서는 열매는 열매인데 "주께 합당하게 행하여"라고 말합니다. 즉, 무언가 선한 일을 행함으로써 맺는 열매를 말합니다. 또 마태복음 5장에서는 열매라는 말을 직접 쓰지는 않지만 "그들로 너희 착한 '행실'을 보고 하늘에 계신 너희 아버지께 영광을 돌리게 하라"(16절)라고 말합니다. 이처럼 성경에는 행실이 강조되는 내용들이 분명히 있습니다.

그러나 본문에서 말하는 열매의 일차적인 의미는 우리의 수고나 행위 같은 것이 아닙니다. 그리고 대부분 성경에 나와 있는 열매들의 일차적인 의미도 우리의 행위를 말하는 것이 아닙니다. 본문에서 말하는 열매의 일차적인 의미는 어떤 행실을 하게 하는 내적인 성품입니다. 물론 열매는 보이는 것이기에 눈에 보이는 증거가 있어야 한다는 면에서 최종적으로는 어떤 행실이나 수고와 같은 것들, 그리고 우리가 열심히 활동함으로써 나타나는 결과들을 배제할 수는 없습니다. 그러나 본문에서는 그런 행위적인 것이라기보다는 우리의 내적인 성품을 두고 열매라고 말하고 있습니다. 그것에 대해서는 뒤에서 상세히 설명하겠습니다.

우리는 일반적으로 하나님께 영광 돌리는 삶을 생각할 때 너무 행위적으로 생각하는데, 이런 습관부터 고쳐야 합니다. 대부분의 그리스도인들이 거의 행위적으로 생각합니다. 그들은 하나님의 영광과 그리스도인들의 열매를 자꾸 행위적인 측면에서 생각합니다. 그렇게 생각하다 보니, 자신들의 삶 속에서 행해지는 수고와 봉사를 너무 결과 중심으로 보게 됩니다. 결과가 좋으면 그 결과에 이르게 된 동기까지도 쉽게 정당화시켜 버립니다.

한 가지 예로, 돈을 번 방법이야 어떻든 헌금을 많이 내면 그 사람이 대단한 일을 한 것으로 평가됩니다. 그렇다 보니 앞에서도 언급한 것처럼, 어떤 청년들이 나중에 자기들이 사업을 해서 돈을 많이 번 후에 장로가 되어 교회 일을 열심히 하겠다고 하는 것입니다. 그들은 동기야 어떻든 행위적인 결과만 있으면, 그로 인해 하나님께서 영광을 받으실 것이라는 논지를 펼칩니다. 그들은 자신들의 행위가 어떤 뿌리에서 나와야 하는지에 대해서는 전혀 생각하지도 않습니다.

본문은 바로 그런 문제를 지적하고 있습니다. 이렇게 생각해 보십시오. 행위적인 결과만을 가지고 열매라고 한다면, 나이가 많은 사람들이나 병석에 있어서 활동을 못하는 사람들은 도무지 그들의 삶을 통해 하나님께 영광을 돌릴 수가 없게 됩니다. 그리고 잘못된 동기나 뜻을 가지고 행했을지라도 성과만 있으면 된다고 생각한다면, 소위 세상의 성공 논리와 별반 차이가 없습니다. 그런데도 그런 논리로 하나님의 영광을 생각하는 일이 교회 안에 깊이 들어와 있습니다.

그러한 오해와 모습은 본문의 열매를 너무 행위적인 것으로만 해석한 데서 비롯됩니다. 한마디로 주님께서 말씀하신 포도나무의 비유를 정확하게 이해하지 못해서 일어난 일입니다.

그리스도와의 연합에서 열리는 그리스도의 성품의 열매

본문에서 아버지께서 영광 받으시도록 우리가 맺어야 할 열매에 대해 어떻게 말하고 있습니까? 그것은 가지에서 독립적으로 맺는 열매가 아니라고 말하고 있습니다. 그 열매는 아주 분명한 뿌리가 있습니다. 열매를 맺는 정직하고 진실한 근거가 있습니다. 포도나무, 즉 열매를 맺게 하는 본체와의 관계 속에서 맺는 열매입니다.

그러므로 우리는 본체를 염두에 두고 열매를 생각해야 합니다. 그래서 주님은 본문의 비유에서 시종일관 그것에 대해 말씀하고 계십니다.

"가지가 포도나무에 붙어 있지 아니하면 스스로 열매를 맺을 수 없음같이 너희도 내 안에 있지 아니하면 그러하리라. 나는 포도나무요 너희는 가지라. 그가 내 안에, 내가 그 안에 거하면 사람이 열매를 많이 맺나니, 나를 떠나서는 너희가 아무것도 할 수 없음이라. 사람이 내 안에 거하지 아니하면 가지처럼 밖에 버려져 마르나니"(요 15:4-6).

주님은 계속 포도나무라는 본체를 통해서 '생명과 열매'를 말씀하십니다. 가지들이 맺는 열매는 본체로부터 떨어져 스스로 맺는 것이 아니라, 포도나무로부터 양분을 얻어서 맺는 것이라는 단순한 사실을 분명하게 강조하고 있습니다. 이렇게 볼 때, 우리 그리스도인들이 맺는 열매란 우리와 그리스도와의 연합의 산물입니다. 이 사실을 깨닫는 일이 이 비유에서는 굉장히 중요합니다.

그리스도인들의 열매의 발원지는 예수 그리스도입니다. 그리고 그리스도인의 열매는 예수 그리스도와 연합되어 나타나는 순수한 열매입니다. 쉽게 말해, 우리 그리스도인의 삶 속에서 맺는 열매가 그리스도의 것이라고 하는 분명한 증거가 있어야만 그것을 열매라고 할 수 있습니다. 그리스도인들의 열매는 사실상 자신들의 열매가 아닙니다. 잘못된 동기와 인간적인 발상에서 나온 모든 행위는 그 결과가 어떠하든지 열매가 아닙니다. 그리스도의 것이라는 증거가 있어야만 열매라고 할 수 있습니다. 본문은 이 사실을 강조하고 있습니다.

이런 의미에서 그리스도인의 삶 가운데 있는 열매들 속에 그리스도의 것이라고 할 만한 증거가 없다면, 교회 안에서 아무리 큰 성과를 이루고 아무리 큰 수고를 한다 할지라도 그것은 열매가 될 수 없습니다. 뿐만 아니라 그것은 하나님께서 영광 받으실 만한 열매가 될 수도 없습니다.

본문의 비유는 그리스도인의 열매의 근원이 분명히 포도나무 본체로 비유되는 예수 그리스도이심을 강조하고 있습니다. 그런데 이 사실이 우리 가운데서 얼마나 크게 왜곡되어 있는지를 알고 있습니까? 우리는 사람들의 동기를 분별하지도 않고 공공연하게 성과만을 가지고 하나님께서 영광을 받으신다고 말하며 칭찬합니다. 우리의 열매는 철저하게 그리스도의 것이어야 합니다. 그렇지 않으면 열매가 아닙니다.

가지가 포도나무라는 본체에 붙어 있음으로써 포도 열매를 맺듯이, 예수님이라는 본체에 연합되어 있는 그리스도인이 맺는 열매는 결국 본체이신 예수 그리스도의 것입니다. 사과나무에서 사과가 열리듯, 우리가 열매를 맺는다 하더라도 단지 우리를 통해서 맺을 뿐, 그 열매는 본체이신 예수 그리스도라는 것입니다. 이것은 굉장히 중요한 내용입니다.

이 말이 뜻하는 바는 무엇입니까? 그리스도인의 삶에서 맺히는 열매에는 온통 예수 그리스도의 모습이 나타나야 한다는 말입니다. 그리고 그 모습은 예수 그리스도의 성품을 가리킵니다. 예수 그리스도의 성품이라는 열매가 우리 가운데 많이 맺힐 때 하나님께서 영광을 받으시는 것입니다. 행위는 이차적인 문제입니다. 중요한 것은 그리스도의 성품, 곧 그리스도의 사랑과 인내, 그리스도의 온유하심 등이 우리의 삶 속에서 나타나는 것입니다. 열매는 그렇게 그리스도의 성품이 드러나는 것입니다.

이러한 관점에서라야 성령의 아홉 가지 열매를 제대로 이해할 수 있습니다. 성령의 아홉 가지 열매가 무엇입니까? 온통 성품입니다.

"사랑과 희락과 화평과 오래 참음과 자비와 양선과 충성과 온유와 절제니"(갈 5:22,23).

모두 성품의 내용을 지칭합니다.

그런데 여기 포도나무의 비유에서 그 정의가 내려지고 있습니다. 즉, 누가 어떤 행실을 하느냐, 어떤 수고를 하느냐 하는 것보다 더 중요한 문제는 그 속에 예수 그리스도의 성품이 나타나느냐 하는 것입니다. 성품의 열매는 활동이 자유롭지 못한 노인들이나 병석에 오래 누워 있는 환자들도 얼마든지 맺을 수 있습니다. 죽어 가면서도, 육신이 몹시 쇠약할 때에도 주님의 성품을 드러낼 수는 있기 때문입니다. 예수님의 온유하심, 예수님의 사랑, 예수님의 화평……. 그런 성품을 드러냄으로써 열매를 맺고, 그것을 통해 하나님께 영광을 돌릴 수 있습니다. 그리스도인의 삶 속에서 예수 그리스도의 모습, 곧 그분의 성품이 나타나는 것 자체가 열매라는 사실을 기억해야 합니다.

바울은 빌립보서에서 그리스도인을 통해 나타나야 할 열매에 대해 말하면서 "예수 그리스도로 말미암아 의의 열매가 가득하여 하나님의 영광과 찬송이 되기를 원하노라"(빌 1:11)라고 했습니다. 예수 그리스도로 말미암는 의의 열매는 그리스도인의 삶 속에 나타나는 열매이기는 하지만 예수 그리스도로부터 나타난 의의 모습이고 성품입니다. 바울은 이런 의의 열매로 인해 하나님께 찬송과 영광이 되기를 원한다고 말하고 있습니다.

또 그리스도인들에게 있는 사랑을 이야기하기 위해 주님은 "내가 너희를 사랑한 것같이 너희도 서로 사랑하라"(요 15:12)라고 말씀하십니다. 주님은 우리에게 사랑하라고 말씀하실 때, 주님이 행하신 '아가페'라는 사랑의 단어를 계속 쓰십니다. 요한일서에도 '아가파오'라는 동사를 써서 아가페, 주님과 같은 사랑을 할 것을 말합니다. 특별히 고린도전서 13장이 말하는 사랑은 그리스도인들에게 있는 사랑을 이야기하는데, 그것은 완성될 하나님 나라에 이르러서 가지게 될 사랑이 아니라 이 땅에 살면서 가져야 할 사랑입니다. 이것은 아가페이며, 그리스도의 성품, 곧 주님의 사랑입니다. 본문 말씀 9절을 보면 "아버지께서 나를 사랑하신 것같이 나도 너희를 사랑하였으니, 나의 사랑 안에 거하라"라고 말씀하십니다. 이와 같이 그리스도인의 사랑은 바로 주님의 사랑이며, 그것은 그리스도의 성품 중 하나입니다.

또 주님은 본문에서 그리스도인에게 있는 기쁨, 다른 말로 희락도 주님 자신의 기쁨이라고 말씀하십니다.

"내 기쁨이 너희 안에 있어 너희 기쁨을 충만하게 하려 함이라"(요 15:11).

그리스도인 안에 있는 기쁨도 주님의 성품입니다. 성령의 아홉 가지 열매에 나오는 희락이라는 기쁨도 이와 같은 맥락입니다.

그리고 요한복음 14장에는 그리스도인에게 주어지는 평안이 나옵니다. 이것은 평화, 화평이라는 말로도 바꿀 수 있습니다. 주님은 "평안을 너희에게 끼치노니, 곧 나의 평안을 너희에게 주노라"(요 14:27)라고 하시면서 평안을 우리에게 주시는데, 그것이 주님의 평안이라고 말씀하십니다. 우리 그리스도인에게 주어진 기쁨과 평안도 바로 그리스도의 것이요, 그리스도의 성품과 관련된 것입니다.

사랑과 평화와 기쁨, 이 모든 것이 성령의 아홉 가지 열매에 해당합니다. 이러한 것들은 다 그리스도의 성품입니다. 성령께서 하시는 일이 바로 그리스도를 드러내는 일이기 때문입니다. 결국 성령께서 우리에게 맺게 하시는 열매는 그리스도의 성품을 드러내는 열매입니다. 성령의 아홉 가지 열매 모두가 그렇습니다.

이 외에도 고린도후서에서 바울은 "그리스도의 온유와 관용으로 친히 너희를 권하고"(고후 10:1)라고 말합니다. 즉, 그리스도인 안에 있는 온유와 관용은 그리스도의 온유와 관용입니다.

이 모든 것들이 무엇을 말하고 있습니까? 행위에 앞서 성품을 말하고 있습니다. 다시 말해, 주님의 성품이 우리 안에서 드러나는 것이 열매라는 것입니다. 성품이 먼저입니다. 우리는 그것을 감안하지 않고서 어떤 행동만을 가지고 열매라고 착각해서는 안 됩니다. 열매는 예수 그리스도께 있는 성품들이 그분과 연합한 사람들에게서 나타나는 것입니다. 그래서 활동할 수 없는 노인이든 힘찬 젊은이든, 또 병상에 있는 환자이든 건강한 사람이든 상관없이 누구든지 그리스도인이면 열매를 맺을 수 있으며, 하나님의 영광을 드러낼 수 있습니다. 그리스도와 연합한 사람이라면 마땅히 그에게서 그리스도의 사랑, 의, 기쁨, 평안, 온유, 관용 등의 성품이 나타남으로써 열매를 맺을 수 있고, 열매를 맺어야만 합니다. 그 성품의 열매를 많이 맺어야 하나님께서 영광을 받으십니다.

그리스도의 성품이 없는 행위는 열매가 아님

우리는 기존에 가지고 있던 생각을 바꿔야 합니다. 즉, 하나님께서 영광을 받으시는 것은 내가 무엇이 되고 무엇을 함으로써 가능한 것이라는 생각을 버려야 합니다. 물론 어떤 사람이 그리스도의 성품이 드러나는 가운데 그것을 했다면 하나님께서 영광을 받으실 것입니다. 그러나 그리스도의 성품이 드러나지 않는 행위와 일의 결과물은 결코 하나님께 영광이 되지 않습니다. 그것은 그리스도의 열매라고도 할 수 없습니다. 성경은 그것을 그리스도의 열매라고 정의하지 않습니다. 우리가 교회에서 하는 수고와 봉사, 전도 같은 것도 마찬가지입니다. 전도는 주님이 영혼을 사랑하여 행하신 마지막 결과입니다. 그것은 '영혼 사랑,' 곧 일종의 사랑이라고 하는 성품에서 드러난 표현입니다.

기독교 신앙에는 항상 출발점이 있습니다. 그렇기 때문에 열매를 갑자기 뚝 떨어지는 행동으로 생각해서는 안 됩니다. 참된 기독교적인 신앙의 행동은 그리스도로부터 온 성품에서 비롯됩니다. 이런 면에서 힌두교와 불교가 마음 탐구를 통해서 이루려는 성품과 그것을 드러내는 행위는 기독교의 것과 근본적으로 다릅니다. 기독교는 그리스도와의 관계 속에서, 즉 그 관계로부터 온 성품을 맺습니다.

만약 우리에게 그리스도로부터 온 성품이 없다면, 우리가 하는 모든 행동은 인간적인 열매, 즉 자기 의의 열매를 맺는 것에 지나지 않을 것입니다. 자기 성취, 자기 자랑을 넘지 못한다는 것입니다. 그러므로 교회의 성장주의나 성공주의는 인간의 의의 열매를 부추기는 것일 뿐이라고 할 수 있습니다. 그리스도와의 관계와 그로부터 맺는 성품은 생각하지 않고 어떻게 해서든지 숫자만 늘리려는 목적으로 행위만을 강조해서 이룬 성과이기 때문입니다. 그런 식으로 이룬 성과와 성공이 있는 곳에는 자연스럽게 하나님의 영광보다는 인간의 자랑과 성공담이 꽃피게 됩니다.

한 가지 질문해 볼까요? 왜 우리가 영혼을 향해 복음을 전해야 합니까? 교회의 성장과 성공 때문입니까? 아닙니다. 그것은 뗄 수 없는 그리스도와 우리의 연합 때문입니다. 그리스도께서 나를 사랑하신 것처럼 우리 또한 그 사랑으로 다른 영혼을 사랑하는 것입니다. 그러므로 그것은 단순히 어떤 행동이기 이전에 성품의 반영입니다. 어떤 교회는 전도를 수치화해서 상을 주기도 합니다. 극단적으로는 상품권과 승용차를 주고 현금까지 주기도 하는데, 이것은 있을 수 없는 일입니다. 이것은 주님께서 마지막 때에 하실 판단과 상급을 우리가 감히 이 땅의 가치로 표현하려는 오류입니다.

우리나라에서 잘 팔리는 기독 서적은, 교회가 수적으로 성공했든 인생의 성공담이든 소위 성공 사례를 담은 책들입니다. 특히 교회의 외적 성공 사례는 베스트셀러가 되고, 그들의 말을 마치 '진리'인 것처럼 생각하며 사서 읽는 것이 오늘날의 추세입니다. 오늘날의 많은 목사들과 신학생들은 온통 유명인과 성공한 사람들의 사례를 수집하고 그런 종류의 책을 읽느라 열심을 쏟고 있습니다. 그런 책들은 당장은 시원하지만 마시면 마실수록 갈증이 심해지는 소금물과 같습니다.

그렇기 때문에 우리에게는 잊을 만하면 다시 떠올려서 상기시켜야 할 것이 있습니다. 우리에게 일어난 모든 일들에 대해, 그것이 설령 어떤 성과가 있는 일이라 할지라도, 우리 스스로는 이런 일들을 할 수 없음을 인정해야 합니다. 모든 일이 오직 주님에 의해서만 가능한 것임을 인정해야 합니다.

기독교 안에서 우리가 맺는 모든 열매의 근원은 오직 예수 그리스도이십니다. 예수 그리스도로부터 오지 않고는 결코 순전한 열매를 맺을 수 없다는 사실을 명심하십시오. 우리는 이것을 마음에 새기고, 또 새겨야 합니다. 그래서 우리들의 이야기, 교회에 대한 이야기보다는 우리 안에서 역사하시는 하나님, 우리 교회 안에서 영광을 받으셔야 하는 하나님께로 모든 이야기의 초점이 맞춰져야 합니다.

진실로 예수 그리스도의 성품을 열매로 드러내는 그리스도인과 교회를 통해 하나님께 영광이 돌려져야 합니다. 다른 수단을 써서는 안 됩니다. 그리스도의 성품이 드러나지 않는 삶은 열매 맺는 삶이 아님을 기억하십시오. 아무리 열심히 교회에 다니고 열심히 봉사한다고 할지라도 삶 속에서 그리스도의 성품이 드러나지 않는다면, 그 사람은 열매가 하나도 없는 사람입니다.

주님은 결국 참된 열매를 맺지 못하는 가지를 제거해 버리십니다.

"무릇 내게 붙어 있어 열매를 맺지 아니하는 가지는 아버지께서 그것을 제거해 버리시고"(요 15:2).

주님은 여기서 '내게 붙어 있어,' 곧 주님 안에 있는 사람을 말씀하십니다. 그런데 그 사람에게 열매가 없으면 주님께서 가지를 꺾으십니다. 여기서 꺾으시는 분은 하나님 아버지이십니다.

반드시 행실로 드러나는 그리스도의 성품

그리스도의 성품이 우리 안에 있을 때, 그것은 결국 우리의 마음과 생각의 영역을 넘어 말과 행동으로 나타나게 됩니다. 그리스도인의 모든 봉사와 수고는, 그것 자체가 목적이 아니라 우리 안에 그리스도의 성품이 있으면 당연히 나타나게 되어 있는 결과입니다. 어떤 사람은 '하나님께 영광 돌리는 열매는 성품이라고 했으니까 행실은 아무 것도 아닌가 보다'라고 생각할지도 모르겠습니다. 그러나 성품과 행실은 분리될 수 없습니다. 그리스도의 성품이 있는 사람들에게서는 반드시 그에 합당한 행실이 나타납니다. 그것도 예수 그리스도의 향기가 아주 진하게 배어 있는 행실로 말입니다.

실제로 그런 사례를 성경에서 적지 않게 찾을 수 있습니다. 사도들이나 초대 교회 성도들이 바로 그런 경우입니다. 사도 요한을 보십시오. 그는 아주 급하고 자기 중심적인 사람이었습니다. 오죽하면 '우레의 아들'(막 3:17)이라고 불렸겠습니까? 그런데 그가 전한 메시지와 그가 쓴 서신들을 통해 발견하게 되는 것은 무엇입니까? 그것은 사도 요한이 하나님 사랑과 형제 사랑, 그리스도 안에서 갖는 기쁨 등 그리스도의 속성에 대해 매우 체험적으로 이야기하고 있다는 것입니다. 노인이 된 그는 사람들에게 뭐라고 권합니까? 바로 성품입니다. 그는 '우레의 아들'이라고 불리던 사람이었지만, 후에 그에게서 나타나는 성품은 그리스도의 성품이었습니다.

사도 바울도 마찬가지입니다. 그의 경험과 말 속에서 발견되는 것이 무엇입니까? "그리스도의 사랑이 나를 강권한다. 그리스도의 의, 그리스도의 기쁨, 기뻐하라. 내가 다시 말하노니 기뻐하라(빌 4:4 참고)"입니다. 그리고 그는 그리스도의 마음을 품으라고 하면서 그리스도의 낮아지심과 같은 겸손을 이야기합니다(빌 2:5-8 참고).

또한 고린도후서를 보면 "나 바울은 이제 그리스도의 온유와 관용으로 친히 너희를 권하고"(고후 10:1)라고 말합니다. 이는 자기에게 있는 그리스도의 온유와 관용으로 권한다는 말입니다. 그리고 그는 다음과 같이 말합니다. "만일 수고에 대해서 이야기해야 된다면 내가 너희들에게 이야기할 것이 많다. 나는 정말로 많은 수고를 했다. 매 맞아 죽을 뻔하고, 자지 못하고 먹지 못하며, 많은 수고와 헌신의 삶을 살았다"(고후 6:5 참고). 그러나 그는 "그런 모든 수고를 했다고 할지라도 내가 지금 말하려고 하는 것은 그것이 아니다. 내가 아무리 수고를 많이 했다 할지라도 나에게 중요한 것은 그것이 아니고 다른 것이다"라고 하면서 결국 자신이 말하고자 하는 논지를 뒤이어 밝힙니다. 그것은 바로 성품에 대한 것입니다.

"이 외의 일(그 모든 수고)은 고사하고 아직도 날마다 내 속에 눌리는 일이 있으니, 곧 모든 교회를 위하여 염려하는 것이라"(고후 11:28).

무엇입니까? 교회를 향한 사랑과 연민입니다. "누가 약하면 내가 약하지 아니하며, 누가 실족하게 되면 내가 애타지 아니하더냐?"(고후 11:29)라고 말하는 바울을 보십시오! 왜 성도들을 향해서, 그것도 다른 교회 성도들을 향해서 이렇게 애타합니까? 이것은 "우리가 만일 미쳤어도 하나님을 위한 것이요, 정신이 온전하여도 너희를 위한 것이니, 그리스도의 사랑이 우리를 강권하시는도다"(고후 5:13,14)라는 앞의 내용을 증명하는 것입니다. 그는 그리스도의 사랑으로 애타하면서 수고했던 것입니다. 이것은 성품입니다. 물론 그에게 많은 수고와 행동이 있었지만, 그 모든 것이 사실은 하나님에 대한 사랑과 그리스도의 사랑이라는 사랑의 열매였습니다.

그리스도인의 모든 행동은 그리스도의 성품의 빛입니다. 사도 바울이나 사도 요한이나 이루 말할 수 없는 봉사와 수고의 헌신적인 삶을 살았지만, 그들에게 열매는 다름 아닌 그리스도의 성품이었습니다. 그들에게서는 이런 그리스도의 성품이 아주 자연스럽게 드러났으며, 그들이 했던 많은 수고들은 사실상 다 감추어졌습니다. 그러나 우리의 현실은 그들의 모습과 너무도 다릅니다.

'그리스도 안에 거하라'

여기서 우리는 한 가지 의문을 가질 수 있습니다. "그리스도의 성품이라는 열매가 그리스도와의 연합에 의해서 맺어지는 것이라면 그것은 자연스런 열매가 아니겠는가? 그냥 가만히 있어도 맺게 되는 열매, 붙어 있기만 하면 자연스럽게 맺히는 열매가 아닌가?"라고 말입니다. 그리고 그러한 논지 아래서 대단히 소극적인 생각들을 할 수 있습니다.

실제로 이 포도나무 비유를 오해하여 '극단적 칼빈주의(Hyper-Calvinist)'가 생겨나기도 했습니다. 그들은 포도나무의 열매 맺는 조건에 대해서는 별로 생각하지 않고, 그저 단순히 "예수님을 믿으면 저절로 열매 맺는 것이 아니냐?"라고 생각했습니다.

그러나 본문은 분명히 열매를 맺을 수 있는 조건에 대해 말하고 있습니다. 그것이 무엇입니까? 그것은 가지가 포도나무에 붙어 있어야 한다는 것입니다. 그리고 이 '붙어 있어야 한다'는 문제와 관련해서 사용되는 단어는 상당히 적극적인 단어입니다.

4절을 보면 "내 안에 거하라……가지가 포도나무에 붙어 있지 아니하면 스스로 열매를 맺을 수 없음같이 너희도 내 안에 있지 아니하면 그러하리라"라고 말씀합니다. 그리스도인이 성품의 열매를 맺으려면 가지가 포도나무에 붙어 있는 것처럼 먼저 그리스도 안에 거해야 한다는 것입니다. 여기서 '그리스도 안에 거한다'는 말은 4절 하반절의 '그리스도 안에 있다'는 말과는 의미가 다릅니다. 성경은 "그리스도 안에 있으라"라고 권면하지 않고 "그리스도 안에 거하라"라고 말합니다. 그리스도인이면 누구나 다 그리스도 안에 있는 사람입니다. 따라서 그리스도 안에 있는 것은 당연한 것이므로 권면의 내용이 아닙니다. 그리스도 안에 있는 것은 중생에 의해서 하나님과 연합된 사람들의 보편적인 상태입니다.

본문은 그리스도 안에 '거하라'고 명령합니다. 성경은 이것을 자주 권면합니다. 왜 그렇습니까? 그리스도 안에 거하지 않으면 그리스도인의 특권이나 체험 등 놀라운 은혜들을 누리지 못하고 심지어 잃어버릴 수도 있기 때문입니다. 그리스도인은 그리스도 안에 거할 때 온전한 특권을 누리고, 신령한 은혜들을 경험하게 됩니다. 반대로 그렇지 못할 때는 그 특권과 은혜들을 상실할 수 있습니다.

이 '거한다'는 말은 그리스도 안에서 하나님과의 사귐을 항상 유지한다는 의미입니다. 그것은 우리 그리스도인들이 항상 그리스도와의 연합에 대해 체험적인 이해를 가지고 산다는 의미입니다. 하나님과의 끝없는 이 사귐의 관계를 항상 의식하면서, 의식적인 관계를 지속하는 것을 말합니다. 이렇게 항상 그리스도에게 전념할 때, 우리 안에서 그리스도의 성품의 열매를 맺게 됩니다.

그러므로 본문은 항상 예수 그리스도에게 전념하라고 하신 주님의 명령 아래 있을 때에만 열매가 맺힐 수 있다는 사실을 시사하고 있습니다. 그냥 가만히 있으면 저절로 열매가 맺히는 것이 아닙니다. 하나님을 향해 진실한 마음을 쏟지도 않고 주님과 의식적으로 긴밀한 관계를 맺지도 않는 가운데, 그저 예배나 한번 드리려고 교회에 들락날락하는 사람에게 무슨 신령한 열매가 맺힐 수 있겠습니까? 어떻게 그런 사람이 많은 열매를 맺을 수 있겠습니까? 그것은 불가능합니다.

신령한 열매를 맺는 것은 주님과의 관계를 의식적으로 지속하려고 할 때만 가능합니다. 다시 말해, 그리스도 안에 거하여 살 때에만 가능합니다. 본문에서는 주님께 전념하는 가운데 실제로 주님과의 의식적인 관계 속에서 맺는 열매를 말하고 있습니다. 항상 주님을 의지하면서 하나님께 믿음을 두고 살아가는 삶 말입니다.

그리스도 안에 있는 것은 하나님의 은혜의 문제입니다. 그러나 그리스도 안에 거하는 것은 우리의 책임의 문제입니다. 다시 말해 우리의 반응의 문제입니다. 그리스도 안에 있는 것은 끊어지지 않고 영원히 계속됩니다. 그렇지만 그리스도 안에 거하는 것은 끊어질 수도 있습니다. 2절에 보면 "열매를 맺지 아니하는 가지는 아버지께서 그것을 제거해 버리신다"라고 했습니다. 그러므로 우리는 그리스도 안에 거하기를 힘써야 합니다. 주님과 교제하기를 원하는 가운데, 의식적으로 주님을 의존하면서 신뢰의 관계를 유지해야 합니다. 그런 삶을 살 때에만 비로소 열매가 맺힐 수 있고, 그 열매에서 그리스도의 성품이 드러나게 됩니다.

주님에 대한 의식이 없는 사람에게서 어떻게 그리스도의 성품이 드러나겠습니까? 세상 사람들은 이 세상만 의식하며 삽니다. 그런 사람들의 마음에는 먹고 사는 문제와 관련된 세상적이고 속된 것이 가득합니다. 그런데 그런 의식이 지배적인 사람에게서 어떻게 그리스도의 성품이 열매로 나올 수 있겠습니까?

본문 말씀에서 열매는 주님에 대한 지속적인 의식, 주님을 따르고 신뢰하는 의식적인 관계 속에서 맺어지는 열매를 말합니다. 바로 그런 가운데서 그리스도의 성품이 열매로 맺어질 수 있습니다.

바울이 그리스도와 관련해서 사용한 단어에는 굉장히 충격적인 말이 많습니다. 그는 '그리스도로 말미암아, 그리스도께서'라고 하면서 계속 그리스도로 말미암은 자신의 삶의 영역들을 묘사합니다. 그는 자신이 말하면서도 "그리스도께서 내 안에서 말씀하신다"(고후 13:3 참고)라고 합니다. "그리스도께서 내 안에서 역사하사, 그리스도께서 내 안에 사신 것이라(갈 2:20 참고). 내게 능력 주시는 자 안에서 내가 모든 것을 할 수 있느니라(빌 4:13)."

그는 전적으로 주님께 의존하고, 항상 주님을 의식하는 가운데 주님과의 관계 속에서 살아가고 있다는 사실을 계속 증명하고 있습니다. 그런 가운데 바울에게서 기쁨, 사랑, 온유, 관용 등 그리스도의 성품들이 열매로 드러난 것입니다. 이런 그리스도의 성품으로 인해 바울은 성도들을 사랑하고 영혼들을 헤아리며 교회들을 돌보고, 또 감옥에 있으면서도 마음을 지키며 고통스러운 환경 가운데서도 기뻐합니다. 그것이 그리스도의 성품입니다.

바로 이것이 예수님을 믿지 않는 사람들이 보고 놀랄 만한 모습입니다. 바울과 실라가 감옥에 갇혀 있는데도 찬송하는 모습을 보고 빌립보 감옥의 간수가 놀라지 않았습니까? 이런 모습은 예수님을 믿지 않는 사람에게도 도전이 됩니다. 그러나 단순히 그런 상황에서 찬송을 했다는 사실 때문이 아닙니다. 그야말로 찬송할 수 없는 상태에서 찬송할 수 있는 마음을 지녔다는 것, 이것이 도전이 되었던 것입니다. 그리고 그것이 결국 하나님께 영광이 되었습니다. 여러분, 이런 열매가 어디에서 나옵니까? 바울이 말한 것처럼 항상 주님과 함께 있고 주님과의 의식적인 관계에 있었던 삶에서 나온 것입니다.

우리는 여기서 아주 놀라운 사실을 발견할 수 있습니다. 그것이 무엇입니까? 그것은 우리가 철저히 예수 그리스도께 의존되어 있을 때, 또 우리의 마음이 예수 그리스도께 집중되어 있을 때, 그래서 나의 색(色)이 아닌 주님의 색, 주님의 성품, 주님의 모습이 열매로 나타날 때, 바로 그때 그 열매를 통해서 하나님께서 영광을 받으신다는 것입니다.

'많이'

본문에는 우리가 중요하게 여겨야 할 또 하나의 단어가 있습니다. "너희가 열매를 많이 맺으면"(요 15:8)이라는 구절에서 보듯이 '많이'라는 단어입니다.

예수님을 대충 믿는 사람들에게서 하나님의 영광이 많이 드러나겠습니까? 그렇지 않습니다. 성경은 매우 정확합니다. 이것은 주님께서 직접 자신의 입으로 하신 말씀입니다.

우리가 무엇을 하든, 혹은 아무것도 할 수 없든 간에 그 속에서 그리스도의 성품이 많이 드러나야 합니다. 잠시 드러나는 듯하다가 금방 돌변해 버린다면, 그것은 오히려 영광을 가릴 뿐입니다. 그리스도인에게는 수고와 행실을 통해 많은 것들이 드러나야 하겠지만, 그 전에 먼저 그런 것들을 가능하게 하는 주님의 성품이 풍성히 드러나야 합니다. 왜 봉사합니까? 주님의 은혜 때문입니다. 왜 구제합니까? 주님의 연민, 주님의 사랑, 즉 그러한 성품 때문입니다. 그런 성품이 많이 드러날 때 하나님께서 영광을 받으십니다.

우리는 예수님을 믿을 때 이런 부분에 대해 진실해야 합니다. 그런데 이 진실하다는 말은 때로는 적극적이라는 말도 됩니다. 구약을 통해서도 하나님께서 자기 백성들에게 매우 진실하신 것을 볼 수 있습니다. 신명기에는 '신실하신 하나님'(신 7:9)이라는 말이 나오는데, 하나님은 매우 신실하십니다. 그 신실하신 하나님은 어떤 일에 대해서 모른 척하시거나 가만히 계시지 않습니다. 오히려 굉장히 적극적으로 나오십니다. 하나님은 이스라엘 백성에게 "너희들이 왜 그렇게 하느냐? 왜 그렇게 범죄하느냐?"라고 하시며 계속 적극적으로 다가가십니다. 그러고는 그들을 건져 내고, 또 건져 내십니다. 견고히 붙들어서 다시 세우십니다.

이처럼 예수님을 믿을 때 우리가 진실해야 한다는 것에는 하나님 앞에서 매우 적극적이어야 한다는 것을 포함합니다. 물론 진실함이 없는 적극성은 가증스런 것이지만, 성경이 말하는 주님의 성품 속에서의 진실함은 대단히 적극적인 것입니다. 결코 소극적일 수 없습니다. "예수님을 믿는다고 하면서 왜 열정이 식는가?"라는 문제도 이런 부분과 관련되어 있습니다.

기억하십시오. 우리는 하나님의 영광을 위해 살고 하나님의 영광을 드러내기 위해 존재합니다. 그런데 그 일이 가능하려면 우리의 삶 속에서 우리가 그리스도와 연합했다는 증거가 드러나야 합니다. 그 증거는 바로 그리스도의 성품이 우리를 통해서 드러나는 것입니다. 부부 사이의 관계에서, 친구들과의 관계에서, 그리고 가정에서, 사회에서 우리를 통해 그리스도의 성품이 드러나야 합니다.

이것을 위해서 우리는 가만히 수동적으로 앉아 있어서는 안 됩니다. 주님을 의식해야 합니다. 우리에게는 주님을 의식할 수 있게 도와주시는 분이 계십니다. 우리 안에서 역사하시는 증거, 곧 성령께서 우리로 하여금 주님을 생각나게 하십니다. 우리는 주님을 따라가야 합니다. 그런데 왜 반응하지 않으려고 합니까? 주일에 예배당에서는 은혜를 받는 듯하다가 나머지 6일 동안은 그리스도의 성품이 드러나기는커녕 엉망진창으로 산다면, 그 사람의 삶에서는 열매가 있을 수 없습니다. 그런 사람에게는 열매라고 할 만한 것이 하나도 없습니다. 기억하십시오. 하나님은 그리스도의 성품의 열매를 통해서 영광을 받으십니다.

우리는 그리스도의 성품으로 살고 행해야 합니다. 먼저 그리스도의 성품이 우리 안에서 드러나야 합니다. 그리스도의 성품이 가장 강하게 드러나야 할 곳이 바로 교회입니다. 교회는 사랑의 공동체입니다. 말씀에 의해서 사랑이 회복되고 그 회복된 모습이 강하게 드러나야 합니다. 사랑을 나누는 데 제한받지 말아야 합니다. 누구든지 와서 쉽게 동화될 수 있어야 합니다.

그리스도의 성품이 '많이' 드러날 때 하나님이 영광 받으십니다. 만약 그리스도의 성품이 많이 드러나지 않는다면 그는 쓸모없는 가지와 같습니다. 여러분도 많이 보았겠지만 끝 부분이 말라 죽은 가지는 결국 잘라 버립니다. 이 말씀은 그리스도인을 대상으로 하신 말씀입니다. 그리스도인이라 할지라도 열매가 없으면 제거해 버리겠다고 말씀하셨습니다. 하나님께서는 분명 그러실 수 있습니다.

이 사실을 유념하여 여러분 개인의 삶과 교회 공동체를 통해 그리스도의 성품이 많이 드러남으로써, 하나님께 영광 돌릴 수 있기를 간절히 소원합니다.

"그들이 옳게 여겨 사도들을 불러들여 채찍질하며 예수의 이름으로 말하는 것을 금하고 놓으니, 사도들은 그 이름을 위하여 능욕 받는 일에 합당한 자로 여기심을 기뻐하면서 공회 앞을 떠나니라. 그들이 날마다 성전에 있든지 집에 있든지 예수는 그리스도라고 가르치기와 전도하기를 그치지 아니하니라."

_사도행전 5:40-42

"이는 물이 바다를 덮음같이 여호와의 영광을 인정하는 것이 세상에 가득함이니라."

_하박국 2:14

"오직 성령이 너희에게 임하시면 너희가 권능을 받고 예루살렘과 온 유대와 사마리아와 땅 끝까지 이르러 내 증인이 되리라 하시니라."

_사도행전 1:8

"그리스도께서 이방인들을 순종하게 하기 위하여 나를 통하여 역사하신 것 외에는 내가 감히 말하지 아니하노라. 그 일은 말과 행위로 표적과 기사의 능력으로 성령의 능력으로 이루어졌으며 그리하여 내가 예루살렘으로부터 두루 행하여 일루리곤까지 그리스도의 복음을 편만하게 전하였노라."

_로마서 15:18,19

16장
하나님의 영광을 위하는 구체적인 삶 5
_증인의 삶

이번 장에서 우리가 주로 살펴볼 내용은 사도행전 5장입니다. 그런데 본문에 뒤의 세 구절을 덧붙인 것은 본문의 배경을 설명하는 데 참고가 되기 때문입니다.

하나님의 영광을 위하는 삶에는 그 밖에 또 어떤 것들이 필요하겠습니까? 어쩌면 앞 장에서 대원리를 말했다고 볼 수 있습니다. 즉, 구체적인 예를 들지 않았을 뿐, 하나님의 영광을 위하는 삶은 우리 삶의 전 부분에서 그리스도의 성품을 열매로 맺는 것이라는 큰 원리에 대해 밝혔습니다. 그렇기 때문에 굳이 어떤 구체적인 예를 들어 설명하지 않아도 이제 우리의 삶의 행위적인 면이라든가, 구체적인 일들은 앞에서 언급한 대전제로부터 확장시킬 수 있습니다.

하나님의 영광을 위하는 삶의 모습으로 또 어떤 것들이 필요한지 좀 더 살펴보도록 하겠습니다. 먼저 구체적인 삶의 모습을 두세 가지만 더 살펴보고자 합니다.

하나님의 영광을 위하는 증인의 삶

하나님께서는 우리가 증인으로서 살 때 크게 영광을 받으십니다. 그것을 설명하기 위해 하박국 2장 14절과 사도행전 1장 8절의 말씀을 함께 본문에 덧붙인 것입니다. 하나님은 온 땅에 복음이 전파되어서 여호와의 영광을 인정하게 될 것을 예언적으로 말씀하셨는데, 우리는 그것을 사도행전에서 일차적으로 보게 됩니다. 그리고 로마서 15장 18,19절에는 바울이 일루리곤, 즉 그가 전할 수 있는 땅의 거의 끝까지 복음을 전했다는 사실이 기록되어 있습니다.

우리 그리스도인의 삶을 특징지을 수 있는 또 다른 명칭이 있다면, 그것은 '증인'이라는 이름입니다. 그리스도의 증인, 곧 '그리스도를 증언하는 사람'이라는 뜻입니다. 그것은 단지 몇몇 사람에게만 붙여진 이름이 아닙니다. 그리스도인이면 누구나 증인입니다. 사도행전 1장 8절에서 "너는 땅 끝까지 이르러 나의 증인이 되리라"라고 말한 것처럼 그리스도인들에게 붙여지는 또 다른 이름이 바로 '증인'입니다.

그리스도를 믿는 사람을 '그리스도인'이라고 합니다. 그런데 그리스도인을 사역의 측면에서 지칭하면 '증인'이라고 할 수 있을 것입니다. 따라서 예수님을 믿는 사람은 모두 증인입니다. 증인이 아닌 그리스도인은 아무도 없습니다. 실제로 우리는 이 부분에 대해서 별다른 문제의식을 느끼지 못합니다. 그러나 그리스도인이면 모두가 증인이고, 증인이 아닌 그리스도인은 아무도 없습니다. 그러므로 그리스도인인데도 증인으로서 살지 못하는 것은 비정상적인 것입니다.

사도행전은 초대 교회의 그리스도인들의 삶을 증인으로 묘사하고 있습니다. 사도행전은 초대 교회 증인들에 대한 기록이라고 할 수 있습니다. 사도행전은 성경에서 예수님을 믿는 사람들이 모두 증인으로서의 삶을 살았다는 것을 강력하게 증언하는 대표적인 책입니다. 초대 교회의 증인들의 삶을 통해서 예수 그리스도가 전파되었고 온 땅에 교회가 세워짐으로 하나님의 영광을 인정하는 일이 이 땅에 편만하게 되었습니다. 전혀 그리스도를 받아들이지 않던 사람들이 그리스도를 믿게 되고, 그들의 삶 가운데 변화가 생기며, 이 변화된 사람들의 모임을 통해 교회 공동체가 생김으로써 하나님께 영광을 돌렸습니다.

사도행전은 증인들을 통한 구원의 역사, 다시 말해서 증인들을 통해 수많은 사람들이 구원받아 하나님의 영광을 인정하는 역사가 온 땅에 있게 되었다는 사실을 잘 기록해 주고 있습니다.

그리스도인이기에 증인으로서의 삶을 산 것뿐인데 '영혼 구원'이라는 놀라운 일이 일어났습니다. 증인들을 통해 수많은 영혼들이 흑암의 나라에서 하나님의 나라로 옮겨지는 큰 역사가 이루어지게 되었습니다. 그리스도를 알지 못하는 사람들이 주님께로 돌아오고 교회가 세워지며 온 교회가 하나님께 영광을 돌리는 이 엄청난 구원의 역사가 지금까지 지속되고 있습니다.

사도행전 5장의 말씀에 '하나님의 영광'이라는 단어는 구체적으로 나타나지 않지만, 사도행전 5장은 하박국에 예언된 말씀의 성취를 말하고 있습니다. 그러므로 그리스도의 증인들에 의해 이루어진 역사는 하박국에 예언된 대로 '물이 바다를 덮음같이 여호와의 영광을 인정하는 것이 세상에 가득하게 되는 역사'라고 말할 수 있습니다(합 2:14 참고). 실제로 하박국 선지자의 예언은 당대를 넘어 신약 시대에 크게 성취되었습니다. 유대 땅 한 도시에서 시작된 복음이 그야말로 물이 바다를 덮음같이 온 나라와 민족을 덮어 버렸습니다. 그래서 마침내 극동에 있는 우리나라에까지 들어오게 되었습니다. 그야말로 여호와의 영광을 인정하는 것이 온 세상에 가득하게 된 것입니다.

물론 아직도 이 말씀은 성취되어 가는 중입니다. 어쨌든 오늘날 여호와의 영광을 인정하는 일이 온 세계적으로 이루어지게 되었습니다. 이것이 어떤 과정을 통해 이루어졌습니까? 바로 그리스도를 믿는 사람들의 삶, 곧 그리스도의 증인으로서의 삶을 통해 이루어졌습니다.

여기서 익히 알고 있는 사실을 다시금 강조하면서 하나님의 영광에 대해 말하려고 하는 이유가 있습니다. 소위 예수님을 믿는다고 하는 사람들에게 증인 의식이 거의 없기 때문입니다. 그러나 자신이 그리스도의 증인인 것을 잊고 사는 모습은 성경이 말하는 참된 그리스도인의 모습이 아닙니다. 이 시대에는 성경의 정의가 많이 왜곡되어 있습니다. '그리스도인의 삶이란 무엇인가? 그리스도인의 특징은 무엇인가? 증인이란 무엇인가?'에 대한 정의들이 다 왜곡되어 있습니다. 그리스도인은 그리스도를 전할 수밖에 없고, 증언할 수밖에 없는 증인입니다. 이것은 선택의 문제가 아니라 그리스도인의 존재적 특징입니다.

여러분과 제가 지금 이 시대에 예수 그리스도를 구주로 믿은 것은 그냥 저절로 된 일이 아닙니다. 지금 그런 환경에 살고 있기 때문에 복음이 들어와 있는 것이 당연한 일로 여겨지지만, 그런 환경이 만들어지기까지는 수많은 사람들의 피 흘림이 있었습니다. 증인으로 살았던 많은 사람들이 그 삶의 흔적들을 남겨 놓았습니다. 이 땅에 여호와의 영광을 인정하는 일이 있게 된 것은 앞선 증인들의 삶의 결과입니다.

우리는 이런 역사적인 사실을 성경에서, 특히 신약성경 전체에서 발견할 수 있습니다. 그래서 본문을 살펴보기 전에 참고 구절을 가지고 전체적인 내용을 말했습니다. 우리는 전체적인 시각에서 하나님의 영광과 증인의 삶을 연결시켜 생각해야 합니다. 그리고 하박국 선지자의 예언대로 여호와의 영광을 인정하는 것이 온 땅에 가득하게 되는 데 도구로 사용되었던 증인의 삶에 대해 먼저 기억해야 합니다.

지금에 이르기까지 그러한 역사적 흐름이 있었습니다. 증인들의 삶이라는 그리스도인의 피할 수 없는 특징이 시들지 않고 계속 나타나더니 마침내 복음이 우리에게까지 오게 되었습니다. 그래서 여호와의 영광을 인정하는 일이 이렇게 확장되었습니다. 그리고 드디어 극동에 있는 우리에게까지 이르게 되었습니다. 여기에는 물론 영토적인 의미도 있겠지만, 무엇보다도 영적인 의미에서 그렇습니다.

결국 그리스도를 증언하는 증인의 삶은 궁극적으로 하나님의 영광을 위하는 삶이라는 사실을 성경을 통해 발견하게 됩니다. 특히 신약성경을 통해 분명하게 확인할 수 있습니다. 성경을 전체적인 흐름에서 보면 이런 사실이 아주 극명하게 드러납니다.

어떤 사람들은 '내가 다른 한 사람에게 단지 그리스도를 전하는 것이 어떻게 하나님의 영광을 위하는 것인가?'라는 의문을 품을지도 모릅니다. 그러나 이는 단순히 순간적인 것으로만 설명할 수 있는 문제가 아닙니다. 그것은 복음이 나에게 오기까지의 전체적인 역사를, 다시 말해서 내가 예수님을 믿기까지 있었던 모든 역사를 전체적인 흐름에서 볼 때 비로소 분명해집니다. 믿음의 증인들이 계속 증인으로서의 삶을 살았기 때문에 우상 숭배하던 이방인들이 하나님을 믿고 주의 영광을 흠모하게 되었으며, 주의 영광을 위해 살게 된 것입니다.

우리 인간은 경험적이고 시각적인 것에 의해 어떤 사실을 인정하려 하고, 또 보편적인 것에 대해서는 신빙성을 두려고 하지 않습니다. 그래서 희소성의 가치가 없으면 '그것은 우연이다'라고 치부해 버립니다. 우리는 '이 땅에 태어나 보니 예수님을 믿을 수 있는 분위기가 형성되어 있었다'라고 쉽게 생각합니다. 그러나 이 나라의 이곳 저곳에서 하나님의 영광을 높이고 주님의 영광을 선포하며, 그 영광을 위해서 살고자 하는 무리가 생겨난 것은 하나님의 영광을 위하는 증인들의 삶이 선행되었기에 가능했습니다.

우리는 믿음의 선배들과 앞선 증인들의 삶의 발자취를 따라야만 합니다. 그들과 같이 예수 그리스도를 구주로 믿는 우리에게도 그들처럼 증인으로 살아야 할 의무가 있습니다. 이 의무를 행함으로 하나님의 영광을 나타내는 일은 모든 그리스도인들이 대대로 이어가야 할 기업입니다. 단순히 전도를 해야 한다는 말이 아닙니다. 우리의 삶 자체가 증인의 삶이어야 하고, 바로 그런 증인의 삶을 통해 하나님께 영광 돌리는 일이 우리 자신에게서 나타나야 한다는 것입니다. 지금까지 구원의 역사가 이런 방식으로 진행되어 왔습니다.

그런 맥락에서 우리는 성경에 기록된 증인들의 삶을 살펴보아야 합니다. 물론 앞서 살았던 사람들의 전기를 읽고 그들의 간증을 들을 수도 있겠지만, 그보다는 더욱 계시적이고 분명한 성경의 기록을 통해 살펴보는 것이 좋습니다.

사도행전 5장의 기록은 신약 시대 최초의 증인들의 삶에 대해 잘 말해 줍니다. 여기에는 우리로 하여금 하나님의 영광을 위하는 증인으로서의 삶을 현실적으로 생각하게 하는 모습이 잘 기록되어 있습니다. 본문에 등장하는 증인들의 대를 잇는 또 다른 증인으로서, 우리는 이 본문을 통해 모범 답안을 얻고, 그것을 본받아 살아야 합니다. 대를 잇는 증인으로서의 삶이 필연적이라는 사실을 깨닫고, 본문에서 말하는 증인의 삶이 무엇인지를 알고, 그와 같은 증인으로서의 삶을 살아야 합니다.

먼저 본문의 배경을 잠깐 살펴보겠습니다. 신약 시대 최초의 증인들인 사도들은 발이 닿는 곳이면 어디서든지 예수 그리스도를 증언했습니다. 그런데 그들의 증언에 대한 반응은 무척이나 다양했습니다. 어떤 사람들은 환영했고 놀라워했으며, 또한 사도들이 행한 기사와 표적 때문에 매우 신기해했습니다(행 2:43 참고). 심지어 그것 때문에 사도들을 칭송하기도 했습니다. 그리고 더 나아가 그들이 굴복하고 예수를 믿는 일이 일어났습니다.

반면 당시 종교 지도자들이었던 대제사장과 바리새인과 사두개인으로 구성된 공회원들은 이 최초의 증인들에 대해 매우 적대적이었습니다. 그들은 사도들을 옥에 가두고 죽이려 했습니다. 그때 그 공회원 가운데 현명한 사람이었던 바리새인의 율법교사 가말리엘이 신중론을 제기했습니다(행 5:33-39 참고). 이 신중론 때문에 사도들은 간신히 죽음을 면했고, 채찍을 맞고 예수의 이름으로 말하는 것을 금하라는 협박을 받은 뒤에 풀려났습니다(행 5:40 참고). 본문에는 이렇게 핍박받으면서도 계속 복음을 전하며 기꺼이 그리스도의 이름을 위해 살고자 했던 사도들의 모습이 기록되어 있습니다.

오직 그리스도만을 증언하는 삶

우리에게 그리스도를 전해 준 최초의 증인들의 삶은 어떠했습니까? 본문을 통해 우리는 증인에게 있는 필수적인 삶의 요소가 무엇인지 발견하게 됩니다. 가장 먼저 발견되는 것은, 증인은 분명한 증언의 대상을 가지고 있다는 것입니다. 그들이 증언한 대상은 바로 예수 그리스도의 이름이었습니다. 증인은 오직 예수 그리스도의 이름을 위해 살고 그분의 이름을 전하는 자입니다.

일반 법정에서 증인이라고 할 때는 무엇인가 증언할 내용을 가지고 있는 사람을 가리킵니다. 그처럼 예수 그리스도의 증인인 우리들은 한 가지 분명한 증언을 가지고 있습니다. 우리가 만난 예수 그리스도가 우리가 증언할 내용입니다. 증인은 바로 예수 그리스도의 이름을 위해 있는 자이고, 그 이름을 전하는 자입니다. 증인은 자기 자신을 전하는 자가 아님을 우리는 알아야 합니다. 증인은 예수 그리스도의 이름을 증언하고, 그분의 이름을 위해 말합니다.

왜 그렇게 합니까? 본문에서 보듯이, 예수 그리스도를 전한다는 이유로 핍박을 받고 채찍을 맞으면서도 사도들은 증인으로서의 일을 하지 않을 수 없었습니다. 본문에 기록된 대로, 사도들은 예수님의 이름을 위해 능욕 받기를 기뻐했습니다. 증인이 된 사람은 증인으로서 살아야만 합니다.

증인은 증인입니다. 누구도 증인들의 증언을 막을 수 없습니다. 보고 듣고 만진 것이 있는데, '못 보았다, 모른다'라고 말하도록 강요당한다면 참으로 고통스러울 것입니다. 언젠가는 보고 듣고 만진 것을 이실직고하게 되어 있습니다. 더욱이 그리스도의 증인들은 일상적인 일을 본 사람들이 아니었습니다. 그들은 자신들의 영혼이 다시 살아나는, 생명이 건져지는 놀라운 일을 경험했습니다. 그 증인들은 영원한 멸망이 있다는 것을 알게 되었고, 그것으로부터 구원받은 사람이 되었습니다. 그들은 그것을 확인했습니다. 바로 예수 그리스도의 십자가 보혈로 인해 죄가 사해지고, 영원한 형벌에서 건져지고, 주님이 가진 생명을 자신도 소유하는 일을 경험했습니다. 이것은 세상의 상식으로는 설명할 수 없는 이야기입니다. 어제도 있었고, 내일도 있을 수 있는 그런 흔한 사건이 아닙니다. 인생에서 흔히 일어나는 일이 아니라는 것입니다. 이렇게 중대한 사건의 증인이기 때문에 그들은 극심한 방해에도 굽히지 않고 예수님을 전할 수밖에 없었습니다.

그리스도의 증인에게 그리스도를 증언하지 말라고 핍박하면 그들은 오히려 자극을 받아 더욱 힘써 증언합니다. 기독교 역사를 보면 핍박이 있을 때 오히려 더 강력하게 복음을 전했습니다. 그리스도인이라고 하면서 이런 증인의 모습이 나타나지 않는다면 매우 이상한 일입니다. 우리는 우리 자신을 증언하는 사람들이 아닙니다. '나'라는 존재 자체를 바꾸어 버린 예수 그리스도, 바로 그분을 전하는 증인입니다.

능욕받는 고난의 삶

우리가 본문에서 발견하는 증인의 필수 요소 한 가지를 더 말하자면, 증인은 다른 사람들에게 능욕받는 자라는 것입니다. 내가 무엇인가를 전하는데, 이것이 세상으로부터 매우 좋지 않은 반응을 가져옵니다. 전해야 할 말을 전했을 뿐인데 세상은 이상하게 반응합니다. 그럴 때 증인은 이를 당연하게 받아들여야 합니다. 증인은 사실을 은폐하려는 자들에게 온갖 수모를 당할 수밖에 없습니다.

본문에서 증인이 받은 핍박은 채찍질이었습니다. 당시 채찍질은 40대에서 1대를 감한 39대를 때리는 형벌이었습니다(고후 11:24 참고). 여러 갈래의 끈에 쇠붙이나 뼛조각을 매달아 만든 채찍으로 대부분 등을 가격했는데, 그런 매를 맞으면 등이 갈라지고, 살갗이 터집니다. 그래서 39대를 모두 맞고 나면 피가 낭자해 거의 죽은 사람처럼 되어서 나옵니다. 당대의 증인들은 그런 엄청난 핍박을 당했습니다.

북한이나 이슬람 국가와 같은 경우를 제외하고는 오늘날 우리가 사는 이 시대에 채찍질을 당하는 엄청난 핍박은 없습니다. 그러나 분명한 것은 증인의 삶이 이 세상에서 환영받지 못한다는 것입니다. 이 세상은 한 번도 증인을 환영해 준 적이 없습니다. 이 세상은 예수님 이야기만 나오면 본능적으로 반감과 적대감을 나타냅니다. 증인들에게 수치와 모욕을 주고 핍박과 박해를 가하면서, 심지어 그들을 죽음에까지 이르게 한 것이 바로 이 세상이었습니다.

요한계시록에는 "죽임을 당한 증인들의 순교의 피를 어느 때에 갚아 주시겠습니까?"(계 6:10 참고)라고 묻는 장면이 나옵니다. 역사 속에서 증인들이 수없이 흘렸던 순교의 피에 대해 갚아 달라는 것입니다. 이처럼 기독교의 역사를 볼 때 예수 그리스도의 증인들이 세상에서 환영받은 적은 거의 없었습니다.

그런데 요한계시록에는 순교자가 더 있어야 한다고 기록되어 있습니다. 그 수가 차야 된다는 것입니다(계 6:11 참고). 무슨 말입니까? 이 세상은 끝없이 증인들을 핍박할 것이고, 그러면 더 많은 순교자들이 생긴다는 것입니다. 놀랍게도 성경은 "그리스도를 증언하는 증인들에 대해 세상은 지속적으로 순교하게 할 것이다"라는 사실을 시사하고 있습니다. 이것이 의미하는 바는 무엇입니까? 단순히 증인의 삶에 수반되는 어려움의 차원을 넘어, 예수 그리스도의 이름을 전하고 영혼 구원을 통해 하나님께 크게 영광 돌리는 것이 결코 쉽지 않다는 말입니다.

이처럼 하나님의 영광을 위하는 삶에는 반드시 고난이 뒤따릅니다. 이 세상은 하나님과 관련된 일을 결코 환영하지 않습니다. 언제나 하나님의 영광을 구하고 그것을 위해 진실하게 살려는 사람들에 대해서 냉소적인 반응을 보입니다. 진실로 하나님의 영광을 위하는 삶은 이 세상의 방식과 전혀 다르기 때문에 고난이 따릅니다. 하나님의 영광을 위하는 사람은 관계, 만남, 처소, 환경, 그 모든 것에서 고난을 겪을 수 있습니다. 우리는 그것을 각오해야 합니다.

박대를 받고 능욕을 받는 것, 이것이 바로 증인에게 있어야 할 필수 요소입니다. 예수 그리스도의 이름을 전하는 증인에게는 고난이 뒤따릅니다. 그런 면에서 볼 때 예수 그리스도의 이름을 전하는 것은 결코 쉬운 일이 아닙니다. 또한 그리스도를 전함으로써 영혼 구원을 통해 하나님께 영광 돌리는 일은 더 어렵고 힘든 일입니다. 이 점을 각오해야 합니다. 그러므로 우리는 누군가에게 전도할 때, 복음을 전하고 그리스도를 증언할 때 그들이 반길 것이라고 생각해서는 안 됩니다.

증인의 삶을 통한 복음 전파

성경적인 흐름에서 보면, 많은 수모를 당하고 인내하면서 복음을 전했을 때, 그에 대한 반응은 두 가지로 나타납니다. 더욱 적대적이 되든지, 아니면 회개하든지 둘 중 하나입니다. 베드로가 설교했을 때는 사람들이 마음에 찔려 회개했지만(행 2:14-42 참고), 스데반이 설교했을 때는 그를 돌로 쳤습니다(행 7장 참고). 그것이 인간입니다.

그런데 놀라운 것은 증인에게 주어지는 능욕과 핍박 같은 반응이 문제가 아니라는 사실입니다. 바로 그다음의 모습이 문제입니다. 본문은 증인에게 있는 또 다른 모습에 대해 말합니다. 그것은 자신을 그런 능욕받는 일에 합당한 자로 여긴다는 사실입니다. 이것이 증인에게 있는 또 다른 특징입니다.

이 세상에서 능욕받고 수치를 당하는 것을 본성적으로 합당하게 여기는 사람은 없습니다. 그것은 모두가 싫어하는 일입니다. 이런 일을 당하면 금방 격분해서 자존심을 지키려고 하는 것이 인간입니다. 그런데 그리스도의 증인들은 스스로를 능욕받기에 합당한 자로 여깁니다. 이 세상의 시각에서 보면 일종의 정신 이상자 같은 반응입니다. 그러나 증인은 능욕받는 것을 합당하게 여길 수 있는 이유를 가지고 있습니다. 증인들은 일찍이 하나님의 아들이신 주님께서 우리를 위해서 능욕받으시고, 자신이 만든 피조물들로부터 수치를 당하셨다는 사실을 알고 있습니다. 또 그렇게 함으로써 나를 구원하셨다는 사실을 알고 있습니다. 그렇기 때문에 그리스도의 증인들은 능욕받는 것을 합당하게 여깁니다.

그런데 이러한 증인의 태도는 사실상 이 세상을 향한 하나의 메시지가 되어 왔습니다. 지금까지 이 세상은 증인들의 삶 속에 나타난 특별한 모습, 곧 능욕과 핍박을 받으면서도 그것을 피하기보다는 자신이 그것을 받기에 합당한 자라고 여기는 태도 때문에 큰 충격을 받아 왔습니다. 그리고 동시에 도전을 받았습니다. 결국 증인의 삶 자체가 메시지가 되었던 것입니다.

여러분도 알다시피 이방 나라였던 로마가 기독교 국가로 바뀌게 된 것은 수많은 증인들의 삶 속에 나타난 능력 때문이었습니다. 능욕받는 것을 합당하게 여기며 기꺼이 그것을 감당하는 능력 때문에 우상의 나라였던 로마가 무너졌습니다. 증인들의 능력은 이 세상을 향한 메시지였습니다. 두려움마저 느끼게 하는 그들의 삶은 능력으로 나타났습니다.

그리스도인들은 순교를 당하면서도 그런 증인의 능력을 보여 주었습니다. 콜로세움 같은 곳에서 로마인들은 죽어 가는 그리스도인들을 보고 즐거워하며 처음 한두 번은 웃었습니다. 그런데 그것을 반복적으로 지켜본 사람들에게는 기꺼이 모든 핍박을 감내하는 증인들의 능력이 엄청난 충격으로 다가왔습니다. "무엇이 저런 일을 가능하게 하는가? 도대체 저들에게는 어떤 능력이 있는 것인가?" 증인에게 있는 능력을 세상 사람들이 인식한 것입니다.

성령의 능력을 나타내는 삶

우리는 본문을 통해 증인이란 단순히 예수 그리스도를 말로만 전하는 사람들이 아니라는 것을 알게 됩니다. 증인에게는 말과 함께 말을 능가하는 삶의 내용이 있어야 합니다. 증인은 말로 예수 그리스도를 전할 뿐 아니라 삶으로 전하는 사람입니다. 현대를 사는 그리스도인들은 자기가 처한 환경에서 그리스도의 향기를 풍기고 거룩한 삶을 영위함으로써 그리스도를 전할 수 있습니다.

본문은 증인이 삶으로 갖추어야 할 것 한 가지를 더 제시합니다. 그것은 바로 능욕받기를 합당하게 여기는 능력입니다. 세상 사람들은 능욕받기를 싫어하는데, 그리스도인들은 오히려 그것을 합당하게 여기면서 감당하고, 그것을 기뻐하는 내적 능력을 지니고 있습니다. '왜 그들이 순교를 당하면서도 기꺼이 그것을 감당하는가? 왜 그것을 당연하게 여기는가?' 생각하면 생각할수록 충격적입니다. 이 충격적인 모습이 바로 증인의 특징이요 능력입니다.

우리는 이 부분을 놓치고 있습니다. 우리는 그저 그리스도를 말로 전하는 것이나 사람을 교회로 데려오는 것에 대해서는 관심이 많습니다. 게다가 성경 공부를 많이 하고 지적인 그룹에서 양육되었다고 하는 사람들은 삶으로 그리스도를 증언하는 것을 알고 거룩한 삶, 도덕적으로 순결한 삶 등에 대해서 말합니다. 그러나 증인의 삶에는 그것을 넘어서는 능력이 있습니다. 그것은 자기가 전하는 내용이 예수 그리스도라는 확신 때문에 생겨난 능력입니다. 이 능력이 그리스도인들 가운데 있어야 합니다. 말하자면 이 능력은 신적인 능력입니다. 그것은 사람이 만들어 낸 능력이 아닙니다.

능력이라고 하니까 사도들이 표적을 행한 것과 같은 초자연적인 능력을 생각할지도 모르겠습니다. 그러나 우리가 기억해야 할 것은 나면서부터 걷지 못하는 사람을 일으키는 초자연적인 능력을 행했던 사도들이 사람들에게 복음을 전하다가 잡혔다는 사실입니다. 그리고 매를 맞고 핍박을 받았다는 사실입니다. 그들의 초자연적인 능력은 자기를 방어하는 데 쓰이지 않았습니다. 어디까지나 그리스도를 전하는 데 쓰이는 능력이었지 자기 방어 수단이 아니었습니다. 증인에게 있어야 할 능력은 초자연적인 능력이 아닙니다. 이 시대의 증인들에게도 있어야 할 이 능력은 초자연적인 능력이 아니라 순종을 통한 내적인 능력입니다. 굴욕과 능욕을 당하지만 그것을 합당하게 여기는 특별한 내적인 능력입니다. 능욕을 당하면서도 그것을 기뻐하는 내적인 능력, 이것이 바로 성령의 능력입니다.

최초의 증인들이라고 해서 수치심도 없고 고통도 느끼지 못하는, 무감각하고도 특별한 존재라고 생각해서는 안 됩니다. 그들도 부끄러움을 알고 고통을 느끼는 자연적인 본성을 모두 지닌 사람들이었습니다. 다만 그들에게는 능욕받는 것을 합당하게 여기는 능력이 있었습니다.

본문을 보면, 그들이 자신을 능욕받는 일에 합당한 자로 여기는 데에서 한 걸음 더 나아가 그것을 기뻐했다고 기록합니다. 이런 사실은 그들이 이 세상에 없는 능력을 가지고 있었다는 사실을 증언합니다. 그들은 그리스도를 믿기 전과 똑같은 인간성을 지닌 사람들입니다. 아픈 것은 아픈 것입니다. 부끄러운 것은 부끄러운 것입니다. 우리 인간의 본질적인 성향은 그러한 감정을 느끼게 되어 있습니다. 여전히 그런 본성이 있었지만 그들은 그런 모든 수치와 능욕과 핍박을 합당하게 여기며, 오히려 기뻐했습니다.

이것이 증인에게 있는 주님의 능력입니다. 내적인 확신, 기쁨, 담대함, 이것이 바로 증인에게 있는 내적인 능력입니다. 그것은 사람의 능력이 아닙니다. 성령의 능력입니다. 우리의 자연적인 본성으로는 이런 능력을 발휘하지 못합니다.

  오늘날 그리스도인들은 보통 그리스도를 말로 증언하는 것만으로 증인으로서의 의무를 다했다고 생각합니다. 좀 더 깨달은 사람들이라고 해도 거룩한 삶을 추구하려는 단계에서 멈추고 맙니다. 능력이 없습니다. 세상으로 하여금 "도대체 당신 안에 있는 힘은 무엇인가? 무슨 능력인가?"라는 질문을 하게 만들지 않습니다. 능력이 없기 때문입니다. 다른 종교 사람들도 자신들이 믿는 것에 대해 그 정도는 증언합니다. 그들도 도덕적인 행위를 할 수 있습니다. 심지어 고행도 감내합니다. 그러나 고난 속에서 진실로 기뻐하며 기꺼워하는 신적인 능력은 밖에서 오는 것입니다. 이러한 성령의 능력은 혼자 수행(修行)함으로써 얻을 수 있는 것이 아닙니다. 그래서 그 능력은 오직 그리스도인들에게서만 나타납니다. 증인에게는 바로 그러한 능력이 있습니다.

  우리는 모두 증인으로서 이 능력을 소유한 사람입니다. 이 능력을 발휘해야 됩니다. 우리를 위해 먼저 능욕당하고 십자가에서 죽임 당하심으로써 우리를 구원하신 예수 그리스도를 생각하고 그분을 의지함으로써 이 능력을 드러내야 합니다. 주님께서는 주님과 연합한 자에게 능히 주님의 성품을 나누어 주시겠다고 말씀하셨습니다.

"나의 평안을 너희에게 주노라"(요 14:27).

그러므로 주님 안에 거하여 삶 속에서 이 능력을 드러내야 합니다.

  앞 장에서 살펴보았듯이, 전폭적으로 주님 안에 거함으로써 그분의 능력이 우리의 삶 속에서 흘러나와야 합니다. 증인은 그리스도를 직접 말과 행위로 전해야 할 뿐만 아니라, 증인의 거룩한 삶으로 전해야 합니다. 그리고 더 나아가 어떤 핍박과 장애가 있을지라도 담대함과 기쁨의 능력으로 그리스도를 전해야 합니다. 증인에게는 이런 세 가지 모습이 있어야 합니다.

쉬지 않고 그리스도를 전하는 삶

이제 마지막으로 본문에서 증언하는 또 다른 증인의 모습을 살펴보겠습니다. 그것은 능욕과 핍박을 당하면서도 쉬지 않고 그리스도를 전하는 모습입니다. 그들은 핍박에 굴하지 않았습니다. 만일 핍박 때문에 증인들이 증언하는 것을 멈추었다면 우리에게까지 복음이 전해지지 않았을 것입니다.

증인은 세상의 박해에도 그리스도를 전할 수밖에 없는 사람들입니다. 본문에서 보는 것처럼, 그들은 성전에 있든지 집에 있든지, 자신들이 있는 그곳에서 날마다 예수 그리스도를 전했습니다. 그들은 '내가 만난 예수님은 하나님이시요, 나를 구원하신 구세주요, 직접적으로 나에게 생명을 주신 구원의 주'라는 확신에 차 증언했습니다.

우리는 우리가 확신하는 예수 그리스도를 전해야 합니다. 나에게 생명을 주신, 영원한 멸망으로부터 건지신 그분을 전해야만 합니다. 다른 것보다 우리 자신을 구하신 예수 그리스도에 대해 전해야만 합니다. 예수 그리스도를 날마다, 또 어디서든지 쉬지 않고 전해야 합니다. 그것이 증인의 모습입니다. 지금까지 바로 이런 증인의 삶을 통해서 영혼 구원이 이루어졌습니다. 그리고 결국 그것이 하나님께 영광이 되었습니다.

증인은 쉬지 않습니다. 그가 지닌 증언은 마냥 미루며 쉬어도 될 만큼 하찮은 일이 아니기 때문입니다. 최초의 증인들은 죽기까지 예수 그리스도를 증언하였습니다. 증인으로서의 삶은 멈추지 않고 계속되어야 합니다.

이 시대를 책임질 증인

여러분, 우리가 그리스도인이라면 우리 역시 그리스도의 증인입니다. 앞선 증인들이 그리스도를 증언함으로써 영혼들이 주께로 돌아오고, 또 그것을 통해서 하나님께 가장 큰 영광을 돌렸던 것처럼, 우리도 그들의 뒤를 이어야 합니다. 우리는 이 시대에 그리스도를 전해야 하는 증인입니다. 다음 세대는 다음 증인의 몫입니다. 그러나 이 시대는 우리가 책임져야 하는 우리의 몫입니다.

요즘 이 나라에 말씀 중심의 교회가 많이 생기고 있습니다. 바람직한 현상입니다. 그러나 이런 교회에는 커다란 결점이 있습니다. 말씀을 듣는 데는 매우 열심이지만, 말씀의 풍성함이 그들에게서 증인의 삶으로 나타나지 않는다는 것입니다. 그들은 자기가 먼저 깨달은 풍성한 것을 전하지 않습니다. 만일 그들이 깊은 진리를 깨달았다면, 그것이 터져 나와야 할 것입니다. 나를 찾아오신 예수 그리스도가 단순한 위인이 아니라 영원한 하나님이시고, 바로 그 하나님이 나를 위해 죽으셨다는 사실을 깨달은 만큼 증언해야 하는데, 말씀 중심으로 세워졌다는 교회들이 거기까지 나아가지 못하고 있습니다.

말씀을 듣는 것이 전부가 아닙니다. 듣고 난 다음에 그 말씀이 자연스럽게 삶으로 연결되어야 합니다. 본래 교회는 복음을 전하는 기관입니다. 교회는 영혼 구원을 위해 존재합니다. 영혼 구원에 힘쓰지 않는 교회는 차라리 문을 닫는 편이 낫습니다. 우리에게 가장 중요한 일은 영혼 구원을 통해 하나님께 영광을 돌리는 일입니다. 이런 맥락에서 선교는 국내 선교이든 국외 선교이든 간에 매우 중요합니다. 예수님을 알지 못하고 주님의 영광을 인정하지 않는 사람들 사이에서 하나님의 영광이 인정되고 하나님의 영광이 선포되는 것은 엄청난 일입니다. 그러한 일에 사용되는 것이 곧 하나님의 영광을 위하는 삶을 사는 것입니다.

그러므로 우리는 나라 안에서도 복음을 전해야 하지만, 전혀 하나님을 알지 못하는 여러 나라의 미전도 종족에게도 복음을 전해야 합니다. 여호와의 영광을 인정하는 일이 그들에게도 일어나도록 말입니다. 그것이 바로 하나님의 영광을 드러내는 최고의 일임을 알고, 기꺼이 그 일을 담당해야 합니다.

우리는 우리가 가진 것을 다 드려서라도 복음을 전해야 합니다. 우리가 이미 받은 것이 있기 때문입니다. 먼저 그리스도를 안 사람들이 자기 것을 우리에게 나누어 주었고, 이 땅에 교회가 서도록 도왔습니다. 심지어 자신들의 목숨까지도 바쳐서 그 일을 감당했습니다. 그래서 여러분과 제가 지금도 예수 그리스도를 믿는 복을 누리고 있습니다.

하나님의 영광을 위하는 것의 최고봉은, 바로 내가 증인의 삶을 살아감으로써 다른 영혼이 구원받고 하나님께로 돌아오는 것입니다. 우리는 일생토록 이 일을 해야 합니다. 특별히 우리 안에 능력이 나타나 능력 있는 증인으로서 이 시대를 살아야 합니다. 그리하여 우리를 통해 그리스도가 쉼 없이 전해지고 하나님의 영광이 드러나기를 간절히 소원합니다.

"이 봉사의 직무가 성도들의 부족한 것을 보충할 뿐 아니라 사람들이 하나님께 드리는 많은 감사로 말미암아 넘쳤느니라. 이 직무로 증거를 삼아 너희가 그리스도의 복음을 진실히 믿고 복종하는 것과 그들과 모든 사람을 섬기는 너희의 후한 연보로 말미암아 하나님께 영광을 돌리고."

_고린도후서 9:12,13

17장
하나님의 영광을 위하는 구체적인 삶 6
_봉사의 삶

본문은 그리스도인의 삶 속에 있는 진실한 믿음의 복종에 대해 말합니다. 이번 장에서는 복종과 교제의 진실함에 대해 이야기하고자 합니다. 이 말씀은 구제나 헌금, 섬김이나 봉사와 같은 그리스도인들의 모든 신앙 행위의 근원이 무엇인지를 지적합니다. 그렇기 때문에 그 근원을 빠뜨린 채 구제나 헌금의 당위성을 강조하기 위해 이 본문을 인용하는 것은 사실 조금 미흡한 면이 있습니다.

본문에 나오는 '너희의 후한 연보'라는 말은 고린도후서 9장의 문맥에 따라 의역한 것입니다. 물론 그런 의미를 포함하기도 합니다. 그러나 저자의 본래 의도를 충분히 전달하기에는 부족합니다. 이 구절의 문자적인 뜻은 '너희 교제의 진실함'입니다. 그런데 이를 몇몇 영어 성경과 한글 성경이 문맥의 흐름에 따라 '후한 연보'라고 번역한 것입니다. 이 번역에 대한 문제는 뒤에 가서 다시 언급하겠습니다. 어쨌든 본문에서 언급하는 근본적인 진리는 그리스도인의 믿음의 복종과 교제의 진실함이 하나님께 영광이 되었다는 것입니다.

바울은 그리스도인들이 봉사와 헌금, 혹은 구제를 하는 데 대하여 그런 행위가 하나님께 영광이 되기 위해서는 두 가지 진실한 요소가 있어야 한다는 사실을 강조하고 있습니다. 그렇게 될 때 비로소 하나님께 영광이 되는 봉사와 섬김이 된다는 것입니다. 이 두 가지 요소는 하나님의 영광을 위해 우리 각자에게 동일하게 적용해야 하는 중요한 요소입니다.

하나님에 대한 이해에서 비롯되는 행위

하나님께서 우리의 삶을 통해 영광을 받으시기 위해서는 하나님의 영광을 위한 행위만으로는 충분하지 않습니다. 하나님은 그야말로 하나님이십니다. 하나님은 인간이 아니시며, 우리 인간에게 속지도 않으십니다. 또한 하나님은 거짓이 없고 완전하며 거룩하신 분이기 때문에 우리의 단순한 행위만으로 영광을 받으시지는 않습니다. 단순히 구제, 봉사, 섬김 등의 행위 자체가 아니라, 그런 행위들이 가능하게 된 내용, 곧 본질이 중심에 있을 때 비로소 구제와 섬김과 봉사라는 행위가 하나님께 영광이 됩니다.

결국 고린도후서 9장은 하나님께서 영광을 받으시는 삶이 단순한 행위를 넘어서는 마음의 중심과 성품의 문제라는 점을 강조하고 있습니다. 그것은 고린도후서뿐 아니라 성경에 있는 모든 말씀이 증언하는 바입니다. 성경은 행위를 말하더라도 항상 그 행위를 있게 한

동인을 강조합니다.

  성경을 유의해서 보면, 예수님을 믿는 사람들의 행동에서 한 가지 특징을 발견하게 됩니다. 바로 하나님에 대한 이해를 가지고, 중심으로부터 우러나오는 행동을 한다는 것입니다. 그리스도인들의 삶과 행위와 모든 수고는 이처럼 하나님에 대한 분명한 이해 속에서 중심으로부터 나온 행동이어야 합니다. 하나님에 대한 이해도 없고 중심도 없는 가운데 하는 신앙의 외적 의무와 행동은 우리의 눈에 선해 보이기는 하지만 결코 성경적이지는 않습니다. 이 세상 사람들도 얼마든지 행위뿐인 구제나 자선사업을 할 수 있습니다. 그러나 행위들을 많이 했다고 해서 그것들이 다 성경에서 말하는, 원래 하나님이 원하고 의도하신 행위들은 아닙니다.

  성경에 기록된 모든 율법도 그런 맥락에서 이해해야 합니다. 하나님께서는 율법도 그런 의도로 주셨습니다. 하나님은 어떤 한 가지 명령을 표면적으로 지킨 것으로 명령을 온전히 지켰다고 인정하시지 않습니다. 하나님은 '그 행동을 어떻게 지켰는가? 어떤 동기에서 누구를 의식하고 지켰는가? 사람을 의식했는가, 아니면 하나님을 의식했는가?'라는 원리적인 문제를 중요하게 여기십니다.

  이렇듯 성경은 우리에게 어떤 일을 하라고 명하시는 하나님에 대한 분명한 이해를 바탕으로 행동하라고 강조합니다. 하나님에 대한 이해가 내 마음을 두렵고 떨리게 하며 진실하게 하고 하나님 앞에 거룩한 마음을 갖게 하는 가운데, 하나님의 거룩하심처럼 자신도 거룩한 방식으로 어떤 일을 행하고 싶다는 내적인 동기를 가지고 행동해야만 한다고 말합니다. 따라서 이런 중심 없이 내 편의대로, 내 방식대로 봉사하고 섬기며 그저 결과만을 강조하는 것은 성경이 말하는 온전한 봉사가 아닙니다. 그것은 결코 하나님께서 영광을 받으시는 봉사가 아닙니다. 제가 이렇게 강조하는 이유는 이것이 너무나 중요한 문제이기 때문입니다. 이 점을 분명히 하지 않으면 교회는 뒤죽박죽이 되고 그리스도인들의 삶은 엉망진창이 됩니다.

바울이 고린도후서 9장에서 계속 강조하는 바도 바로 그것입니다. 바울은 고린도교회 성도들에게 성도를 섬기는 문제에 대해 이야기하면서 어떻게 섬겨야 하는지를 가르칩니다. 그런데 바울은 그것을 말하기 위해 9장에서 '준비'라는 단어를 많이 사용하고 있습니다. 무슨 준비입니까? 바로 마음의 준비입니다.

고린도교회는 지금의 그리스에 있었습니다. 그는 그리스에 있는 사람들이 예루살렘에 있는 사람들을 돕는 데 준비된 마음으로 돕는 문제를 이야기하고 있습니다. 인색함이나 억지로 하는 섬김이 아니라 자원함으로, 기꺼이 내 것을 쪼개서 돕고자 하는 준비된 마음이 있어야 한다고 말합니다. 결국 바울이 강조하는 것은 단순한 연보 행위가 아닙니다. 연보 액수도 아닙니다. 그는 중심을 강조합니다. 그 중심으로 하는 봉사가 진정한 봉사의 직무라고 말합니다.

하나님께 영광이 되는 봉사의 삶

이제 바울은 이번 장의 본문인 13절을 이야기합니다. 하나님께 영광이 되는 봉사의 직무에는 앞에서 지적한 두 가지 요소, 즉 그리스도의 복음에 대한 진실한 믿음의 복종과 교제의 진실함이 있어야 합니다. 이것을 갖춘 봉사가 하나님께 영광이 되고, 그야말로 진정한 봉사의 직무입니다.

고린도후서 9장에서 계속 강조하는 것은 일종의 행위의 원리입니다. 봉사는 진실한 믿음에서 나오는 복종이어야 하고, 교제의 진실함에서 나오는 섬김이어야 합니다. 결국 이것은 준비된 마음과 진실한 마음이 복종과 교제에서 나타나야 한다는 것입니다. 그럴 때 온전한 섬김이 되고 하나님께 영광이 됩니다. 이 두 가지가 없으면 교회 안에서의 모든 봉사는 당연히 온전한 것이 될 수 없습니다.

그리스도인은 반드시 봉사의 삶을 살아야 합니다. 섬김이 없이는 진정한 신앙생활과 교회생활을 할 수 없습니다. 그런데 섬김의 방향이 엉뚱한 곳으로 향하게 되면 문제가 생깁니다. 봉사의 직무 속에 그리스도의 복음에 대한 믿음의 복종과 교제의 진실함이 없으면 진정한 의미에서의 봉사의 직무라고 할 수 없고, 결국 그런 행위만으로는 하나님께 영광이 되지도 않습니다.

요즘에는 하나님의 영광을 의식하지 않은 봉사가 보편적입니다. 교회 안에서 하나님의 영광을 뒤로한 인간 중심적인 봉사, 그리고 다분히 행위적이고 결과 중심적인 봉사가 행해지고 있습니다. 사람들은 하나님께 돌리는 영광보다 사람에게 돌리는 칭찬을 더 비중 있게 생각하며 봉사하고 수고합니다. 그리스도인들 중에는 실제로 이런 위험 요소들을 가지고 신앙생활을 하는 사람들이 매우 많습니다. 그래서 자신들의 수고와 봉사가 사람들에게 인정받지 못하면 화를 내

거나 아예 봉사를 그만두기도 합니다. 교회 안에서 이런 모습을 흔히 볼 수 있습니다.

반면 하나님에 대한 이해와 그 지식으로 말미암는 경외심에서 우러나오는 봉사의 모습은 참으로 찾아보기가 어렵습니다. 하나님의 영광과도 무관한, 그저 겉으로만 열심인 봉사가 교회 안에서 계속 이루어지고 있습니다. 이런 상황이 지속되다 보니, 교회가 세상의 조직보다도 못한 모습을 보이기도 합니다. 세상의 조직은 규칙과 위계질서가 있어서 그에 따라 일사분란하게 움직이지만, 교회는 하나님에 대한 지식과 경외심이 결핍되면 그 무엇으로도 사람들을 제어할 수가 없습니다. 그래서 되는 대로 말하고, 서로 상처를 주는 일들이 교회 안에서 흔하게 일어납니다.

무엇이 문제입니까? 성경에서 말하는 봉사에 대한 바른 이해 없이 잘못된 봉사 습관을 계속 유지하기 때문입니다. 우리는 봉사가 하나님의 영광과 관련되어 있다는 사실을 전혀 생각하지 않습니다. 그리고 봉사가 하나님에 대한 이해에서 나와야 한다는 사실도 인식하지 못합니다. 그저 자기 중심적으로 생각할 뿐입니다.

우리가 사람에게 무엇을 행할 때 사실상 그 대상은 사람이 아닙니다. 하나님입니다. 우리가 하는 모든 일은 하나님의 영광과 관련되어 있습니다. 우리는 하나님에 대한 이해를 가지고 중심으로부터 그 일을 행해야 합니다. 우리 시대는 하나님의 영광을 크게 의식하지 않으면서도 봉사와 섬김이 아주 열심히 행해지는 시대라고 할 수 있습니다. 심지어 헌금하는 것도 마찬가지입니다. 하나님의 영광에 대한 의식을 가지고서 헌금하는 사람은 별로 없습니다. 그러므로 본문에서 강조하는 바 하나님의 영광이 나타나는 봉사와 섬김의 문제는, 오늘날과 같은 현실을 사는 그리스도인들에게 아주 중요한 문제입니다. 우리의 모든 섬김과 봉사를 재조정할 때가 온 것입니다.

믿음에 대한 복종이 있는 봉사

바울은 여기서 하나님께 영광 돌릴 수 있는 봉사의 핵심적인 내용 두 가지를 이야기합니다. 첫 번째는 복종입니다. 단순한 봉사와 섬김이 아니라, 그 속에 복종하는 마음이 있어야 한다는 것입니다.

그리스도인의 봉사와 섬김에는 복종의 모습이 있어야 합니다. 교회를 섬기고 또 누군가를 섬기면서 군림하듯 뻣뻣해서는 안 됩니다. 내가 대단한 일을 하고 엄청난 것을 주는 것처럼 위세를 부려서는 안 됩니다. 그런 태도로는 하나님께 영광을 돌릴 수 없고, 참다운 봉사도 할 수 없습니다. 그것은 결코 성경적인 봉사가 아닙니다. 교회는 예수 그리스도의 십자가 앞에서 자신이 죄인인 것을 분명히 깨달은 사람들이 모인 공동체입니다. 그러므로 자기가 다른 사람들보다 낫다고 생각하며 봉사하는 것은 결코 용납될 수 없습니다. 하나님께서는 우리가 어떤 마음으로 섬기는지, 그 중심을 모두 아십니다. 그러므로 이렇게 교만한 마음으로 섬기는 사람들은 하나님에 대한 이해가 없다고 말할 수밖에 없습니다.

인간은 놀랍게도 없으면 없는 대로, 못 배웠으면 못 배운 대로, 자기가 부족하면 부족한 대로, 모두 자기 나름대로의 위세를 부립니다.

자기 나름의 특별한 무엇인가가 있어서 대단한 일을 해내는 것처럼 목이 뻣뻣해지기 일쑤입니다. 이런 태도로는 진정한 봉사를 할 수 없습니다.

본문은 섬김에 복종이 있어야 한다고 말합니다. 그리스도의 복음을 진실하게 믿는 복종 말입니다. 여기에는 하나님에 대한 바른 이해가 전제되어 있습니다. 주님께서 보여 주고 행하며 말씀하신 복음을 믿는 복종이 있어야 합니다. 그것이 무엇입니까? 복음은 하나님이신 그분이 우리를 위해 하늘에서 이 땅에 내려오셨다는 내용을 담고 있습니다.

주님의 낮아지심의 깊이는 설명할 수가 없습니다. 우리가 그분의 높이를 측량할 수 없기 때문입니다. 인간이 알 수 있는 최고의 높이는 고작해야 세계에서 가장 높은 산 정도일 텐데, 인간은 그보다 높은 하늘의 높이도 가늠할 수 없습니다. 게다가 인간은 하나님이라는 초월적 신분을 경험해 보지 못했습니다. 이렇듯 하나님의 높이를 모르는데 상대적으로 이 낮아지심의 깊이를 어떻게 헤아릴 수 있겠습니까? 주님은 우리가 상상할 수도 없는 높이에서 인간이 전혀 가늠할 수 없는 깊이로 낮아지셨습니다. 예수님은 그렇게 자신을 낮추시면서 우리 죄를 대속하셨습니다.

본문은 예수님의 복종을 이야기하고 있습니다. 그리스도인의 복종은 그리스도의 복음을 바로 믿음으로써 나타나는 복종입니다. 우리의 섬김과 봉사에 있어야 할 복종의 모습이 바로 그런 것입니다. 이것은 맹종과는 다릅니다. 이유도 알지 못하고 억지로 따르거나 아첨

하는 것이 아니라, 그리스도의 복음에 대한 올바른 믿음을 바탕으로 한 복종입니다.

오늘날 교회에서는 '무조건 복종'이라는 말을 근거 없이 사용합니다. 물론 예수 그리스도의 십자가를 바라볼 때, 그분에 대한 순종은 당연히 무조건적인 순종이어야 합니다. 그 이상이라도 해야 합니다. 그러나 왜, 어떻게, 누구를 의식하고 무조건 순종해야 하는지에 대한 이해가 없는 것이 문제입니다. 설명도 없이, 십자가에 대한 이해와 감격도 없이 그저 무조건 순종해야 하는 것처럼 말하고 있습니다. 그러다 보니 그리스도인의 순종이 단순히 체제에 대한 순종 정도에서 머무르게 됩니다. 순종은 그저 교회의 조직이나 체제, 혹은 목사에 대한 순종이 아닙니다. 거룩함도 없이 교회의 체제 유지를 위해 무조건 순종하는 것은 옳지 않습니다.

또한 하나님의 복음에 대한 이해와 믿음이 없이 인간의 눈치를 살피며 봉사하면서 자기가 대단한 사람인 양 착각하기도 합니다. 그래서 자기가 없으면 일이 안 돌아갈 것처럼 의기양양해서 방자히 행합니다. 그러나 사사기 7장에서 기드온이 군인을 선별할 때 미디안만큼 많은 수의 군인들을 뽑지 않았습니다. 최정예로 300명만 선별했습니다(삿 7:1-8 참고). 그 300명이 미디안 군대의 십만여 명을 어떻게 이긴다는 것입니까? 하나님은 우리가 이해할 수 없는 방식으로 일하십니다. 하나님은 세상적으로 잘 준비된 100명보다 하나님의 마음에 합한 한 사람을 통해서 일하십니다.

우리는 하나님께서 일하시는 방식을 실현해야 합니다. 그리고 오만하게 하나님의 일을 하지 않도록 주의해야 합니다. 그것은 하나님께 영광이 되기는커녕 공동체를 손상시키기 때문입니다.[1]

그래서 본문은 그리스도인의 봉사를 정의하면서 가장 먼저 복음을 바로 믿는 가운데서 행하는 복종이어야 한다고 말합니다. 다시 말해, 복종하되 복음을 진실히 믿는 가운데 복종해야 합니다. 그것이 참된 그리스도인의 봉사요, 하나님께 영광이 되는 봉사입니다.

기계적인 복종은 바른 봉사가 아닙니다. 바리새인과 같은 기계적인 봉사와 섬김은 하나님이 받으시는 온전한 봉사가 아닙니다. 이 부분에 대해 우리는 계속 자신을 쳐서 복종시켜야 합니다. 우리 인간의 부패한 본성은 처음 마음을 오래 유지하지 못하기 때문입니다. 인간은 뭐든지 하면 할수록 습관적으로 하기 십상입니다. 우리가 무슨 동기로 봉사하고 구제하는지 늘 자신에게 물어야 합니다. 그리고 수시로 하나님의 면전에 서야 합니다. 거룩하신 하나님을 의식하고 이 일을 하겠다는 분명한 마음이 있어야 합니다. 그렇지 않으면 자꾸 기계적이 되고 맙니다. 하나님의 말씀을 통해 그런 경향들을 다스리고, 계속 자신을 쳐서 복종시켜야 합니다.

---

[1] 어떤 교회의 교사 세미나에 가서 이런 얘기를 했습니다. 한 예로, "학교에서 초등학교 교사, 중·고등학교 교사를 하는 사람은 반드시 교회 학교의 교사를 해야 하는 것처럼 생각해 그들을 세우려고 하지 마라. 그런 사람은 더 나태할 수 있고, 아이들을 기능적으로, 기술적으로 가르치려고 할 수 있다. 그러므로 설령 학력이 탁월하지 않아도 복음에 대한 진실함이 있고 하나님에 대한 경외심이 있으며 성경에 대한 바른 이해와 애착이 있는 사람, 바로 그런 사람을 교사로 세워 하나님께서 일하실 것을 기대하라." 물론 학교 교사이면서 주일학교 교사를 유능하게 감당하는 사람들도 많이 있을 것입니다. 다만 세상에서 학생을 가르쳤다고 해서 그 사실만으로 주일학교 교사를 잘하리라 생각하는 것은 대단히 위험하다는 것을 명심해야 합니다.

많은 그리스도인들이 기계적인 복종과 봉사에 쉽게 길들여집니다. 예수님을 믿고 나서 시간이 조금만 흐르면 어느새 신앙이 기계적으로 바뀌는 모습이 우리 가운데 있습니다. 그래서 교회 안에서도 고참, 신참을 따집니다. 그러나 하나님을 더욱 깊이 알면 알수록, 소위 고참이면 고참일수록 복음에 대한 진실한 반응 때문에 오히려 복종하는 봉사자로서 더 성숙해져야 마땅합니다. 그런데도 하나님께 영광을 돌리는 데 대해 신참, 고참을 따지면서 "나는 지난날 하나님께 영광을 좀 돌렸으니까 이제는 뒤로 물러서겠다"라고 한다면, 그것은 성경을 크게 오해하는 처사입니다.

바울을 보십시오! 바울의 마지막 서신인 디모데후서를 보면, 그는 죽기까지 주님을 따라 믿음의 선한 싸움을 다 싸웠다고 말합니다(딤후 4:7 참고). 자신이 복음에 대해 진실하게 복종했다고 강조합니다. 우리의 봉사와 섬김이 하나님의 영광이 되기 위해서는 바로 그런 복종이 있어야 합니다.

그리스도의 복음에 대한 진실한 신앙의 복종이라고 했으니, 우리가 가장 중요하게 생각해야 할 모범은 당연히 예수 그리스도입니다. 예수 그리스도께서 자신을 비워 종의 형체를 가지사 자기를 낮추고 죽기까지 하셨던 그 복종을 생각해 보십시오!(빌 2:7,8 참고) 실제로 바울은 "너희 안에 이 마음을 품으라"(빌 2:5)라고 하면서 바로 예수 그리스도의 낮아지심, 곧 죽기까지 복종하심을 제시했습니다. 무엇보다 육체로만 낮아지신 것이 아니라 그리스도의 낮아진 마음을 본으로 보여 줍니다. 우리의 봉사와 섬김에 그리스도의 이런 복종이 있을 때 하나님께 영광이 됩니다. 하나님께서는 죽기까지 낮아지신 예수 그리스도를 지극히 높여 모든 이름 위에 뛰어난 이름이 되게 하셨습니다(빌 2:9 참고).

교제의 진실함 위에 세워지는 바른 봉사

하나님께 영광이 되기 위하여 봉사와 섬김에 있어야 할 두 번째 요소는 교제의 진실함입니다. 그런데 어떻게 이 '교제의 진실함'이라는 원문이 '후한 연보'로 번역되었을까요?[2]

본문은 고린도교회 성도들이 연보를 후하게 드린 것은 그들이 다른 성도들을 향해 가졌던 교제의 진실함 때문이었다고 말합니다. 따라서 '교제의 진실함'을 '후한 연보'라고 번역한 것은 그것이 교제의 진실함에서 비롯된 결과이기 때문입니다. 그러므로 우리말 성경대로 번역을 해도 아무런 무리가 없습니다. 오히려 '후한 연보' 대신 '교제의 진실함'으로 번역하게 되면 전체 내용의 흐름상 갑자기 단절된 듯한 느낌을 줄 수 있기 때문에 '후한 연보'라고 번역한 것입니다. 결국

---

[2] 이런 것들을 발견하게 되면 성경이 잘못 번역되었다고, 현대 성경 번역을 무시하는 사람들도 있습니다. 그러나 옛날 역자들과 영어 번역자들은 모두 우리보다 탁월한 사람들이었습니다. 그리고 저는 하나님께서 한 민족에게 복음을 주시고 전하는 단계에서 누군가에게 성경을 번역하도록 시키실 때, 그 사람 혼자 하도록 내버려 두시지 않는다고 믿습니다. 저는 성령께서 그 일에 관여하신다고 믿습니다. 우리가 성경을 읽고 말씀을 깨닫는 데에도 간섭하시는데, 성경이 새로운 나라의 언어로 번역되는 과정에 어떻게 성령께서 간섭하시지 않겠습니까? 물론 조금 부족한 점이 있을 수도 있습니다. 그러나 조금만 더 연구해 보면 그렇게 번역한 데에는 나름대로 충분한 이유가 있다는 것을 발견하게 됩니다. 그러므로 이런 것을 하나 발견했다고 해서 현대 번역을 부정하는 태도는 너무 경솔하다고 생각됩니다. 죽을 때까지, 주님이 오시기 전까지 이 성경만 가지고 예수님을 믿어도 결코 모자라지 않습니다. 그래서 우리 선배들은 초기에 복음서 한두 권 번역된 것으로도 성경을 믿었습니다.

바울은 고린도교회 성도들의 후한 연보는 그들이 가진 교제의 진실함을 보여 주는 것이고, 그들의 교제가 진실하다는 것이 후한 연보로 말미암아 증명되었다고 말합니다.

저는 여기서 헬라어 원문을 좀 더 살펴보고자 합니다. 그것이 더 근원적인 문제를 이야기하기 때문입니다. 바울은 고린도교회 성도들이 보여 준 교제의 진실함이 하나님께 영광이 되었다고 말합니다. 즉, 우리 그리스도인의 섬김 속에는 교제의 진실함이라는 또 다른 요소가 있어야 한다는 것입니다.

다른 성도들을 향한 교제의 진실함 없이 어떤 봉사의 행위가 이루어진다고 할 때, 그것은 진실한 봉사가 아닐 뿐만 아니라 하나님께 영광이 될 수도 없습니다. 왜 그렇습니까? 누군가와 진실하게 교제하지 않으면서 봉사한다는 것은 기계적인 봉사에 불과하기 때문입니다. 그것은 분명히 기계적인 봉사입니다.

고린도교회 성도들이 봉사와 섬김을 통해 하나님께 영광을 돌렸던 것은 그들의 봉사 배후에 교제의 진실함이 있었기 때문입니다. 바울은 그 점을 강조하고 있습니다. 다른 성도들을 향한 교제의 진실함은 복음을 바로 믿는 믿음의 복종 못지않게 그리스도인들의 봉사에 대단히 중요한 요소입니다. 교제의 진실함 없이 과연 누군가를 섬길 수 있는지를 곰곰이 생각해 보십시오. 만일 누군가가 교제의 진실함도 없이 단지 목사가 어떤 얘기를 했다고 해서 봉사한다면, 그야말로 정치인들의 쇼맨십에 불과합니다.

우리는 본문에서 성도들의 교제가 어떠해야 하는지를 발견합니다.

본문은 교회 안에서 쉽게 볼 수 있는 교제의 형식과는 다른 이야기를 하고 있습니다. 본문에서 제시하는 교제는 일단, 그리스도인들 사이의 교제를 말합니다. 고린도교회 성도들이 예루살렘교회 성도들을 향해 가졌던 교제의 모습에서 구체적인 힌트를 얻을 수 있습니다.

성경에 사용된 '코이노니아'라는 헬라어는 항상 그리스도인들 사이의 교제를 말합니다. '코이노니아'라는 말은 세상에서도 사용되었습니다. 그런데 이 말이 성경에서 사용될 때는 그리스도인들 사이의 교제를 중점적으로 말합니다. 그러므로 그리스도인이 아닌 사람과는 '코이노니아'가 성립되지 않습니다. 사도신경에도 명시되어 있듯이, '성도의 교제'는 성령께서 함께하시는 교제입니다. 성령이 거하시는 사람들 사이에서 성령께서 역사하셔서 이루어지는 교제이기 때문에, 이것은 그리스도인들의 교제를 말합니다.

본문은 그리스도인의 교제에 '진실함'이 있었다고 말합니다. 그리스도인들의 교제는 진실함을 전제로 합니다. 우리들의 봉사와 섬김과 수고는 진실한 교제의 열매이고 결과이어야 합니다.

진실은 드러나게 되어 있습니다. 우리가 진실로 교제한다면, 그 진실한 교제 속에 어떤 증거와 열매가 나타나게 되어 있습니다. 그러면 고린도교회 성도들이 보여 준 그 진실한 증거는 무엇입니까? 후한 연보였습니다. 단순히 연보가 많았다는 것을 이야기하는 것이 아닙니다. 바울은 그들의 교제의 진실함이 많은 연보에 의해 가시화되었다는 것을 말하고 있습니다.

인간에게 물질은 결코 가벼운 것이 아닙니다. 물질은 마음과 밀접하게 관련되어 있습니다. 주님도 "네 보물 있는 그곳에는 네 마음도 있느니라"(마 6:21)라고 말씀하시지 않았습니까? 물질을 내놓는 행위는 마음과 밀접하게 관련되어 있습니다. 오죽하면 사람들이 물질을 신처럼 절대시하겠습니까? 그것은 물질에 마음이 쏠리기 때문입니다.

내가 사랑하는 사람, 내 가족을 위해 사용하는 것은 나를 위해 사용하는 것이나 마찬가지입니다. 이 외에 다른 사람을 위해 물질을 어떻게 사용하느냐 하는 문제는 물질에 대한 우리 마음이 어떠한지를 잘 말해 줍니다. 특히 본문에서처럼 다른 성도들을 위해, 곧 하나님의 역사를 위해 물질을 어떻게 드리는가 하는 문제는 하나님을 향한 나의 마음이 어떠한가를 말해 줍니다. 사실 이것은 쉬운 일이 아닙니다. 여기서 교제의 진실함을 후한 연보라고 의역한 것은 교제의 진실함과 후한 연보가 뗄 수 없이 연결되기 때문입니다. 결국 물질은 교제의 진실함이 없이는 드릴 수 없습니다.

성경은 하나님을 의식하고 드리는 예물이나 물질에 대해 획일적인 액수를 말하지 않았습니다. 또 획일적인 액수를 정해 놓고 그것이 많다, 적다고 말하지도 않습니다. 성경의 계산 방법은 세상과는 달리 마음의 진실함과 관련되어 있습니다. 구약성경을 보면 이것을 잘 알 수 있습니다. 여유 있는 사람은 예물로 송아지를 드립니다. 그러나 가난한 사람은 무엇을 드렸습니까? 고운 가루 십분의 일 에바와 비둘기를 드리게 했습니다(레 14:21,22 참고). 가난한 사람에게는 그것도 큰 것입니다. 단지 하나님은 항상 예물에서 마음의 진실함을 보셨습니다.

문제는 각자의 마음에 어떤 희생의 모습이 있는가 하는 것입니다. 그러므로 바울은 본문에서 내가 마음을 많이 쓰는 물질을 내놓는 작업을 통해 교제의 진실함이 드러날 수 있다고 말합니다. 다른 성도들을 향한 희생적인 나눔이 없이는 진실한 교제가 이루어질 수 없다는 것입니다.

우리도 다른 성도들과의 교제의 진실함을 나타내야 하는데, 내가 희생하고 부담을 짊어지겠다는 마음으로 해야 합니다. 섬기면서 소문내고 드러내는 것이 아니라, 성경이 가르치는 대로 진실하게, 은밀하게 진실한 교제를 표현해야 합니다. 최대한 하나님께서 기뻐하시는 방식으로 지혜롭게 해야 합니다. 또 우리는 하나님을 의식하면서 교회를 돕고, 연약한 사람과 가난한 사람을 도와야 합니다. 우리가 할 수 있는 영역에서, 할 수 있는 한 최선을 다해 희생하면서 하나님의 영광이 드러나도록 해야 합니다.

항상 초대 교회가 나타낸 하나님의 영광은 세상적으로 "이것밖에 안 되는 사람들이 어떻게 이렇게 할 수 있는가?"라는 의문 속에서 나타났습니다. 그러나 오늘날은 "교회가 이렇게 크고 재정이 이렇게 많은데 겨우 이 정도인가?"라는 의문 속에서 하나님의 영광을 가리고 있습니다. "이것밖에 안 되는 사람들이 어떻게 이런 일을 할 수 있는가?"라는 의문을 갖게 하는 것, 그것이 바로 초대 교회가 드러낸 하나님의 영광의 요소였습니다. 우리도 그러해야 합니다.

우리가 빼앗을 수 없는 하나님의 영광

섬김에 관하여 이 두 가지 요소가 그대로 실현되지 않으면 교회에 많은 시험이 올 것입니다. 그러므로 우리는 먼저 성령께 굴복해야 합니다. 교제가 진실하지 못하다는 것은 우리가 성령께 굴복하지 않고 자꾸 인간적인 교제를 한다는 말입니다. 또한 우리의 모든 수고의 바탕에는 복음에 대한 진실한 복종이 있어야 합니다. 근거 없는 복종이 아니라, 예수 그리스도의 십자가를 생각하고 그분이 보이신 것과 같이 복종해야 됩니다. 그런 복종 가운데 수고하고 봉사해야 합니다.

제발 들추어내지 마십시오! 우리끼리 서로 비교하여 도토리 키 재기를 하거나, 자신의 이름을 드러내려고 하지 마십시오. 그리스도께서 보이신 복종의 자세로 끝까지 섬겨야 합니다. 교제의 진실함을 나타내야 합니다. 그렇게 하는 것이 하나님의 영광이 드러나는 바른 교회의 모습입니다. 이름만 하나님의 영광이고, 말로만 하나님의 영광을 위해 기도할 뿐 실제로는 아무 내용이 없는 교회의 현실을 보십시오. 교회 안에 복음에 대한 진실한 복종과 교제의 진실함이 있어야 하나님의 영광을 드러낼 수 있지 않겠습니까? 설령 교회가 약하고 성도가 몇 명 되지 않는다고 해도 하나님께서 그곳에 역사하신다는 증거가 있어야 하지 않겠느냐는 말입니다.

우리는 모든 일을 하나님의 영광에서 출발해야 합니다. 그래서 누구든지 우리들의 그런 모습을 통해 온전한 복종과 교제를 할 수 있도록 해야 합니다. 그래서 하나님의 영광을 최우선으로 삼는 그리스도인의 섬김이 우리 안에서 자리 잡아야 합니다.

"그런즉 너희가 먹든지 마시든지 무엇을 하든지 다 하나님의 영광을 위하여 하라. 유대인에게나 헬라인에게나 하나님의 교회에나 거치는 자가 되지 말고."

_고린도전서 10:31,32

18장
하나님의 영광을 위하는 구체적인 삶 7
_하나님의 영광이 모든 것의 기준이 되는 삶

그리스도인의 삶의 대원칙

본문은 하나님의 영광을 위하는 구체적인 삶의 결론이 될 만한 말씀입니다. 이 말씀은 구체적인 삶의 행동 원리라고 할 수 있습니다. 바울이 고린도전서 10장의 전반부에서부터 말해 온 모든 것의 결론입니다. 결론은 하나님의 영광이 모든 행위의 기준이 되어야 한다는 것입니다.

'그런즉'이라는 말은 '그러므로'라는 말로 바꿀 수 있습니다.

"그러므로 너희가 먹든지 마시든지 무엇을 하든지 다 하나님의 영광을 위하여 하라."

본문은 하나님의 영광이 우리의 삶에서 어떤 위치를 차지해야 하고, 어느 영역에까지 미쳐야 하며, 어떤 식으로 나타나야 하는지를 말해 줍니다. 먼저 본문 말씀이 나오게 된 배경을 살펴봅시다. 본문

이전에 나오는 10장 전반부에서 바울은 우상에게 바쳐진 희생 제물을 먹는 문제에 대해 말하면서, 이 문제와 관련해 그리스도인에게 주어진 자유를 남용해서는 안 된다고 가르칩니다. '나는 신앙이 있으니까, 양심에 거리낌이 없으니까 먹어도 돼' 하면서 자기중심적으로 생각해서는 안 된다는 뜻입니다. 그리스도인들이 자신의 자유를 일방적으로 남용해서는 안 되는 이유는 다른 사람들에게 덕을 세우지 못하거나 믿음이 연약한 사람들을 넘어뜨리거나 비난을 살 수 있기 때문입니다.

문제는 우상에게 바쳐진 희생 제물을 먹는 것에서 시작되었습니다. 이 문제로 인하여 공동체뿐만 아니라 각자의 신앙을 삶에 적용하는 데 혼란이 생겼고, 심지어 서로 상처를 주게 되었습니다. 바울은 이것이 단순히 희생 제물을 먹느냐 안 먹느냐 하는 문제가 아니라 하나님의 영광과 직결되는 문제임을 지적합니다. 그래서 "먹든지 마시든지 무엇을 하든지 다 하나님의 영광을 위하여 하라"(고전 10:31)라고 말합니다.

이 말씀 앞에 있는 23,24절에서는 원리적인 이야기가 먼저 나옵니다. "모든 것이 가하나 모든 것이 유익한 것은 아니요, 모든 것이 가하나 모든 것이 덕을 세우는 것은 아니니, 누구든지 자기의 유익을 구하지 말고 남의 유익을 구하라"라는 하나의 원리를 먼저 제시했습니다. 연약한 형제들의 영적 유익에 초점을 맞추어 행동하라는 것입니다.

그런데 본문은 앞서 제시한 행동 원리보다 더욱 궁극적인 삶의 원리를 제시합니다. 남에게 유익을 주기 위해 무엇을 행하고 생각할 뿐만 아니라, 더 궁극적으로는 하나님의 영광을 위해 해야 한다는 것입니다. 결국 바울은 그리스도인들이 직면하는 한두 가지 행위의 문제가 아니라 전반적인 삶의 원리에 대해 말하고 있습니다.

하나님의 영광을 모든 행동과 삶의 목표로 삼으라

그러면 본문에서 말하는 하나님의 영광을 위하는 삶은 구체적으로 무엇을 말합니까? 먼저 바울은 하나님의 영광이 우리의 모든 행동과 삶의 목표이어야만 한다고 말합니다. 즉, 무엇을 하든지 다 하나님의 영광을 위하여 하라는 것입니다.

사람의 행동이나 삶의 내용은 목표가 무엇이냐에 따라서 달라집니다. 아주 사소한 행동 하나라도, 비록 똑같은 일상생활이라 해도 하나님의 영광을 목표로 행하고 사는 것과 그렇지 않은 것에는 엄청난 차이가 있습니다. 우리의 모든 삶 속에서 나타나야 할 하나님의 영광을 생각하고 하나님의 영광을 목표로 일하고 사는 것과 그렇지 않은 삶은 분명히 다른 결과를 가져오게 되어 있습니다. 항상 하나님의 영광을 목표로 살며 행동할 때에는 그 모든 것의 결과가 결코 땅에 떨어지지 않습니다. 모든 것이 하나님께 기억될 것이고, 하나님께서 받으시는 귀한 삶의 예물로 드려질 것입니다. 그러나 하나님의 영광을 목표로 살지 않을 때에는 썩어질 것밖에 거둘 것이 없습니다. 겉으로는 똑같이 수고하고 힘쓰는 것 같지만, 하나님 편에서 볼 때 어떤 동기와 목적으로 행했느냐에 따라 그 결과가 완전히 달라집니다.

바울은 갈라디아서 6장 8절에서 이 사실에 대해 분명히 지적합니다. 그는 자기의 육체를 위하여 심는 사람은 육체로부터 썩어질 것을 거둔다고 말합니다. 성경은 하나님의 영광을 목표로 삼지 않는 열심은 하나님 앞에서 썩어질 것밖에 되지 않음을 분명하게 지적합니다. 우리는 조만간 하나님 앞에서 이 사실을 확인하게 될 것입니다.

바울은 성령을 위해 심는 사람에 대해서도 말합니다. 달리 표현하면, '하나님의 영광을 위하여 살고 행하는 자'라고 할 수 있습니다. 하나님의 영광을 목표로 삼아 어떤 일을 행하며 하루하루를 사는 사람은 성령으로부터 영생을 거둘 것이라고 말합니다. 성령으로부터 영생을 열매로 거둘 자, 또는 영생을 얻을 그리스도인들의 모든 삶과 행동은 성령을 위하여 심는 것입니다.

무엇을 목표로 살며 행하고 있습니까? 그리스도인은 하나님의 영광이 삶의 목표가 되어야 합니다. 이 기준은 우리의 삶을 평가해 볼 수 있는 최고의 시금석입니다. 어쩌면 우리는 하나님의 영광을 목표로 행하며 살아야 한다는 것을 까맣게 잊고 있는지도 모릅니다. 이것은 가볍게 넘길 수 없는 문제입니다. 그것은 우리 삶의 실제적인 모습이 어떠한지를 밝혀 주는 중요한 내용입니다. 하나님의 영광을 위한 목표 없이 삶을 살아가며, 인생을 계획하는 것은 하나님의 영광을 위해 사는 삶이 아니라는 단적인 증거입니다.

스스로에게 물어 보십시오. 우리의 행동과 삶에서 궁극적으로 무엇을 기대하는지, 무엇을 보기 원하는지를 물어 보십시오. 어떤 일을 하면서 궁극적으로 무엇을 기대합니까? 진실로 하나님의 영광에 대한 강한 집착과 확신을 가지고 있습니까? 진정 그런 확신을 가지고 있습니까?

우리의 모든 행동의 동기 중에서 무엇이 가장 큰 비중을 차지하고 있는지를 살펴보는 것은, 그리스도인의 신앙의 상태를 가늠해 볼 수 있는 중요한 작업입니다. 우리는 이 부분에 대해 솔직해져야 합니다. 그럴 때 우리의 신앙 상태를 확인할 수 있고, 우리가 실한 열매를 거둘 것인지 썩어질 것을 거둘 것인지 가늠할 수 있습니다.

본문의 가르침을 외면한 채로 예수님을 믿을 수는 없습니다.

"먹든지 마시든지 무엇을 하든지 다 하나님의 영광을 위하여 하라" (고전 10:31).

곧 하나님의 영광이 목표가 되어야 한다는 이 분명한 진리를 외면한 채 그리스도인으로 살아갈 수는 없습니다. 그러므로 '모든 행실과 삶 속에서 우리가 가장 기대하는 것이 하나님의 영광인가, 아닌가' 하는 것은 우리의 존재 가치와 신앙 상태를 평가하는 아주 중요한 문제입니다.

삶의 모든 영역에서 하나님의 영광을 의식하라

다음으로 본문이 하나님의 영광을 위하는 삶에 대해 우리에게 제시하는 것은 하나님의 영광과 관련된 삶의 영역입니다. 본문은 하나님의 영광을 삶의 어느 영역에까지 연관시켜야 하는지에 대해 말하고 있습니다. "하나님의 영광이 과연 우리 삶의 어느 부분에까지 연관되어야 하는가?"라는 질문에 대한 답을 내려 주고 있습니다. 본문은 뭐라고 말합니까? 삶의 모든 영역이라고 말합니다. 모든 영역에서 하나님의 영광을 의식해야 한다고 말합니다. 하나님의 영광을 위해서 하되, '먹든지 마시든지 무엇을 하든지 다' 그렇게 하라고 말합니다. 한마디로, 모든 행실, 삶의 전 영역에서 하나님의 영광을 의식해야 한다는 말입니다.

이 말씀은 이미 우리에게 익숙해진 자기 중심적인 생활 습관에 일침을 가합니다. 인간은 잠시도 자기 중심적인 생활에서 벗어날 수 없습니다. 그런데 본문은 그리스도인이라면 그렇지 않아야 한다는 사실을 분명히 밝힙니다.

하나님의 영광을 위해 해야 하는 일이 따로 있거나, 하나님의 영광을 위해야 할 장소나 분위기가 따로 있는 것이 아닙니다. 우리는 꼭 교회 안에서나 그리스도인들과의 관계에서만이 아니라 모든 일, 모든 영역에서 하나님의 영광을 의식하면서 행하고 살아야 합니다. 심지어 우리가 먹고 마시는 아주 기본적인 것에서도 하나님의 영광을 의식해야 합니다. 왜 그렇습니까? 비록 인간의 본능적인 욕구를 채우는 문제이지만, 먹고 마시는 근본적인 욕구가 그것 자체로 끝나는 것이 아니기 때문입니다. 먹고 마시는 것을 통해 우리의 삶이 지탱되지 않습니까?

그래서 칼빈은 이렇게 말했습니다. "이 말씀을 통해 바울은 아무리 하찮은 일이라도 하나님의 영광에 관계되지 않는 우리의 생활이나 행위는 없다고 가르친다. 또 하나님의 영광을 드러내기 위해서 먹고 마시는 일에까지 우리가 관계되어 있음을 가르치고 있다."

본문을 통해 그리스도인의 현주소를 조명해 보면 많은 문제점들을 발견할 수 있습니다. 많은 사람들이 교회에 와서 복 받기를 원하고 부유해지기를 원하며, 하는 일이 잘되고 모든 일이 잘 풀리기를 원하고 기도합니다. 그런데 왜 그래야만 하는가에 대해서는 선뜻 대답하지 못합니다. 온통 자기 중심적인 내용들뿐입니다. 그것은 고작 하나님을 우상 덩어리로밖에 생각하지 않는 것입니다. 감사 헌금을 하면서도 헌금에 대한 보상을 은근히 바랍니다. 사실 감사 헌금은 주신 것에 대한 감사이지 받기 위한 감사가 아닙니다. 성경을 보면 모든 감사와 찬송의 가사들이 다 하나님께서 우리에게 행하신 것에 대한 감사에서 나온다는 것을 알 수 있습니다. 그런데 한국 교회 교인들은 성경에 어긋나는 방향으로 나가고 있습니다.

'하나님의 영광을 모든 삶의 영역에서 의식하며 살아왔는가, 인생을 살면서 이런 사소한 것들까지도 하나님의 영광과 관련되어 있다는 사실을 기억하며 살아왔는가' 하는 것에 대한 점검은 우리 신앙의 상태를 조명합니다. 그만큼 이 말씀을 알고 살아왔는가 하는 문제는 중요합니다.

결국 우리는 칼빈의 말대로 그리스도인에게는 하나님의 영광과 관련되지 않은 일이나 행위가 하나도 없다는 사실을 기억하며 살아야 합니다.

우리가 먹고 마시는 일조차도 하나님의 영광을 위해서 해야만 하는 더 정확한 이유를 알고 싶습니까? 그것은 우리가 먹고 마시면서 하나님의 자녀로서 살기 때문입니다. 먹고 마시는 것은 가장 기본적인 일이지만, 바로 그것을 통해 우리가 하나님의 자녀로서의 삶을 살아가기 때문입니다. 살아 있는 한, 우리에게는 하나님의 이름이 달려 있습니다. 하나님의 사랑이 우리 안에 새겨져 있습니다. 그렇기 때문에 가장 기본적인 일, 사소한 일까지도 하나님의 영광을 위해서 해야 합니다.

그리스도인으로서 숨 쉬며 이 세상에 존재하는 것 자체가 얼마나 귀한지 모릅니다. 예수 그리스도의 생명만큼의 가치가 우리에게 있습니다. 우리에게는 새로운 피조물로서의 하나님의 형상이 새겨져 있습니다. 우리는 주님이 드러나도록 구별된 존재이며 통로입니다. 이 세상에 파견된 유일한 하나님의 대사입니다. 그렇기 때문에 우리가 어디서 무엇을 하든, 심지어 아주 사소하고 기본적인 생활과 일상이 반복될지라도, 그것은 모두 하나님의 영광과 관련되어 있습니다. 우리의 모든 발걸음이 하나님의 영광과 관련되어 있습니다. 그래서 바울은 다음과 같이 말합니다.

"또 무엇을 하든지 말에나 일에나 다 주 예수의 이름으로 하고"(골 3:17).

우리가 무엇을 하든지, 일은 물론 심지어 말까지도 다 주 예수의 이름으로 하라고 했습니다. 우리의 행실, 발걸음, 말, 우리가 행하는 일, 이 모든 것이 주 예수의 이름과 관련되어 있고, 하나님의 영광과 관련되어 있다는 말입니다. 그렇다면 이런 사실을 알고 의식하며 사는 것과 그렇지 않은 것에는 큰 차이가 있을 수밖에 없지 않겠습니까?

우리는 하나님의 영광이 의식되어야 하는 영역이 우리의 가장 사소한 일, 전반적이고 기본적인 일에까지 이른다는 사실을 잊지 말아야 합니다. 모든 기본적인 욕구와 일상생활, 그리고 우리의 생업, 만남과 관계, 이 모든 것을 통해서도 하나님은 영광을 받으십니다.

수단과 방법으로도 하나님께 영광을 돌리라

본문 말씀이 하나님의 영광을 위하는 삶에 대해 또 한 가지 우리에게 시사하는 바는, 우리가 행하고 사는 목표뿐만 아니라 수단과 방법도 하나님의 영광을 위하는 것이어야 한다는 점입니다. 본문의 내용을 풀어서 설명하면 두 가지로 표현할 수 있습니다. 하나는 '하나님의 영광을 위하여 산다는 목적을 가지고 모든 일들을 행하라'는 것이고, 또 하나는 '하나님께서 영광 받으실 수 있는 방법으로 모든 일을 행하라'는 것입니다.

본문은 흐름상 이 두 가지 의미를 다 포함한다고 볼 수 있습니다. '하나님의 영광을 목표로 해서 모든 일을 행한다'는 것과 '하나님께서 영광을 받으실 수 있는 방법으로 모든 일을 행한다'는 의미는 분리해서 생각할 수 없기 때문입니다. 우리가 사는 세상은 목표만 옳다면 수단과 방법은 별로 문제 삼지 않습니다. 그리고 그리스도인들 역시 그러한 사고에 많이 젖어 있습니다. 그러나 성경은 그것을 전혀 허용하지 않습니다. 성경은 우리 신앙의 목표와 수단을 구별하지 않습니다.

본문은 하나님의 영광을 목표로 행하되 과정까지도 하나님께서 영광 받으실 수 있는 방법으로 행하라고 말합니다. 우리의 삶을 통해 하나님께서 영광을 받으시려면 어떤 방법을 택해야 할까요? 베드로가 이에 대한 적절한 답을 줍니다. 베드로도 바울과 유사하게 말합니다.

"이는 범사에……하나님이 영광을 받으시게 하려 함이니"(벧전 4:11).

이것은 수단과 방법을 중요시해야 한다는 말을 다르게 표현한 것입니다. 베드로는 이 말을 하기 전에 먼저 "만일 누가 말하려면 하나님의 말씀을 하는 것같이 하고, 누가 봉사하려면 하나님이 공급하시는 힘으로 하는 것같이 하라"라고 말했습니다. 그러고 나서 "이는 범사에……하나님이 영광을 받으시게 하려 함이니"라고 말합니다. 하나님께서 영광을 받으시도록 하기 위해 범사에 의식해야 할 것이 있는데, 그것은 말을 하든, 봉사를 하든 하나님의 말씀을 하듯이, 하나님의 공급하시는 힘으로 하듯이 하라는 것입니다.

말을 하는 사람은 우리 자신입니다. 그리고 봉사를 하는 것처럼 실제적으로 누군가에게 공급을 하는 것도 우리 자신입니다. 그런데 그 모든 일을 하나님께서 하시는 것같이 하라고 말합니다. 무슨 말입니까? 한마디로 하나님께서 영광을 받으시는 방법이나 수단은 우리 자신을 잊어버리는 것이라는 말입니다. 우리 자신을 드러내지 말아야 한다는 말입니다. 말하는 사람, 전하는 사람은 우리입니다. 공급하는 사람도 우리 자신입니다. 그런데 그것을 하나님께서 하시는 것처럼 하라고 했습니다. 이것이 하나님께서 영광을 받으시는 방법입니다.

결국 하나님께서 영광 받으실 수 있는 수단과 방법은 목표뿐만 아니라 그 과정에서도 우리의 방법과 우리의 생각과 우리의 자랑 같은 요소들이 끼어들어서는 안 된다는 것입니다. 우리의 방법과 생각과 자랑을 포함한 채 하나님의 영광을 위할 수는 없습니다. 그것은 하나님의 영광을 목표로 하는 행위나 봉사가 아닙니다. 하나님께서 영광을 받으시는 것은 어떤 일을 하든 우리 자신을 잊은 채 하나님만을 의식하며, 우리를 통해 나타날 하나님의 영광만을 생각할 때 가능합니다.

우리는 하나님의 영광을 목표로 해야 한다는 것에 대해서는 많이 들어서 알고 있습니다. 그러나 하나님께서 영광을 받으시도록 하는 수단과 방법에 대해서는 잘 모르는 것 같습니다. 지금까지 교회가 행위의 결과만을 칭찬했기 때문입니다. 수단과 방법이 다소 타협적이고 무언가 꺼림칙해도 별로 개의치 않았습니다.

그러나 우리는 하나님께서 한 점의 흠도, 회전하는 그림자도 없으신 분이라는 사실을 항상 기억해야 합니다. 그분은 1퍼센트의 흠도 없이 거룩하십니다. 그러므로 하나님의 영광을 진실로 알고 생각한다면, 우리가 무엇을 하든, 그 모든 일과 행위에 하나님께서 기뻐하시는 방법, 거룩하신 하나님의 방법이 동원되어야 합니다. 그것이 바로 하나님의 영광을 위하여 행하는 것이며, 하나님의 영광이라는 목표를 이루는 것입니다.

이런 말을 할 때마다 항상 사람들에게서 "우리 중에 그런 사람이 어디 있습니까?"라는 질문을 받습니다. "요즘 같은 세상에 그렇게까지 하면서 어떻게 예수님을 믿습니까?"라고 묻는 사람도 있습니다.

그러나 두려운 마음으로 말할 수 있습니다. 바뀌어야 할 사람은 우리입니다. 우리의 고집입니다. 바뀌어야 할 것은 하나님의 거룩하심이 아니라 바로 우리 자신입니다. 잠시 있다가 없어질 우리입니다.

잊지 마십시오! 하나님의 거룩하심은 바뀔 수 없습니다. 하나님께서는 죄인인 우리를 구원하기 위해 자신의 아들을 죽게 하시기까지 하면서 하나님의 거룩하심에 흠을 내지 않으셨습니다. 아들을 십자가에 못 박으시면서까지 하나님 자신의 거룩하심에 흠을 내지 않으셨습니다. 우리는 그 거룩하신 하나님을 기억해야 합니다. 수단과 방법에 대해서도 그 하나님을 기억하고 하나님의 영광을 위해 행해야 합니다.

결론적으로 말하겠습니다. 우리가 살고 행동하는 데 최고의 동기와 목적이 무엇이냐 하는 문제는 매우 중요합니다. 그것이 하나님의 영광이냐 아니냐 하는 것이 우리 삶의 내용을 판가름합니다. 우리가 하나님의 자녀인 이상 우리의 모든 행함은 하나님의 영광을 위해서 이루어져야 합니다. 하나님의 영광이 우리 삶의 기준입니다. 우리가 먹고 마시며 행하는 모든 것의 기준이 하나님의 영광입니다. 이 기준으로 모든 것을 점검해야 합니다.

우리는 단순히 이 세상에서 인정하는 어떤 선을 목적으로 사는 사람들이 아닙니다. 이 세상이 인정해 주는 정도의 선이 우리의 목표가 아닙니다. 우리는 그보다도 더 영광스럽고 숭고하고 고귀한 것, 바로 하나님의 영광, 우리를 위해 목숨을 내주신 그리스도의 이름과 영광을 위해 먹고 마시며, 행하고 삽니다.

사실 하나님의 영광을 목표로 사는 삶은 결국 우리 자신을 위한 것이기도 합니다. 우리의 일거수일투족을 통해 하나님의 영광이 드러나야 합니다. 영원하신 그분이 우리를 통해 드러나야 합니다. 지금 이 시대를 하나님께서 우리에게 맡기셨다는 것, 이 시대에 우리를 통해 하나님 자신의 영광을 드러내시기를 원하신다는 것, 이것은 우리에게 엄청난 영광입니다. 우리는 모두 하나님 앞에, 그 영광스러우심 앞에 설 때, 이 땅에서 하나님의 영광을 위해 살았던 삶이 얼마나 복된 것이었는지를 확인하게 될 것입니다.

그러므로 우리가 사는 삶이 지루할 정도로 반복되고, 비슷한 환경, 비슷한 사건, 비슷한 일거리, 비슷한 사람들과의 만남이 지속되더라도, 하나님의 영광을 위해 우리가 존재하고 행하도록 부름 받았다는 사실을 잊지 말아야 합니다.

그래서 바울은 본문에서 아주 감탄스러운 명령어를 사용합니다.

"그런즉 너희가 먹든지 마시든지 무엇을 하든지 다 하나님의 영광을 위하여 하라"(고전 10:31).

이것이 우리 모두의 삶과 행동에 실제적인 원리가 되어야 합니다.

우리는 하나님의 자녀요 그분의 소유된 백성입니다. 우리의 삶과 행동의 원칙은 우리가 하나님께 속해 있는 존재라는 사실에 기인합니다. 그래서 바울은 당시 로마에 있는 그리스도인들을 향해 다음과 같이 말했습니다.

"우리 중에 누구든지 자기를 위하여 사는 자가 없고, 자기를 위하여 죽는 자도 없도다. 우리가 살아도 주를 위하여 살고 죽어도 주를 위하여 죽나니, 그러므로 사나 죽으나 우리가 주의 것이로다"(롬 14:7,8).

우리가 하나님의 영광을 위해 사는 것은 우리가 주님의 것이기 때문입니다. 설령 죽더라도 우리는 주님의 것으로서 주님과 함께 영원히 살 것입니다. 바울은 당시 그리스도인들의 모습을 보고 그렇게 말했습니다. 마찬가지입니다. 우리는 주님의 것입니다. 먹든지 마시든지 무엇을 하든지 다 주님을 위하여 합시다. 하나님의 영광을 위해 행합시다.

"이 일 후에 내가 보니, 각 나라와 족속과 백성과 방언에서 아무도 능히 셀 수 없는 큰 무리가 나와 흰옷을 입고 손에 종려 가지를 들고 보좌 앞과 어린양 앞에 서서 큰 소리로 외쳐 이르되, 구원하심이 보좌에 앉으신 우리 하나님과 어린양에게 있도다 하니, 모든 천사가 보좌와 장로들과 네 생물의 주위에 서 있다가 보좌 앞에 엎드려 얼굴을 대고 하나님께 경배하여 이르되 아멘, 찬송과 영광과 지혜와 감사와 존귀와 권능과 힘이 우리 하나님께 세세토록 있을지어다 아멘, 하더라."

_요한계시록 7:9-12

19장
하나님께 영원한 영광을

천상에서 나타날 주님의 영광

앞에서 우리는 세상에서 하나님의 영광을 위해 어떻게 살아가야 할지를 구체적으로 살펴보았습니다. 이제부터는 이 땅에서의 생이 다한다 해도 하나님께 영광 돌리는 일은 끝나지 않는다는 사실을 말하려고 합니다. 우리가 죽은 이후에도 우리는 하나님께 영광 돌리는 일을 계속할 것이며, 더욱 극적이고 경이에 찬 모습으로 그분을 높이고 찬양할 것입니다.

본문은 사도 요한이 환상 가운데 보았던 천상에서의 한 장면으로, 장래에 모든 성도들이 다 모여 하나님께 영광을 돌리며 찬송하는 모습을 기록하고 있습니다. 본문은 그리스도인이 천상에서도 끊임없이 하나님을 찬송하고 그분께 영광 돌리는 모습을 보여 줍니다.

장차 우리가 하나님을 보면서 하나님께 영광 돌리는 일은 우리가 이 땅에 살면서 하나님의 영광을 의식하고 하나님께 영광 돌리는 일과는 비교도 할 수 없습니다. 그때 하나님께 영광 돌리는 것은 아주 완전한 상태, 지극히 영광스러운 환경과 상황 가운데 이루어질 일입니다.

이 땅에서 우리들이 이방인들을 의식해서 어쩔 수 없이 하는 어떠한 행동과 노력도 그때는 다 쓸모없어집니다. 그때는 하나님을 직접 목격함으로써 우리의 마음이 하나님께 압도되어 오직 하나님만 의식하게 될 것입니다.

바로 거기 모인 모든 성도들이 하나님 앞에서 직접 자신들이 보고 있는 그 영광을 노래하면서, 하나님께서 우리를 위해 행하신 모든 일을 찬양하면서 그분을 높이게 될 것입니다. 그야말로 하나님께 영광을 돌리는 최고의 모습, 도저히 형용할 수 없는 일이 있게 됩니다. 성경에 이보다 더 극적인 장면이 없을 정도입니다. 본문에 나타난 장면, 곧 하나님께서 인도하실 그 마지막 장면은 우리의 가슴을 벅차오르게 만듭니다.[1]

본문은 온전히 주님의 백성들만이 천상에 모여 하나님께 영광을

---

1) 그러나 하나님께 영광 돌리는 일의 최고 절정인 본문을 어떻게 말로 설명할 수 있을지에 대해서는 의문입니다. 상당히 어색하고 위축이 됩니다. 최후에 하나님께 영광 돌리는 그 상황을 어떻게 형용할 수 있을지 무척 난감합니다. 우리의 언어와 정서와 이해가 제한되어 있기 때문에 온전히 묘사하는 것은 불가능하다고 생각됩니다. 그러나 하나님께 영광을 돌리는 우리의 삶이 이 땅에 살면서 끝나지 않고 지속될 뿐만 아니라, 절정에 달하는 때가 있는 것은 분명합니다. 현재 우리가 하는 어떤 헌신적인 수고와 다소 노력의 차원인 문제가 거기서는 새로운 국면을 맞게 될 것입니다. 왜냐하면 도무지 절제할 수 없는 압도됨으로 말미암아 하나님께 영광 돌리는 일이 우리 속으로부터 일치되어서 나올 것이기 때문입니다.

돌리는 장면입니다. 물론 주님은 주님의 백성들뿐만 아니라 그분의 영광을 업신여기며 그분께 영광 돌리지 않은 사람들에게도 자신의 영광을 나타내십니다. 주님께서 재림하실 때 이 장면이 전개될 것입니다.

"그때에 인자의 징조가 하늘에서 보이겠고 그때에 땅의 모든 족속들이 통곡하며 그들이 인자가 구름을 타고 능력과 큰 영광으로 오는 것을 보리라"(마 24:30).

"인자가 아버지의 영광으로 그 천사들과 함께 오리니 그때에 각 사람이 행한 대로 갚으리라"(마 16:27).

이 모든 말씀은 주님께서 다시 오실 때에 나타날 영광에 대한 것입니다.

그런데 어떤 곳에서는 인자가 자기 영광으로 모든 천사들과 함께 온다고 말씀하셨고, 또 다른 곳에서는 인자가 자기 영광이 아닌 아버지의 영광으로 천사들과 함께 온다고 말씀하셨습니다. 그러나 주님은 요한복음 17장에서 자신의 영광이 바로 아버지의 영광이요, 아버지의 영광이 바로 자신의 영광이라고 말씀하셨기 때문에 이것은 특별한 의미가 없습니다.

어쨌든 이 땅에 하나님의 영광이 선포된다는 것은 분명합니다. 하나님을 믿든 안 믿든 간에 모든 백성이 하나님의 영광을 볼 것입니다. 우리는 본문에 들어가기 전에, 장차 나타날 주님의 영광을 먼저 생각해야 합니다.

마지막 날의 영광

십자가에서 죽으신 주님, 무기력하고 연약한 인간처럼 보였던 그분이 지극히 영광스러우신 모습으로 온 인류 앞에 나타나실 때가 옵니다. 그것은 장차 받으실 영광의 서곡입니다. 하나님께서 택하신 사람들만 그분의 영광을 보는 것이 아니라 온 백성들이 볼 것입니다. 지금은 우리가 예수님에 대해 말하면 콧방귀를 뀌고 냉소적으로 반응하며 그분의 영광을 업신여기는 사람들도, 그때는 예외 없이 그 장면을 보게 됩니다. 이 영광스러운 모습을 보면서 이 세상은 아주 극적인 국면을 맞이하게 될 것입니다. 한 부류는 하나님의 영광에 합류하게 되고, 또 한 부류는 심판에 이르게 됩니다. 하나님을 알고 하나님을 영화롭게 한 사람들에게 주님의 임재는 언제나 복되고 영광스러운 일입니다. 그러나 그렇지 못했던 사람들에게는 심판과 징벌을 동반하는 두려운 일이 될 것입니다.

이와 같이 주님은 먼저 모든 나라 앞에서 자신의 영광을 드러내고 선포하십니다. 죽은 자든 산 자든, 그리고 그리스도를 믿는 자든 불신자든 모두가 그 장면을 보게 될 것입니다. 모든 영혼이 다 그분 앞에 서서 지극히 영광스러우신 주님을 뵈어야 합니다. 십자가에 죽으셨던 그분, 인간들이 모독했던 그분이 누구신지를 보아야 하며, 그분의 영광을 반드시 목격해야 합니다. 이 땅에 태어난 사람이라면 예외 없이 그분의 영광을 보아야 한다고 성경은 말합니다. 어떤 사람에게는 그날이 큰 기쁨과 위로의 날이지만, 또 어떤 사람에게는 영원한 형벌로 가게 되는 최후의 날입니다.

왜 우리가 고집스럽게 하나님의 영광을 위하는 삶을 살아야 합니까? 왜 그렇게 세상 사람들에게 바보라는 소리를 들으면서까지 예수님을 믿어야만 합니까? 그것은 장차 우리가 주님의 영광에 동참할 것이기 때문입니다. 우리는 그때를 사모하면서 기다리는 사람들입니다. 위로의 날이 우리 앞에 다가오고 있습니다. 그때에는 주님의 영광을 보게 되는 것은 물론이고, 우리까지도 영광스럽게 됩니다. 그날은 하나님께서 그분의 영광을 위해 살았던 사람들을 영광스럽게 하시는 날입니다. 그날이 우리 앞에 다가오고 있습니다. 그날은 반드시 옵니다.

그런 면에서 '하나님의 영광'에 대한 이 강론의 끝 부분은 분명 위로가 되는 얘기입니다. 우리는 그날을 의식하고 살아야 합니다. 하나님께서는 우리를 영광스럽게 하십니다. 그날이 우리 앞에 다가오고 있습니다.

지금 이 세상은 하나님의 영광을 지푸라기처럼 여깁니다. 하나님은 그런 행동과 태도를 가볍게 여기지 않으십니다. 하나님의 영광을 업신여긴 자들은 주님이 오실 때 심판을 받게 됩니다. 반면 그날은 바로 우리를 위한 날입니다. 그리스도를 믿지 않은 자들에겐 심판이, 우리에겐 영광이 있습니다.

주님의 영광을 업신여기는 자들에게는 그날이 혹독한 날이 될 것입니다. 이렇게 무시무시한 심판을 생판 남이 아니라 내 가족과 주변 사람들이 받는다고 생각해 보십시오. 얼마나 안타깝고 가슴 아픈 일입니까? 모든 사람이 주님의 이 영광스러운 말씀 앞에 서야 하는데,

그들은 심판을 향해 몸부림치며 달려가고 있습니다. 영광에 동참하기는커녕 준엄한 심판의 날을 향해, 아무런 의식 없이 오히려 당당하게 나아가고 있습니다. 그날을 알지 못하면서 고집스럽게 살아가는 사람들이 우리 가족과 친지들 중에, 또한 친구들 중에 있다는 것, 그것이 우리에게는 아픔이 됩니다. 주님께서 수없이 하신 그 말씀을 오늘날 사람들은 전혀 들으려고 하지 않습니다. 그러나 주님은 말씀하십니다. 사람들이 외면하는 일이 먼저 있을 것이라고 말입니다. 그리고 그것은 장차 주님께서 아주 극적으로 절정에 달하는 영광을 받으실 전조입니다.

천상에 울려 퍼지는 찬송

다음으로 본문은 모든 것이 정리되고 오직 선택된 사람들, 곧 구원받은 사람들만 천상에 모여서 하나님과 영원히 함께하며, 그분의 영광을 높이게 될 것이라고 말합니다. 그야말로 최후의 상태를 말하고 있습니다. 그곳에는 뒤섞임이 없습니다. 아무리 샅샅이 뒤져 보아도 하나님의 영광을 알지 못하는 자들은 찾아볼 수 없습니다. 그곳은 온전히 의인들만, 하나님의 긍휼하신 은혜에 흠뻑 젖고 그리스도의 의를 덧입은 자들만 모여 있는 자리입니다. 하나님을 닮은 자들, 예수 그리스도의 의로 의롭게 된 자들, 그리고 이 땅에서 하나님의 영광을 위해 살다가 죽은 사람들만 그곳에 모여 있습니다.

우리에게도 반드시 그날이 옵니다. 주님의 재림이 시작되어 본문과 같은 영광스러운 상태가 우리에게 영원히 지속된다는 것입니다.

그곳은 본래 하나님의 영광이 가득한 곳입니다. 그곳에서 우리는 하나님의 영광을 노래하게 됩니다. 하나님의 영광을 직접 목도할 뿐만 아니라 하나님을 직접 목격하면서 그분을 인정하고 찬양하는 영광스러운 일이 우리에게 장차 반드시 있게 됩니다. 우리에게 하나님과 그분의 영광은 두려운 것이 아니라 기쁨이요 즐거움입니다.

본문은 천상에서 이루어질 일을 아주 경이롭게 묘사합니다. 온 성도들이 이렇게 말합니다.

"구원하심이 보좌에 앉으신 우리 하나님과 어린양에게 있도다"(계 7:10).

그러자 천사들이 "아멘!"으로 화답하면서 하나님께 영광을 돌립니다(계 7:11,12 참고).

천상에서 울려 퍼지는 이 두 개의 찬송가사의 주제를 가만히 생각해 보십시오! 구원받은 성도들이 그분 앞에 있다는 현실에 압도되어, 하나님께서 베푸신 구원이 얼마나 엄청난 것인지에 놀라 즉시 문제를 제기합니다. '이 모든 구원이 어떻게 내게 주어진 것인가? 이 구원은 도대체 누구로부터 온 것인가?' 그리고 그들은 바로 대답합니다. "이 모든 것은 하나님과 어린양에게 있도다." 그들은 즉시 하나님과 어린양을 생각하였고, 그분께 영광을 돌리고 있습니다.

그들은 분명히 자신들이 하나님과 어린양 되신 예수 그리스도 앞에 선 것에 대해 엄청난 희열을 맛보았을 것입니다. 그것을 실제로 목격하고 경험하는 사람에게 생길 수밖에 없는 감동과 그 현실감으로 말미암은 엄청난 희열이 이런 일치된 목소리를 내게 했을 것입니다. 오직 그 상태에서 떠올릴 수 있는 것은 두말할 나위 없이 우리를 구원하신 하나님과 십자가에서 죽으신 어린양 예수 그리스도일 것입니다.

뿐만 아니라 여기 묘사된 바 천상에서 울려 퍼지는 찬송의 내용은 이 땅에 사는 우리에게도 동일한 찬송으로 메아리쳐 옵니다. 우리는 그 상태에서 우리를 위해 십자가를 지고 죽임 당하신 그 어린양의 한없는 은혜와 하나님 아버지의 구원의 영광스러움이 얼마나 큰지를 알게 될 것입니다. 우리가 이 땅에서 다 깨닫지 못했던 것을 그때에는 완벽하게 깨닫고 그 영광에 압도당할 것입니다.

우리를 미리 선택하여 부르신 하나님, 우리를 위해 그리스도를 죽게 하신 하나님, 그리고 끝까지 우리를 붙들어 주신 하나님의 은혜와 사랑이 얼마나 큰지, 우리의 의지와 욕심을 따라 사는 불순종한 우리를 향해 그토록 인내하시면서 마침내 우리를 그 영광의 자리로 불러주셨다는 사실이 우리를 견딜 수 없게 만들 것입니다.

본문에 나오는 성도들은 바로 그런 확신으로 감격하여 찬송하고 있습니다. 그들 사이에는 어떤 불협화음도 없습니다. 아무도 다른 생각, 다른 말을 하지 않습니다. "너희는 여기 하나님과 어린양께 모든 영광을 돌리라"라고 누가 그들에게 시킨 것도 아닙니다. 찬양대처럼 노래를 미리 연습한 것도 아닙니다. 수많은 성도들이 누가 말하지 않아도 자신이 처한 현실을 보면서, 자신이 목격한 하나님, 그 영광스런 환경에 자기 자신이 있게 된 그 사실에 압도되어서 일치된 마음을 갖게 되는 것입니다. 그리고 그 일치된 마음은 즉각 일치된 말로 나타납니다.

"구원하심이 보좌에 앉으신 우리 하나님과 어린양에게 있도다."

"내가 이런 구원을 받다니! 내가 이런 구원을 받다니! 이 모든 것은 오직 하나님과 어린양 때문입니다"라고 하면서 그분께만 영광을 돌리게 됩니다.

헬라어 원문에는 '구원하심'이라는 단어 앞에 '그'라는 정관사가 쓰여 있습니다. 그러므로 이 구원은 일반적인 구원이 아닙니다. 이 구원은 정해진 구원이요 모두가 일치된 마음으로 인정하는 구원입니다. 다시 말해, 영원토록 죄와 죄가 주는 형벌과 사망으로부터 완전히 우리를 구원하셔서 영원히 하나님과 함께하는 구원입니다.

얼마나 경이롭고 신비스러운 현상입니까? "어떻게 그 많은 사람들이 한목소리로 이렇게 찬송할 수 있단 말인가?"라고 의구심을 품는 사람들이 있을지도 모릅니다. 얼마나 무지한 말입니까? 그들이 있는 장소, 그들이 처해 있는 상황과 환경, 그들이 목격하는 것이 무엇인지를 알지 못하기 때문에 그렇게 말하는 것입니다. 이 구원하심을 확인할 때, 우리 모두는 다른 것을 떠올릴 수가 없습니다. 수백만 명이 모여 있든 수천만, 수억 명이 모여 있든 마찬가지입니다. 자신이 얻게 된 그 구원하심을 확인하고 목격할 때, 다른 말을 할 수가 없습니다. 하나님과 우리를 위해 십자가를 지고 죽으신 예수 그리스도를 찬양하는 것 외에는 없습니다.[2]

바로 이러한 성도들의 태도에 하늘의 통치자와 권세들도 한결같은 태도를 나타내고 있습니다. 모든 천사들은 성도들이 고백한 것에 화답하여 그들도 똑같은 심정으로 하나님께 영광을 돌리고 있습니다. 그런데 천사들이 화답하며 하나님께 영광 돌리는 말을 가만히 살펴보면 마치 성도들이 한 말을 풀어서 설명한 것 같습니다.

가장 먼저 화답하여 "아멘"이라고 말한 다음, 자신들이 한 말을 끝맺고 나서 다시 "아멘" 합니다. 두 번 '아멘'을 써서 그 말을 마무리합니다. 이 두 번의 '아멘' 사이에 일곱 가지의 찬송의 말이 나옵니다.

"아멘. 찬송과 영광과 지혜와 감사와 존귀와 권능과 힘이 우리 하나님께 세세토록 있을지어다. 아멘"(계 7:12).

성경을 읽으면서 우리는 천사들, 즉 현재 육신을 입고 있는 우리보다 더 탁월한 영물들이 말한 이 모든 용어들을 쓸모없는 말장난이라고 생각해서는 안 됩니다. 아무런 의미 없이 그저 단어들을 나열한 것이 아닙니다. 그들은 이 모든 말이 하나님께 돌려져야만 한다는 사실에 대해서 분명히 이해하고 있었습니다.

헬라어 원문에는 일곱 가지의 찬송의 말에 모두 정관사가 붙어 있습니다. 따라서 이것은 하나님을 찬송할 내용을 정확히 인지하고서 한 말들이 분명합니다. 좀 더 정확히 옮기면 "그 찬송과 그 영광과

---

2) 여기서 성령을 언급하지 않았다고 해서 성령을 말하면 안 된다는 것은 아닙니다. 일차적으로 우리에게 강하게 인식되어 있는 것으로 하나님과 어린양 되신 예수 그리스도를 이야기한 것일 뿐입니다. 결국 우리 가운데 강하게 인식된 것, 곧 우리의 구원에 나타난 하나님의 주권적인 의지와 어린양의 구속적인 행위를 표현한 것이라고 할 수 있습니다. 즉, 성도들이 천상에서 즉시 떠올릴 수 있는 말, 가장 먼저 할 수 있는 말은 다른 말이 아니라, 하나님께서 이루신 우리의 구원을 확인하면서 영광을 돌리는 말입니다. 그래서 하나님께 영광을 돌리는 일이 천상에서 그런 상황에 놓인 사람에게 가장 먼저, 가장 자발적으로 나타나게 될 것입니다. 이 땅의 그 어떤 것보다도 완벽한 모습으로 말입니다.

그 지혜와 그 감사와 그 존귀와 그 권능과 그 힘이 오직 하나님께 있습니다. 세세토록 있어야 합니다"라고 할 수 있습니다. 이것은 성도들의 찬양에 대한 천사들의 화답입니다.

뒤이어 그들은 그리스도인들이 한 말에 해당되는 내용을 더 풍성히 설명합니다. "구원하심이 보좌에 앉으신 우리 하나님과 어린양에게 있도다"라는 찬송의 내용에 해당하는 부분, 즉 하나님께서 하나님의 백성들을 구원하기 위해 나타내셨던 모든 속성과 태도, 행위를 말하는 것들이 이 용어들입니다. 이것을 일일이 다 설명할 수는 없지만 몇 가지만 살펴보겠습니다.

'찬송'은 원문에서 복 주심의 기원과 구원의 기초가 되는 하나님의 속성을 나타내는 말입니다. 또 하나님의 여러 가지 속성들 가운데 하나님의 '지혜'를 말합니다. 그리고 '감사'와 '존귀'는 우리의 구원 속에서 역사하시는 하나님의 지혜를 앎으로 나타나는 천사들의 반응입니다. 그리고 '권능'과 '힘'은 구원의 역사 가운데 나타나는 하나님의 능력과 권능을 말합니다.

그러므로 성도들이 "구원하심이 보좌에 앉으신 우리 하나님과 어린양에게 있도다"라고 말하자 천사들은 "아멘"으로 "맞습니다"라고 맞장구치면서, "여러분을 구원하기 위해서 하나님께서는 '찬송과 영광과 지혜와 감사와 존귀와 권능과 힘'을 나타내셨습니다"라고 말하는 것입니다. 이것은 "여러분들을 향해 그 구원을 나타내시기 위해 하나님은 그 주권을 발휘하시고, 자신의 의를 나타내시며, 자신의 사랑과 의를 나타내시고, 자신의 지혜를 나타내시며, 또 권능과 힘을 발휘하셨습니다"라는 의미입니다. 그리고 그 후에 다시 "아멘"이라고 덧붙입니다.

결국 이 모든 찬송의 말은 하나님께서 우리를 구원하실 때 나타내셨던 성품과 행위, 그리고 그로 인한 반응이 어우러져서 묘사된 것입니다. 천사들은 누구보다도 그것을 잘 알고 있었습니다. 하나님께서 우리들을 구원하기 위해 나타내신 성품이 무엇이며, 얼마나 신비스럽게 그분의 지혜를 우리에게 나타내셨는지, 그리고 권능과 힘을 얼마나 놀랍게 발휘하셨는지를 그 누구보다 천사들이 잘 알고 있습니다. 그렇기 때문에 그런 환경에 처했을 때, 우리는 그저 구원받은 사실만으로도 경이로워 "오! 구원하심이 보좌에 앉으신 우리 하나님과 어린양에게 있도다"라고 말하지만, 천사들은 "맞습니다. 당신들이 여기 있기까지 하나님께서 당신들에게 베푸신 지혜와 능력과 은혜는 정말로 엄청났습니다"라고 증언합니다.

지금도 우리는 자기 생각에 빠져서 자신이 하고 싶은 일을 합니다. 하나님의 구원의 영광스러움이 무엇인지를 알지 못한 채 자신의 욕심대로 살아가고 있습니다. 그래서 우리는 하나님의 은혜의 풍성한 모습을 나타내지 못하고 있습니다. 그러나 하나님께서는 한 영혼을 구원하기 위해 자신의 지혜와 능력을 발휘하시며, 매 순간 우리를 영광스러운 하나님의 나라로 이끌기 위해 일하십니다. 바로 그 과정의 최종 결론이 이 본문입니다. 우리 모두가 그렇게 하나님을 찬송한다는 것입니다. 얼마나 놀랍습니까? 사실 이 장면을 묵상한다는 것은 대단히 감격스럽고 가슴 벅찬 일입니다.

천상에 어우러진 그 무리들을 한번 보십시오. 본문을 보면, 하늘의 통치자와 권세들이 모두 하나님의 보좌 앞에 모여 있습니다. 천사들을 다 헤아릴 수도 없습니다. 그들 외에 이십사 장로들과 네 생물들, 그리고 우리 그리스도인들이 그 자리에 다 어우러져 있습니다. 이제 하나님과 영원히 함께할 모든 존재들이 다 모여 있습니다. 모두가 한마음으로 우리 하나님과 어린양께 영광을 돌리고 있습니다. 그런데 우리가 바로 그 자리에 있습니다. 이런 사실을 생각만 해도 정말 가슴이 벅차오릅니다. 하나님께 영광을 돌리는 것이 얼마나 마땅한지에 대해서 두말할 필요가 없습니다. 우리를 위해 죽으신 그리스도, 어린양 되신 그리스도의 죽음의 가치를 우리는 거기서 분명히 확인할 수 있습니다. 그래서 그 자리에 있으면서 '우리 아버지와 어린양'을 즉시 언급하게 됩니다.

어쨌든 그곳에 모여 있는 하나님의 성도들인 이 무리는 각 나라와 족속과 백성과 방언에서 모인 사람들로, 아무도 능히 셀 수 없는 큰 무리입니다(계 7:9 참고). 모든 나라와 모든 족속으로부터 모든 백성과 여러 방언을 가진 사람들이 다 모였기에 그 수는 헤아릴 수 없이 많습니다. 얼마나 많은지 모릅니다. 예수님께서 오신 이후에 지난 이천 년 동안, 그리고 주님이 오시기 전까지 그분을 신실하게 믿었던 모든 사람들, 그분을 영화롭게 했던 모든 사람들이 다 모일 것이기에 정말 그 수를 셀 수가 없을 것입니다.

그런데 본문을 읽으면서 떠오르는 생각이 있습니다. 하나는 기쁨이고, 또 다른 하나는 슬픔입니다. 즉, 기쁨과 슬픔이 교차합니다. 그 자리에 모인 다른 족속과 나라와 백성과 방언으로부터 온 모든 사람들이 이렇게 일치된 찬송과 고백을 할 정도면, 이때 모인 모든 지체들과 하나님의 백성들이 현재 우리가 혈육 안에서 맺고 있는 관계를 훨씬 능가하는 관계인 것을 알 수 있습니다. 무슨 말인지 알겠습니까? 그곳에 모인 사람들은 혈육으로 맺어진 관계보다 더 사랑스럽고 더 놀라운, 상상할 수 없는 일치된 기쁨의 교제가 이루어지는 권속들입니다. 종족도 다르고 얼굴도 다르며 모든 것이 다르지만, 현재 혈육의 관계보다 더 원숙하고도 흠이 없는 그런 가족 관계를 갖게 된다는 것입니다.

여기서 기쁨을 느낍니다. 그러나 동시에 이 땅에 사는 혈육에 대해서는 슬픔을 느낍니다. 이 혈육이 거기에 같이 동참한다면 달라질 수 있겠지만, 그렇지 못할 때 그것은 정말 슬픈 일입니다. 그런데 여기 있는 혈육을 그곳에 가서 만나게 될 때, 그 일이 더 큰 기쁨이 되리라는 점에서는 다소 회의적입니다. 그 일이 기쁘리라는 사실은 분명합니다. 그러나 비교할 마음이 생기지는 않을 것입니다. 왜냐하면 하나님 앞에서 우리에게 이런 구원의 은혜를 주신 것을 한가족처럼 고백하는 모습을 볼 때, 이곳의 식구들은 대단히 일치된 마음을 가진 가족들임이 분명하기 때문입니다. 누구에게도 그런 편견 같은 마음이 없는, 어쩌면 현재의 혈연관계보다 더 사랑스럽고 아름답게 여겨지는 식구들이 거기에 다 모여 있을 것입니다.

그런데 정말 놀랍게도 그 가족들 사이에는 하나님 외에 다른 지휘자가 없습니다. 지휘자가 없는데도 같은 마음, 같은 목소리로 하나님을 경배한다는 것은 분명 놀라운 일입니다.

이 땅에서부터 시작하라!

이 일을 장차 있을 일로만 생각해서는 안 됩니다. 그곳에서 하나님과 영광스러운 교제를 할 수 있는 사람은 여기서 이미 그분과 충분히 교제하고 그분께 영광을 돌릴 것입니다. 이 장의 결론이 바로 이것입니다.

우리는 각자 다 다릅니다. 그곳에 가서도 마찬가지입니다. 나라와 인종과 민족이 모두 다릅니다. 그러나 혈육보다 더 일치된 모습으로, 한가족으로 영원히 살 것입니다. 이곳에서 반목하던 사람들이 갑자기 그렇게 돌변하는 것이 아니라 이 땅에서 그리스도 안에서 일치하고자 힘쓰던 사람들이 영적인 가족으로서 살게 될 것입니다.

이 땅의 교회에는 서로 다른 환경과 성장 배경을 가진, 성격도 다른 사람들이 모여 있습니다. 얼마나 다른지 모릅니다. 감추어져 있어서 그렇지 일단 드러나기 시작하면 너무도 다른 모습에 놀랄 것입니다. 그런데도 우리는 하나님 때문에, 우리를 구원하신 주님 때문에 말씀을 따라 일치된 행동을 합니다. 함께 예배하고 함께 찬송하며, 함께 봉사하고 함께 헌신합니다. 장차 천상의 성도들이 되어 입을 모아 찬양할 모습을 여기서 실습하는 것입니다. 이 땅에서부터 하나님의 영광을 나타내고, 이곳에서부터 하나님의 교회에 속한 사람들 사이에서 일치된 모습을 보입니다.

본문을 보기 전에 7장 전반부를 보면, 14만 4000명의 이야기가 나옵니다. 그들은 선택된 사람들입니다. 다시 말하면 천상의 무리들 가운데서 "구원하심이 보좌에 앉으신 우리 하나님과 어린양에게 있도다"라고 경배하며 하나님께 영광 돌리는 사람이 이미 이 땅에서부터 하나님께 영광을 돌리는 사람, 그렇게 선택된 사람이라는 것을 암시하는 말씀입니다. 그들은 이 땅에서부터 선택된 사람들로서 하나님께 영광 돌리는 것을 당연하게 여기면서 살아왔습니다. 그렇기 때문에 완성될 하나님의 나라에서도 하나님께서 베푸신 은혜를 보면서 자신을 구원하신 분을 기억하고, 그 자리에서 주저함 없이 일치된 마음으로 말합니다.

"구원하심이 보좌에 앉으신 우리 하나님과 어린양에게 있도다."

이렇게 하나님께 영광을 돌리게 됩니다. 그러므로 정녕 하나님의 자녀요 선택된 무리들은 하나님께 영광을 돌리는 모습, 그런 삶이 현재 이 땅에서부터 나타나야 합니다. 우리의 말과 찬송, 그리고 삶 속에서 나타낼 최고의 메시지는 이 땅에서도 다르지 않습니다.

"오! 나를 구원하신 분은 하나님, 그리고 십자가를 지신 예수 그리스도이시도다. 모든 것은 그분의 구원하심으로 이루어진 일, 오! 그분, 그분께 영광!"

우리는 이 땅에서부터 이렇게 고백합니다. 천상에서 울려 퍼지는 찬송의 내용을 이 땅에 사는 우리가 공감할 수 있는 이유가 여기에 있습니다. 자신이 직접 목격한 그 엄청난 사실로 인해 누가 말하지 않아도, 지휘자가 없어도, 그곳에 있는 사람이면 예외 없이 한목소리로 말합니다.

"구원하심이 보좌에 앉으신 우리 하나님과 어린양에게 있도다."

예수님을 믿는 일은 절대로 답답하지 않습니다. 세상 사람들이 떠드는 말을 가지고 그리스도인의 삶을 성급하게 판단하지 마십시오. 영혼을 가진 존재에게 정말 중요한 날은 이 땅에서의 짧은 날이 아닙니다. 앞으로 올 영원한 날들입니다. 이 땅에서의 날들은 실습 기간일 뿐입니다. 직장에 들어가면 수습 기간이 끝난 다음에 본격적인 업무를 시작하는 것처럼, 구원의 진수는 영원한 하늘나라에서 맛볼 수 있습니다. 세상 사람들의 시각으로는 그리스도인이 답답한 것처럼 보일지라도, 하나님의 영광을 위해 사는 것은 장차 할 일을 실습하는 것입니다. 이런 실습을 해 보지 않은 어리석은 자에게는 하나님 앞에서 영원히 영광 돌리는 일이 절대 허락되지 않습니다.

명심하십시오. 우리는 이 땅에 있을 때부터 이렇게 고백하는 사람들입니다.

"구원하심이 보좌에 앉으신 우리 하나님과 어린양에게 있도다."

바울 사도는 "내가 나 된 것은 오직 하나님과 어린양의 십자가 때문입니다"(고전 15:10 참고)라고 고백했습니다. 바울은 이 땅에서부터 이렇게 고백했습니다. 이 고백이 우리의 입에 있기를 바랍니다. "아! 현재의 나는 오직 하나님 때문이고, 내가 구원받아 이 땅에 살 수 있는 것은 하나님과 그리스도의 십자가 때문입니다." 우리는 이 땅에서부터 이렇게 고백하며 주님께 영광 돌리는 삶을 살 뿐만 아니라, 장차 그렇게 고백하면서 영원히 살아갈 날을 사모해야 합니다.

"모세가 이르되 원하건대 주의 영광을 내게 보이소서."
_출애굽기 33:18

"어두운 데에 빛이 비치라 말씀하셨던 그 하나님께서 예수 그리스도의 얼굴에 있는 하나님의 영광을 아는 빛을 우리 마음에 비추셨느니라."
_고린도후서 4:6

20장
하나님의 영광을 체험함

'원하건대 주의 영광을 내게 보이소서'

본문에서 모세는 하나님과의 친밀함이 절정에 달했을 때 하나님께 이렇게 구했습니다.

"원하건대 주의 영광을 내게 보이소서."

그는 아주 조심스럽게 엄청난 기도를 하나님께 드렸습니다. 이 기도는 모세의 신앙과 삶 속에서 갑자기 불쑥 튀어나온 것이 아닙니다. 이것은 하나님의 영광을 위하는 모세의 진실한 삶 속에서 터져 나온 절정에 해당하는 간구입니다.

모세가 이렇게 기도하기 전에 하나님은 떨기나무 불꽃 가운데서 모세를 부르셨습니다(출 3:4 참고). 그것은 매우 놀랍고 신비한 체험이었습니다. 그때 하나님께서는 모세에게 "네가 선 곳은 거룩한 땅이니 네 발에서 신을 벗으라"(출 3:5)라고 말씀하셨습니다. 그는 하나님을 처음 대면하는 자리에서 하나님의 영광의 광채를 보았고, 그분이 얼마나 경외할 만한 분이신가를 경험적으로 알았습니다.

모세는 자신을 통해 하나님께서 애굽에 나타내시는 능력을 경험했습니다. 또한 하나님께서 홍해를 가르고 이스라엘 백성을 물 가운데로 건너게 하시는 엄청난 사건을 목격했습니다(출 14:21,22 참고). 그리고 시내산에서 모든 이스라엘 백성들과 함께 우레와 번개와 빽빽한 구름과 불 가운데 강림하시는 하나님을 만났습니다(출 19:16-19 참고). 그리고 시내산에 40일 동안 머무르면서 하나님께서 강림하신 가운데 십계명을 받는 놀라운 경험을 했습니다(출 20:3-17 참고). 십계명을 받는 시간은 비록 짧았을 테지만 40일 밤낮을 하나님과 함께 있었습니다.

그뿐이 아닙니다. 이스라엘이 금 송아지를 만들어 하나님의 진노를 샀을 때, 모세는 이스라엘을 살려 주시기를 하나님께 간절히 중보했고, 하나님은 그 기도를 들으시고 뜻을 돌이키셨습니다(출 32장 참고). 모세는 영광스러운 하나님께서 자신의 간구를 들어 뜻을 돌이키시는 신비스러운 일을 경험했습니다. 바로 그 기도가 출애굽기 33장에 나옵니다. 모세는 하나님께서 자신의 영광을 자신의 백성의 진중에서 거두신 것 때문에, 또 이스라엘 백성들과 직접 동행하지 않겠다고 하신 말씀 때문에(3절 참고) 다시 하나님 앞에 나아가 은밀하게 기도합니다. 그러자 하나님께서는 그 응답으로 구름 기둥을 내리십니다(9,10절 참고). 하나님의 영광을 거두셨다는 상징으로 구름 기둥을 거두셨는데, 다시 그것을 내려 그들에 대한 회복을 보여 주신 것입니다.

또한 하나님은 모세와 친근히 대화하셨습니다. 그래서 33장 전반부에 보면 "사람이 자기의 친구와 이야기함같이 여호와께서는 모세와 대면하여 말씀하시며"(출 33:11)라고 기록되어 있습니다. 모세는 하나님께서 자신의 간구에 응답하시는 분이라는 차원을 넘어 자신에게 기꺼이 말씀하기를 원하시는 하나님이심을 알게 되었습니다. 또 그런 하나님과 친밀히 교제하게 되었습니다.

그렇게 모세는 하나님의 마음을 잘 아는 사람으로서 하나님께 말씀드리고, 또한 하나님으로부터 답을 듣기도 하는 관계를 갖고 있었습니다. 그래서 하나님께서 거두셨던 그분의 영광, 즉 구름 기둥을 다시 내리심으로 회복시키시는 것을 보고서도 그는 거기서 멈추지 않았습니다. 모세는 하나님께서 이스라엘 백성들과 가나안 땅에 함께 들어가시기로 하신 약속을 다시 회복해 달라고 기도합니다. "너희들과 함께 가지 아니하고 내가 사자를 보내어 너희들에게 주기로 한 그 땅으로 가게 하겠다"(출 33:2,3 참고)라는 말씀에 대해, '하나님께서 같이 가시겠다'는 약속을 신실히 지켜 주시기를 구합니다.

우리는 여기서 놀라운 장면을 봅니다. 모세가 하나님께 어떤 한 가지 사실을 말씀드리면 하나님께서 거기에 응답하시는 과정 속에서, 그의 마음속에는 하나님에 대한 친밀감이 더욱 깊어지고 있었습니다. 대화의 깊이가 더 깊어졌습니다. 그런 모습이 출애굽기 33장에 계속 나타납니다. 모세가 하나님께 어떤 말씀을 드립니다. 그런데 이 한 가지를 말씀드리면서 모세는 하나님과의 관계를 더 폭넓게, 더 깊게 하는 말을 더합니다. 다시 말하면, 한 가지를 얘기하면서 몇 가지를 더 확인하고자 하는 표현을 자꾸 덧붙입니다.

그러한 모세의 태도가 본문에 나와 있습니다. 그는 하나님께 단순히 "가나안 땅에 주님의 사자가 아니라 주님께서 직접 가 주십시오"라는 말씀만 드리면 됩니다. 그것이 지금 응답받지 못한 부분이기 때문입니다. 그것을 말하기 위해 12절에서부터 이야기를 시작합니다. 그런데 그는 기본적인 논지만 말하지 않고, 하나님과 자기 백성 사이의 교제의 회복은 물론, 하나님과 자신 사이의 더욱 친밀한 교제에 대한 증거를 요구합니다.

모세는 여호와께 다음과 같이 구합니다.

"보시옵소서. 주께서 내게 이 백성을 인도하여 올라가라 하시면서 나와 함께 보낼 자를 내게 지시하지 아니하시나이다"(출 33:12).

이 말은 하나님께서 직접 가겠다고 말씀하지 않으셨다는 것입니다. 그러면서 "내가 참으로 주의 목전에 은총을 입었사오면 원하건대 주의 길을 내게 보이사······"(출 33:13)라고 말합니다. 한 가지를 말씀드리면서 반복적으로 확인하는 일을 합니다.

그리고 또 말씀드립니다.

"······내게 주를 알리시고 나로 주의 목전에 은총을 입게 하시며, 이 족속을 주의 백성으로 여기소서"(출 33:13).

그는 하나님과 자신 사이의 친밀함을 확인할 증거를 달라고 덧붙입니다. 그러자 하나님께서는 모세의 진의를 아시고는 "내가 친히 가리라. 내가 너를 쉬게 하리라"(출 33:14)라고 말씀하십니다. 모세는 하나님께 말씀드리고, 하나님은 모세에게 응답하시는 일을 반복합니다. 그야말로 친구처럼 이야기하고 있습니다.

이 장면을 묵상할 때, 샘이 나지 않습니까? 우연찮게 어떤 책을 읽다가 그 책의 저자 역시 샘이 났다고 써 놓은 부분을 보았습니다. 모세가 경험한 하나님과의 관계에 대한 열망이 생겼기 때문입니다. 우리는 본문을 보면서 '이런 일이 가능한가? 하나님께서 인간을 향해 이렇게 말씀하시는가?'라고 질문하는 가운데 소망을 갖게 됩니다. 하나님께서 이렇게 말을 주고받으시면서 자신의 뜻을 기꺼이 우리에게 보이기를 원하신다는 사실 때문에 우리의 마음에도 작은 열망이 생깁니다.

그런데 본문 내용은 거기서 끝나지 않습니다. 우리는 출애굽기 33장에서, 모세에게는 문제 해결에 대한 응답이 끝이 아니라는 놀라운 사실을 발견하게 됩니다. 모세가 요구하고 하나님께서 대답하시는 과정에, 그의 요구, 곧 그가 근본적으로 원했던 답은 바로 하나님께서 같이 가 주시리라는 말씀이었습니다.

그런데 모세는 응답만 받고 대화를 끝내지 않습니다. 얼마 전에 하나님께서 하셨던 말씀을 불신하지도 않으면서 그는 한 걸음 더 나아갑니다.

"나와 주의 백성이 주의 목전에 은총 입은 줄을 무엇으로 알리이까. 주께서 우리와 함께 행하심으로 나와 주의 백성을 천하 만민 중에 구별하심이 아니니이까"(출 33:16).

이 말은 결국 무슨 의미입니까? 그는 주님과의 친밀함을 확인합니다. 그리고 이 백성에 대한 하나님의 마음을 보여 달라고 요구하며 하나님과의 진보된 관계를 촉구합니다.

그래서 하나님은 이렇게 말씀하십니다.

"네가 말하는 이 일도 내가 (그대로) 하리니……"(출 33:17).

그러면서 모세 개인에 대한 태도 또한 분명히 하겠다고 말씀하십니다.

"……너는 내 목전에 은총을 입었고 내가 이름으로도 너를 앎이니라"(출 33:17).

하나님께서는 이스라엘 전체와 모세에게 만족스러운 대답을 주셨으며, 그렇게 하시겠다고 재차 강조하셨습니다. 하나님께서 응답을 두 번씩이나 반복하실 이유는 없습니다. 물론 내용상 약간의 차이는 있지만, 하나님은 인간에게 그렇게 반복해서 말씀하셔야 하는 분이 아닙니다. 그런데도 하나님께서는 모세가 만족할 때까지 응답해 주셨습니다.

그런데도 모세의 간구는 끝나지 않습니다. 사실 더 이상 간구할 것이 없어 보이는 상황입니다. 하나님께서는 이스라엘 백성들을 아무 문제 없이 가나안 땅으로 이끄시고 그들과 함께하시겠다고 말씀하셨습니다. 그리고 하나님과 모세, 하나님과 이스라엘의 관계를 완전히 회복시켜 주겠다고 약속하셨습니다. 이런 상황에서 더 간구할 것이 어디 있습니까?

우리는 보통 현실적인 작은 필요만 채워지면 간구하기를 멈추어 버립니다. 문제가 해결되면 금세 마음이 부유해지고, 상황이 조금

호전되는 것 같으면 기도를 그치기가 예삿일입니다. 그러나 모세는 더 이상 간구할 것이 없을 것 같은 상황에서 오히려 한 걸음 더 하나님께로 나아갑니다. 우리 인간이 구할 수 있는 최고의 것, 아니 어쩌면 최후의 것이라고 할 수 있는, 하나님의 영광을 보여 달라고 기도합니다.

모세가 하나님과의 친밀한 관계 속에서 마지막으로 구한 것은 무엇이었습니까? 하나님 앞에서 그의 최고의 열망은 무엇이었습니까? 그것은 바로 하나님의 영광이었습니다. 그는 하나님의 영광을 보기를 원했습니다. 하나님을 개인적으로 더 친근하게, 더 체험적으로 알기를 원했습니다.

그러나 이러한 모세의 간구를 섣불리 따라 하려고 생각해서는 안 됩니다. 왜냐하면 거듭 설명했듯이 이러한 간구와 열망은 불쑥 튀어나온 것이 아니기 때문입니다. 모세는 하나님과 친밀히 교제하고 있었습니다. 그는 다른 어떤 사람보다 하나님의 영광과 영예를 존중했습니다. 그는 하나님의 마음을 알고 그분을 섬겼습니다. 그는 하나님이 좋아하시는 것을 좋아하고 그분이 싫어하시는 것을 싫어했습니다. 바로 그런 관계를 가지고 삶을 살았던 모세가 가장 원한 것이 하나님의 영광을 보는 것이요, 하나님을 더욱 체험적으로 아는 것이었습니다. 이것은 하나님의 영예와 그분의 대의(大義)의 문제가 아니라, 직접 하나님의 영광을 보는 것을 말합니다.

앞에서도 말했듯이, 그는 여러 번 하나님의 임재의 증거를 보았습니다. 불붙은 떨기나무 속, **빽빽한** 구름 사이, 불 가운데 강림하신 하나님의 임재를 목격했습니다. 그런데도 그는 거기서 멈추지 않고, 하나님의 영광, "주의 영광을 내게 보이소서"(출 33:18)라고 구합니다. 이것이 무엇입니까? 그는 하나님의 영광을 나타내는 여러 가지 증거를 보았지만, 하나님에 대한 갈망을 더욱 직접적으로 표현했습니다.

만일 그가 하나님 앞에서 신실한 삶을 살지 않았다면, 그의 간구는 하나님에 대한 호기심이라고 말할 수 있을 것입니다. 그러나 모세는 그렇지 않았습니다. 그는 하나님과 진실한 관계를 계속 유지하고 있었습니다. 그런 가운데서 "하나님, 주님의 영광을 내게 보이소서"라는 기도를 통해 하나님의 영광을 봄으로써 하나님을 더욱 체험적으로 알고 싶다고 말한 것입니다. 이에 대해 하나님은 자신의 방식으로 자신의 영광의 한 면을 보여 주십니다.

하나님의 영광을 구하는 기도에 응답하신 하나님

만약 모세의 방식대로라면 그는 하나님을 보는 즉시 죽어 버리고 말 것입니다. 그래서 하나님은 자신의 방식으로 영광을 나타내 보여 주십니다. 어떻게 보여 주십니까? 하나님은 모세를 반석 틈에 두고 손으로 덮으셨다가(손으로 덮으셨다는 것은 상징적인 내용입니다) 자신이 지나간 후에 손을 거두셔서 모세로 하여금 영광의 한 면을 보게 하십니다(출 33:21-23 참고). 사람은 하나님의 영광의 본체를 정면으로 볼 수 없습니다. 그래서 하나님은 하나님의 방식으로 모세의 진심 어린 열망에 걸맞게 응답하셨습니다.

여기서 중요한 것은 하나님께서 자신을 보여 달라는 모세의 진의를 따라 응답하셨다는 사실입니다. 하나님께서는 그것을 기꺼이 허락하셨습니다. 비록 자신의 방식대로 부분적으로만 나타내셨지만, 하나님은 그런 모세의 간구를 기뻐하고 자신의 영광을 보도록 허락하셨습니다. 이것은 우리가 하나님께 그와 같은 간구를 하는 것이 결코 불가능한 일이 아니라는 것을 보여 줍니다.

예수 그리스도를 통하여 나타나는 하나님의 영광

그렇다고 모세처럼 하나님의 형상을 보기를 구하라는 말은 아닙니다. 사실 구약 시대의 백성들과는 달리 신약 시대의 성도들은 하나님의 형상을 이미 보았습니다. 고린도후서 4장 6절에 기록된 대로, 예수 그리스도의 얼굴을 통해 하나님의 영광이 이미 나타났기 때문입니다. "빛이 있으라"라고 말씀하신 바로 그 창조주 하나님께서 예수 그리스도의 얼굴에 있는 하나님의 영광을 아는 빛을 우리 마음에 비추신 것입니다(고후 4:6 참고).

우리는, 예수님 당대의 사람들이 이 땅에 오신 예수 그리스도를 통해 하나님의 형상을 보고 그에 대해 기록하여 증언한 말씀을 통해서 하나님의 영광을 봅니다. 그리고 그것이 우리에게 비추어졌기 때문에 예수 그리스도를 통하여 성령을 힘입어 하나님 앞으로 나아갑니다.

사도 요한은 요한복음에서 바로 그 사실을 지적합니다.

"본래 하나님을 본 사람이 없으되, 아버지 품속에 있는 독생하신 하나님이 나타내셨느니라"(요 1:18).

독생하신 하나님, 곧 예수 그리스도께서 누구도 본 적이 없는 하나님을 나타내셨다고 성경은 말합니다. 이것이 신약성경에 나타난 최고의 복음입니다.

또한 사도 요한은 "말씀이 육신이 되어 우리 가운데 거하시매 우리가 그의 영광을 보니 아버지의 독생자의 영광이요"(요 1:14)라고 말합니다. 육신을 입으셨지만 예수 그리스도에게 나타난 영광은 '아버지의 독생자의 영광'이었습니다. 그래서 빌립이 "주여, 아버지를 우리에게 보여 주옵소서"(요 14:8)라고 하자, 주님은 "나를 본 자는 아버지를 보았거늘"(요 14:9)이라고 말씀하셨습니다. 예수 그리스도께서 이 땅에 오심으로 하나님의 영광을 볼 수 있게 된 것입니다.

히브리서 기자는 예수 그리스도를 가리켜 "하나님의 영광의 광채시요 그 본체의 형상이시라"(히 1:3)라고 말합니다. 하나님의 본체를 형상으로 나타내신 분이 바로 예수 그리스도라는 뜻입니다.

그렇다면 예수님이 이 땅에 계실 때에 하나님의 영광을 다 나타내셨다는 말입니까? 그렇지 않습니다. 예수 그리스도께서 구유에 나신 것을 보십시오. 피곤해하시며 주무시기도 한 모습을 보십시오. 무엇보다 십자가를 생각해 보십시오. 그분은 하나님의 아들로서 천군 천사를 명하여 그 자리를 쓸어버릴 수 있었지만, 도수장으로 끌려가는 어린양처럼 묵묵히 붙들려 가셨습니다. 이처럼 그분은 하나님의 영광을 다 나타내지는 않으셨습니다.

분명히 예수 그리스도께서 하나님의 본체의 형상으로서 이 땅에 오셔서 직접 하나님의 영광을 나타내셨습니다. 그래서 그분을 본 우리가 구약 시대를 산 모세보다 훨씬 더 탁월한 위치에 있습니다. 그렇지만 예수 그리스도를 통해 하나님의 영광이 완전히 드러난 것은 아님을 알아야 합니다. 아직도 숨겨진 하나님의 영광이 있습니다. 우리는 아직 하나님의 영광의 본체가 어떠한지를 완전히 알지 못합니다. 그래서 사도 바울이 말한 대로, 예수 그리스도의 얼굴에 있는 하나님의 영광을 아는 빛이 마음에 비추인 바 되었던 사람들, 예컨대 사도 요한조차도 환상 중에 주님의 본체의 영광을 보고서 거의 죽은 자같이 쓰러져 버렸습니다(계 1:17 참고).

우리는 아직도 그리스도의 영광의 온전한 모습을 알지 못합니다. 이 땅에서는 그 온전한 영광을 볼 수 없습니다. 모세가 구한 것과 같은 하나님의 본체의 영광은 신약 시대를 사는 우리도 이 땅에서는 볼 수가 없습니다. 이에 대해 사도 바울은 이렇게 말합니다.

"기약이 이르면 하나님이 그의 나타나심을 보이시리니, 하나님은 복되시고 유일하신 주권자이시며, 만왕의 왕이시며 만주의 주시요, 오직 그에게만 죽지 아니함이 있고 가까이 가지 못할 빛에 거하시고, 어떤 사람도 보지 못하였고 또 볼 수 없는 이시니, 그에게 존귀와 영원한 권능을 돌릴지어다. 아멘"(딤전 6:15,16).

가까이 가지 못할 빛에 거하시며 아무도 본 적이 없고 현재로서는 볼 수도 없는 하나님의 영광을 기약이 이르면 우리에게 나타내실 것입니다.

하나님 알기를 열망하라!

그러면 모세가 하나님의 영광을 구한 것에 대해 하나님께서 응답하신 사건에서 우리가 배울 것은 무엇입니까? 하나님께서 진정 모세의 간구에 응답하시기를 기뻐하셨다면 우리에게도 그런 간구를 허용하신다는 말씀입니까?

우리는 먼저 이러한 모세의 간구가 단순히 하나님의 영광의 형상 같은 것을 보고자 한 것이 아니라는 데 초점을 맞추어야 합니다. 모세는 하나님께서 자신과 민족의 모든 것을 회복시키겠다고 약속하셨고, 자신이 하나님과 친밀히 교제하고 있는데도 하나님을 더 알고자 했습니다. 그분을 더 깊이 경험하고 싶어했습니다. 여기서 중요한 것은 하나님께서 보여 주신 부분적인 형상이 아니라 모세의 마음의 중심입니다. 하나님을 더 깊이 알고자 하는 그의 열망에서 교훈을 얻어야 합니다. 모세는 단순히 호기심으로 하나님의 형상을 보고자 했던 것이 아닙니다. 자신이 정확히 알지 못하는 하나님을 더욱 체험적으로 알고 보기를 원했습니다.

우리도 모세가 가졌던 열망을 품고 사모해야 합니다. 우리도 여전히 하나님의 본체에 대해 온전히 알지 못합니다. 우리에게는 예수 그리스도의 얼굴을 통해서 나타난 하나님의 영광을 아는 빛이 있지만, 하나님의 영광을 더욱 깊이 알아야 할 필요가 있습니다. 이런 면에서는 모세와 동일한 상태에 있습니다.

모세처럼 하나님의 형상 보기를 갈망했던 대표적인 신약의 인물은 바로 사도 바울입니다. 사도 바울도 모세처럼 많은 체험을 하고, 주님과 친밀히 교제하고 있었습니다. 그는 다메섹으로 가는 길에 부활하신 주님의 영광스러운 광채를 보았습니다. 그는 주님의 음성을 육성으로 들었습니다(행 22:6-11 참고). 그는 심지어 하나님의 영광스러운 보좌가 있는 삼층천에까지 올라갔습니다. 하나님께서 그와 함께 계시면서 수없이 많은 능력을 행하셨습니다. 바울은 항상 하나님과 가까이 거하며 그분의 뜻을 따르고 그분을 기쁘시게 했습니다.

이렇게 하나님과 몹시 친밀했던 바울도 그의 사역 말기에 로마 감옥에 갇혀 있으면서 빌립보서를 통해 자신의 열망을 표현합니다.

"내가 그리스도와 그 부활의 권능과 그 고난에 참여함을 알고자 하여"(빌 3:10).

"하나님의 영광을 보기 원합니다"라는 말은 "주님을 체험적으로 알기 원합니다"라는 바울의 고백과 동일한 의미를 지닙니다.

신약 시대를 살아가는 우리도 그와 같이 고백해야 할 것입니다. 우리가 정녕 살아 있는 그리스도인이요 하나님과 교제하는 자라면, 하나님과 이전보다 더욱 깊이 교제하기를 원할 것입니다. 우리가 예수님을 믿으면서 지금 하나님과 갖는 교제에 만족하고 현재 하나님과 누리는 신앙의 상태에서 자라지 않는다면, 이것은 하나님의 세계와 성경이 말하는 그 영적인 깊이를 모르기 때문일 것입니다.

성경에 등장하는 믿음의 선진들이 가지고 있었던 하나님과의 관계는 점진적이었습니다. 우리는 어떻습니까? 교회를 다니는 햇수가 더해 갈수록, 중요한 자리에 오를수록 영적인 열망이 식어 가지는 않습니까?

그리스도인은 회심과 동시에 하나님을 알고자 하는 열망을 가지게 됩니다. 하나님과 교제하면서 달콤함을 맛보았기 때문입니다. 더 나아가 절박한 상황에서 하나님께 드린 기도가 응답될 때, 하나님께 더 가까이 나아가고 그분을 더욱 의지하게 됩니다. 하나님에 대한 열망은 궁극적으로 하나님을 향합니다. "주님을 더 알고 싶습니다. 주님의 영광을 내게 보이소서"라는 열망이 생기는 것입니다. 참된 그리스도인의 마음에는 이런 열망이 식지 않습니다.

예수님을 믿으면서도 그저 예배당에 왔다 갔다 하거나 기도를 통해 현실적인 유익을 얻는 데서 멈춘다면, 사실 그런 사람의 신앙은 죽은 것이나 다름없습니다.

오늘날 자신의 영광을 보여 주시는 하나님

결국 이와 같은 증언을 통해 우리는, 오늘날에도 하나님이 원하시면 자신의 영광을 자신의 방식으로 보이신다는 것을 알게 됩니다. 신앙의 선배들이 남긴 글이나 인생담에 대한 기록 등을 통해 이 사실을 확인할 수 있습니다.

대표적인 두 가지 사례가 있습니다. 그 가운데 하나는, 미국 프린스턴 대학의 초대 학장이었던 조나단 에드워즈(Jonathan Edwards)와 관련된 것입니다. 그는 18세가 되었을 때의 경험에 대해 이렇게 말합니다.

"내가 디모데전서 1장 17절 말씀을 읽었을 때였습니다. '영원하신 왕, 곧 썩지 아니하고 보이지 아니하고 홀로 하나이신 하나님께 존귀와 영광이 영원무궁하도록 있을지어다. 아멘.' 이 구절을 읽고 있는데 하나님의 영광에 대한 감각, 즉 전에 경험했던 것과는 전혀 다른 새로운 감각이 내 영혼에 생겨났습니다. 그리고 내 영혼 전체로 널리 퍼졌습니다. 성경의 어떤 구절도 이 구절처럼 내게 다가온 적이 없었습니다.

나는 '하나님은 얼마나 놀라운 분이신가'라고 생각했습니다. 또한 '만일 내가 그 하나님을 즐거워하고 천국에서 그분에게 완전히 푹 빠지게 된다면 얼마나 행복하겠는가' 하고 생각했습니다. 영원히 하나님 안에 파묻혀 있고 싶었습니다.

나는 이 성경 구절을 계속 되풀이해서 나 자신에게 말하였습니다. 이 성경 구절을 가지고 계속 찬송을 불렀습니다. 그리고 하나님과 즐겁게 교제하기 위해 기도하러 갔습니다. 그러고는 내가 보통 때 기도하던 방식과는 전혀 다른 방식으로 기도했습니다. 새로운 체험이었습니다. 이 체험은 내 생각 속에서만 이루어진 것이 결코 아니었습니다. 이 체험 안에는 영적인 어떤 것, 도저히 묘사할 수 없는 구원과 관련된 어떤 것이 있었습니다."

그 후 그는 34세가 되었을 때 또 다른 체험을 하게 되었습니다.

"어느 날 나는 말을 타고 숲 속으로 갔습니다. 휴식 장소에 도착해 평소처럼 말에서 내려 걸으면서 하나님에 대해 묵상하고 기도했습니다. 그때 나는 하나님의 아들의 영광을 보았습니다. 즉, 하나님과 사람 사이에 중보자 되신 그리스도와 그분의 놀랍고 위대하며 충만하고 순수하며 달콤한 은혜와 사랑, 또한 그분의 온유하심과 겸손하심을 보았습니다. 그 은혜는 아주 달콤하고 조용하게 임했습니다. 뿐만 아니라 하늘보다 크게 임했습니다. 그리스도의 인격은 말로 표현할 수 없을 정도로 탁월하게 보였습니다. 그리스도의 탁월함은 모든 생각과 개념을 삼킬 만큼 충분히 컸습니다.

이 체험은 내가 판단하기에 한 시간 가량 계속되었습니다. 그 시간 내내 나는 눈물을 홍수처럼 쏟으면서 큰 소리로 울었습니다. 나는 영혼의 열정이 텅 비어 없어져 버린 것을 느꼈습니다. 이렇게밖에 달리 표현할 길이 없습니다. 다만 땅바닥에 엎드려 그리스도만으로 충만해지고 싶었습니다. 거룩하고 순수한 사랑으로 그리스도를 사랑하고 그리스도를 믿으며, 그리스도를 의지해 살고, 그리스도를 섬기며 따르고 싶었습니다. 하나님과 천국의 순수함으로 완전히 성화되고 순수하게 되고 싶었습니다. 나는 다른 때도 이와 아주 비슷한 체험을 했는데 그때마다 동일한 감동을 받았습니다."

조나단 에드워즈는 그런 체험을 여러 번 했다고 말합니다. 신약 시대를 사는 우리도 이와 같이 하나님의 영광을 체험할 수 있다는 것을 그의 체험이 보여 주고 있습니다.

또 다른 사례로, 에드워즈 당대의 사람인 데이비드 브레이너드(David Brainerd)가 있습니다. 그는 하나님의 영광을 체험한 것과 영광을 위하는 삶을 일기에 틈틈이 기록해 놓았습니다. 조금 길지만 읽으면서 너무 큰 감동을 받았기에 여기에 소개하고자 합니다.[1] 이미 예전에 읽었던 내용인데도 다시 읽을 때마다 마음이 뜨거워지고 눈시울이 붉어지곤 합니다.

---

1) 『데이비드 브레이너드의 생애와 일기』(조나단 에드워즈 편, 윤기향 역, 크리스챤 다이제스트사 간)에서 인용하였습니다.

그는 어느 날 기도하러 한적한 장소를 찾아갔습니다. 그날은 자신의 소원함에 비해서 어떤 감격이 없는 듯한 날이었습니다. 그렇게 반 시간 정도를 보내고 있을 때 그에게 기이한 일이 일어났습니다. 그는 그날 일기에 다음과 같이 기록하였습니다.

"반 시간가량 기도에 힘썼다. 그리고 어둡고 울창한 숲 속을 걷고 있는데, 바로 그때 시야가 확 트이는 것 같더니 이루 형용할 수 없는 영광이 나의 심령을 사로잡았다. 나는 그것을 외계의 광명이라고 말하고 싶지 않다. 삼층천이나 그런 세계에 존재할 것 같은 어떤 발광체라는 뜻도 아니다. 나는 그런 것을 본 적이 없기 때문이다. 나는 이전에 한 번도 이런 체험을 해 본 적이 없을 뿐 아니라 비슷한 일조차도 겪어 보지 못했다. 나는 경이로움과 탄복할 수밖에 없는 그 영광에 압도당한 채 잠잠히 서 있었다. 이렇게 특이하고 아름다운 것에 비견할 만한 것을 나는 본 적이 없었다. 이제껏 하나님에 대하여, 성스러운 것에 대하여 내가 품어 왔던 것과는 너무나 달랐다. 나는 성부, 성자, 성령의 삼위일체 어느 한 위(位)에 대해서도 특별한 깨달음을 가져 본 적이 없었다. 그러나 이 체험은 하나님을 새롭게 인식하는 계기가 되었다.

신령한 영광처럼 느껴졌다. 이 빛나고 성스러운 분, 하나님을 뵈온 듯한 말할 수 없는 기쁨이 영혼 속에 넘쳤다. 나는 영원히 우리 가운데 왕 노릇 하신 분을 뵈온 듯한 만족감으로 차 있었다. 탁월하고 위대하며 아름답고 완전무결하신 하나님의 품에 내 영혼이 황홀히 안겨 있는 듯했다. 나는 나 자신의 구원에 관한 생각까지 처음으로 잊어버릴 정도였다. 나는 피조물이란 사실까지도 망각하고 있었다.

온 우주의 왕으로 보좌에 앉으신 하나님께서 나를 부르신 궁극적인 목적이 모든 영광과 존귀와 찬송을 한 몸에 받으시기 위함이로구나. 이 내밀한 기쁨과 평안은 밤이 깊어도 감동 깊게 가슴속에서 부풀고 있었다.

나는 저녁에 시간을 내어 체험한 이 일을 곰곰이 생각하기 시작했다. 그리고 다음 날 저녁까지도 이 일이 온통 내 마음을 차지하고서 감미로움을 주었다. 나 자신이 새로운 세계에 있는 것 같았고, 모든 일들이 나에게는 전에 해 온 것들과는 전혀 다른 양상으로 나타났다. 이때 내 앞에 열린 구원의 길은 이제껏 내 머릿속에 그려 온 여러 가지 다른 구원의 길과는 비교할 수 없을 만큼 지혜롭고 합당하며 탁월한 것이었다. 나 자신의 계획을 포기했다. 이렇게 사랑이 가득하고 복되고 탁월한 길을 전에는 왜 따르지 않았는지 놀랍기만 하였다. 오직 그리스도의 의에 의해서만 얻을 수 있는 이 구원의 길을 알지도 못하고 따르지도 않는 온 세상이 이상하게 생각되었다. 그때 내가 느꼈던 달콤한 향기는 약간의 차이가 있었지만 며칠 동안 거의 끊임없이 계속되었다. 자나 깨나 하나님 안에서 달콤한 기쁨밖에 없었다."

그리고 3년 후, 그는 다른 경험을 합니다.

"하나님께서 모든 소망을 두고 사랑에 중심을 두어 이 소망과 사랑이 내 영혼을 사로잡게 한다는 것은 얼마나 놀라운 일인가! 나는 은밀히 금식하며 기도하기 위해 따로 하루의 시간을 내었다. 복음이 가르치는 대로 하나님의 일을 감당하게 될 때 하나님께서 복 주시고 인도해 주시기를 원해서였다. 주님께서 그 얼굴을 내게로 향하시고 그 빛난 얼굴 광채를 개별적으로 비춰 주셨으면 하는 소원이 있었다.

오전이 다 지나도록 별다른 생명력도, 힘도 얻는 것 같지 않았다. 그러나 오후가 되어 해가 뉘엿뉘엿 기울어 갈 때, 주님께서는 믿음 없는 친구를 위하여 중보할 수 있는 힘을 뜨겁게 부어 주셨다. 밤이 깊어 가며 주님은 놀랍게도 기도 속에 찾아오셨다. 내 영혼은 이전에 이런 기쁨의 극치를 누려 본 적이 없었다. 나에게 열린 주님의 이 보배로운 은혜로 모든 속박이 풀리는 것을 느꼈다.

상당히 외진 곳에 떨어져 있었지만 나는 기도하기 시작했다. 수없이 많은 불쌍한 영혼들과 곁에 없는 친구들과 하나님의 자녀로 여겨지는 사람들과 그 영혼들의 추수를 위하여, 해지기 30여 분 전부터 온통 캄캄해질 때까지 온몸이 땀으로 푹 젖을 정도로 힘써 기도했다. 나는 주님의 사랑과 은혜 아래 향긋한 기분에 잠겨 있었다."

약 9개월 뒤에 또 다른 일기에서 그는 다음과 같이 말합니다.

"오늘 아침에 잠에서 깼을 때 내 마음은 하나님과 하나 되고 싶은 갈망으로 인하여 하나님을 향해 날아가고 있었다. 은밀히 기도하는 중에 주님께서 나를 위해 행하신 모든 일과 최근에 내적으로 시련을 겪고 비통해했던 모든 일로 말미암아 하나님을 더욱 찬양하게 되었다. 나 자신이 달콤한 기쁨으로 소생함을 깨달았다. 나의 마음은 한없이 하나님께 영광을 돌리고 있었다. 만일 하나님이 아시고 모든 비통함으로 나를 연단하셨다면, 나는 다시 그 내적인 비통함을 환영하며 받아들일 것이다.

시간이 조금도 길지 않은 듯했고, 천국이 가까이 있었다. 하나님으로 말미암아 어떤 일이라도 기쁨과 인내로 견뎌 낼 수 있으리라고 생각되었다. 언젠가 나는 평화롭고도 복된 천국에 갈 것을 알았다. 내 영혼은 이 비천한 세상과 헛된 즐거움과 이곳에서 오는 무서운 좌절에서 멀리 날아오르고 있었다. 주님의 강권적인 역사를 깨달았다."

그 뒤로 약 8개월이 지났을 때의 일기입니다.

"아침부터 저녁까지 온종일 은밀히 금식하고 기도하며 보냈다. 나는 지난 몇 달 동안보다 더욱 뜨겁고 열정적으로 기도했다. 하나님께 겸허하게 신뢰하며 강청하는 기도를 드렸다. 그리고 출애굽기 3장에서 20장까지 읽고, 전에 내가 발견했던 것보다 더 많은 하나님의 영광과 권능을 깨달았다. 하나님의 영광을 뵙기 원하고 모세가 가진 믿음을 가지고 싶어서 끊임없이 나아가 하나님 앞에 무릎을 꿇고 울부짖었다. 특히 3장과 4장, 14장과 15장을 읽으면서 내 영혼은 말할 수 없는 즐거움을 누렸다. 하나님께서 늙은 종 모세에게 너무 은혜로우신 자신을 몸소 보이신 것이 한없이 감사했다.

나의 마음은 기도하는 중에 불이 붙어 스스로 열심을 내어 씨름할 수 있었다. 믿음의 친구를 위하여, 그리고 하나님의 교회를 위하여 기도했다. 과거 어느 때보다 하나님과 영적인 교제를 갖고 싶었다. 하나님의 능력을 체험하고 싶은 소원을 열정적으로 느꼈다. 주님, 이 금식과 기도 시간에 복 주소서! 주님의 선하심이 항상 저와 함께하게 하시고 주님께서 저의 영혼을 받아 주소서!"

그는 이전에 이러한 체험을 했던 사람인데도 더욱 크고 깊은 체험을 계속해서 구합니다.

약 6개월 뒤의 일기입니다.

"아침에 하나님에 대한 갈급함을 깊이 느꼈다. 저녁에는 은밀히 소중한 시간을 갖게 되었다. 말씀에 대하여 청아하고 달콤한 묵상을 할 수 있었다. 주님의 일들이 확실 명료하게 열렸고, 그 위에 주님의 인이 찍혀 있었다. 기도하는 가운데 내 영혼이 새로워지고 확장되어 갔다. 줄곧 경건의 시간을 갖는 일이 기쁘기만 했다. 나의 믿음의 친구들과 목회를 하는 사랑하는 동역자들을 위해 기도하는 중에 달콤한 도우심을 입었다. 이 놀라운 기쁨을 허락해 주신 주님, 감사합니다.

신앙심의 신비와 참된 거룩함과 하나님의 형상을 닮는 일들에 대한 명확한 이해와 애착심을 갖는 일이란 얼마나 달고 값진 것인가? 피조물이 그의 대창조주를 닮을 수 있는 만큼 하나님을 닮는 일은 얼마나 놀라운 은혜인가? 주님께서는 주님의 형상보다도 더한 것으로 나에게 주셨다. 깰 때에 주님의 형상으로 만족하리이다."

이렇게 하나님에 대한 열망을 가지고 그것을 체험했던 데이비드 브레이너드가 그의 일기에서 빼놓지 않고 하는 말이 있었습니다. 그것은 하나님께서 영광을 받으셔야만 한다는 말입니다. 그는 하나님의 영광에 대한 추구 못지않게 하나님의 영광을 위하는 삶을 몹시 갈망했습니다. 자신의 일기에서 그것을 보여 주는데, 인디언들에게 복음을 전하다가 쇠진해서 죽음이 임박했을 때 그는 이렇게 말합니다.

"내 영혼은 스스로 계시는 하나님을 인하여 하나님을 찬송했다. 피조물에게 스스로 나타내시는 하나님이 나는 좋다. 그분이 여호와 하나님이시라니 정말 좋다. 온 천하가 이 사실을 알고 깨닫고 기뻐하면 좋을 텐데. '주여, 홀로 영광 받으소서!'라고 내 영혼은 부르짖고 싶었다. 우리 모든 주민들이 하나님을 사랑하고 찬양했으면 좋겠다. 모든 지혜로운 사람들로부터 영광과 존귀를 받으소서!"

몸이 더 쇠약해진 이후에 그는 이렇게 말합니다. "아! 하나님의 영광을 위해 얼마나 더 살 수 있을까?" 세월이 조금 지나서 임종을 앞두고 그는 "주님의 탁월하심을 조금 맛보는 것만으로도 내 영혼은 얼마나 새로워지는가! 홀로 존귀와 영광을 신령으로 가지시고, 사랑과 기쁨과 경배를 받으시기에 합당하신 하나님은 얼마나 놀라운 분인가!"라고 말합니다.

브레이너드는 운명하기 전까지 힘이 닿는 대로 기록한 일기에서 마지막 체험과 갈망을 말하고 있습니다. 그의 일기를 읽으면서 다음 구절에서 저는 아주 이상한 감동을 느꼈습니다. 그가 죽기 며칠 전의 일기입니다.

"아! 이제 영광의 시간이 다가오고 있구나. 온전히 하나님을 섬길 날을 나는 얼마나 기다려 왔었던가. 그런데 이제야 하나님은 이 소원을 이루어 주시는구나. 어둑어둑해질 무렵 조금이라도 걸어 보려 했지만 곧 생각을 바꿨다……이런 생각이 불현듯 들었다. 하나님을 위해 모든 것을 바치고 사랑한다는 것은 얼마나 무한한 기쁨인가. 그때 나에게 들려오는 내면의 소리가 있었다. '너는 천사가 아니야. 살아 움직일 가망도 없는걸.' 나는 나의 온 심령으로 즉시 대꾸했다. '나는 하늘에 있는 어떤 천사보다도 하나님을 사랑하고 영화롭게 하기를

진실로 갈망하고 있다.'

또 다른 내면의 소리가 들려왔다. '하지만 너는 불결하고 하나님 나라에 적합하지도 않아.' 그러던 중 즉시 그리스도의 의로우신 복된 옷이 나타났다. 나는 승리의 환호를 올리지 않을 수 없었다. 하나님의 무한한 탁월하심이라고 생각했다. 하나님을 영화롭게 하고 싶은 마음으로 가슴이 터질 듯 벅차올랐다……나는 하늘나라에서의 영화를 생각해 보았다. 그러나 이내 생각을 고쳤다. 나는 영화를 누리려고 하늘나라에 가는 것이 아니다. 모든 영광과 찬미를 하나님께 올리기 위하여 가는 것이다. 나는 이 세상에 살면서 이곳에서도 하나님께 영광 돌리기를 얼마나 갈망해 왔던가!

만일 하나님께서 영광을 받으신다면 나는 영생을 향해 살아가는 것이고, 육신적인 고통쯤은 걱정할 필요도 없다. 내 건강은 한계에 다다라서 회복될 가망이 없다. 그러나 내가 이런 육체적인 고역을 감수한다 하더라도 하나님을 영화롭게 할 수만 있다면 하나님께 찬양을 돌리리라 생각했다.

무덤이 참으로 안락하게 느껴졌다. 나의 곤고한 뼈를 그곳에 묻고 싶은 생각이 간절했다. 그렇지만 하나님께서는 영광을 받으셔야 한다. 이는 나의 애달픈 부르짖음이었다. 하나님 나라에서 나는 천사와 함께 살고, 죄로 더러워진 이 옷들을 벗어 버리겠지. 그러니 거추장스러운 것이 없을 것이다. 하나님을 더욱 사랑하고 찬양하며 영원토록 그분을 즐거워하는 일, 이는 내가 이 글을 쓰고 있는 지금도 내 영혼이 동경하는 바이다.

온 누리에서 하나님은 영광을 받으셔야 한다. '나라가 임하시오며'(마 6:10; 눅 11:2). 하나님께서 나의 사랑하는 회중을 지켜 주기를, 그 가운데서 영광을 잃으심으로써 하나님의 큰 이름이 손상되지 않기를 위하여 중보 기도를 했다. 나의 영혼은 하나님께서 영광 받으시기를 갈망하고 있었다."

그날 밤 그는 감출 수 없는 벅찬 감정에 휩싸였다고 합니다. 그는 조나단 에드워즈의 집에서 임종을 맞았습니다. 에드워즈는 브레이너드 옆에서 임종을 지켰습니다. 에드워즈는 임종을 앞두고 벅찬 감격에 휩싸인 브레이너드의 상태를 이렇게 전했습니다.

"나의 천국은 하나님을 즐거워하는 것이요, 그분을 영화롭게 하는 것이요, 그분께 모든 것을 바치는 것이요, 전적으로 그분의 영광을 위해 헌신하는 것이다. 이는 내가 갈망하는 천국이요, 나의 신앙이요, 나의 행복이다. 이것을 위해 항상 힘쓸 때 나는 어느 정도 참된 신앙을 가졌다고 말할 수 있을 것이다. 이 모든 일들을 나는 천국에서 대하게 될 것이다. 미리 천국에 갈 수는 없지만, 하나님을 영화롭게 할 수는 있을 것이다. 내가 천국에서 존귀한 자리를 찾아 앉게 될지, 미천한 자리에 앉게 될지, 내가 어떠한 위치에 처하게 될지는 알 수 없다. 그렇지만 하나님을 사랑하고 즐거워하며 영화롭게 하는 것은 내가 해야 할 모든 일이다.

만일 나에게 천 명의 영혼이 맡겨져 있어서 그들에게 무엇인가를 해 주어야 한다면, 나는 그들을 모두 하나님께 바칠 것이다. 그러나 모든 것이 끝나 가는데 내가 하나님께 드릴 것은 아무것도 없구나.

이성을 가진 그 어떤 피조물도 하나님을 위하여 전적으로 행하지 않고는 행복해질 수 없을 것이다. 하나님도 하나님을 위하여 살지 않는 사람을 행복하게 하실 수는 없다.

천국에 가서 거룩한 천사들과 함께 하나님을 찬양하고 영화롭게 해야지. 나의 모든 소망은 하나님을 영화롭게 하는 것이다. 나의 마음은 무덤에 쏠려 있다. 무덤, 내가 어서 가고 싶은 곳이다. 그러나 하나님을 영화롭게 해야지. 바로 그것이다! 무엇보다 그것이 가장 중요한 일이다.

내가 이 세상에 사는 동안 하나님을 위하여 매우 작은 일이나마 했다고 한다면 큰 위로가 될 것이다. 그러나 그것은 너무나도 작은 것일 뿐이다. 내가 한 일은 너무 작기만 하고, 주님을 위해 더 해야 했던 일들은 산처럼 쌓여 있다. 주님을 위해 더 많은 일을 못한 것이 서글프다. 하나님의 일을 감당하고 그리스도께서 하신 일과 선을 행하며 사는 것보다 살맛 나고 가치 있는 일이 이 세상에 또 있을까? 하나님을 위하여 살며 그분을 즐거워하고, 그분의 뜻대로 행하며 사는 것 외에 만족할 만한 일은 이 세상에 없다.

나의 가장 큰 기쁨과 위로가 있다면, 몇 사람에게 영혼과 신앙적 관심을 북돋아 주려고 무엇인가를 조금 했다는 것이다. 또 내가 종종 질병과 고통에 심히 시달리면서도 받은 위로가 있다면, 하나님을 위하여 말하고 글을 쓰고 그 밖의 몇 가지 봉사를 할 수 있었다는 점이다."

브레이너드가 임종 전에 에드워즈의 집에 머물면서 에드워즈의 자녀들을 위해 했던 권면도 기록해 두었습니다.

"나는 여기서 죽게 될 것이다. 그리고 이곳에 묻히게 될 것이다. 그러면 너희들은 내 무덤을 보게 되겠지. 그때 너희들에게 해 준 이야기들을 기억해 다오. 나는 영원한 세계로 가게 될 것이다. 그 세계를 생각만 해도 나는 행복해진다. 영원한 그 세계는 얼마나 감미로운지 모른다. 아! 부정한 자로 태어나 감히 영원한 세계를 말할 수 있다니! 나는 영원에 대해 말하고 생각할 자격이 없는 몸이다. 그것은 너무나 엄청난 일이다. 너희들이 내 무덤을 볼 때마다 내가 생전에 한 말을 기억하겠지. 그때 너희들은 이 무덤에 묻힌 사람이 죽음 앞에서 너희들에게 뭐라고 말해 주었고 어떻게 경고했는지를 생각하라."

그리고 며칠 뒤의 일기에서 이렇게 말하였습니다.

"지난 일을 조용히 생각하면서 하나님 앞에서 사는 기쁨을 생각하노라니 하나님을 영화롭게 하고 싶은 마음이 솟았다. 내 심령은 기쁨에 넘쳤다. 아! 복되신 주님, 바라는 대로 속히 주님께 가고 있습니다. 오, 주님! 그날을 서둘러 허락하소서. 주님의 뜻이라면 속히 오소서, 주 예수여. 아멘.

저는 거의 영원한 세계에 와 있는 셈입니다. 그곳만을 갈망하고 있습니다. 제가 할 일은 끝났습니다. 이 세상에서 제가 할 일은 없습니다. 저는 하늘나라에 있고 싶습니다. 그곳에서 거룩한 천사들과 함께 하나님을 찬양하고 하나님을 즐거워하고 싶습니다. 제가 바라는 모든 것은 하나님을 영화롭게 하는 것입니다."

브레이너드는 그로부터 열흘 후에 세상을 떠났습니다.

에드워즈와 브레이너드는 모두 하나님의 영광을 체험한 사람들이요, 하나님의 영광을 위하는 삶을 신실하게 살았던 사람들이었습니다. 우리 또한 그런 체험을 갈망할 수 있습니다. 이것이 얼마든지 가능한 일이라고 믿습니다. 그것은 브레이너드의 말대로 지극히 거룩하고 영광스럽고 달콤한 일입니다.

그러나 여기서 여러분에게 단순히 그런 체험만을 갈망하라고 강조하고 싶지는 않습니다. 그들은 하나님의 영광을 위하는 삶을 살고 끝없이 그리스도를 닮아 가고 알고자 했습니다. 이런 삶 속에서 하나님의 영광을 체험하기를 갈망했습니다. 모세나 바울도 갑자기 충동적으로 하나님의 영광을 체험하기를 구했던 것이 아닙니다. 그들의 삶이 그만큼 하나님의 영광과 닿아 있었기에 위대한 영적 갈망을 품을 수 있었습니다.

무엇보다 중요한 것은 하나님께서 우리의 갈망에 응답해 주신다는 사실입니다. 바로 브레이너드와 에드워즈에게 하나님의 영광을 보여 주신 것처럼 자신의 방식대로 말입니다.

우리가 비록 이 땅에 살고 있지만, 장차 그 지극히 영광스러운 것의 일면이라도 봄으로써 하나님을 더 깊이 알게 되고 주님으로 말미암아 만족할 수 있게 된다면, 그것만큼 귀한 일이 어디 있겠습니까? 영광 체험, 이것은 참으로 영광스러운 일입니다. 그러나 하나님의 영광을 위하는 삶을 사는 가운데 이 체험을 갈망해야 한다는 사실을 잊지 마십시오.

"나는 시온의 의가 빛같이, 예루살렘의 구원이 횃불같이 나타나도록 시온을 위하여 잠잠하지 아니하며 예루살렘을 위하여 쉬지 아니할 것인즉, 이방 나라들이 네 공의를, 뭇 왕이 다 네 영광을 볼 것이요, 너는 여호와의 입으로 정하실 새 이름으로 일컬음이 될 것이며, 너는 또 여호와의 손의 아름다운 관, 네 하나님의 손의 왕관이 될 것이라. 다시는 너를 버림받은 자라 부르지 아니하며 다시는 네 땅을 황무지라 부르지 아니하고, 오직 너를 헵시바라 하며 네 땅을 쁄라라 하리니, 이는 여호와께서 너를 기뻐하실 것이며 네 땅이 결혼한 것처럼 될 것임이라. 마치 청년이 처녀와 결혼함같이 네 아들들이 너를 취하겠고, 신랑이 신부를 기뻐함같이 네 하나님이 너를 기뻐하시리라."

_이사야 62:1-5

21장
하나님의 영광과 그의 교회 1

하나님의 영광과 교회

본문 말씀은 궁극적으로 하나님의 영광과 시온 또는 예루살렘, 곧 교회와의 관계에 대한 것입니다. 하나님은 1절에서 "나는 시온의 의가 빛같이, 예루살렘의 구원이 횃불같이 나타나도록 시온을 위하여 잠잠하지 아니하며 예루살렘을 위하여 쉬지 아니할 것인즉"이라고 말씀하십니다.

하나님의 교회는 이 세상에서 하나님의 영광을 나타내는 최고의 통로이자 유일한 기관입니다. 교회는 단순히 조직을 말하는 것이 아닙니다. 그리스도인, 곧 하나님의 백성을 뜻합니다. 결국 '교회'는 우리 자신을 가리킵니다. 그리스도인이요 하나님의 백성인 우리는 하나님의 교회로서 하나님의 영광을 나타내는 기관이요 통로입니다.

구약에서는 이스라엘이라는 한 민족을 통해서 교회를 나타내셨습니다. 따라서 구약에서 이스라엘 민족은 하나님의 교회로서 그분의 영광을 나타내는 대표적인 통로요 기관이었습니다.

그러므로 하나님의 백성들로 구성된 교회가 어떤 상태와 모습으로 존재하느냐 하는 문제는 하나님의 영광과 관련해 매우 중요합니다. 하나님의 교회는 이 세상에서 하나님의 영광을 나타내는 유일한 통로입니다. 하나님께서는 스스로도 영광을 나타내시지만, 교회를 통해 자신의 영광을 나타내시기로 결정하셨고, 실제로 그렇게 하시고자 교회를 구별하여 세우셨습니다. 따라서 교회의 영적 상태는 하나님의 영광과 관련해 매우 중요합니다.

만일 하나님의 교회가 교회답지 못하다면, 하나님의 영광은 땅에 떨어져 사람들의 조소거리가 되고, 결국 하나님의 이름과 영광이 더럽혀지게 될 것입니다. 반대로, 하나님의 교회가 교회답다면, 하나님의 생생한 임재와 역사가 교회에 나타나고 사람의 능력이 아닌 하나님의 능력이 그들 가운데 있다면, 사람들이 그것을 보고 놀랄 뿐 아니라 교회를 통해 하나님께서 영광을 받으시게 될 것입니다.

사도행전을 보십시오. 초대 교회를 목격한 사람들은 "이게 어찌 된 일인가? 이들은 어부들이 아닌가? 우리가 알고 있는 무식한 사람들이 아닌가? 그런데 어떻게 이들이 이런 일을 행하는가?"라고 반응합니다.

교회가 교회다울 때, 초대 교회처럼 하나님의 생생한 역사가 나타날 때, 하나님의 영광이 교회를 통해 선명하게 드러납니다. 그러나 하나님의 영광을 나타내는 통로인 하나님의 백성들로 구성된 교회의 상태가 엉망이면, 하나님의 영광은 가려지고 짓밟히게 됩니다. 성경의 기록과 교회의 역사가 이 사실을 말해 줍니다. 이런 맥락에서 볼 때, 교회와 하나님의 영광은 직접적으로 연결되어 있습니다. 우리는 이 사실을 잊지 말아야 합니다.

교회의 회복을 열망하는 선지자

본문은 하나님의 교회를 '시온'과 '예루살렘'이라는 단어로 표현합니다. 이사야 선지자가 사용한 시온과 예루살렘이라는 말은, 하나님의 다스림을 받으며 특별히 구별된 하나님의 백성들을 지칭하는 고유 명사처럼 사용됩니다.

본문은 시온과 예루살렘에 대해 매우 긍정적으로 말합니다. 그런데 이 긍정적인 표현에는 두 가지 측면이 있습니다. 하나는 선지자가 현실적인 경험 속에서 보는 면이고, 다른 하나는 마음으로 또는 신앙적으로 보는 국면입니다.

이사야 선지자는 이사야서 60-66장까지 일관되게 하나님의 교회의 영광스러운 회복과 부흥에 대해 언급합니다. 이사야 선지자는 자신이 지금 처한 현실을 바라보고, 그 현실을 통해서 바라보는 바 하나님께서 이루실 영광스러운 회복을 소망합니다.

이사야서의 뒷부분은 일차적으로 포로 귀환 이후에 있을 회복과 영광에 대해 말합니다. 또한 동시에 예수 그리스도를 통해 나타날 교회의 영광과 부흥을 상징적으로 보여 줍니다. 예수님은 실제로 이사야 61장 말씀을 직접 인용하여 "이 글이 오늘 너희 귀에 응하였느니라"(눅 4:21)라고 말씀하셨습니다. 그러므로 이사야서의 후반부 말씀은 그리스도를 통한 구원으로 말미암는 교회의 영광과 회복을 가리키는 말씀입니다.

이사야서의 후반부에서 우리가 놓치지 말아야 할 중요한 사실이 있습니다. 바로 이 내용을 말하는 선지자의 마음과 부담, 열망과 간구, 그리고 확신입니다. 선지자의 외침에는 선지자 내면의 감정들이 함께 나타납니다. 우리는 여기에 주목해야 합니다.

마틴 로이드 존스 목사는 이사야 62장 6,7절[1]을 본문으로 삼아 부흥에 관해 설교했습니다. 부흥의 절정이 하나님의 영광의 현현(顯現)이라고 한다면, 본문을 부흥과 관련해서 설명하는 것은 매우 적절합니다. 그런 면에서 다소 비슷한 내용이 언급될 수 있겠지만, 여기서는 62장 1절을 중심으로 하나님의 영광과 교회에 대한 말씀을 살펴보고자 합니다.

본문에는 하나님의 영광을 나타내는 매우 중요한 의미가 담겨 있지만, 그것을 표현하는 데 직접적인 단어를 사용하지는 않습니다. 선지자는 하나님의 교회를 상징하는 시온과 예루살렘에 의가 빛같이, 구원이 횃불같이 나타나기를 열망하고 있지만, '하나님의 영광'이라는 단어를 직접 사용하지는 않습니다. 다만 하나님의 영광을 열망하는 정서만을 전달합니다. 2절 말씀은 그 정서를 잘 전달해 줍니다.

---

[1] 사 62:6,7 예루살렘이여, 내가 너의 성벽 위에 파수꾼을 세우고 그들로 하여금 주야로 계속 잠잠하지 않게 하였느니라. 너희 여호와로 기억하시게 하는 자들아 너희는 쉬지 말며, 또 여호와께서 예루살렘을 세워 세상에서 찬송을 받게 하시기까지 그로 쉬지 못하시게 하라.

"이방 나라들이 네 공의를, 뭇 왕이 다 네 영광을 볼 것이요."

교회의 영광을 본다는 것은 결국 하나님의 영광이 그 가운데 드러나는 것을 보는 것입니다. 그러므로 본문은 교회가 하나님에 의해서 교회다워질 때 하나님의 영광이 크게 나타난다는 것을 시사해 줍니다. 이사야 선지자는 7절까지 계속해서 하나님의 교회가 교회다워짐으로써 얻게 될 영광이 어떠한지를 묘사하고 있습니다. "이방 나라들이 네 공의를, 뭇 왕이 다 네 영광을 볼 것이요 너는 여호와의 입으로 정하실 새 이름으로 일컬음이 될 것이며"(2절), "여호와의 손의 아름다운 관, 네 하나님의 손의 왕관이 될 것이라"(3절)라고 하면서 회복될 교회의 영광을 계속 그리고 있습니다. 이처럼 이사야서 62장의 전반부에서는 하나님의 영광과 교회가 맞물려 묘사되고 있습니다.

선지자가 바라보는 교회의 상태

먼저 회복을 예언하는 이사야 선지자가 직면한 시온과 예루살렘의 상태를 살펴봅시다. 4,5절에서 선지자 자신이 처한 상태, 곧 그 영광스러운 회복이 있기 이전의 상태가 어떠한지를 보여 주는 단서를 찾을 수 있습니다. "너를 버림받은 자라 부르지 아니하며"라는 말은 지금 버림받은 자라는 의미입니다. 또 "네 땅을 황무지라 부르지 아니하고"라는 말은 지금 황무지라는 말입니다. "네 하나님이 너를 기뻐하시리라"라는 말은 지금 그들이 하나님께서 기뻐하시지 않는 상태에 있다는 말입니다.

본문에는 이러한 구체적인 표현들이 암시적으로 나와 있습니다.

이와 같이 본문에서 말하는 시온과 예루살렘의 상태, 즉 하나님의 교회의 상태는 선지자가 예언에 근거하여 조망한 미래로서, 그 정반대의 상태가 현재 교회의 모습이라고 할 수 있습니다.

"시온의 의가 빛같이"라는 말의 정반대는 어떤 상태입니까? 하나님의 교회가 흑암에 놓여 있다는 말입니다. 의 대신 불의가 판을 치고 있다는 말입니다. 하나님의 의가 나타나지 않는 흑암과 같은 상황이 지금 선지자가 보고 있는 현실입니다. 선지자가 당면한 현실은 영광스런 미래가 있기 이전의 상태입니다. 여기서 '의'는 칼빈이 말한 대로 교회의 올바른 상태입니다. 다시 말해, 교회에는 하나님의 의가 온전히 나타나야 합니다. 그러나 선지자가 이렇게 말할 때 교회는 이 땅에서 빛처럼 나타나기는커녕 죄악으로 말미암아 하나님의 정죄를 받아서 하나님의 의가 전혀 나타나지 않는 흑암과 같은 상황 가운데 있습니다.

왜 하나님의 교회가 흑암과 같이 되었습니까? 그것은 하나님의 의가 하나님의 교회 가운데 거침없이 나타나야 하는데, 오히려 하나님의 의를 왜곡시키는 죄악이 하나님의 선택된 백성 중에 있고, 하나님이 따로 세우신 도성인 하나님의 보좌가 있는 시온성에 죄악이 가득하기 때문입니다. 선지자는 이런 현실이 교회를 어둡게 하고 흑암과 같게 한다는 사실을 말하고 있습니다.

교회의 올바른 상태는 하나님의 의가 물 흐르듯이 나타나는 것입니다. 교회는 하나님의 의를 행하며 하나님의 의를 드러내야 합니다. 그런데 본문에서는 예루살렘에 하나님의 의가 없다고 말합니다.

러다가 누군가 바른 시각, 바른 의식을 가지고 외치기도 합니다. 그러나 대부분은 윤리적이고 도덕적인 시각에 매여 있기 십상입니다. 실제로 우리나라에도 윤리 운동에 힘쓰는 교회들이 꽤 있고, 그런 교회들은 대개 괜찮은 교회, 능력 있는 교회, 엘리트들이 많은 교회라는 평판을 듣습니다. 조금 의식이 있고 현실을 제대로 본다 싶으면, 윤리적이고 도덕적인 차원으로만 흘러가 버리곤 합니다. 그런 시각으로 그저 교회가 부패했다느니, 개혁해야 한다느니 하면서 도덕적인 개선을 도모하려고 합니다. 저는 그런 움직임이 전적으로 잘못되었다고 말하는 것이 아닙니다. 단지 그 정도에서 멈추는 것이 문제라는 것입니다.

이사야 선지자를 보십시오! 그가 분별하고 있는 현실에 대한 이해와 그로 인한 마음의 부담과 갈망은 그런 윤리적인 시각과는 전혀 다릅니다. 우리는 그 점을 정확하게 보아야 합니다.

그야말로 이사야 선지자가 암흑과 같은 현실 속에서 바라보는 시온의 미래는 단순한 희망 사항이 아니었습니다. 그는 자신이 처한 현실에 대한 깊은 이해 속에서 교회를 바라보았습니다. 하나님을 중심으로, 또 하나님이 세우신 교회를 중심으로 교회 안에 마땅히 있어야 할 하나님의 역사와 하나님의 능력과 영광을 바랐습니다. 이러한 분별 속에서 그는 자신이 처한 현실의 문제가 단지 윤리적 개선의 차원이 아님을 확신했습니다. 오히려 그는 하나님의 교회인 시온과 예루살렘의 온전한 상태를 갈망했습니다. 교회가 하나님을 온전하게 드러내기를 소원했습니다.

선지자는 바로 그런 시각으로 현실을 보고 있었습니다. 물론 그것은 윤리적이고도 도덕적인 문제를 넘어서는 것이었습니다. 그래서 그는 하나님의 교회의 겉모습만을 볼 수 없었습니다.

실제로 하나님의 마음으로 교회를 보면 겉모습만 볼 수가 없습니다. 또 현실 비판적인 시각으로만 하나님의 교회를 볼 수도 없습니다. 단순히 윤리, 도덕적인 측면에서만 사람들의 죄악을 거론할 수도 없습니다. 그 정도의 얄팍한 시각으로 교회를 바라보면서 느끼는 현실 이해는 단지 양심적이고 합리적일 뿐이며, 심지어 감상적이기도 합니다. 사회의 통념과 윤리적인 수준을 넘어서지는 못합니다. 우리는 이사야 선지자의 시각을 그 정도 수준으로 낮춰서 생각해서는 안 됩니다. 그런 얄팍한 시각으로 현실을 보며 비판하는 일은 누구나 쉽게 할 수 있습니다.

그런데 참으로 흥미롭게도 많은 젊은이들은 현실 비판적인 지적이나 다소 의식 있어 보이는 현실 참여적 설교와 글에 쉽게 매료됩니다. 그런 비판과 지적이 담긴 설교를 들으면서 일종의 대리 만족을 느끼나 봅니다. 일종의 카타르시스(catharsis)를 경험할지도 모르겠습니다.

그러나 주의할 점이 있습니다. 현실 비판적이고 날카로운 설교에 선지자의 마음이 깃들어 있는지, 그리고 설교를 듣는 회중 가운데 하나님의 마음에 대한 이해가 생기고 하나님의 마음을 의식하며 살게 되는 역사가 있는지는 별개의 문제입니다. 이 두 가지가 없는 설교는 자기 판단과 자기 지식을 자랑하는 것밖에 되지 않습니다.

옛날부터 설교를 유희의 수단으로 이용하는 사람은 늘 있어 왔습니다. 여러분, 한번 생각해 보십시오. 비판적인 설교를 듣고서 사람들이 바뀝니까? 물론 그런 설교를 듣고 이 세상과 교회를 바라보는 예리한 시각을 가질 수는 있습니다. 그러나 만일 그 예리한 시각으로 교회의 현실을 비판만 할 뿐 자신들의 삶에서 그 예리한 말씀이 실현되지 않는다면, 그 사람은 오히려 교회에 악을 끼치는 사람이 됩니다. 결국 그런 설교는 영혼을 깨우기보다는 일종의 의식화 교육 정도에서 멈추고 마는 것입니다. 그런 설교에 길들여진 사람들은 종종 교회의 문제를 알게 되었다는 것과 자신이 비판적인 시각을 가졌다는 것으로 인해 마치 자신이 좀 더 나은 사람인 양, 그런 현실과는 좀 다른 사람인 양 생각합니다. 그러나 그 사람이 하나님 나라에 합당한 사람인지는 다시 생각해 볼 문제입니다.

제가 성경을 통해 우리의 현실을 보도록 촉구할 때, 우리는 현실 비판적인 시각을 가지고서 마치 자신이 좀 더 괜찮아진 것처럼 생각하는 속임수에 빠져서는 안 됩니다.

유명한 설교자를 가진 교회의 성도들이 거의 동일하게 범하는 실수가 한 가지 있습니다. 유명한 설교자가 자기 교회에 있다는 것과 자기가 그런 교회에 속해 있다는 것만으로 자기가 꽤 괜찮은 사람이라도 된 것 같은 착각에 빠지는 일입니다. 그러나 천만의 말씀입니다. 괜찮은 사역자 밑에 있으면 의식이 조금 바뀐 것 같지만, 사실 그것은 생각의 변화일 뿐 그 이상 아무것도 아닐 수 있습니다.

하나님의 교회와 하나님의 나라에는 이사야 선지자와 같은 마음과 태도를 가진 사람이 필요합니다. 이사야 선지자는 자신이 처한 현실을 사회 통념이나 윤리 도덕적인 시각에서 보기보다는 하나님의 시각과 마음으로 보았습니다. 하나님의 은혜와 구원이 사라진 교회의 어둠을 보았습니다. 하나님의 마음을 가지고 교회를 바라보는 사람은 교회의 어둠을 비판하는 데서 멈추지 않습니다. 하나님의 마음을 적극적으로 자기 마음에 반영하고, 주님의 큰 역사가 교회 안에서 이루어지기를 원하지만 그렇지 못한 현실을 보면서 아파합니다.

이사야서 63, 64장에는 선지자의 아픔과 고통이 잘 나타나 있습니다. 무엇인가 미래에 대한 회복의 열망과 함께 당면한 현실로 인한 큰 아픔과 고통이 느껴집니다.

그러나 오늘날 교회의 더 큰 아픔은 이사야 선지자와 같은 고통을 느끼는 사람들이 참으로 드물다는 것입니다. 구약의 역사를 한번 보십시오. 선지자들은 고독했습니다. 외로이 하나님의 마음을 대변하다가 많은 핍박을 받았습니다. 교회사도 마찬가지입니다. 종교개혁 이전이나 하나님께서 부흥을 허락하실 때 몇몇 영적 지도자들을 통해 하나님의 마음을 대변하게 하시기는 했지만, 중세 시대와 대륙과 영국에서 종교개혁이 일어나기 전, 그리고 부흥이 있기 전에 하나님의 교회는 잠들어 있습니다.

그러나 부흥과 개혁이 일어날 때, 하나님의 시각으로 교회의 현실을 보면서 큰 아픔과 고통 속에서 주의 얼굴을 구하는 사람들이 일어났습니다. 그들은 현실을 인식하는 것으로 그치지 않고 더 나아갔습니다. 그들이 그럴 수 있었던 이유는 자신들이 처해 있는 상황 때문에 마음 아파하면서도 주님을 향한 희망을 결코 잃지 않았기 때문입니다.

예나 지금이나 비판적인 사람은 많습니다. 의식 있다는 소리를 들을 정도로 예리한 사람도 꽤 많습니다. 그러나 진정으로 그 세대를 깨울 수 있는 사람은 많지 않습니다. 그 세대에 하나님의 마음을 전할 수 있는 사람, 하나님의 마음을 대변하는 사람은 극히 드뭅니다. 이 시대도 예외는 아닙니다. 우리는 하나님의 마음에 대한 사무친 이해도 없이 아무 생각 없이 현실을 비판하는 일을 그만두어야 합니다. 먼저 하나님의 마음으로 우리의 현실을 보아야 합니다. 그렇지 않으면 현실에 대한 우리의 이해와 판단은 자기 주관에 머무를 것이며, 더 나아가 자기 과시와 자기 의(義)가 될 수 있습니다.

또한 우리는 단순히 비판하는 것이 아니라 하나님의 마음을 가지고 현실을 판단하는 데서 한 걸음 더 나아가야 합니다. 하나님께 답이 있음을 알고 하나님께 도움을 구하는 데까지 나아가야 합니다. 이것이 이사야 선지자와 단순한 비판자들의 차이입니다.

이사야 선지자는 현실을 바르게 이해하고서 아파하며 현실을 비판할 뿐만 아니라, 거기서 멈추지 않고 하나님께 답이 있음을 알고 하나님께 도움을 구하였습니다. 하나님의 마음을 가졌다는 것은 바로 이런 것입니다. 현실을 안타까워하는 마음이 있다는 것으로 멈추지 않았습니다. 하나님께 답이 있음을 알고 하나님께 나아가 도움을 구하였습니다. 하나님께서 어떤 분이신지를 알기 때문에, 또 하나님께서 자기 백성과 교회를 향해 어떤 마음을 품고 계신지를 알기 때문에, 그는 하나님께로 나아가 답을 구하였습니다. 이사야 선지자의 기도를 보십시오. "오, 하나님! 하나님의 교회를 이렇게 두시겠습니까? 하나님이여! 하나님을 위해서 돌아오시옵소서!" 하나님 자신을 위해서 돌아와 달라는 것입니다.

이사야는 하나님에 대해 분명히 이해하고, 하나님의 마음을 너무도 정확하게 알고 있습니다. 그러므로 현실이 답답하지만, 그래도 답은 오직 하나님께만 있다고 판단하고서 이렇게 기도했습니다. "하나님만이 우리를 살리실 수 있습니다. 도우시옵소서! 시온의 의를 빛같이, 예루살렘의 구원을 횃불같이 나타내실 분은 하나님밖에 없습니다."

선지자의 태도를 보십시오. 현실이 부정적인데도 본문 1절에서 보는 것처럼 그는 매우 적극적으로 이야기합니다. 분명히 현실은 부정적인데, 그의 기도와 간구와 결심과 확신은 현실과는 정반대입니다. 그는 부정적이고 암담한 현실을 바라보면서 시온의 의가 빛같이, 예루살렘의 구원이 횃불같이 나타나기를 구했습니다. 이 기도는 허황된 소망이 아니었습니다. 그는 하나님 안에서 가진 마음의 확신을 가지고 소망했습니다. 선지자는 하나님의 마음과 교회를 향한 하나님의 뜻이 무엇인지를 분명하게 알고 있었습니다.

이러한 선지자의 확신은 우리에게 아주 중요한 사실을 말해 줍니다. 하나님께서 언제 자신의 교회를 파괴하려고 하신 적이 있었습니까? 언제 자신의 도성과 시온을 없애 버리려고 하신 적이 있었습니까? 하나님께서 처음 시온을 구별하고 예루살렘 도성을 세우셨을 때, 하나님의 교회를 세우셨을 때, 그것을 영원히 보존하여 그들을 통해 하나님의 영광을 나타내고자 하시는 뜻이 분명히 있었습니다. 선지자는 그 뜻을 알고 있었습니다. 그리고 하나님이 절대 포기하지 않으시리라는 것을 알고 있었습니다. 그래서 선지자는 비록 현실은 어둡지만 하나님께 적극적으로 나아갔습니다. 아무리 흑암과 같고 무덤과 같은 현실이라 할지라도, 하나님의 교회는 하나님께 속해 있으므로 그 답은 하나님께 있습니다. 그래서 그는 하나님께 답을 얻기 위해 적극적으로 시온의 의가 빛같이, 예루살렘의 구원이 횃불같이 나타나도록 기도하였습니다.

쉬지 않고 간구하고 전하라

그다음으로 이사야 선지자는 시온을 위하여 잠잠하지 않고 예루살렘을 위하여 쉬지 않을 것이라고 결심합니다. 그는 시온을 위하여 막연한 태도를 취하지 않습니다. 어떤 태도를 취합니까? 본문에서 그는 "시온을 위하여, 예루살렘을 위하여"라고 말합니다.

우리는 보통 어두운 현실 속에서 많은 사람이 실망하면 함께 절망합니다. 그런데 선지자는 오히려 적극적으로 시온과 예루살렘을 위하는 마음으로 가득 차 있습니다. 그러면서 그는 "잠잠하지 아니하며 쉬지 아니할 것이다"라고 결심합니다. 바로 이것이 하나님의 교회를 위하는 선지자의 태도요, 결심입니다.

이것은 두 가지 행동으로 나타납니다. 그 첫째는, 의가 빛같이, 구원이 횃불같이 나타날 때까지 하나님께 쉬지 않고 간구하겠다고 하는 선지자 자신의 결심입니다. 그는 하나님의 교회가 마땅한 모습을 보이기까지 쉬지 않고 계속 간구하겠다고 결심했습니다.

두 번째는 그렇게 교회가 완전히 회복되기까지, 또 구원의 충만한 역사와 부흥의 역사가 나타나기까지 지속적으로 자신의 확신을 전하겠다는 것입니다. 곧 현실이 너무나 부정적이라 하더라도, 하나님께서 자신의 교회를 향한 답을 가지고 계시며 회복시키기를 원하신다는 자신의 확신을 전하겠다는 말입니다.

결국 선지자는 하나님의 교회가 마땅한 모습, 올바른 상태에 이르기까지 계속 간구하며, 자신이 확신하는 그 말씀을 사람들에게 쉬지 않고 전하겠다고 말하고 있습니다. 하나님의 영광이 사라지는 현실 가운데 우리들에게 최종적으로 요구되는 것은 바로 이러한 선지자의 태도와 결심입니다.

우리는 본문을 통해서 몇 가지 중요한 사실들을 기억해야 합니다. 하나님의 영광을 구하기 위해 우리는 먼저 하나님의 교회의 현실에 대해 바르게 분별해야 합니다. 그 분별은 하나님의 마음을 가지고 있어야 하며, 시온과 예루살렘, 즉 하나님의 교회를 위하는 것이어야 합니다. 단순히 비판만 해서는 안 됩니다. 자기 자랑이나 개인적인 내용이 되어서는 안 됩니다. 영광스러워야 할 하나님의 교회를 위하는 분별이 전제되어야 합니다.

그리고 마지막으로 하나님의 교회에 의가 빛같이, 구원이 횃불같이 나타나기까지 잠잠히 있어서는 안 되며 쉬지 않아야 합니다. 하나님의 영광을 보기 위해 쉼 없이 간구해야 할 뿐만 아니라, 하나님의 마음과 뜻을 전하는 사람이 되어야 합니다. 이 시대에 전해야 할 것은 바로 이것입니다. 하나님께서는 우리를 사용하기를 원하십니다. 하나님의 교회에는 하나님의 영광이 마땅히 있어야 한다는 사실을 하나님께서는 우리를 통해 전하기를 원하십니다.

기억하십시오! 하나님의 교회에는 마땅히 하나님의 영광이 있어야 합니다. 하나님의 영광이 없는 교회는 교회가 아닙니다. 하나의 친목 집단일 뿐입니다. 여러분이 믿든 안 믿든 저는 분명히 그렇게 확신합니다. 하나님의 영광이 없는 교회는 단순한 친목 집단에 불과합니다. 그런데 불행히도 그런 교회가 많습니다. 자기들끼리 분주합니다. 헌금도 하고 사업도 많이 하는데, 하나님을 위해 한다는 생각은 전혀 없습니다. 외부 활동도 많고 매우 분주한데, 하나님의 영광에 대한 열심은 별로 없습니다. 그러나 하나님의 교회에는 하나님의 영광이 가득해야 하고, 그 영광이 교회를 통해 드러나야 합니다.

하나님의 영광을 보기 위해서는 비판만 할 것이 아니라 이사야 선지자와 같이 쉬지 않고 교회를 위해 간구하며 전해야 합니다. 여러분의 삶의 처소에서, 직장에서, 학교에서, 심지어 예배당에서 간구하며 우리의 확신을 전해야 합니다.

저는 확신합니다. 한국 교회가 썩었다, 썩었다 해도 다시 하나님께서 기회를 주시리라 믿습니다. 하나님께서는 남겨진 그루터기를 통해서 마지막 일을 행하실 것입니다. 이 땅에 복음을 주신 하나님은 그냥 방관자로 계시지 않을 것입니다. 하나님은 분명히 자신의 영광을 회복하실 것입니다. 하나님은 하나님의 교회가 완전히 쇠하여 없어지도록 손 놓고 계실 분이 아닙니다. "끝이다"라고 할 때에도, 인간이 희망을 완전히 포기한 상황에서도, 하나님은 일하시며 교회를 다시 세우시는 분입니다. 그러므로 우리는 하나님께서 한국 교회를 회복시키실 것을 기대하면서 이사야 선지자와 같은 태도로 하나님께 쉬지 않고 구하며, 이 확신을 전해야 합니다.

"나의 하나님이여, 귀를 기울여 들으시며 눈을 떠서 우리의 황폐한 상황과 주의 이름으로 일컫는 성을 보옵소서. 우리가 주 앞에 간구하옵는 것은 우리의 공의를 의지하여 하는 것이 아니요, 주의 큰 긍휼을 의지하여 함이니이다. 주여, 들으소서. 주여, 용서하소서. 주여, 귀를 기울이시고 행하소서. 지체하지 마옵소서. 나의 하나님이여, 주 자신을 위하여 하시옵소서. 이는 주의 성과 주의 백성이 주의 이름으로 일컫는 바 됨이니이다."

_다니엘 9:18,19

22장
하나님의 영광과 그의 교회 2

    이 장에서는 이사야 선지자와 똑같은 심정으로 하나님의 영광과 교회의 회복을 구했던 또 한 사람, 다니엘에 대해서 살펴보려고 합니다. 다니엘은 하나님의 영광과 교회의 회복을 바라보았던 사람입니다. 그런 다니엘의 기도가 기록된 다니엘서 9장은 구약성경에서 탁월한 기도 가운데 하나로 뽑을 수 있습니다.

    만일 구약에서 가장 능력 있고 힘 있는 기도를 세 가지만 뽑는다면, 다음의 세 가지 기도를 뽑고 싶습니다. 먼저, 이스라엘 백성들이 출애굽한 이후에 금 송아지를 만들어 그것을 하나님으로 섬기며 우상 숭배를 했을 때, 하나님께서 그들을 심판하시자 모세가 하나님 앞에 올려드렸던, 출애굽기 32,33장에 있는 기도입니다. 또 다른 하나는, 이사야서 62장 이후의 기도입니다. 그리고 마지막으로 다니엘서 9장의 기도를 뽑을 것입니다.

저는 이 세 기도가 구약에 나타난 대표적인 기도로서, 가장 힘 있고 탁월하며 굉장한 내용과 깊이를 지니고 있다고 생각합니다. 왜냐하면 이 세 가지 기도는 기도하는 사람의 개인적인 문제를 호소하지 않고 하나님의 영광과 교회를 통한 하나님의 영광을 구하고 있기 때문입니다. 더욱이 막연하게 하나님의 백성들을 위하고 하나님의 영광을 구하는 것이 아니라, 하나님에 대해 깊이 이해하면서 하나님께 사로잡혀 대범하게 기도했기 때문입니다. 뿐만 아니라 이 기도들에는 하나님의 교회와 백성들에 대한 넘치는 사랑이 담겨 있습니다.

임박한 약속의 때를 생각하며 재를 덮어쓴 다니엘

다니엘은 소년 시절에 바벨론에 포로로 잡혀 갔습니다. 그는 포로 신분이었지만 뛰어난 지혜와 인격으로 바벨론의 재상 자리에까지 오르게 됩니다. 지금 이 기도를 드린 시기는 그가 백발이 성성한 노인이 되었을 때입니다. 그는 노년에 예레미야서를 읽다가 하나님이 약속하신 말씀, 곧 예루살렘의 황무함이 70년 만에 끝나리라는 말씀을 읽고서 놀라운 깨우침을 받습니다(단 9:2 참고). 그리고 약 이삼 년 후면 70년이 된다는 사실을 발견했습니다. 그래서 하나님께서 말씀하신 그 예언이 이삼 년 이내에 성취될 것을 깨닫고는, 자신들이 고국 땅으로 돌아가 이제 다시 그 영광스러운 하나님의 처소의 상징이었던 예루살렘 도성에서 하나님을 경배할 일을 생각하면서 이 기도를 드렸습니다.

그런데 그의 생각대로 이삼 년 후에 그런 일이 일어난다면 기쁨과 희망에 부풀어야 할 텐데, 그렇지가 않았습니다. 다니엘은 금식하고 재를 덮어쓰고 베옷을 입고, 마치 무슨 상(喪)이라도 당한 것처럼 하고서 기도를 시작합니다. 이는 우리에게 아주 놀라운 사실을 말해 줍니다. 다니엘은 "어차피 그날이야 올 테니까 하나님께서 약속하신 그날이 오기까지 잠자코 기다리자"라고 하면서 그날을 그저 막연한 희망만으로 기다리지 않았습니다. 그는 하나님의 약속에 대한 막연한 신뢰로 그 시대를 기다린 것이 아니라, 말씀의 참뜻을 깨닫고는 하나님께 특별한 기도를 드리기 시작했습니다.

본문에 나타난 다니엘의 기도는 두 부분으로 요약할 수 있습니다. 다니엘은 9장 4-14절에서 지난날 자기 백성들의 죄와 예루살렘의 죄를 자기의 죄처럼 깊이 회개합니다. 그다음으로 15-19절의 뒷부분에서는 하나님께 대담하게 간구합니다. 그는 회개의 자리에서 간구하는 자리로 나아갑니다. 본문 18절과 19절은 이 기도의 절정에 해당하는데, 9장 전체를 상세하게 살피기보다는 본문을 중심으로 다니엘이 하나님의 영광과 교회에 대해 가졌던 태도를 살피려고 합니다.

지금 기도하고 있는 다니엘은 나이가 아흔에 가까운 노인입니다. 언제 죽을지도 모르고, 예레미야서의 예언대로 이삼 년 뒤에 고국으로 돌아간다 해도 다시 이스라엘을 위해 뭔가를 정열적으로 시작할 나이가 아닙니다. 그런데도 다니엘은 온몸을 바쳐 재를 뒤집어쓰고, 마치 수난의 상황에라도 처한 듯이 하나님 앞에 기도합니다.

다니엘은 먼저 "나의 하나님이여, 귀를 기울여 들으시며 눈을 떠서 우리의 황폐한 상황과 주의 이름으로 일컫는 성을 보옵소서"라고 기도합니다. "우리의 황폐된 상황과 주의 이름으로 일컫는 성을 보아 주십시오"라는 기도 속에서, 주의 성과 주의 백성이 주의 이름으로 일컫는 바 되었다는 것을 하나님께 상기시키면서, 주의 성과 주의 백성을 위하심이 결국 주님 자신을 위하시는 것이라는 놀라운 기도를 드립니다.

여기서 다니엘은 예루살렘을 주의 성이요, 주의 이름으로 일컫는 성이라고 말합니다. 또 이스라엘 백성을 주의 백성이라고 말합니다. 즉, 예루살렘은 주의 성이요 이스라엘은 주의 백성이므로, 모두 하나님의 이름과 직접적인 관련이 있다는 사실을 계속 강조합니다. 주의 성 예루살렘이 황폐되고, 또 주의 백성 이스라엘이 비참해진 것은 예루살렘과 이스라엘 백성들만의 문제가 아니라는 것입니다. 결국 그는 자신들의 비참함과 예루살렘의 황폐함은 하나님의 이름과 그분의 영광과 관련되어 있다는 사실을 말하고 있습니다. "이것은 우리들만의 문제가 아닙니다. 이것은 하나님의 문제입니다. 하나님의 이름과 영광의 문제입니다"라고 말하는 것입니다.

그래서 다니엘은 "주님 자신을 위하여 하시옵소서!"라고 기도합니다. 이 말은 "예루살렘과 이스라엘 백성을 위하여 일하시는 것이 바로 주님 자신을 위한 것입니다. 그러니 그렇게 하십시오!"라는 뜻입니다. 여기서 예루살렘과 주의 백성은 앞에서 말했던 하나님의 교회를 가리킵니다. 그러므로 황폐된 도성은 곧 하나님의 교회의 황폐함이요, 하나님의 이름과 영광의 황폐함을 의미합니다.

다니엘은 자기들이 죄를 지었다는 사실을 14절에까지 기록하면서 진정으로 그것을 인정하고 비통해하며 회개합니다. 그러면서 "주님, 보십시오. 이 황폐한 성읍, 주의 이름으로 일컫는 이 성을 보십시오. 이 황폐한 도성은 바로 하나님의 교회의 황폐함이요, 주님 자신의 이름과 영광의 황폐함입니다"라고 말합니다.

다니엘은 자신을 위해 기도하지 않았습니다. 하나님의 교회와 그분의 교회 위에 있어야 할 하나님의 영광을 위해서 먼지같이 낮아져 기도하고 있습니다. 그는 주의 백성과 주의 성에 하나님의 이름이 달려 있다는 사실을 누구보다 잘 알고 있었습니다. 그렇기 때문에 감히 이런 기도를 드릴 수 있었던 것입니다. 그는 하나님께서 주의 성과 주의 백성, 곧 하나님의 교회를 위해 일하시는 것이 결국 하나님 자신을 위해 일하시는 것이라는 결론에 이릅니다. 그러고 나서 그는 하나님께서 그것을 기억하시고 역사해 주시기를 구하였습니다.

하나님에 대한 경험 가운데 형성된 확신의 기도

다니엘의 이런 기도는 그가 하나님을 처음 만나는 자리에서 드린 기도가 아닙니다. 그는 수십 년 동안 하나님과 놀라운 교제를 나누며, 하나님 앞에서 진실함을 잃지 않는 가운데 지속적인 신앙생활을 해 왔습니다. 본문의 기도는 그러한 다니엘이 거의 90세가 다 되어서 드린 기도라는 사실을 우리는 기억해야 합니다. 그의 기도는 그냥 한번 해 보는 식의 기도가 아닙니다. 다른 사람의 대범한 기도를 단순히 모방한 것도 아닙니다. 이것은 다니엘이 아주 큰 확신을 가지고 하나님의 마음을 깊이 헤아리며 드린 기도입니다. 그는 하나님의 이름과 영광, 그리고 그분의 교회를 동시에 바라보면서 간절히 기도합니다.

"우리는 여호와의 이름으로 일컫는 바 되었습니다. 여호와의 영광은 우리와 밀접하게 관련되어 있으므로 여호와께서 교회, 곧 우리를 위해서 일하시는 것은 당연합니다. 그것은 결국 여호와 하나님 자신을 위한 것입니다. 여호와의 이름과 영광을 위해서 일하시옵소서!"

이 얼마나 놀라운 기도입니까? 다니엘은 응답되면 좋고 아니면 그만이라는 식으로 가볍게 기도하지 않았습니다. 그는 쉽게 모방할 수 없는 엄청난 기도를 하나님께 드렸습니다.

다니엘은 몇십 년 동안 하나님의 생생한 역사를 보고 경험하였습니다. 그는 사자굴에 던져진 자신을 건져 내시는 하나님을 경험했습니다. 그는 느부갓네살 왕이 꾼 꿈의 내용을 알게 하시고, 그 꿈을 해석해 주시는 하나님의 능력을 경험했습니다. 또한 그 꿈이 실제로 이루어지는 것도 목격했습니다. 심지어 그는 바벨론 대제국의 왕인 느부갓네살이 제국의 왕좌에서 물러나 짐승처럼 풀을 먹게 될 것이라는 하나님의 말씀이 그대로 이루어지는 장면까지 목격했습니다.

무엇보다도 그는 세계의 대제국들의 흥망성쇠가 모두 하나님의 말씀대로 될 것을 알았습니다. 하나님이 말씀하신 대로 열왕들이 바뀌는 것을 보았습니다. 정말이지 신묘불측(神妙不測)한 일이었습니다. 인간의 역사이지만 이 역사를 주관하시고 대제국들을 쥐락펴락 하시는 하나님의 주권과 통치를 체험적으로 깨닫고 목격했습니다. 그는 완전하신 하나님, 원하시는 모든 것을 뜻대로 행하시는 하나님, 능력이 무한하신 하나님, 크고 두려우신 하나님을 몇십 년 동안 목격하고 경험했습니다.

그래서 그는 9장의 기도를 시작하면서 하나님을 '크시고 두려워할 주 하나님'이라 고백합니다. 이것은 그저 추상적인 수식어가 아닙니다. 그가 직접 보고 경험한 하나님에 대한 진실한 고백입니다. 역사 가운데 하나님은 실제로 큰 일을 행하셨고, 인간이 감히 범접할 수 없을 만큼 두려운 분이셨습니다. 바로 그 하나님께 다니엘은 "하나님의 교회를 살리고 회복시키는 일은 결국 하나님 자신을 위하는 일입니다"라고 말하면서, 하나님의 이름과 영광을 위해서 하나님의 교회를 돌보아 달라고 구하였습니다. 그의 논지는, 하나님께서 예루살렘 도성을 위해서, 하나님의 교회를 위해서 무엇인가를 행하신다면, 그것은 우리를 위한 것이기 전에 하나님 자신의 이름과 영광을 위하는 일이라는 것입니다. 얼마나 놀랍고 담대한 기도입니까?

교회를 향한 하나님의 마음을 알고 드리는 기도

어떻게 이렇게 기도할 수 있었을까요? 물론 누구든지 이런 기도를 모방하여 말할 수 있습니다. 그러나 하나님에 대한 이해와 확신이 없다면 사실상 이렇게 기도할 수가 없습니다.

앞에서 에스겔에 대해서 다뤘는데, 다니엘과 에스겔은 동시대 사람이었습니다. 그 둘은 사역의 반경이 달랐기 때문에 다니엘은 에스겔서를 보지 못했을 가능성이 큽니다. 따라서 다니엘이 스스로 하나님의 생각을 반영하는 기도를 했다는 것은 예사로운 일이 아닙니다.

다니엘은 진실로 하나님의 마음을 알았습니다. 주님께서 이 교회, 자신의 백성들을 향해 어떤 마음을 가지고 계신지를 다 알고 이렇게 기도했습니다.

하나님께서 자신의 교회를 향해 변치 않는 마음을 가지고 계시다는 사실을 그는 잘 알고 있었습니다. 하나님이 절대 교회를 버리지 않고 자신의 백성들을 영원히 단념하지 않으실 것이라고 그는 굳게 믿었습니다. 하나님의 교회는 하나님의 이름과 영광에 깊이 연루되어 있기 때문에 하나님이 절대로 자신의 교회를 포기하지 않으실 것이라고 확신했습니다. 그렇기 때문에 하나님은 자신의 교회를 위해서 일하고 교회를 회복하셔야만 하는 것입니다. 다니엘은 이 사실을 알고 한 걸음 더 나아가 하나님께 그렇게 담대하게 구했습니다.

하나님께서는 자신의 교회에 이미 자신의 이름을 새겨 두셨습니다. 그래서 교회에서, 그의 백성들에게서 하나님의 이름을 떼어 내는 것은 불가능합니다. 다니엘의 말대로 하나님은 자신을 위해서, 자신의 교회를 위해서 일하셔야만 합니다. 모든 교회에 하나님의 이름이 새겨져 있습니다. 여러분 개인에게도 하나님의 이름이 새겨져 있습니다. 그리고 결코 그것을 떼어 낼 수 없습니다. 이것은 얼마나 감격적인 진리이며 놀라운 확신입니까?

성경에는 다니엘의 기도와 유사한 선지자들의 기도가 자주 등장합니다. 하나님의 마음을 알았던 선지자들은 모두 비슷하게 기도합니다. 예레미야 선지자는 이렇게 기도했습니다.

"여호와여, 우리의 죄악이 우리에게 대하여 증언할지라도 주는 주의 이름을 위하여 일하소서……어찌하여 놀란 자 같으시며 구원하지 못하는 용사 같으시니이까. 여호와여, 주는 그래도 우리 가운데 계시고 우리는 주의 이름으로 일컬음을 받는 자이오니 우리를 버리지 마옵소서……주의 이름을 위하여 우리를 미워하지 마옵소서. 주의 영광의 보좌를 욕되게 마옵소서"(렘 14:7,9,21).

"우리의 죄악이 우리에게 대하여 증언할지라도"라는 말이 시사하는 것처럼, 이스라엘의 상태는 엉망이었습니다. 그런데도 그는 "주는 주의 이름을 위하여 일하소서"라고 기도했습니다. 하나님 앞에서 진실한 사람만이 드릴 수 있는, 아무나 모방할 수 없는 기도입니다. 누구보다도 하나님의 마음을 잘 알고, 그 마음을 닮아서 성실하게 살고자 하는 사람만이 드릴 수 있는 기도입니다. 그는 하나님의 마음을 알기에 그 시대의 패역한 백성들의 형편을 끌어안고서, "주님, 자신의 이름을 위하셔야 하고 우리를 위하셔야 합니다"라고 기도한 것입니다.

선지자들은, 우리 교회들의 현실이 엉망이고 황폐하다 할지라도 하나님께서 주의 교회를 위해 일하셔야만 한다는 것을 확신했습니다. 왜 그렇게 확신했습니까? 이것이 결국 하나님 자신을 위하시는 것이요 주의 이름과 영광을 위하시는 일임을 알았기 때문입니다. 하나님께서 자기 백성들을 위하시는 것이 결국 하나님 자신을 위하시는 일이요 주의 이름을 위하시는 일이기 때문입니다.

이러한 확신은 선지자의 마음 상태에서나 확신하고 이해할 수 있습니다. 그러므로 우리는 "아, 그렇구나! 하나님께서 우리를 위해서 일하시는 것이 하나님 자신을 위하시는 것이구나!"라고 말하면서 쉽게 방자한 생각을 가져서는 안 됩니다. "하나님께서 자신의 교회를 위해서 일하시니, 우리는 그냥 가만히 앉아 있어도 되겠다. 하나님이 자신의 백성들을 위해서 일하실 것이므로 우리는 이 황폐한 현실을 숙명으로 받아들이면서 우리의 상처를 그저 가만히 놔두어도 되겠구나"라는 식으로 생각해서는 안 됩니다.

만일 다니엘이 하나님의 진심을 몰랐다면, 그리고 그가 하나님 앞에서 진실하지 않았다면, 그는 이렇게 금식하며 기도하지 않았을 것입니다. 어차피 이삼 년 후면 하나님께서 약속하신 포로 귀환이 있을 것이기 때문에 그냥 가만히 있어도 되었습니다. 그런데 왜 그가 재를 덮어쓰고 금식합니까? 그렇게까지 할 필요가 무엇입니까? 이 역사를 우리가 잘 알아야 합니다. 그 모든 것을 알고 있었던 그가 하나님 앞에 절실하게 구할 수밖에 없었던 이유는 하나님의 진심을 알고 있었기 때문입니다. 동시에 자신은 하나님의 진심을 알고 있는데 이스라엘은 그 하나님의 진심을 알지 못하고 있었기 때문입니다.

그래서 다가올 날이지만, 하나님 앞에서 하나도 달라진 것이 없는 자기들의 현실 때문에 다니엘은 절박하게 기도하였습니다. 교회를 살리시는 것이 하나님의 진심이건만, 현재의 황폐한 현실로 인해서 다니엘은 견디기가 어려웠습니다. 그래서 그는 이 사실을 깨닫자마자 바로, 아주 긴박하게 재를 덮어썼습니다. 90세가 다 된 노인 다니엘은 진지하게 과거를 회고하면서, 그 비참한 현실에서도 도무지 회개하지 않고 그런 현실을 숙명처럼 받아들이는 이스라엘 백성들의 모습을 하나님 앞에 아룁니다. 그는 "그들이 아니라 우리가 범죄했고, 우리가 패역하였나이다. 우리가 주의 말씀을 듣지 않았습니다"라고 거듭 회개하고 있습니다.

오직 하나님의 긍휼에 달려 있는 교회의 회복

하나님의 교회에는 하나님의 이름이 새겨져 있습니다. 따라서 하나님께서는 자신의 교회를 위해서 일하심으로써 자신의 일을 하실 것이고, 또 하셔야만 합니다. 그렇지만 우리는 다니엘과 같은 태도를 견지해야 합니다.

다니엘은 가슴 졸이면서 기도했습니다. 하나님께서 약속하신 회복의 때가 다가오는데도 자신들의 형편은 전혀 달라지지 않았기 때문입니다. 하나님께 심판을 받아 바벨론의 포로로 잡혀 왔는데도 여전히 지난날의 죄를 바르게 인식하지도 못하고, 그때나 지금이나 달라진 것이 전혀 없습니다. 교회를 향한 하나님의 진심을 아는 자도 없고, 여전히 황폐한 현실을 숙명처럼 받아들이면서 이전 생활을 답습하고 있습니다. 그래서 그는 더욱 긴박하게 기도합니다. 어차피 다가올 날인데도 하나님 앞에 회개하고 간절히 간구합니다. 어차피 올 날이지만, 그래도 이 모든 것을 하나님 앞에서 해결해야 한다는 것을 그는 정확히 인식하고 있습니다. 답이 오직 하나님께 있음을 인정하고 있습니다. 우리도 다니엘과 같은 신념을 가지고 있어야 합니다.

다니엘은 지난날의 죄를 회개하고는 뒤이어 "그래도 이 황폐한 예루살렘, 곧 하나님의 교회의 회복과 영광은 하나님께서 역사하셔야 합니다. 하나님의 이름을 위해서 하시옵소서. 그것이 하나님 자신을 위하시는 것입니다"라고 간구하면서 하나님을 향해 답을 구했습니다. 하나님만이 회복의 역사를 이루실 수 있다는 답을 재천명했던 것입니다. 그는 마치 둘 사이를 오가고 있는 것 같습니다. 회개와 회복에의 간구 사이를 오갑니다. 마치 하나님과 백성들 사이에서 중재자처럼 기도합니다.

주께서 우리에게 무엇인가 앞날을 약속하셨으면, 그 약속은 반드시 이루어집니다. 그러나 만일 그 약속이 성취되기 전에 우리의 상태가 거기에 걸맞지 않으면 우리의 마음이 조급해지기 마련입니다. 선지자와 같이 재를 덮어쓰고 싶은 마음이 생기는 것입니다. 하나님의 뜻이 도저히 이루어질 수 없을 것 같은 우리의 현실 때문에 안타까워합니다. 그래서 "하나님이여, 회복도 회복이지만, 먼저 우리를 주의 백성으로 여기고 이 황폐한 성읍에 온전한 회복을 주옵소서. 주의 백성다운 모습을 허락해 주십시오"라고 구하고자 하는 마음을 먹게 됩니다.

그래서 그는 "나의 하나님이여, 눈을 떠서 우리의 황폐한 상황과 주의 이름으로 일컫는 성을 보옵소서"라고 기도하였습니다. 단지 두 구절이지만, 그가 얼마나 간절하게 기도했는지를 알 수 있습니다. 그는 하나님께 분명하고 간결하게 기도합니다. "귀를 기울여 들으소서. 눈을 떠서 보옵소서." 동사를 주의해 보십시오. "주여, 들으소서. 주여, 용서하소서. 주여, 귀를 기울이시고 행하소서. 지체하지 마옵소서……주님을 위하여서 하시옵소서." 짧은 문장들을 계속 열거합니다.

다니엘은 하나님께 하나님의 교회의 현실을 돌아봐 달라고 간절히 기도합니다. 어차피 그날은 오겠지만, 하나님께서 이 상황에서 하나님 자신과 그의 이름을 위해 일해 주시기를 기도하고 있습니다. 궁극적인 회복은 오직 하나님께 달려 있다는 사실을 간절히 말씀드리고 있습니다. 이와 같은 태도는 오직 하나님만이 자신의 교회의 황폐함을 고칠 수 있다는 데 대한 확신에서 비롯된 것입니다.

다니엘은 18절에서 다음과 같이 말합니다.

"우리가 주 앞에 간구하옵는 것은 우리의 공의(의)를 의지하여 하는 것이 아니요, 주의 큰 긍휼을 의지하여 함이니이다."

하나님의 교회의 황폐함을 고칠 수 있는 것은 사람들이 쌓는 의로운 행위가 아니라고 말합니다. 히브리어로 '의'는 매우 많은 의로운 행적을 의미합니다. 그러므로 사람들이 '의'를 아무리 많이 쌓아도 그것으로 교회의 황폐함을 고칠 수 없습니다.

이 사실을 명심해야 합니다. 사람들이 쌓는 의로운 행위로 교회의 황폐함을 고칠 수는 없습니다. 많은 사람들이 의로운 행위로 교회의 황폐함을 조금이라도 개선시킬 수 있을 것이라 생각합니다. 그러나 교회의 역사를 보면 사람의 의로운 행동은 임기응변식의 땜질에 불과했습니다. 우리에게 필요한 것은 온전한 회복입니다. 영적으로 황폐했던 시대들을 완전히 뒤바꾼 부흥의 역사는 사람들의 의로운 행위가 아니라 하나님의 크신 은혜와 긍휼에 의해 일어났습니다. 우리가 쌓는 의로는 부흥의 역사를 이룰 수 없습니다.

인간의 행위에 의해 하나님의 일이 이루어지고 개혁이 일어날 수 있을 것이라고 생각하십니까? 하나님의 역사는 사람의 의로운 행위로 되는 것이 아닙니다. 그야말로 하나님의 크신 긍휼에 의해서만 되는 것입니다.

오늘날의 조국 교회를 보십시오. 교회 안에서 사람의 의가 굉장히 중요시됩니다. 위선적인 의, 자기 열정으로 세우는 의, 남의 인정을 바라고 쌓는 의 등, 여러 모양으로 의를 위해 열심을 냅니다. 그러나 교회를 변화시키는 것은 그런 남루한 옷과 같은 의가 아니라 하나님의 절대적인 의와 긍휼입니다.

우리가 무엇인가 일을 꾸미고 조직을 세우면 교회가 개혁의 국면으로 접어들 수 있을 것이라고 기대하십니까? 그런 생각의 저변에는 하나님의 긍휼을 무시하는 태도가 깔려 있음을 기억하십시오. 지금 다니엘이 지적하는 것이 바로 하나님의 은혜를 고려하지 않는 태도입니다. 우리가 교회를 위해서 능력을 발휘하고 무언가 해 보려는 의지를 갖는 것은 모두 도구적인 성격을 띠어야 합니다. 그 자체로 교회가 변화되는 것이 아닙니다. 우리의 모든 것은 그저 하나님이 하시는 일의 도구로만 사용되어야 합니다.

우리 영혼의 황폐함, 우리 영혼의 메마름을 고치는 길은 가장 먼저 우리들의 의를 의지하지 않는 데서부터 시작해야 합니다. 하나님 앞에서 나 자신의 의를 의지하는 한, 결코 하나님의 긍휼을 덧입을 수 없습니다. 우리의 의와 하나님의 긍휼이 같은 무게로 취급될 수는 없습니다. 절대 공존할 수 없습니다. 우리가 우리의 '의'를 의지할 때마다 하나님의 긍휼은 저만치 밀려나기 때문입니다.

다니엘은 이전에 있었던 하나님의 긍휼의 역사를 잘 알고 있었습니다. 역사를 통틀어 회복과 복은 사람의 어떠함에 의해 좌우되지 않았습니다. 오직 하나님의 크신 긍휼에 의해서만 회복과 복이 허락되었습니다. 다니엘은 하나님의 크신 긍휼을 체험적으로 알았습니다. 그래서 교회의 황폐함이 고쳐지는 열쇠가 인간에게 있지 않고 하나님께 있음을 믿었습니다. 하나님께서 이스라엘을 자기 백성으로 삼으신 것도, 죄악 중에 심판을 받아 처참하게 무너진 그들을 다시 세우신 것도, 하나님의 긍휼을 말하지 않고서는 설명할 수 없다는 결론을 가지고 기도했습니다. 진실로 우리는 하나님의 크신 긍휼을 믿고 구해야 합니다. 우리의 모든 행위 속에 그런 믿음이 배어 있어야 합니다.

교회의 회복은 하나님의 크신 긍휼에 달려 있습니다. 하나님의 영광이 이 조국 교회 위에, 그리고 우리 교회 위에 크게 나타나는 것은 절대 우리의 의로운 행적에 의해서가 아닙니다. 우리는 우리의 모든 걸음이 전적으로 하나님의 긍휼에 달려 있음을 알고, 다니엘과 같이 진실한 모습을 가져야 합니다.

우리는 다니엘처럼 주님의 긍휼을 의지하여 이 시대와 교회를 위해, 또 주의 영광을 위해 구해야 합니다. 다니엘처럼 하나님께서 자신의 교회를 반드시 회복하실 것이라는 확신을 가지고 기도해야 합니다. '이 교회가 주의 교회라면, 이 조국 교회에 하나님의 이름이 달려 있다면, 하나님은 반드시 교회를 회복하셔야만 한다'는 확신을 가지고, 하나님께 간구해야 합니다.

"하나님이여, 다시 조국 교회를 통해서 영광을 받으시옵소서! 우리에게는 하나님의 이름이 새겨져 있지 않습니까? 하나님께서는 우리를 포기하지 않으실 것입니다. 하나님께서는 결코 우리를 포기하지 않으십니다. 하나님, 우리를 사용하사 우리를 통해 영광을 받으시옵소서!"

우리는 그렇게 구해야 합니다. 실제로 하나님께서는 교회를 통해서 영광을 받으실 것입니다. 그것이 하나님의 목적이고 뜻입니다. 우리는 이것을 기억하고, 다니엘처럼 하나님의 긍휼에 호소해야 합니다. 먼저 우리의 의를 제거하는 일부터 시작하십시오. 그리고 교회를 통해서 하나님께서 자신의 영광을 나타내시기까지 쉬지 말고, 잠잠하지 말고, 성경 말씀을 통해서 얻은 이 확신을 가지고 부르짖으십시오. 이 진리를 전하십시오.

놀랍게도 다니엘이 확신했던 진리를 많은 그리스도인들이 모르고 있습니다. 오늘날 수많은 사람들은 교회에 출석하면서도 그저 자신들의 구원과 영육간의 유익 정도에만 주된 관심을 둡니다. 조금 진보한 사람은 자신들의 능력과 실력을 발휘해서 교회와 사회를 개혁하겠다는 데까지 나아가는 정도입니다. 그러나 성경은 분명히 말합니다. 여호와 하나님의 이름이 교회에 달려 있기 때문에, 하나님은 반드시 교회를 통해 영광을 받으십니다. 그러므로 하나님은 교회를 회복하셔야 합니다. 주께서 긍휼을 베푸셔서 하나님의 교회를 고치셔야 합니다.

그러므로 우리는 잠잠하지 말고 하나님 앞에 나아가 간구하며, 이 확신을 전해야 합니다. 하나님께서 사용하시면 저는 가는 곳곳마다 이 확신을 전할 것입니다. 여러분도 가는 곳마다, 자신이 처해 있는 곳곳마다 이 확신을 전해야 합니다. 하나님께서 자신의 교회를 통해 영광을 크게 받으시는 날이 오기까지 그렇게 해야 합니다. 속히 그렇게 해 주시기를 소원하며 하나님께 기도합니다. 아멘.

"원하건대 주는 하늘을 가르고 강림하시고, 주 앞에서 산들이 진동하기를 불이 섶을 사르며 불이 물을 끓임 같게 하사, 주의 원수들이 주의 이름을 알게 하시며 이방 나라들로 주 앞에서 떨게 하옵소서."

_이사야 64:1,2

23장
하나님의 영광과 부흥

교회와 그리스도인 개개인의 관계

지금까지 하나님의 영광에 대한 진리를 살피면서 한 가지 의문이 생깁니다. "우리들이 진실로 다니엘처럼 그 놀라운 비밀을 확신하면서 살고 있는 것일까?" 하는 것입니다. 물론 소수일지라도 누군가는 황폐한 교회와 시대를 살리시는 하나님의 비밀을 깨닫고, 다니엘처럼 반응하는 믿음을 분명히 가지고 있을 것입니다. 그런데도 한편으로는 염려를 떨쳐 버릴 수가 없습니다. 교회의 황폐함을 말할 때 많은 그리스도인들이 보이는 반응 때문입니다.

자신의 영혼이 아닌 교회의 황폐함을 말할 때, 많은 그리스도인들은 자신의 문제를 받아들일 때와는 매우 다른 태도를 보입니다. 교회의 문제를 말할 때 자신의 문제처럼 진지하게 받아들이는 사람이 거의 없는 것이 현실입니다.

지금까지는 하나님의 영광에 대하여 개인적인 차원보다는 주로 교회적인 차원에서 살펴보았습니다. 그런데 흥미로운 사실은, 제가 담임하는 교회뿐 아니라 다른 곳에서도 교회적인 차원에서 설교하면 사람들의 반응이 거의 동일하게 나타난다는 것입니다. 개인적인 차원에서 이 말씀을 전하면 어느 곳에 가서 설교하든지 사람들이 어느 정도 집중하는 것을 볼 수 있습니다. 사람들은 각 사람의 감추어진 부분, 또 자기 영혼의 복됨과 직접 관련된 부분을 설교하면 매우 집중해서 듣습니다. 그리고 그 말씀을 오랫동안 간직하고 기억합니다. 그러나 교회적인 차원에서 설교하면 사람들의 반응은 사뭇 달라집니다. 집중력이 떨어지고, 거의 기억도 하지 못합니다. 그리고 자신과는 상관없는 말씀처럼 막연하게 생각합니다.

그러나 교회적인 차원의 말씀이 바로 우리 개개인을 향한 말씀이요, 그것이 각자의 영혼과 밀접하게 관련되어 있다는 사실을 알아야 합니다. 그런데도 '교회'라는 용어를 사용해서 말씀을 전하면, 그 내용이 사실상 개인에게 해당되는데도 전혀 다른 반응을 보입니다.

교회의 황폐함을 이야기하든, 그리스도인 각 개인의 황폐함을 이야기하든 근본적으로 모두 같은 이야기라는 사실을 기억하십시오. 단지 차이가 있다면, 교회적인 차원의 말씀은 우리 각 사람을 포함한 공동체로서의 하나님의 백성 전체를 생각해야 한다는 것뿐입니다. 궁극적으로 교회의 이야기는 각 개인을 향한 것입니다. 그런데도 사람들이 개인에게 직접 적용되는 말씀은 스펀지같이 흡수하면서도, 교회를 주제로 말씀을 전하면 남의 일이라는 듯 자신에게 적용시키지 못합니다. 참으로 안타까운 일입니다. 아예 자신에게 전혀 적용되지 않는 말씀으로 생각하고, 그 말씀을 남을 판단하는 잣대로 사용하기까지 합니다.

이러한 현상은 하나님의 진리에 대한 오해 때문에 생깁니다. 그리스도인은 모두 교회로서 존재합니다. 그렇기 때문에 교회를 향한 하나님의 말씀은 모두 교회에 속한 한 사람 한 사람, 곧 나 자신을 향한 말씀이라는 것을 잊지 말아야 합니다.

실제로 이사야 선지자와 다니엘은 하나님의 교회의 황폐함에 대해 말하면서 자기 자신을 포함시켰습니다. 특히 다니엘은 황폐한 현실에 대해 묘사할 때 '그들은'이라고 말하지 않았습니다. 그는 1인칭을 사용했습니다. 자신을 포함해서 '우리'라고 했습니다. "우리가 범죄하였나이다! 우리가 주의 말씀을 듣지 않았습니다!" 그리고 다니엘서 9장을 읽어 보아도 반복적으로 계속 1인칭이 나옵니다.

그러므로 우리는 이것을 기억해야 합니다. 만일 우리가 교회를 비판하면 그것은 곧 우리 자신을 비판하는 것이라는 사실입니다. 교회가 어떠하다고 말하는 것은 곧 우리 자신이 어떠하다는 말입니다. 이 사실과 함께 기억해야 할 것이 또 하나 있습니다. 그것은 교회를 위한 기도가 바로 우리 자신을 위한 기도라는 사실입니다. 지금 말하는 교회는 내가 속한 지교회가 아닙니다. 조국 교회, 아니 모든 교회, 곧 우주적인 그리스도의 교회를 말합니다. 우리는 조국 교회의 황폐함이 바로 우리 자신의 황폐함이라는 사실을 잊지 말아야 합니다.

여기서 꼭 한 가지 지적하고 넘어가야 할 것이 있습니다. 그래도 좀 깨어 있다고 생각하는 교회, 그리고 깨어 있는 목사가 있다고 생각하는 교회의 성도들이 하는 오해가 있습니다. 소위 좀 괜찮은 교회, 깨어 있는 교회라고 생각하는 교회의 성도들은 조국 교회의 황폐함을 말할 때, 그래도 자기 교회는 좀 덜 썩은 교회, 덜 황폐한 교회라고 생각합니다. 자꾸 '그래도 우리 교회는 하나님의 말씀이 올바로 전해지고 있으니까, 저 말은 우리 교회가 아닌 다른 교회가 황폐하다는 말이겠지'라고 생각합니다.

다니엘을 보십시오. 그는 매우 거룩한 사람이었습니다. 90세가 되도록 시간을 정해 놓고 하루 세 번씩 기도했던 그는 바벨론의 총리직에 올라서도 그 일을 계속했습니다. 그야말로 그는 하나님의 마음과 뜻이 무엇인지를 알고 있는 신실한 사람이었습니다. 그런데도 그는 예루살렘의 황폐함을 이야기할 때 자신을 포함시켰습니다. 예루살렘의 황폐함을 '우리의 황폐함'으로 여겼습니다. 이는 결국 하나님의 교회가 황폐한 가운데 있을 때 자기 혼자 의롭고 거룩한 것은 별 의미가 없다는 것을 말해 줍니다. 왜 그렇습니까? 하나님의 백성들이 모두 하나님의 교회의 일원이기 때문입니다. 그래서 이사야와 다니엘은 자신들이 거룩할지라도 하나님의 교회의 현실로 인해 더욱더 애통해했습니다.

오늘날 교회의 많은 사람들이 교회에 대한 비판은 아주 쉽게 하면서도 자신에 대해서는 우호적인 것을 봅니다. 그들은 그 비판의 내용으로 자신을 살피기보다는 오히려 거기서 자신만은 제외시킵니다. 이런 사람들은 분명 진리의 반쪽만을 아는 것입니다. 성경의 내용은 민족적이든 공동체적이든 각 사람을 향한 것입니다. 공동체를 대상으로 기록된 말씀도 결국은 우리 각 사람을 향한 것이라는 말입니다.

이런 맥락에서 우리도 하나님의 교회에 대해 이사야와 다니엘과 같은 태도를 가져야 합니다. 우리 자신의 황폐함과 조국 교회의 황폐함을 볼 때, 우리도 하나님의 긍휼만을 의지하며 나아갔던 그들과 같은 태도를 가져야 합니다.

오늘날 부흥에 대한 왜곡된 개념

여기서 살펴볼 이사야서 64장 1,2절에서 우리는 교회의 부흥과 하나님의 영광을 함께 생각하게 됩니다. 하나님의 교회의 부흥과 그분의 영광은 아주 밀접하게 관련되어 있습니다. 하나님의 교회의 부흥은 바로 하나님의 영광의 충만을 의미한다고 해도 무방합니다.

로이드 존스 목사는 1-5절까지의 말씀으로 부흥에 대해 설교했습니다. 그는 본문의 말씀에서 부흥이 무엇인지를 말하면서 본문과 같이 기도해야 한다고 촉구했습니다. 그러나 우리는 여기서 궁극적으로 그 부흥이 무엇과 관련되어야 하는지에 주목해야 합니다. 본문이 부흥에 대한 기대와 갈망을 말한다고 할지라도, 교회의 부흥이 궁극적으로는 하나님의 영광과 관련되어야 한다는 사실에 강조점을 두고 본문을 살펴보자는 것입니다.

먼저 '부흥'이라는 말에 대해 설명하겠습니다. 오늘날 그리스도인들이 사용하는 부흥이라는 말은 상당히 왜곡되어 있습니다. 우리나라에서는 지난 90년대 후반부터 이 말이 갑자기 대중적으로 사용되기 시작했습니다. 대학생들을 중심으로 한 'REVIVAL 1997'이라는 집회가 시작되었고, '부흥'이라는 제목의 복음 성가가 만들어졌으며, 또 '부흥'을 주제로 하는 책들이 쏟아져 나왔습니다. 그렇게 '부흥'이라는 표어는 넘치지만, 한국 교회 안에서 부흥의 의미는 바르게 정의되지 않았습니다. 많은 사람들이 부흥을 이 시대를 위한 대안으로 제시합니다. 그 사람들은 공통적으로 부흥을 현재 우리들의 상태를 뒤바꾸는 어떤 것이라고 생각합니다.

이들은 부흥을 어떤 '운동(movement)'처럼 일으키려고 합니다. 부흥이라는 역사를 일으키려고 자꾸 인위적인 운동을 하려 합니다. 그들은 조직과 제도와 방법들, 집회와 집단적 모임 등을 통해 소위 부흥을 이야기하려 합니다. 그러나 이런 인식은 참된 부흥과는 거리가 멉니다.

성경이 말하는 참된 부흥

본문에서 이사야 선지자는 예루살렘에 임해야 할 하나님의 부흥을 이야기합니다. 그는 운동을 일으키거나 대단위 집회나 모임을 통해서 열광적인 모습을 자아내거나 막연하게 어떤 현상이 구현되기를 기도하지 않습니다. 본문은 부흥에 대해 말하기를, 부흥은 사람에 의한 역사이기 이전에 하나님께서 친히 그의 백성들 가운데 임하시는 것이라고 합니다. 그리고 그 부흥은 반드시 하나님의 영광과 관련되어 있음을 시사해 줍니다. 하나님의 영광을 가장 두드러지게 나타내는 것이 바로 부흥입니다. 우리는 본문에서 이 점을 정확히 발견합니다.

본문은 하나님의 교회의 부흥을 이야기하면서 부흥을 통한 하나님의 영광을 말합니다. 그러므로 우리는 단순히 성도의 수가 늘어나는 것을 부흥으로 생각해서는 안 됩니다. 우리에게 각인되어 있는 '부흥집회'의 개념들을 지워 버려야 합니다. 이사야는 지금 교회의 가시적인 팽창을 이야기하는 것이 아닙니다. 본문을 통해서 알게 되는 하나님의 교회의 회복과 구원은 하나님께서 임하시는 것입니다. 그래서 하나님의 영광이 크게 드러나는 것, 그것이 바로 여기서 말하는 부흥의 핵심입니다.

이사야 선지자는 63장 15절부터 64장 끝 절까지를 기도로 채우고 있습니다. 이사야는 버림받은 것 같은 하나님의 교회의 황폐한 상태로 인해, 하나님의 다스림을 받지 못하고 그의 이름으로 일컬음을 받지 못하는 것 같은 하나님의 교회의 상태로 인해, 하나님께 간절하고 절박하게 간구합니다. 그리고 64장 첫부분에서 "원하건대 주는 하늘을 가르고 강림하시고 주 앞에서 산들이 진동하기를 불이 섶을 사르며 불이 물을 끓임 같게 하사"라고 덧붙여 기도합니다. 본문에 나오는 이 기도가 무엇을 의미합니까? 바로 부흥의 역사를 말하고 있습니다.

이사야 선지자는 63장 마지막 절까지 자신들의 상태에 대해서 말했습니다.

"우리는 주의 다스림을 받지 못하는 자 같으며 주의 이름으로 일컬음을 받지 못하는 자같이 되었나이다."

그러다가 무엇인가 참을 수 없는 듯, 그는 "오! 주는 하늘을 가르고 강림하소서"라고 기도합니다. 이 황폐한 도성 예루살렘을 위해 하나님께서 하늘을 가르고 강림하시기를 간구합니다. 그는 하나님의 교회의 부흥을 바라며 기도하고 있습니다. 하나님께서 하늘을 가르고 강림하시는 놀라운 역사, 즉 하나님의 임재와 함께 하나님께서 영광 받으시는 역사를 구합니다.

여기서 우리는 부흥이 무엇인가 하는 데 대한 한 가지 대답을 발견합니다. 하나님께서 하늘을 가르고 강림하시듯이 자신의 교회에 임하시는 것, 이것이 바로 부흥입니다. 그러므로 큰 교회들이 사람이 많아진 것을 두고 '우리가 부흥했다'라고 말하는 것은 부흥에 대한 올바른 이해가 아닙니다.

그렇다면 하나님께서 하늘을 가르고 강림하신다는 말은 무슨 뜻입니까? 그것은 하나님께서 자신의 크신 능력을 교회 위에 나타내신다는 말입니다. 하나님께서 직접 임하셔서 자신이 하나님 되심을 나타내고, 자신의 영광과 존귀를 그의 백성들 가운데 나타내신다는 것입니다. 물론 하나님은 편재(遍在, omnipresence)하시는 하나님이십니다. 그런데도 하나님께서 하늘을 가르고 강림하신다는 말은, 자신의 임재를 더욱더 강하게 드러내신다는 뜻입니다. 하나님께서 자신의 능력을 자신의 교회 위에 크게 나타내셔서, 이제까지 하나님의 임재를 강하게 느끼지 못했던 교회가 그분의 임재를 강하게 느끼게 된다는 말입니다. 마치 하나님께서 하늘을 가르고 강림하시듯이 말입니다.

이사야는 하나님께서 강력하게 임하실 때 어떤 일이 일어나는지를 잘 알고 있었습니다. 본문에서 그것을 묘사합니다. 먼저 그는 하나님께서 임하실 때 산들이 진동할 것이라고 말합니다. 이것은 출애굽 이후에 이스라엘 백성들이 시내산에 있을 때 일어난 일을 염두에 두고 하는 말입니다. 하나님께서 이스라엘 백성들을 시내산으로 모이게 하셨을 때, 갑자기 시내산에 빽빽한 구름이 드리우고 온 산들이 크게 진동했습니다(출 19:18 참고). 오랜 세월 흔들림 없었던 견고한 바위산이 하나님께서 임하시자 흔들렸습니다. 하나님께서 그의 백성들 가운데 오시자 그런 일이 일어났습니다. 이사야는 지금 그때의 일을 염두에 두고 말합니다. 그런 모습이 없는 자신들의 현실 속에 하나님께서 그때처럼 임하셔서 자신의 주 되심을 직접 드러내시기를 구하고 있습니다.

이스라엘 백성들은 하나님께서 임하실 때 나타나는 그 진동을 매우 두려워했습니다. 이 사건으로 말미암아 그들에게는 하나님의 임재에 대한 인식이 강하게 박혔습니다. 그들은 하나님의 강림하심이 결코 평범한 일이 아니라는 사실을 알게 되었습니다. 하나님의 율법을 받기 위해 모인 그 자리에서 그들은 하나님의 임재를 강하게 경험했습니다. 하나님의 능력과 영광스러움을 그들이 직접 본 것입니다.

이사야는 그때의 일을 떠올립니다. 그리고 그 하나님께서 지금도 하늘을 가르고 강림하셔서 산들로 진동하게 하시기를 구합니다. 이 백성들이 주의 다스림을 받는 백성인 것을, 하나님의 능한 손에 의해서 구별된 백성인 것을 보여 주시기를 원하는 것입니다.

이것은 엄청난 기도입니다. 우리는 성경을 상식적으로, 지식적으로 읽어서는 안 됩니다. 여러분은 출애굽기 19장에 기록된 하나님의 강림이나 사무엘을 통해서 블레셋이 두려움에 떨게 된 사건(삼상 7장 참고) 등을 잘 알 것입니다. 이방인들이 무서워서 서로를 찔러 죽이는 사건도 있었습니다(대하 20:23 참고). 하나님이 강림하시자 주변의 이방인들은 덜덜 떨면서 깊은 두려움에 사로잡혔습니다. 그리고 이런 일들을 통해 하나님의 백성들의 위치가 아주 견고해졌습니다.

그런데 이사야의 시대에는 그런 모습이 없었습니다. 그래서 이사야의 마음이 짓눌렸습니다. 하나님의 백성에게 하나님의 강림하심이 없고, 또 하나님께서 강림하시는 증거도 없다는 것이 그에게 고통이 되었습니다. 그래서 그는 자신이 처한 현실을 보면서 이렇게 기도합니다.

이러한 기도가 우리 시대에도 얼마나 절실히 필요한지 모릅니다. 오늘날 우리 그리스도인들은 예수를 너무나 헛되게 믿고 있습니다. 하루아침에 이런 처지가 된 것은 아닙니다. 하나님의 임재하심의 중요성을 인식하지 못한 채 오로지 '축복'이라는 이론만을 가지고 오랫동안 신앙생활을 해 온 결과가 이렇게 나타난 것입니다.

믿음을 축복이라는 이론으로만 받아들인다고 해 봅시다. 그리스도인 중에 부자들이 많은데, 그들이 모두 하나님께 복을 많이 받아서 부자가 된 것이라면, 그들에게 복의 징후가 분명히 나타나는지 묻고 싶습니다. 그들에게 하나님을 향한 남다른 경외심이 생겼습니까? 주의 백성들 가운데, 교회 가운데 공동체적으로 그런 의식을 가지고 사는 모습이 생겼느냐는 말입니다. 그리스도인이 많다고 하지만 이런 면에서 생각해 보면 그 숫자는 전부 허수(虛數)입니다. 우리는 이런 현실을 보면서 이사야처럼 "오! 주여, 하늘을 가르고 강림하소서. 주께서 강림하실 때 주의 백성들에게 놀라운 일을 행하소서"라고 기도해야 합니다.

여러분, 예수를 믿으면서도 무엇이 힘들고 지치고 어렵다는 등의 한숨 소리가 나오고 탄식 소리가 나온다면, 그때가 바로 본문과 같이 간구해야 할 때입니다. "오! 하나님, 제가 이처럼 무기력하게 그리스도인이라는 이름만 달고 있는 것이 아니라, 진실로 만군의 여호와 하나님의 자녀인 것을 알게 하옵소서"라고 간구해야 합니다. 그리고 한 걸음 더 나아가 본문의 이사야처럼 교회 전체를 보고 간구해야 합니다.

계속해서 이사야 선지자는 "불이 섶을 사르며 불이 물을 끓임 같게 하사"라고 기도합니다. 여러분은 불이 광석들과 두꺼운 쇠붙이들을 녹인다는 사실을 알 것입니다. 용광로를 보면 불은 아무리 강력한 것이라도 녹여 버립니다. 또한 불은 다른 것으로는 도무지 데울 수 없는 그 어떤 차가운 것도 펄펄 끓게 만듭니다. 이사야는 이런 상징적인 표현을 통해 하나님의 능력이 나타나기를 구하고 있습니다. 불이 가장 단단한 광석과 쇠붙이를 녹이고 물을 펄펄 끓이는 것처럼, 하나님께서 임하실 때 강퍅하고 완악하며 패역한 대적자의 마음이 녹는다는 것입니다.

"그러므로 그들을 움직여서 하나님의 하나님 되심을 알게 하시고,

주님 앞에서 두려워 떨게 하소서. 진실로 우리가 그 능력을 알지 못하나이다. 냉랭한 심령을 가진 반대자들을 하나님의 능력으로 녹이시옵소서. 그래서 하나님의 능력 앞에서 두려워 떨며 어찌할 줄을 모르는 일이 있게 하옵소서."

이것이 바로 이사야의 기도입니다. 이사야가 자신들의 황폐한 현실을 보고 드린 기도를 막연하다거나 허풍스럽다고 생각하지 마십시오. 그는 하나님께서 출애굽 이후에 시내산에서 나타나셨던 것과 같이 성경에 기록된 많은 사건들, 그리고 자신의 민족에게 있었던 생생한 하나님의 역사를 염두에 두고 기도하고 있습니다. 그의 기도는 역사적인 근거를 가진 신앙적인 기도입니다.

그는 하나님의 능력을 알고 있었습니다. 하나님께서 나타나실 때 어떤 능력이 나타나는지를 알고 있었습니다. 하나님께서 임하시면, 그분의 능력이 나타나면 완악한 자들, 냉랭한 자들, 무지한 자들, 심지어 대적까지도 그 심령이 녹아내리고 두려워 떨게 됩니다. 그래서 하나님의 백성들의 영광스러운 모습이 그들 가운데 새겨지게 됩니다. 하나님께서 자신의 생기와 힘과 능력을 나타내시는 것이지만, 그것이 마치 하나님의 백성들이 그 생기와 능력을 소유한 것처럼 나타나는 것입니다. 이사야는 바로 그와 같이 섶을 사르며 물을 끓게 하는 불과 같은 하나님의 임재를 구하고 있습니다.

여러분, 우리에게도 이것이 얼마나 필요합니까? 너무나 절실합니다. 한번 생각해 보십시오! 주일에 예배하겠다고 오기는 했습니다. 그러나 하나님의 임재의 의미도 알지 못하고, 그들의 영혼에 불붙는 듯한 헌신의 마음도 없으며, 하나님에 대한 의식과 경외심도 없이 예배하고 한 주를 산다고 생각해 보십시오! 그리고 그러한 일이 일 년, 이 년, 십 년 동안에 반복된다고 생각해 보십시오! 이사야와 같이 기도하지 않을 수 있겠습니까?

이사야는 진실로 하나님의 임재 속에 일어나는 참된 부흥을 구하고 있습니다. 그가 구하는 것은 사람들이 이루어 내는 어떤 일이 아닙니다. 그는 하나님께서 친히 자신의 교회 위에 능력으로 임하시기를 구하고 있습니다.

부흥은 하나님이 직접 임재하시는 것입니다. 부흥은 사람이 위대한 능력을 발휘하는 것, 사람들이 운동을 벌이고 캠페인과 조직적인 수고를 더해서 무엇인가를 이루는 것이 아닙니다. 부흥은 하나님 자신의 능력을 보는 것입니다. 우리는 조국 교회 안에서, 또 각 교회 안에서 이런 부흥을 보기를 갈망해야 합니다. 부흥은 하나님 자신이, 거룩하신 여호와께서 시공을 뚫고 들어오셔서 역사하시는 것입니다. 그것은 아주 특별하고 기이한 역사입니다. 그러므로 그리스도의 교회가 평범하게 진행된다는 것은 무엇인가 이상한 것입니다. 그것은 마땅히 있어야 할 힘과 능력을 상실했다는 증거입니다.

부흥은 하나님께서 오셔서 그 가운데 선명한 이정표를 남기시는 것입니다. 그저 우리끼리 무엇인가를 이루어 놓고 자랑하고 치하하는 것이 아닙니다. "아, 하나님께서 이루셨다. 주께서 우리 가운데 오셨다. 주의 능력이 아니고서는 아무도 이것을 할 수 없다. 주께서 변화시키셨다"라고 말하면서 인정하게 되는 것, 이것이 부흥입니다.

이런 면에서 오늘날 부흥을 말하는 사람에게 반드시 필요한 태도가 있습니다. 바로 여기에 나타난 이사야와 같은 확신과 간구의 모습이 필요합니다. 이러한 확신과 간구 없이 부흥을 말하는 것은 거짓입니다. 사람들은 겉모양이 번지르르한 어떤 일, 곧 사람들을 많이 모을 수 있는 일을 하고자 합니다. 그러다가 결과가 좋으면 "우리가 이렇게 했더니 이렇게 되었다"라고 하면서 자신들의 성공담을 늘어놓고는 그것을 부흥이라고 말합니다. 그러나 우리는 분명한 하나님의 임재, 생생하게 나타나야 할 하나님의 능력을 보기를 갈망하며 부흥을 말해야 합니다.

그러므로 교회의 한 일원으로서 우리의 상태가 어떠한지를 안다면, 나 개인만 보더라도 내 자신의 황폐함이 교회의 황폐함과 연관되어 있기 때문에 이러한 이사야의 기도와 같은 기도가 터져 나와야 합니다. 기억하십시오! 그리스도인이라고는 하지만 무기력하고 하나님의 생기도 없으며 그분의 살아 계심을 느끼지도 못하고, 그러면서도 자신과 교회의 상태를 방관한다면, 또 그런 상태에 있으면서도 "하나님이여, 내게 임하시옵소서"라는 기도가 마음 깊은 곳에서 우러나오지 않는다면, 그가 하나님을 진실로 믿지 않는다는 뜻입니다.

그러면 하나님께서 임하실 때 결과적으로 어떤 일이 일어납니까? 그때는 하나님의 영광이 나타날 뿐만 아니라 하나님께서 영광을 받으시게 됩니다. 우리는 본문 2절 하반절에서 "주의 원수들이 주의 이름을 알게 하시며 이방 나라들로 주 앞에서 떨게 하소서"라는 선지자의 기도를 봅니다. 이사야가 하나님께서 하늘을 가르고 강림하시기를 구했을 때, 그는 하나님의 백성들, 곧 하나님의 교회를 위해서 강림하시기를 구했습니다. 그러나 하나님께서 자신의 백성들 위에 강림하실 때, 그 하나님의 영광스러운 임재와 능력의 현현은 백성들의 부흥과 회복으로 끝나지 않습니다. 그분의 임재와 능력으로 말미암아 주의 원수들이 주의 이름을 알게 됩니다. 주를 알지 못하던 모든 사람들, 곧 이방 나라들이 주 앞에서 떨게 됩니다. 하나님께서 임하시면 하나님의 영광이 그의 백성들 가운데만 나타나는 것이 아니라, 주를 알지 못하던 원수들까지도 하나님께 영광을 돌리게 됩니다.

이 말을 좀 더 잘 이해하려면 이와 반대되는 현실을 생각해 보면 됩니다. 실제로 이사야는 하나님의 백성이 주의 다스림을 받지 못하는 현실을 살았습니다. 이사야는 하나님의 살아 계심을 의심할 법한 시대를 살았습니다. 하나님의 백성 중에서는 하나님의 임재와 능력이 나타나지 않았습니다. 그들은 다른 민족들과 다를 바 없이 살았고, 오히려 포로로 잡혀 갈 판국이었습니다. 그래서 이스라엘이 믿는 하나님은 그저 하나의 우상 정도로 여겨졌습니다. 하나님이 다른 잡신들과 다를 바 없는, 그저 이방인들이 믿는 민족적인 수호신 정도로만 여겨졌습니다. 이방인들은 그분의 이름을 구체적으로 언급하거나 알 필요도 느끼지 못하고 있었습니다.

우리의 현실도 이와 다를 바 없습니다. 세상은 교회를 통해 하나님의 살아 계심을 인식하지 못합니다. 세상 사람들은 "내가 믿는 부처나 너희가 믿는 하나님이나 다 그렇고 그런데, 왜 너희에게만 구원이 있다고 말하느냐?"라고 합니다. "왜 하나님만이 유일한 참신이라고 유별나게 구느냐?"라고 못마땅해합니다. 이것이 우리의 현실입니다.

한번 상상해 보십시오. 그리스도인들 속에 하나님의 임재가 없고, 하나님께서 함께하시는 증거도 없는 상황을 말입니다. 그저 자기들끼리 모여서 예배할 뿐 그들의 존재와 삶에는 아무런 차이가 없는, 하나님의 임재는커녕 그분의 능력이라는 것을 전혀 찾아볼 수 없는 모습을 말입니다. 이것이 우리의 현실입니다.

여러분, 우리의 마음이 궁해서, 위기의 시대이고 나이 들어 위안을 얻기 위해서 하나님을 섬깁니까? 지금 세상에는 이렇게 생각하는 사람들이 태반입니다. 이렇게 생각하는 세상 사람들이 "너희들이 믿는 하나님이 참하나님이시다"라고 말할 수 있겠습니까? 절대로 그럴 수 없습니다.

이사야 선지자가 살던 시대가 그러했습니다. 그리고 지금 우리의 현실도 그렇습니다. 누가 우리가 믿는 하나님을 부르겠습니까? 아무도 부르지 않습니다. 가서 권하고 애원해도 부를까 말까 합니다. 세상 사람들은 그리스도인들과 교회에서 하나님의 능력이라고 할 만한 무언가를 보지 못하는 한, 하나님의 이름을 부르지 않습니다. 아니, 부를 수도 없습니다.

그런데 전혀 하나님의 이름에 대해서 아는 바 없고 알고 싶어하지도 않았으며, 냉소적이었을 뿐만 아니라 오히려 대적하였던 사람들이 하나님의 이름을 부르고 그분을 알게 되며, 그 앞에 굴복하고 두려워 떨며, 자신의 의지를 꺾는 모습을 상상해 보십시오. 전에는 예수 이야기만 해도 싫어하고 대적했던 사람에게 전혀 있을 법하지 않은 일이 일어난다고 생각해 보십시오. 그들이 하나님의 이름을 알게 되고 그 이름 앞에 두려워 떨며 굴복하는 일이 일어난다고 생각해 보십시오. 이와 같은 반전, 이와 같은 대역사를 두고 부흥이라고 하는 것입니다.

이사야가 지금 말하는 것이 바로 이것입니다. 'Revival,' '다시 살다, 소생하다'라고 하는 말에 합당하게 다시 살아나는 역사 말입니다. 그런데 여기서 중요한 것은 이것이 단순한 현상이 아니라는 점입니다. 이사야는 지금 하나님께 단순한 현상을 구하고 있는 것이 아닙니다. 그는 하나님께서 영광 받으시기를 구합니다. 하나님께서 자신의 백성들에게 임하심으로써 교회가 회복되는 것을 넘어, 원수들이 하나님의 이름을 알게 되고 그 앞에 굴복함으로써 그분의 영광이 드러나기를 구하고 있습니다. 이것이 부흥입니다. 하나님께서 자신의 교회에 크게 강림하실 때 세상이 그분께 반응하는 것 말입니다.

이와 같은 사실을 볼 때, 부흥은 반드시 하나님의 영광을 나타내게 되어 있습니다. 부흥이 시작될 때, 어떤 사람에게 하나님의 영광에 대한 이해가 깊이 새로워질 때, 그것으로 인해 하나님의 영광이 크게 드러납니다.

하나님의 영광을 위한 부흥

우리는 부흥과 하나님의 영광에 대해 바른 정의를 내려야 합니다. 부흥을 언급할 때 하나님의 영광을 말하고 연관시킬 수 있을 뿐만 아니라, 반대로 하나님의 영광을 이야기할 때 부흥이라는 말도 쓸 수 있습니다. 그러나 부흥을 말하는 것은 어디까지나 하나님의 영광 때문입니다. 부흥을 위해서 하나님의 영광을 이야기하는 것이 아니라, 하나님의 영광을 위해서, 하나님의 영광 보기를 원해서 부흥을 말해야 합니다.

우리는 자꾸 부흥이 목적인 것처럼 생각합니다. 제가 볼 때 오늘날 사람들이 말하는 부흥은 부흥 그 자체가 목적이 되고 있습니다. 그것이 목적이기에 자꾸 가시적인 어떤 모습과 현상만을 보려고 합니다. 사람들에게서 나타나는 어떤 가시적인 현상들, 다시 말해 우리에게 좋은 일이 생기는 것이나 교회가 이전과 달라지는 것을 보려고만 합니다. 좀 더 신앙적인 사람이라 하더라도 그들은 교회가 영적으로 충만하게 되는 그 어떤 현상만을 보려 합니다.

현상도 있어야 하겠지만 그것이 목적이 되어서는 안 됩니다. 오직 한 가지 이유와 목적만이 있어야 하는데, 그것이 바로 '하나님의 영광'입니다. 궁극적으로 이전에 하나님을 알지 못하던 자들이 하나님의 이름을 알고 그분의 이름을 부르며, 하나님께 영광을 돌리게 되는 일이 있어야 합니다. 그것은 한 현상이기 이전에 하나님 자신에 대한 회복입니다. 그런데 교회 안에서뿐만 아니라 밖에서도 이 회복이 일어나야 합니다. 이 점이 아주 중요합니다.

세상이 기독교를 매우 우습게 아는 오늘날의 분위기는 우리의 상태가 어떠한지를 말해 줍니다. 하나님의 영광이 드러나지 않는 우리들의 풍요나 교회의 성장, 교회의 부흥은 아무런 의미가 없습니다. 하나님의 영광이 없는데도 교회가 부요해지는 것은 그리 복된 것이 아닙니다. 하나님의 영광을 아는 마음이 없으면, 그리고 그것을 가장 우선으로 여기지 않으면 그 외의 모든 것은 아무 의미가 없습니다. 또 하나님의 임재와 능력이 나타남으로써 하나님을 대적하던 자들이 하나님을 알게 되고 마침내 하나님의 이름과 영광이 그들 가운데 드러나지 않는다면, 그 어떤 현상도 부흥이라고 할 수 없습니다.

그러면 왜 우리가 부흥을 구해야 합니까? 그것은 수적인 성장 때문이 아니라 하나님의 영광 때문입니다. 교회 안에서, 그리스도인들 가운데 하나님께서 임하심으로써 그 능력이 회복되고 교회 안에 하나님의 영광이 회복될 뿐만 아니라, 그로 인하여 하나님을 알지 못하던 자들까지 하나님의 이름을 부르게 되는 일이 일어나야 합니다. 이전에는 하나님의 이름을 조롱하며 우습게 알았던 그들이 이제는 조소가 아닌 존경과 인정과 경외함으로 하나님의 이름을 부르는 자로 변하여 하나님께 영광을 돌리는 놀라운 회복이 있어야 합니다. 이것이 참된 부흥의 결과입니다.

우리는 부흥으로 인해 크게 나타날 하나님의 영광을 바라며 부흥을 구해야 합니다. 우리의 무기력한 상태를 보고 비판만 할 것이 아니라, 이사야처럼 가슴으로부터 터져 나오는 간구를 하나님께 드려야 합니다.

"오! 주는 하늘을 가르고 강림하소서. 그래서 주 앞에서 산들이 진동하고 불에 의해 모든 것이 타 없어지며 물이 끓게 되는 것처럼, 주의 능력을 우리 가운데 나타내시옵소서. 그래서 주의 원수들이 주의 이름을 알게 하옵소서. 이방 나라들로 주 앞에 떨게 하옵소서. 하나님이 어떤 분이신지를 세상으로 알게 하옵소서."

실제로 역사를 보면 이런 일이 많이 일어났습니다. 예수님의 시대나 종교개혁 시대나 18세기에 영국에서 부흥이 일어났을 때나 1858년에 이어 그다음 해에 부흥이 일어났을 때에도 그런 역사가 일어났습니다. 심지어는 1907년에 우리 조국에서도 그런 부흥의 역사가 일어났습니다. 그러므로 우리는 이사야처럼 간구해야 합니다.

오늘날 우리 그리스도인들이 가진 불신앙이 무엇인 줄 아십니까? 하나님의 능력에 대한 불신입니다. 능력을 달라고 기도는 하지만, 이사야처럼 하나님의 능력을 전폭적으로 믿지는 않습니다. 고작 하나님의 능력을 구한다고 해 봐야 생활 속의 작은 사건에서 능력을 달라고 하는 것뿐입니다. 직장을 얻게 해 달라고, 어떤 유익을 얻게 해 달라고, 또 어려움이 없게 해 달라고 기도하는 것이 고작이고, 또 그것을 능력이라고 말합니다.

이사야는 땅이 진동하듯이 모든 사람이 알고 인정하고 고백할 수밖에 없을 정도로 하나님의 영광이 드러나기를 구했습니다. 하나님의 영광이 우리에게만 드러나는 것이 아니라 우리 밖에까지, 하나님을 알지 못하는 자들에게까지 드러나기를 간구했습니다. 우리는 이 영광과 이 능력을 구해야 합니다. 우리는 각자 자신을 보고, 또 이 시대를 보면서 우리 자신으로 인하여 하나님 앞에 이렇게 기도해야 합니다.

"오, 하나님

조국 교회 위에 강림하소서!
우리 교회 위에 강림하소서!
나의 인격 위에 강림하소서!
내 삶에 강림하소서!
그래서 하나님의 살아 계심을 나도 알고, 교회도 알고,
내 밖에 있는 사람까지 알게 하옵소서."

진실로 그러해야 합니다. 주의 능력에 대한 믿음을 가지고 우리 모두 기도합시다.

21세기 리폼드 시리즈는 종교개혁의 신앙을 그대로 이어받아 현대 사조에 굴하지 않고 복음을 수호하고 있는 이 시대 거장들의 탁월한 저작을 소개한다. 칼빈과 청교도들, 조나단 에드워즈와 스펄전과 같이 당대의 수많은 영적 거성들이 남긴 신앙의 자양분을 섭취하며 자라난 이 시대의 거목들의 저작은 우리에게 시대를 분별하며 쉴 수 있는 지혜의 숲으로 이끌 것이다.

21세기 리폼드 시리즈 5
오직 하나님께 영광

지은이 | 박순용

펴낸곳 | 지평서원
펴낸이 | 박명규

편 집 | 정 은, 이윤경, 김정은

펴낸날 | 2012년 2월 25일 초판
       2019년 3월 6일 초판2쇄

서울 강남구 역삼동 684-26 지평빌딩 ‎06144

☎ 538-9640,1 Fax. 538-9642

등 록 | 1978. 3. 22. 제 1-129

값 18,000원
ISBN 978-89-6497-018-8-94230
ISBN 978-89-6497-013-3(세트)

메일주소 jipyung@jpbook.kr
홈페이지   www.jpbook.kr
페이스북   www.facebook.com/jipyung
트 위 터   @_jipyung